Arbeitsmittel für Studium und Unterricht

Herausgegeben von
Heinrich Bauer
Georg Blaß
Horst Dahlmann
Gerhard Deimling
Holger Knudsen
Heinrich Lenzen
Manfred Markefka
Wolfgang Mickel
Johannes Rauball

Delbert Barley

Grundzüge und Probleme der Soziologie

Eine Einführung in das Verständnis des menschlichen Zusammenlebens

8. Auflage

Luchterhand

Delbert Barley, Mitarbeiter eines Community Councils in Philadelphia sowie auch eines Quäker-Teams in Deutschland nach dem Zweiten Weltkrieg, studierte Geschichte und Soziologie (Ph.D. University of Pennsylvania). Nach einem Fulbright Stipendium in Deutschland und nach Lehrtätigkeit am Ithaca College, Muhlenberg College, an der University of Pennsylvania und der State University of New York siedelte er über nach Deutschland, wo er bei der Ausbildung von Sozialarbeitern, und Sozialpädagogen lehrtätig ist.

CIP-Kurztitelaufnahme der Deutschen Bibliothek
Barley, Delbert
Grundzüge und Probleme der Soziologie:
e. Einf. in d. Verständnis d. menschl. Zusammenlebens.
8. Aufl. – Neuwied, Darmstadt: Luchterhand, 1977.
(Arbeitsmittel für Studium und Unterricht)
ISBN 3-472-55081-3

Hermann Luchterhand Verlag, Neuwied und Darmstadt.

Lektorat: Siegfried Alefeld.
Gesamtherstellung: Druck- und Verlags-Gesellschaft mbH, Darmstadt.
Printed in Germany, Januar 1978.

Vorwort zur achten Auflage

Unter der Flut von Perspektiven und Akzentuierungen in der Soziologie ist es ein Wagnis, für eine Neubearbeitung eine Wahl aus neueren Einsichten und älteren, in den bisherigen Auflagen nicht berücksichtigten Aspekten zu treffen. Um den Umfang nicht wesentlich vergrößern zu müssen, wurden einige mir als weniger wichtig erscheinende Abschnitte gestrichen und neuere, im Brennpunkt der Diskussion stehende Themen aufgenommen oder erweitert. Dazu zählen in erster Linie die Problematisierung des soziologischen Rollenbegriffs, die Erweiterung der Behandlung von Macht und Herrschaft – Komplementarität von Macht und Abhängigkeit –, und eine Diskussion zur Frage der Folgen von sozialen Bewertungen der individuellen Persönlichkeit. Im Mittelpunkt stehen »Etikettierung« und Stigmatisierung.
Neu ist, daß ich die Behandlung methodischer Probleme von dem ersten auf das letzte Kapitel gelegt habe. Der Akzent liegt auf der Gegenüberstellung von »individualistischen« und »kollektivistischen« Ansätzen. Anschließend bemühe ich mich um eine Position, welche die Extreme beider Lager vermeidet. Freilich kann und soll eine Lösung, die absolute Gültigkeit beansprucht, nicht angeboten werden. Ich stimme Kolakowski zu, wenn er behauptet, daß wir, hinsichtlich solcher Probleme, kein Mittel besitzen, um Gewißheit, falls wir sie überhaupt erlangt haben, weiterzugeben.

Delbert Barley

Inhalt

Erster Teil: Grundüberlegungen und Betrachtungsweise der Soziologie

Zweiter Teil: Einige besondere Gebiete der soziologischen Betrachtung

Erster Teil
Grundüberlegungen und Betrachtungsweise der Soziologie

1. Kapitel
Soziologie: Gegenstand und Orientierung

A) Einführende Vorbemerkungen

1. – Das Bedürfnis, Veränderungen in der Struktur des menschlichen Zusammenlebens zu analysieren und zu beschreiben – ein Bedürfnis, das immer stärker wird, weil eine Übersicht über das verwickelte Schema zwischenmenschlicher Beziehungen zunehmend schwieriger wird –, drückt sich nirgends besser aus als in der gegenwärtigen Popularität der Soziologie. Offensichtlich jedoch können nur wenige eine klare Beschreibung vom Wesen, den Methoden und den Grenzen dieser vielgenannten Wissenschaft geben. Die meisten sind sich vage bewußt, daß sie es zu tun hat mit dem Menschen in der Mehrzahl. Aber beschäftigen sich nicht auch Geschichte, Wirtschafts- und politische Wissenschaften, Sozialpsychologie, Anthropologie und andere Studiengebiete mit dem Menschen im Plural? Worin liegt die Rechtfertigung für die Begründung einer neuen Wissenschaft, wenn diese sich nur nährt von den Erkenntnissen, die durch mühevolle Forschung auf bereits bestehenden Gebieten erworben wurden?

2. – Es gibt eine große Zahl von Definitionen der Soziologie. Die Frage einer allgemeingültigen Definition, einer klaren Abgrenzung gegen andere Gebiete wird meist in den Hintergrund geschoben, teils weil eine Einigung über die Formulierung tatsächlich schwierig wäre, teils weil der jeweilige Soziologe sich darauf verläßt, daß **seine** »Definition« in **seinem** Werk als Ganzem offenbar wird, und teils – vermutlich – weil die Bemühung um eine Abgrenzung als eine aus einer Unsicherheit entstandene Rechtfertigung des jungen Gebietes angesehen werden könnte.
Wir brauchen die verschiedenen Definitionen im einzelnen nicht zu untersuchen. Es genügt zu sagen, daß ein eindeutiger Faden durch alle hindurchläuft: In seiner jeweiligen Situation befindet sich der Mensch in ein Netz von formellem und informellem Druck, von Einflüssen und Bestimmungen, von schon gebahnten Lebens- und Denkwegen, von Traditionen, Sanktionen und Strukturen eingebettet, ein Netz menschlichen – wenn teilweise kaum greifbaren – Ursprungs. Das Netz des unmittelbaren Lebenskreises ist in ein größeres Gewebe eingebettet, dieses in ein noch größeres verwickelt, bis zu einer Grenze, an der die Verknüpfungen schwach werden oder ganz abbrechen. Die Elemente dieses Gewebes teilt er mit einer unbestimmten Zahl seiner Mitmenschen, welche ähnlichem Druck ausgesetzt sind und ähnliche Erlebnisse kennen.
Dieses Gewebe ist der primäre Gegenstand der Soziologie. Es ist durch Menschenhand entstanden, doch unter Mitwirkung des nichtmenschlichen Teils der Natur. Und weil dieses Gewebe so vielfältig ist, läßt es sich nicht ganz leicht vom Gegenstand anderer Sozialwissenschaften abgrenzen. Nicht also eine besondere Kategorie von Dingen wird betrachtet, sondern es werden »allgemein bekannte Verhaltensmuster« – Verhalten im weitesten Sinne – nach ihrer Ortsbestimmung im Hinblick auf andere »allgemein bekannte Verhaltensmuster« analysiert.
Wir können von einer anderen Seite her an das Problem herangehen und zum gleichen Ergebnis gelangen: Eine oft wiederholte, zunächst harmlos klingende, doch

schwer auslotbare Phrase heißt »Der Einzelne und die Gesellschaft«. Auch bevor wir uns mit diesem Thema näher befaßt haben, ist es uns in einer halb bewußten Schicht unseres Wesens klar, daß unsere Gedanken und unsere Erlebnisse, unsere Empfindungen, Lebenswege und Zielsetzungen, unsere Leitbilder und Wertsysteme zwischen diesen zwei Polen der menschlichen Existenz schweben. Es ist der einzelne, der denkt, handelt und fühlt, und doch sind sein Denken, Handeln und Fühlen unverständlich ohne Bezug auf die Gemeinschaft, in der er lebt. Man ist fast geneigt zu sagen, der Mensch und die Gesellschaft seien zwei Seiten derselben Münze. Die Probleme der Gesellschaft sind Schwieirigkeiten von Individuen, soziale »Gesundheit« ist das Gesamtbild des Wohlergehens vieler Einzelmenschen.

Die Entwicklungsstörungen eines Kindes widerspiegeln u. a. strukturelle Probleme der Familie. Diese wiederum befindet sich in einer Situation, die fordert, daß z. B. zur Erhaltung des Familienstatus die Mutter außerhäuslich erwerbstätig ist. Die Gesamtgesellschaft ist so strukturiert, daß der Vater auch selten zu Hause ist. Wirtschaftliche, politische und religiöse Strukturen tragen alle zum Schicksal des Kindes bei.

Die Soziologie versucht, die Nahtstelle zwischen diesen Polen sichtbar zu machen in der Überzeugung, daß weder das Leben eines Individuums noch die Geschichte einer Gesellschaft verstanden werden können, ohne daß man von dieser Nahtstelle weiß. Sie wird sichtbar durch die besondere Art der Betrachtung sozialer Strukturen und Institutionen. Welche Verknüpfung besteht zwischen solchen komplementären Fragen wie z. B.:

a) Aus welchen subjektiven Gründen heiraten zwei Individuen?, und
b) Warum gibt es die Ehe in der Gesellschaft? oder:
a) Aus welchen Gründen wird dieses Mädchen Prostituierte?, und
b) Warum gibt es Prostitution in der Gesellschaft? oder:
a) Warum hat diese Ehe ihre Kinderzahl auf ein Kind begrenzt? und
b) Warum ist die Familie in der Industriegesellschaft klein?

Das heißt, es gibt eine **persönliche subjektive Seite** und eine **objektive strukturelle** Seite der allermeisten menschlichen Situationen. Diese **objektive** Seite mit allen ihren Verwicklungen und Randerscheinungen ist der Brennpunkt soziologischen Studiums. Die beiden sind praktisch voneinander untrennbar, aber nicht identisch. Die Einsicht in diese Zusammenhänge ist heute weiterreichend denn je. Die schnell aufeinanderfolgenden Erdbeben in der Gesellschaftsstruktur bedeuten tiefe Eingriffe in das Leben des einzelnen Menschen. Im Laufe einer einzigen Generation erlebte man zwei Weltkriege, eine vernichtende Inflation und eine gleich schwere Depression, das Aufkommen zweier totalitärer Systeme und den Fall des einen, die Freilassung der Kraft des Atoms und die Eroberung des Weltalls. Ein erheblicher Teil der Weltbevölkerung wird transformiert von einer feudalistischen Struktur in das neue Zeitalter großen Fortschritts und tiefer Ängste.

Kein Wunder, daß viele Menschen, in anderen Wertsystemen und Orientierungen aufgewachsen, sich unsicher bzw. in der Falle eines unverständlichen Schicksals fühlen.

3. – Die Vorstellung von der Soziologie als einer allgemeinen Wissenschaft der Gesellschaft wurzelt in der Aufklärung, und das Wort selbst, eine unelegante Verbindung aus Latein und Griechisch, wurde von dem französischen Denker Auguste

Comte geprägt, der die Soziologie für die Königin aller Wissenschaften hielt, dazu ausersehen, die bisherige Trägerin dieses Titels, die Theologie, von ihrem Thron zu stoßen. Comtes Hauptanliegen war der wissenschaftliche Entwurf einer passenderen, einer positiven sozialen Ordnung. Die in den Naturwissenschaften dauernd angewandte rationale Denkweise mit ihren erstaunlichen Erfolgen ließ ihn glauben, daß ähnliche Methoden, auf die soziale Organisation angewandt, zu ähnlichen positiven Resultaten führen würden.
Das Rätsel des sozialen Zusammenhalts – trotz individueller Freiheit und Abweichung – hatte schon früher zahlreiche allumfassende Theorien und Vorschläge hervorgebracht, unter denen die Varianten der Vertragstheorie – Hobbes, Locke, Rousseau – die eindrucksvollsten waren. Angeregt durch diese Theorien, durch Comtes Schriften und durch die revolutionären sozialen Veränderungen als Begleiterscheinungen des Industriealismus, befaßten sich die Denker des 19. Jahrhunderts in der Hauptsache mit der Natur und der Dynamik der Gesellschaft als eines »Organismus«. Sie suchten Antworten auf so existentielle Fragen wie: Was befähigt die Menschen, sich in dauerhaften Gesellschaften zusammenzuschließen? Worin liegen die Ursachen des sozialen Wandels und in welchem Ausmaß ist ein solcher Wandel durch die Natur der Gesellschaft bedingt? – Wie wird die animalische Natur des Menschen durch die Gesellschaft domestiziert [1]?
Heute werden viele dieser Spekulationen als einseitig angesehen, weil sie sich entweder zu stark auf Abstraktion stützen oder irgendwelche natürlichen Charakteristika oder auffallenden Faktoren in den Vordergrund stellen und alle Beobachtungen diesen Vorstellungen unterordnen. Ausgangspunkt und Ziel war eher eine Gesellschaftsphilosophie als eine objektive Analyse, obwohl die Einsichten und Beiträge in vielen Fällen sehr bedeutend waren. Die moderne Soziologie, deren geistige Väter eher Max Weber, Emile Durkheim und Georg Simmel sind, konstruiert allumfassende Systeme kaum mehr, sondern sie macht sorgfältige Beobachtungen innerhalb begrenzter Teilgebiete der sozialen Phänomene [2].
Das Ziel ist jedoch immer noch ein besseres Verständnis der Gesellschaft als Ganzes und der Art und Weise, in der einzelne Aspekte sich in das komplexe und farbige Bild einfügen.

B) Begriffsbestimmungen

I. Methode und Definition

Um die Arbeitsweise der Soziologie als wissenschaftliche Disziplin zu klären, greifen wir zu folgender Definition:
Soziologie ist das systematische Studium der Struktur, der Dynamik und der Ergebnisse menschlicher Wechselbeziehungen.
Einzelne Aspekte dieser Definition werden der Reihenfolge nach aufgegriffen werden [3].

1. – Systematisches Studium

Als eine Wissenschaft der sinnlich wahrnehmbaren Phänomene legt die Soziologie besonderen Wert auf empirische Methoden, um System und Kontrollierbarkeit in ihre Untersuchungen zu bringen. Sie schließt die »Philosophie am grünen Tisch« nicht aus, besteht aber darauf, daß die Theorie und ihre Bestätigung durch empirische Methoden einander ergänzen. Sie bevorzugt den Gebrauch quantitativer Methoden und möchte ihre Begriffe von Wertungen freihalten; sie weiß aber gleichzeitig, daß der Sinn und die Bedeutung ihrer Erkenntnisse auf Wertungen beruhen müssen, daß die Sinndeutungen in menschlichen Wechselbeziehungen entstehen und durch das gemeinschaftliche »Alltagswissen« erhalten bleiben. Sie weiß, daß die endgültige Bedeutung einer Erkenntnis aus bloßen Fakten nicht herausgelesen werden kann. Die empirische Methode, wie sie von der Soziologie angewandt wird, umfaßt zumindest folgendes:

a) Die **genaue Beschreibung und Bestimmung einer sozialen Tatsache,** z. B. der Mobilität, der Freizeitbeschäftigung, der religiösen Übungen, dem Lesen, der Eß- und Trinksitten, der Ehescheidung und Familiengröße. Eine weitere Stufe ist dann die Formulierung einer **Hypothese** hinsichtlich der Beziehung, die zwischen den in Frage stehenden Phänomenen besteht; z. B. zwischen Geburtenzahl und Lebensstandard, zwischen Jugenddelinquenz und häuslicher Umgebung, zwischen Berufsgruppe und Ehescheidungsziffer, zwischen horizontaler Mobilität und Religionsausübung, zwischen Kinderzahl in der Familie und der Stabilität der Persönlichkeit.

b) **Objektive Beobachtung:** Aus dem für die Untersuchung bestimmten Phänomen wird ein geeigneter Teil zur Beobachtung ausgewählt. Was bedeutet aber objektiv? Wir können von einer philosophischen Betrachtung der Vielschichtigkeit der Objektivität absehen und ganz einfach sagen, daß der Gegensatz dazu subjektiv ist, d. h. ein Gesamtverhalten, welches durch persönliche Interpretation, von persönlichen Gefühlen, Stimmungen und Vorurteilen bestimmt wird. Objektiv bedeutet also »Abstandnehmen von rein persönlichen Gefühlen«. Dazu ein paar konkrete Beispiele:

   Wenn ich eine Gesellschaft beobachte, in der es dem Manne erlaubt ist, mehrere Frauen gleichzeitig zu heiraten, darf ich mich durch meine Ablehnung der Polygamie in der Beurteilung ihres Familienlebens nicht beeinflussen lassen. Oder bei der Beobachtung berufstätiger Ehefrauen darf ich nicht schon von vornherein »finden«, daß ihre Kinder vernachlässigt sind, nur weil ich sensationelle Berichte über die »Schlüsselkinder« gelesen habe. Auch darf beispielsweise eine persönliche Abneigung gegen Protestanten (oder Katholiken) mich nicht dazu führen, ihre religiösen Übungen als bigott zu bezeichnen, wenn ich die entsprechende Handlung bei meiner eigenen Konfession »fromm« nennen würde. Kurz, der Versuch wird unternommen, Tatsachen von Wertungen zu trennen.

   Theoretisch zumindest scheint Objektivität dann erreicht zu sein, wenn Menschen mit weit auseinandergehenden Wertorientierungen in ihren Beobachtungen übereinstimmen. Das subjektive ist dann offensichtlich ausgeschaltet worden. Die Redewendung »intersubjektiv zwingend übertragbar« drückt den Inhalt dieser Definition von »objektiv« gut aus. Der Wahrnehmungsapparat des anderen zwingt ihn dazu, meine Beobachtung zu bestätigen. Die Möglichkeit einer

solchen Übertragbarkeit setzt letzlich voraus, daß mehrere Personen einen Gegenstand auf identische Weise wahrnehmen **können** und, daß identische Wahrnehmung in der objektiven Identität des wahrgenommenen Aspekts des Gegenstandes gegründet ist, d. h., im Hinblick auf menschliche Wahrnehmung gibt es »tatsächlich« feststellbare Objektivität. Indessen scheint es fraglich, ob es einerseits möglich, andererseits überhaupt wünschenswert ist, objektiv zu sein. (Näheres dazu Kap. 13).
Wir brauchen hier nicht die verschiedenen Forschungsmethoden anzuführen – Interview, Fragebogen, Fallstudium, geschichtliche Untersuchungen u. a. – oder die statistischen Probleme, die mit der Zusammenstellung von Stichproben und der Auswertung von Fakten verbunden sind. Diese Probleme gehören in das Gebiet besonderer Arbeiten über die Methodologie; sie müssen von dem Studenten beherrscht werden, der eigene Forschung auf diesem Zweig der Wissenschaft betreibt.

c) **Klassifizierung und Ordnung der Daten:** Für quantitative Fakten bedeutet dies Ordnung des Materials in einer systematischen Form, um dadurch ein verständliches Gesamtbild zu gewährleisten. Bei quantitativ nicht erfaßbarem Material erfordert die Ordnung der Daten im Geiste einen schöpferischen Prozeß und die Fähigkeit, Bezüge zwischen den und im Hinblick auf die gegebenen Daten zu erkennen. Dieser Vorgang ist beträchtlich schwieriger als der Umgang mit Zahlenmaterial, aber der Anfänger kann auch hierbei bereits Übung erwerben im Erkennen von Bezügen.
d) **Formulierung der Ergebnisse:** In den meisten Fällen ermöglicht die Beobachtung lediglich die Feststellung von Irrtümern in vorausgegangenen Beobachtungen oder gibt Hinweise auf ertragreichere Gebiete für neue Untersuchungen. Sehr viel seltener gelingt es, Beziehungen von so eindeutiger Klarheit zu entdekken, daß darauf eine Theorie aufgebaut werden kann, die von anderen Beobachtern neuerlich geprüft werden muß. Die Fähigkeit, bedeutsame Relationen zu erkennen und zu formulieren, beweist einen Funken schöpferischen Genies. Es ist von anderer Seite schon als Beispiel erwähnt worden, daß jahrhundertelang zahllose Menschen fallende Gegenstände beobachteten, aber die diesem Falle zugrunde liegenden Gesetze wurden erst von einem Genie, von Newton, erkannt.

2. – Menschliche Wechselbeziehungen

Das Grundphänomen hinter aller Soziologie sind die menschlichen Wechselbeziehungen, insofern sie unter »allgemein bekannte Verhaltensmuster« eingeordnet werden können. Die Soziologie analysiert sowohl die Wechselwirkung an sich als auch ihre Ergebnisse, nicht als unabhängige Einzelheiten, sondern als Elemente des vielschichtigen Systems, das unser Leben in der Gesellschaft darstellt, als Teile einer Wechselwirkungs-Situation.
Als Soziologen richten wir das Hauptaugenmerk unserer Beobachtungen und Studien auf fundamentale **Gesetzmäßigkeiten**, auf grundlegende **Prinzipien**, die uns eine Erklärung liefern für Erscheinungen, die bei oberflächlicher Betrachtung anscheinend nichts miteinander zu tun haben. Newtons Bewegungsgesetze erklären sowohl das Fallen des Steins als auch das Steigen eines Ballons; offensichtlich sind beide Phänomene eng miteinander verwandt. Wir können daraus folgern, daß »Fal-

len« nicht eine Eigenschaft des Steins ist, sowenig wie »Aufsteigen« eine Eigenschaft des Ballons; beides ist die Folge eines Zusammenwirkens von Kräften und Objekten, ist das Ergebnis einer **Totalsituation**. Ein Vorgang kann nicht durch eine Beschreibung der einzelnen Objekte erklärt werden, sondern nur in Zusammenhang mit einer Totalsituation. Dies gibt uns einen Hinweis auf eine Grundregel beim Studium menschlicher Beziehungen: Die Formen menschlicher Wechselbeziehungen ergeben sich nicht aus isolierten Eigenschaften des Individuums, sie sind das Ergebnis einer Totalsituation. Wir werden also solche Behauptungen mit Vorsicht betrachten, die beispielsweise konstatieren, daß es eine »Eigenschaft« oder »die Natur« des Deutschen sei, fleißig zu sein, daß Faulheit eine typische Eigenschaft des Polen, Respektlosigkeit eine solche des Amerikaners sei, und daß der Orientale »von Natur« verräterisch sei. Ebensowenig liegt Ehrlichkeit »in der Natur« von Herrn Y. Das will sagen: Jegliches Verhalten kann nur gedeutet werde unter Berücksichtigung der komplexen Faktoren einer Totalsituation. Man könnte diese Maxime auch noch anders ausdrücken und sagen, daß die Gründe für eine bestimmte Verhaltensweise jeweils vielschichtig und verwickelt sind. Wollte man für menschliches Verhalten eine »einfache« Erklärung finden, würde das zu ebensolchen Trugschlüssen führen, als wollte man das Fallen des Steines erklären mit der Feststellung . . . »weil ein Stein eben fällt!«. Im Merkur jedoch würde ein Stein nicht fallen, sondern steigen.

3. – Struktur

Wechselwirkungen gehen nicht in einem Vakuum vor sich. Man trifft und reagiert auf ein anderes Individuum als Mitglied eines bestimmten, bereits vorgezeichneten Beziehungsfeldes: als Freund, als Lehrer, Sohn, Vater, Polizist oder Verkäufer, als Vorgesetzter oder Untergebener, als Feind oder als Fremder. Es ist praktisch unmöglich, mit einem anderen Individuum in Wechselbeziehung zu treten ohne bereits vorhandene Vorstellungen von der Kategorie, zu der der andere gehört. Das gleiche gilt für unsere Reaktionen auf Objekte und Situationen. (Wenn die Situation völlig neu ist – unstrukturiert, psychologisch gesprochen –, dann ist das Individuum anfällig für Suggestion. Neue Situationen sind daher günstige Ausgangsgebiete für Propagandisten und Demagogen). Der geistige Raum, in welchem das menschliche Verhalten sich abspielt, ist bereits gegeben. Obwohl unsere persönliche Lebenserfahrung bei der Ausstattung des Raumes mitwirkt, müssen wir uns nach den vorhandenen Dimensionen richten. Diese »Räume«, d. h. den gegebenen Raum, können wir auch umschreiben mit anderen Begriffen, wie z. B. Institutionen und Rollen, Sitten und Gebräuche, Tradition und kulturelle Denkweisen; aus ihnen entstehen Leitgedanken und Bedeutung der menschlichen Wechselbeziehungen.

4. – Dynamik

Der Begriff des »Rahmens« enthält allerdings eine gewisse Starrheit, er gibt die Bewegung, den Wechsel und die Dynamik menschlicher Beziehungen nicht wieder. Wechselbeziehungen sind nicht bloße Wiederholungen. Aus dem friedlichen Wettbewerb wird Rivalität, aus der Rivalität erwächst der Konflikt. Aus einer flüchtigen Bekanntschaft wird erst Freundschaft, dann Liebe, die Liebe schlägt um in Haß.

Kriege werden vorbereitet, ausgefochten und beendet, und aus früheren Feinden werden Verbündete. Kulturen entstehen und vergehen. Emigranten passen sich dem Gastvolk an und gehen schließlich darin auf.
Können wir eine sinnvolle Erklärung finden für die Kräfte, die Menschen zusammenführen und sie wieder trennen, die im einen Fall geordnete Beziehungen herstellen und im anderen Chaos und Auflösung verursachen?

5. – Ergebnisse

Das Ergebnis der Wechselbeziehungen ist die Kultur (im sozialwissenschaftlichen Sinne). Struktur und Wandel gehören dazu, aber auch Ideen, Einstellungen, Institutionen und Techniken. Alle Elemente der gesamten materiellen und geistigen Welt eines gegebenen Kulturkreises lassen sich vom Gesichtspunkt ihres Standorts und ihrer Bedeutung in der Gesellschaftsstruktur her betrachten. Das gilt für Bier wie für Bungalows, für Familiengröße wie für Ferienziele, für Kreuzzüge wie für die Kybernetik.

II. Die »sich-selbst erfüllende Prophezeiung«

1. – Wie in vielen Bereichen der Sozialwissenschaft ist die Soziologie gezwungen, in einer verborgenen Sphäre viele Quellen und Beweggründe des Verhaltens zu suchen. Die Beweggründe können nicht unmittelbar beobachtet werden. Triebe, Bedürfnisse, Gefühle, motivierende Ideen sind erst sichtbar, wenn ein empirisches Handeln erfolgt. Das »Psychische« schaltet sich dazwischen. Die Psyche ist, je nach Situation, in unterschiedlichem Maße **aktiv** an der Gestaltung des Verhaltens beteiligt. Und doch läßt sich diese »Aktivität« der Psyche nicht unmittelbar beobachten. Der Mensch plant, vermutet, hat Einstellungen und Vorurteile, er »glaubt«, phantasiert und »spinnt«, und dies häufig unter Verkennung oder Mißachtung der »objektiven Realität«. Offensichtlich kann seine Deutung der empirisch wahrnehmbaren Situation völlig »falsch« oder »grundlos« sein, wie z. B bei unbegründeter Eifersucht. Dennoch führt die Deutung zu handfesten, objektiven Folgen.
Das Erkennen dieses Charakteristikums ist von größter Bedeutung für das Verständnis menschlicher Wechselbeziehungen. Man hat es auf verschiedene Weise ausgelegt, z. B. als »sich selbst erfüllende Prophezeiung« oder mit dem Satz »Soziale Überzeugungen zeugen soziale Realitäten«. Eine geschickte Formulierung von W. I. Thomas drückt dies am klarsten aus: »Wenn die Menschen eine Situation für real halten – auch unbegründet –, so ziehen sie daraus reale Konsequenzen.« Für die Auswirkung dieses Theorems gibt es zahlreiche Beispiele: Eine Bank bricht zusammen, weil ein falsches Gerücht wissen wollte, sie sei insolvent, woraufhin ein verheerender »Run« auf die Bank einsetzt. In einigen Teilen der USA wird der Schwarze, bedingt durch historische Gegebenheiten, für bildungsunfähig gehalten; Bildungsmöglichkeiten werden ihm verweigert mit dem Ergebnis, daß er in der Tat sozial und beruflich »minderwertig« wird (ober bleibt). Ein Student fällt in einem Examen durch, weil sein Professor ihm dies prophezeite und ihn dadurch in verzweifelte Sorgen stürzte, statt ihn zu fleißigem Arbeiten anzuregen. Ganze Nationen

bewaffnen sich bis auf die Zähne, weil sie sich von benachbarten Staaten bedroht glauben, die aus genau den gleichen Gründen aufrüsten.
Diese Auswirkung wird besonders deutlich am Beispiel der Aktienkurse. »Die Hausse macht die Hausse.« Wenn genügend Anleger meinen, die Kurse werden weiter steigen, und dementsprechend kaufen und nicht verkaufen, werden die Kurse tatsächlich steigen und eben jene Anlagepolitik rechtfertigen. »Es besteht die Tendenz, daß Erwartungen, die von weiten Kreisen gehegt werden, sich bewahrheiten, selbst wenn sie sachlich völlig unbegründet sind«, bemerkte J. M. Keynes. A. Paulsen spricht von einem »Gesetz der sich rechtfertigenden Erwartungen«.
Die häufig unerklärliche Art und Weise, in welcher »Unwahrheit« und »Unwirklichkeit« (Aberglauben, Vorurteile sind bekannte Beispiele) weiterzuwirken vermögen, ist nicht länger rätselhaft, wenn wir darin das Wirken der zitierten Maxime erkennen, die heißt: »Soziale Überzeugungen zeugen soziale Realitäten.« [4] Der Gerüchtemacher hatte recht, die Bank brach zusammen. Der voreingenommene Weiße behielt recht, der Schwarze ist »minderwertig«. Die Voraussage des Lehrers stimmte genau, der Student fiel durch. In jedem dieser Fälle kann der Anstifter des Unheils sich im Glauben wiegen, daß er die »Realität« voraussah.

2. – Es soll nun nicht der Eindruck erweckt werden, es handele sich um ein »negatives« Phänomen des Zusammenlebens. Dieselbe Wirkung mit positivem Vorzeichen ist in einem erheblichen Teil allen pädagogischen und therapeutischen Vertrauens zu beobachten. Man mutet dem Schüler oder dem Klient in der Arbeit »Gutes« zu; seine Antwort entspricht der Zumutung. Dem Delinquenten wird Vertrauen geschenkt, daß er straffrei bleiben kann; aus diesem Vertrauen wird er dazu motiviert, straffrei zu sein.
Es wird später klarer werden, daß eine Verhaltens-»Antwort« in menschlicher Interaktion kein beliebiges, willkürliches oder unorientiertes Verhalten ist. Der Partner in der Interaktion stellt sich zunächst auf die Perspektive und die Erwartung des anderen ein. Prinzipiell muß er als soziales Wesen dieses tun, wenn er sich nicht von aller Kommunikation und allem Austausch ausschließen will einerseits, sich andererseits an der aktiven Gestaltung der Interaktion beteiligen will. Die gegenseitigen Perspektiven und Erwartungen in der Gemeinschaft sind eben die Strukturen, welche die »Wirklichkeit« des Zusammenlebens festlegen.
Das Gesagte sollte bereits klargestellt haben, daß ein Schlüssel zum Verständnis menschlichen Verhaltens die **Bedeutung** ist, die der Mensch dem Geschehen beimißt. Alle Analysen von Gegenständen, Gewohnheiten, Auffassungen und Systemen, sogar von Situationen führen nicht zum Verständnis der Menschen, die sich ihrer bedienen bzw. ihnen ausgesetzt sind, solange wir nicht begreifen, welche subjektive Bedeutung diese Dinge für die betroffenen Menschen haben. Aus der Perspektive des Wissenschaftlers – eines Physikers, z. B. – wird die Analyse eines Stuhles anders ausfallen als aus der Perspektive eines Menschen im Alltagsleben. Die physikalische Perspektive beschreibt den Stuhl durch Angaben von Maßen über seine Dichte und molekulare Struktur. Diese Beschreibung ist einheitlich und verbindlich für die ganze Menschheit ohne Ansehen ihrer Kultur und Erfahrung. Für den Alltag kann die Beschreibung eines Stuhles nicht von universeller Verbindlichkeit sein; seine Deutung hängt von der Erfahrung in kollektiven Selbstverständlichkeiten bei der Bewältigung täglicher Lebensaufgaben ab. Ist der Stuhl ein einfacher

Küchenstuhl, ein gepolsterter Sessel ein Kaiserthron oder gar ein elektrischer Stuhl?

Ein weiteres Beispiel möge helfen, diesen Punkt noch besser zu erklären: Im Gegensatz zu seinen sonstigen Gewohnheiten bringt Herr Heinz seiner Frau einen Strauß Rosen mit, als er vom Büro nach Hause kommt. Die in dem Vorgang enthaltene Wechselwirkung kann man nicht erklären, indem man nur das Überreichen der Rosen durch Herrn Heinz an Frau Heinz ins Auge faßt. Die wahre Wechselwirkung geht in den Köpfen der beiden Beteiligten vor sich: Hatte Herr Heinz einen erfolgreichen Tag und kaufte die Rosen, weil er besonders guter Laune war? Hat Frau Heinz in letzter Zeit Zeichen einer gewissen Ehemüdigkeit gezeigt? Will Herr Heinz damit ein besonderes Zugeständnis erkaufen oder hat er gar ein schlechtes Gewissen, weil er beim Anblick seiner hübschen Sekretärin mindestens in Gedanken untreu war?

Was wir eben gezeigt haben, können wir in einem Lehrsatz folgendermaßen ausdrücken:

Der Mensch handelt und reagiert nicht in erster Linie, wie es der »Wirklichkeit«, sondern wie es der »Wirkung« seiner Lebenserfahrung im Alltag entspricht. Diese Lebenserfahrung ist in gemeinschaftlichen Deutungen mit deren entsprechenden Interaktionen verankert.

Diese Feststellung wäre banal, bestünde nicht die Tatsache, daß wir allzu häufig annehmen, die Vorstellung des anderen von der Wirklichkeit müsse notwendigerweise der unseren gleichen, und daß er entweder blind, dumm oder böswillig sei, wenn er sie nicht sieht wie wir.

3. – Erneut wird man sich fragen, wie eine vertrauenswürdige Wissenschaft auf so schwachen Fundamenten aufbauen kann. Die Antwort darauf lautet wiederum, daß die geistige Konzeption von der Wirklichkeit in der Praxis, trotz häufiger Mißverständnisse, fast so formelhaft geprägt und daher deutbar ist wie die physikalische Realität, eine Tatsache, die bestätigt wird durch die Wirklichkeit der allgemein verbreiteten rassischen, religiösen und politischen Vorurteile. Diese genormte Bedeutung der Dinge hat W. I. Thomas treffend bezeichnet mit dem Ausdruck »die Definition der Situation«. Zwischen den Angehörigen einer integrierten Kulturgemeinschaft können verhältnismäßig wenige Mißverständnisse entstehen über bestimmte Wechselbeziehungen, weil alle Situationen praktisch bereits definiert sind.

Wenn ich jemandem vorgestellt werde und er streckt seine Hand aus, muß ich nicht erst überlegen, welche Bedeutung diese Geste möglicherweise haben könne; will er mich schlagen oder am Rockaufschlag packen, will er mich umwerfen oder mir ein Geschenk überreichen? Nein – die Situation ist von vornherein »definiert«.

Deshalb muß sich die Soziologie mit den objektiven Folgen subjektiver Deutungen ständig befassen. Max Webers starke Betonung dieser Tatsache führte dazu, daß seine Auffassung von dieser Wissenschaft als »verstehende« Soziologie bezeichnet wird.

III. Die soziologische Orientierung

Die Soziologie, wie wir sahen, läßt sich nicht völlig definieren durch die Beschreibung der Phänomene an sich, mit denen sie sich beschäftigt. Hinzu kommt noch

eine besondere »Betrachtungsweise« der Dinge. Merkmal dieser Betrachtungsweise ist das Bemühen, die menschlichen Wechselbeziehungen **im Rahmen aller zusammenwirkenden Kräfte und Objekte** zu sehen; sie vermeidet einfache Schlußfolgerungen und ist im Endergebnis ein Studium der menschlichen Situationen in all ihren wechselseitigen Verbindungen mit anderen Situationen.
Inzwischen sollte klargeworden sein, daß die Ausdrücke »Soziologie« und »soziologisch« häufig in sehr unbestimmtem Sinne gebraucht werden. Die verschiedensten Untersuchungen, soweit sie sich auf menschliche Zustände aller Art beziehen, werden als »die Soziologie des . . .« bezeichnet, auch wenn sie weder das Ergebnis eines Studiums mit wissenschaftlichen Methoden noch sonst soziologisch orientiert sind, d. h. auch nicht betrachtet werden als miteinander verknüpfte Aspekte von Gesamtsituationen. Allgemein gesprochen können wir sagen: Die »Soziologie des X.« (Familie, Gesetz, Wissen, Musik usw.) ist die Untersuchung der Frage: Wie sieht »X.« als regelmäßiges Interaktionsmuster tatsächlich aus; auf welche Weise beeinflussen Gesellschaft und sozialisierte Individuen die Entwicklung und die gegenwärtige Stellung von »X.«? Und umgekehrt: Auf welche Weise beeinflußt »X.« die Gesellschaft, die Kultur und die Persönlichkeit in dieser Kultur.
Unsere Methode verlangt, daß wir uns auf die Erfahrung unserer Sinne verlassen. Was sich nicht durch Sinneserfahrung überprüfen läßt, reicht ins Gebiet des Mystizismus oder übersinnlicher Erscheinungen; es wird zwar in seiner Bedeutung bereitwillig anerkannt, aber hier als nicht zur Methode der Soziologie gehörig ausgeschaltet. Gabriel Marcel bemerkte treffend: Jeder Fragebogen und jede Untersuchung, die die letzte Wirklichkeit betrifft, sei absolut sinnlos [5].

C) Literatur

1. Adorno, Theodor W. und Max Horkheimer (Hrsg.): Soziologische Exkurse. (Frankfurter Beiträge zur Soziologie. Band 4.) Frankfurt/M.: Europäische Verlagsanstalt 1956.
2. Behrendt, Richard F.: Der Mensch im Licht der Soziologie. Stuttgart: Kohlhammer 1962.
3. Berger, Peter: Einladung zur Soziologie. Freiburg: Walter Verlag 1969.
4. Boumann, J. P.: Einführung in die Soziologie. 2. Auflage. Stuttgart: Enke 1960.
5. Dahrendorf, Ralf: Pfade aus Utopia. München: Piper 1967.
6. Durkheim, Emile: Regeln der soziologischen Methode. Neuwied: Luchterhand 1960.
7. Homans, George: Was ist Sozialwissenschaft? Opladen: Westdeutscher Verlag 1969.
8. Weber, Max: Methodologische Schriften. Frankfurt/M.: S. Fischer 1968.

D) Anmerkungen

1 Folgende Werke repräsentieren einen Querschnitt der Antworten auf diese Fragen, wie sie für das 19. Jahrhundert typisch waren: Herbert Spencer »Principles of Sociology«; Paul V. Lilienfeld »Gedanken über die Sozialwissenschaft der Zukunft«; H. T. Buckle »History of Civilization in England«; Karl Marx »Das Kapital«; Francis Galton »Hereditary Genius«; Ludwig

Gumplowicz »Grundriß der Soziologie«; Peter Kropotkin »Mutual Aid«; Gustav Ratzenhofer »Soziologie«; Leonhard Hobbouse »Social Evolution and Political Theory«; Gabriele Tarde »Lois Sociales«; Ferdinand Tönnies »Gemeinschaft und Gesellschaft«; Lucien Levy-Bruhl »Les fonctions mentales dans les sociétés inférieures«.

2 Max Weber »Wirtschaft und Gesellschaft«, Grundriß der verstehenden Soziologie; Tübingen, Mohr 1956; Emile Durkheim »Regeln der soziologischen Methode«, Neuwied: Luchterhand 1961, und »De la division du travail«, Paris 1963; Georg Simmel »Soziologie«, Untersuchungen über die Formen der Vergesellschaftung, Berlin 1958.

3 Von Anfang an möchten wir klarstellen, daß wir uns in der vorliegenden Arbeit auf die Soziologie des Menschen beschränken. Auch Tiere und Pflanzen leben in sozialen Gebilden. In diesem Zusammenhang empfehlen wir besonders die Untersuchungen von Adolf Portmann in »Das Tier als soziales Wesen«, Zürich 1953.

4 In dem Theaterstück »Andorra« von Max Frisch wird geschildert, wie ein Junge durch eine Lüge seines Vaters zum »Juden« gestempelt wird. Er mußte alle Konsequenzen leiden, die ihm aus diesem Gezeichnetsein erwuchsen.

5 Gabriel Marcel »Der Mensch als Problem«, Frankfurt/M.: Josef Knecht 1964 S. 144.

2. Kapitel
Grundlagen der Gesellschaft

Bevor wir Elemente und Wirkungsweise von Gesellschaft näher betrachten, muß erst auf einige Grundbedingungen der menschlichen Existenz in der Gesellschaft aufmerksam gemacht werden: Auf die Geographie und die Biologie und auf den Spannungscharakter der Existenz und die Bedingungen der Kommunikation.

A) Die Geographie

1. – Unser Thema ist die Gesellschaft **auf der Erde**, nicht auf fernen Planeten oder unter anderen geographischen Bedingungen. Das heißt, daß keine Gesellschaft an kosmischen und geographischen Gegebenheiten vorbeikommen kann. Solche Gegebenheiten können wir in etwa vier Kategorien einteilen:

a) kosmische Gesetze,
b) Klima,
c) Topographie,
d) Fruchtbarkeit und Schätze des Bodens.

Zu a): Die menschliche Gesellschaft wird errichtet unter **kosmischen Gesetzen**, wie z. B. der Tatsache, daß sich die Erde um ihre Achse regelmäßig und innerhalb einer bestimmten Zeitspanne dreht und daß sie um die Sonne ebenso ständig kreist. Das bewirkt den Tag- und Nachtrhythmus sowie, durch die Neigung der Erdachse, die Wiederkehr der Jahreszeiten. Dazu kommt die Umkreisung des Mondes mit seinem Beleuchtungsrhythmus, mit Ebbe und Flut. Die bestimmten Entfernungen dieser Himmelskörper voneinander und die bestimmte Schwerkraft der Erde gehören zu den kosmischen Tatsachen, die das menschliche Leben mitbestimmen. Das sind einige der augenfälligsten Gegebenheiten, welche, wenn sie anders wären, schlechthin andere und uns kaum vorstellbare Gesellschaften hervorgebracht hätten.

Zu b): Eng verwandt mit kosmischen Gegebenheiten sind die **klimatischen:** Niederschlag und Temperatur, Luftdruck, -feuchtigkeit und -bewegungen. An diesen Tatsachen kommt auch keine Gesellschaft vorbei. Wohl kann und muß sich der Mensch vor Extremen schützen, aber die Art und Weise, wie er sich schützt, wird selbst zu einem untrennbaren Bestandteil seines Zusammenlebens. Er zieht um zu einer anderen Klimazone, folgt Ernährungs- oder Arbeitsmöglichkeiten nach Erntezeiten, geht in den »sonnigen Süden« in Ferien, – alle diese Tätigkeiten sind in die Gesellschaftsstruktur eingefügt und prägen sein persönliches wie gesellschaftliches Leben.

Zu c): In ähnlicher Form wirkt die **Topographie** auf das Miteinanderleben der Menschen. Eine Gesellschaft an der Meeresküste ist anders als eine im Gebirge, eine tief im Inland anders als eine auf einer Insel. Flüsse und Felsen, Sand und Sumpf bedingen verschiedene Techniken und Lebensweisen; sie bedeuten bestimmte Gefahren, denen zu entgehen Gesellschaftsregeln, Techniken und oft religiöse Riten entwickelt werden.

Zu d): Es bedarf kaum der weiteren Erläuterung, daß die Beschaffenheit und die

Schätze des Bodens sowie die Pflanzen- und Tierarten einer bestimmten Gegend zu elementaren Bestandteilen der gesellschaftlichen Existenz werden.

2. – Es soll hier nicht die These vertreten werden, daß die Geographie die Form der Gesellschaft und der Kultur einfach bestimmt. Manche Gesellschaften zeigen große Unterschiede, obwohl sie in ähnlichen geographischen Zonen liegen. Ausschlaggebend ist vor allem, was die gegebene Kultur aus ihren geographischen Vorgegebenheiten **macht.**

B) Die Biologie

Noch näher an der Grundsubstanz der Gesellschaft ist die biologische Grundlage des Menschen. Es wird manchmal vergessen, daß die Gesellschaft aus »homo sapiens« besteht und dadurch bestimmten Gesetzen unterworfen ist. Der Mensch ist eben etwa 1,70 Meter groß und nicht 3 Meter oder 30 Zentimeter; er ist zweigeschlechtlich, steht aufrecht auf zwei Beinen, sein Gehirn ist von einer bestimmten Größe, er hat eine bestimmte Lebensspanne usw.
Durch die Möglichkeit der Manipulierung der Gene ist es denkbar, daß heute ungeahnte Änderungen in der biologischen Grundlage bewirkt werden können. Aber wie an der Geographie kommt man auch an der Biologie nicht vorbei; in beiden Fällen könnten Menschen potentiell ihre eigene Existenz untergraben. Das ist auch eine gesellschaftliche Tatsache.

I. Mensch und Tier

Bereits ein beiläufiger Blick auf das Wesen der Menschen enthüllt seine biologische **Ähnlichkeit mit der Tierwelt.** Wie das Tier hat auch der Mensch Zellen, Organe und Zellgewebe; er zeugt, wird geboren, reift und stirbt; er hungert, dürstet und leidet Schmerzen. Sein Erdendasein hängt ab von seiner Fähigkeit und der seiner Art, sich einer häufig feindlichen Umwelt anzupassen.
Die Ähnlichkeit zwischen Mensch und Tier wächst in dem Maße, wie wir von den niederen zu den höheren Klassen der Tierwelt fortschreiten. Einige charakteristische Kennzeichen teilt der Mensch nur mit einer sehr kleinen Gruppe von Tieren: die Fähigkeit, mit den Händen zu greifen durch die Gegenüberstellung von Daumen und Fingern, die Fähigkeit, aufrecht auf zwei Beinen zu stehen, die es ihm ermöglicht, seine Begabung für mechanische Manipulationen mit den Händen auszunützen, die Bewegungsfreiheit der Unterarme nach fast allen Seiten. Das Verdauungssystem des Menschen ist ebenfalls außerordentlich anpassungsfähig; er kann eine größere Vielfalt an Nahrungsmitteln essen und verdauen als nahezu alle Tiere. Dies ist eine wenig schmeichelhafte Ähnlichkeit mit dem Schwein, die den Menschen in die Lage versetzt, in den verschiedensten geographischen Zonen zu leben.

II. Die Offenheit des Menschen

Aber der Mensch hat auch völlig **einmalige** biologische Eigenschaften, die zumindest die Grundlage bilden für seine unangefochtene Stellung in der biologischen Welt.

a) Der Mensch ist das einzige »vierbeinige« Geschöpf, das immer nur auf den Hinterbeinen steht; kein anderer Vierbeiner kann mit voller Geschwindigkeit auf nur zwei Beinen rennen, und die Wirbelsäulen der anderen sind nicht dazu eingerichtet, schwere Lasten zu tragen, während sie sich auf zwei Beinen bewegen. Die Hände der Menschen werden niemals zur Fortbewegung benötigt. Außerdem hat der Mensch ein kompliziertes und höher entwickeltes Gehirn als irgendeiner seiner Verwandten aus dem Tierreich, eine Entwicklung, die zweifellos die Grundlage bildet für seine Überlegenheit in der Lernfähigkeit und die auch seine relative Schwäche auf anderen Spezialgebieten – er kann beispielsweise nicht laufen wie ein Reh, nicht sehen wie Katze und Adler, nicht fliegen wie ein Vogel oder Fleisch mit Klauen und Fängen zerreißen; er besitzt nicht die körperliche Stärke vieler Tiere – mehr als ausgleicht.

b) Eine andere Entwicklungserscheinung, die auf den ersten Blick negativ erscheinen könnte, ist das Fehlen **hochentwickelter Instinkte** beim Menschen. Er muß nicht nur die höheren Formen der Wechselbeziehungen in der Gesellschaft, sondern auch die Grundbedingungen für seine Existenz in einem verhältnismäßig langsamen und mühsamen Prozeß erlernen. Dies ist negativ insofern, als es den Menschen während einer langen Periode seines Daseins völlig abhängig macht vom Schutz und der Fürsorge anderer Menschen; fast zwei Jahre lang kann er vor keiner Gefahr fliehen. Im ganzen gesehen bedeutet das Fehlen der Instinkte jedoch **Freiheit von engbegrenzten Reaktionen,** ein Freiheit, die ihm unzählige Möglichkeiten der Anpassung und Entwicklung eröffnet. Der Vogel muß nicht lernen, wie er sein Nest baut, aber er wird auch immer nur ein und dieselbe Art von Nest bauen.

Das Fehlen eines hochentwickelten Systems festgelegter Instinkte führt auch zu der außerordentlichen **Vielzahl gesellschaftlicher Erscheinungsformen:** zur Familie, zu wirtschaftlichen, politischen und religiösen Systemen verschiedenster Art und zum Wandel in der Zeit. Der Mensch ist ausgestattet mit einigen wenigen generell vorhandenen Impulsen, die ihren Ausdruck finden in zahllosen verschiedenen Formen sozialen Daseins. Er ist nicht nur fähig, ein Gruppenleben unter den verschiedensten Gesichtspunkten zu organisieren, die rudimentäre Natur seiner Instinkte **zwingt** ihn ständig, sein Leben in der Gesellschaft nach den neuen Möglichkeiten auszurichten und abzuwandeln, die er gewählt hat. Der Mensch muß die Formen des Gruppendaseins schaffen, das in Gesellschaft lebende Tier ist biologisch dafür ausgestattet.

c) Von allen einzigartigen Charakteristika scheint **eines** die Schlüsselstelle einzunehmen: Es umfaßt die **eigenartige Struktur von Mund, Kinn, Zunge und Stimmorganen** in Verbindung mit einem **komplexen Gehirnsystem,** die in der strukturellen Möglichkeit resultieren, zu **sprechen** und so sich in Symbolen mit anderen zu verständigen. Die biologischen Wurzeln der Einmaligkeit des Menschen liegen vor allem in dieser Fähigkeit, die seine anderen Fähigkeiten erst zu vollen Entfaltung bringt.

Offensichtlich können auch nichtmenschliche Wesen unter bestimmten Voraussetzungen sich ganz wirksam untereinander verständigen. Sowohl Bewegungen als auch Töne werden benützt, um anderen etwas mitzuteilen: Furcht oder Feindschaft, Zuneigung, das Vorhandensein einer Gefahr, die Richtung einer Nahrungsquelle oder den Trieb während der Paarungszeit. Aber diese Verständigung ist nicht symbolisch, Bewegung und Ton sind expressiv und betreffen nur die unmittelbar gegebene Situation. Sie können nicht zweckvoll eingesetzt werden, um mögliche zukünftige Ereignisse zu beschreiben oder die Vergangenheit zu analysieren. Deshalb leben nichtmenschliche Wesen nur in der Gegenwart. Soweit das Tier überhaupt lernt, ist es abhängig von der unmittelbaren Erfahrung und kann nicht aus der Erfahrung anderer lernen durch symbolische (konventionelle) Laute. Die Bedeutung konventioneller Laute wird klar, wenn wir den Kontrast betrachten, der besteht zwischen dem wütenden Schrei »Ich bring' dich um!« und den kühlen Worten des Richters: »Sie sind zum Tode verurteilt und werden heute um Mitternacht hingerichtet!« Ersteres ist höchst expressiv und gleicht der Mitteilung des Tieres, letzteres ist rein symbolisch und könnte gleich gut in ebenso kühlem Ton in Hunderten von Systemen konventioneller Laute, d. h. Sprachen, ausgedrückt werden. Die Mitteilung durch Symbole ermöglicht es dem Menschen, **gleichzeitig in der Vergangenheit Gegenwart und Zukunft zu leben.** Sie befreit ihn von der Notwendigkeit, Gefahr erst körperlich erleben zu müssen, um zu wissen, wie er darauf reagieren soll. Sie ermöglicht es ihm, auf die gesammelten Erfahrungen aller vorhergehenden Generationen aufzubauen. Er kann sich mit Dingen auseinandersetzen, die er nie durch seine Sinne erfahren hat und vielleicht nie erfahren wird; aus dem Reichtum an Symbolen, die ihm zur Verfügung stehen, kann er eine Phantasiewelt konstruieten, die praktisch ohne Grenzen ist. Kurz, der Mensch ist fähig, etwas nur auf Ideen, Vorstellungen, Hypothesen und Annahme aufzubauen und damit zu arbeiten.

Die Fähigkeit, außerhalb der Gegenwart zu leben, bringt nicht nur Freiheiten und Vorteile des Lebens mit sich, sie muß auch mit Nachteilen und Gefahren bezahlt werden. Einmal ist der Mensch verhältnismäßig eingeengt durch das besondere System von Symbolen, d. h. durch die Sprache, die er lernt. Er ist im gewissen Sinne der Sklave seiner Sprache, die für weite Bereiche der Kommunikationsmöglichkeiten einfach keinen Ausdruck kennt. Jeder, der sich mit anderen als seiner eigenen Sprache befaßt, seien sie antik oder modern, wird beeindruckt sein von der Reichweite der neuen Gedanken, die sich ihm eröffnen, und von der speziellen Fähigkeit der jeweiligen Sprache, ganz bestimmte Kommunikationsgebiete aufzuschließen. Von großer Bedeutung ist die Fähigkeit des Menschen, durch symbolische Kommunikation zu wissen, daß er **sterben** muß. Der Mensch allein kann wissen, daß alle seine Anstrengungen und Hoffnungen, seine Erfolge und Träume in den Tod münden. Nur der Mensch kann sagen, »Alles ist eitel«. Und nur die Welt des Menschen ist bevölkert von Gespenstern und Geistern, von Teufeln und Göttern, die ihn quälen oder trösten können. Seine Ideen sind so real für ihn wie materielle Objekte, oft noch realer, und er kann sich vor den immateriellen Schöpfungen seiner Phantasie ebenso fürchten wie vor einer unmittelbaren Bedrohung seines Lebens. Der Mensch lebt nicht in einer Welt von schlichten »menschlichen Wesen«, sondern in einer Welt von »Kapitalisten« und »Kommunisten«, von »Christen« und »Heiden«, von »Kriegshetzern« und »freiheitsliebenden Völkern«, von »Arbeitern« und »Ausbeutern«.

Obwohl die Wurzeln der symbolischen Kommunikation in den strukturellen Gege-

x ausdrucksvoll, ausdrucksstark.
xx herkömmlich, förmlich
xxx nicht stofflich, unkörperlich, geistig

benheiten liegen, würde diese Fähigkeit nichts nützen, wenn der Mensch nicht ein ausgesprochen **soziales** Wesen wäre. Er wird geboren, lebt und stirbt in der Gesellschaft anderer. Man weiß nicht, ob der Herdentrieb des Menschen ererbt ist (wie der der Schafe im Gegensatz zum Tiger), oder ob sein Verlangen nach Gesellschaft erworben ist dadurch, daß er von Geburt an von anderen menschlichen Wesen abhängig ist. Aus der Beobachtung des weiten Bereichs derjenigen Bedürfnisse des Menschen, die er erworben hat, scheint es gut möglich, daß sein Herdentrieb sowohl ererbt als auch erworben ist.

III. Umwandlung der biologischen Bedürfnisse

Mit dem Auftreten der erworbenen Bedürfnisse tritt die Biologie zurück und soziale Kräfte beginnen einen Zwang auszuüben, der die rein biologischen Bedürfnisse in einem Maß in den Hintergrund drängt, daß biologische Notwendigkeiten schließlich verleugnet oder bekämpft werden können. Die biologischen Bedürfnisse des Menschen sind ziemlich unkompliziert und allgemeingültig; man bezeichnet sie besser als Triebe: Essen, Trinken, Schlafen, Entleerungen, Muskeltätigkeit, Geschlechtstrieb. Aber durch die Ausformung in sozialen Wechselbeziehungen wird das Bedürfnis nach Nahrung zu dem speziellen Wunsch nach einem Beefsteak, nach Spaghetti oder Paprika, der Durst wird nur richtig gelöscht durch Coca Cola oder Gin, die Entleerungen können nur im Verborgenen vorgenommen werden usw. Erst wenn wir überlegen, welches Ausmaß die menschlichen Bedürfnisse annehmen, die durch Assoziation entstehen und durch die Umwandlung einfacher biologischer Bedürfnisse in komplexe, von der Gesellschaft bevorzugte Handlungen, erst dann beginnen wir zu erfassen, in welchem Maße biologische Triebe ergänzt oder sogar ersetzt werden durch **erworbene** Antriebe. Das Bedürfnis nach Nahrung kann sich dem gesellschaftlich bedingten Verlangen nach Schlankheit uterordnen oder den Vorschriften einer Religion, die Fasten gebietet. Das Bedürfnis, sich vor Kälte zu schützen, kann kapitulieren vor dem gesellschaftsbedingten Verlangen nach kurzen Kleidern und Seidenstrümpfen; oder der Wunsch, sich körperlich frei bewegen zu können, wird ersetzt durch das gesellschaftsbedingte Bedürfnis, winzige Schuhe zu tragen. Sogar der fundamentale Trieb, überhaupt zu leben, ist häufig schwächer als das Verlangen, Patriotismus oder Treue einem religiösen Ideal zu beweisen. Diese Beispiele könnten beliebig fortgesetzt werden.

C) Die existentielle Spannung

I. Organismus und sozialisiertes Individuum

Mit der Tatsache der gesellschaftlichen Wirkung auf die Bedürfnisse, – eine Wirkung, die gleichzeitig einen »unnatürlichen« Verzicht oder zeitliche Zurückstellung unübersehbarer Triebimpulse mit sich bringt, berühren wir eine anthropologische Konstante, die das Grundbefinden des Menschen als eines gesellschaftlichen Wesens erheblich klarer beleuchtet. Wir nennen die Spannung, die sich aus dem Gegensatz zwischen biologischen Trieben einerseits und gesellschaftlicher Notwendigkeit von Triebverzicht bzw. Trieblenkung andererseits ergibt, die **existentielle Spannung.**

Der Mensch entfaltet sich zwischen **zwei entgegengesetzten Impulsen**. Seine Schwächen, seine Unfähigkeit, allein zu existieren, das Fehlen der körperlichen Spezialisierung und des Instinkts und – vermutlich – ein angeborener Herdentrieb nötigen ihn, in »Gesellschaft« zu leben; er ist ein soziales Wesen. Gleichzeitig ist er auf Individualität und Selbstbestimmung angelegt. Diese veranlassen ihn, seine Einmaligkeit zu bewahren, sich selbst darzustellen. Er hat ein Geltungsbedürfnis, muß sich selbst bestätigen. Dazu kommt die für die Selbsterhaltung notwendige und durch die Evolution entwickelte Aggression [1]. Diese bedingt die Abwehr von Bedrohungen nicht nur seiner physischen Existenz (wie beim Tier), sondern auch – als soziales Wesen – seiner Geltung in der Gesellschaft. Im sozialen Rahmen steigert sich die Aggression leicht in einen heftigen Kampfgeist und eine ausgeprägte Herrschaftslust.

Die Dialektik dieser zwei Impulse macht den homo sapiens zum Kulturwesen. Die eine Seite ist die Bedingung der Existenz als sozial abhängiges Wesen. Sie drückt sich aus in der normativen Struktur der Gesellschaft und deren Widerstand gegen Änderung. Machtpositionen, Anpassung und Sanktionen gegen Abweichung charakterisieren diese Seite. Zum Schutz der normativen Struktur werden – bewußt und unbewußt – Gesetz und Gewissen, Gruppendruck und Gewöhnung mobilisiert. Wie bei jedem Schutzwall neigt die Struktur zur Starrheit, Unbiegsamkeit, Inflexibilität, auch nachdem sich ihre Grundlagen – geographische, demographische und technische Gegebenheiten – wesentlich geändert haben. Diese Seite ist ein festes, dauerhaftes Gefüge, das erst von modifizierten Selbstverständnissen und Handlungsmustern vieler Individuen verändert wird.

Dagegen ist die andere Seite dynamisch. Sie ist die Bedingung der Existenz als unauswechselbares und freies Individuum. Sie bedroht die normative Struktur mit Normenlosigkeit und Anarchie, sie ändert die Struktur durch geistige, ästhetische und technische Erfindung, durch Rebellion und individualistische Selbstbehauptung. Sie richtet sich nach einer erhofften größeren Freiheit in der Zukunft.

So steht der dynamische Zug dem statischen gegenüber. Zur Dynamik gehört auch der Zusammenschluß in Gruppen, die zur Bewahrung eigener Identität und zur Selbstbehauptung gegen die Zwangsdimension der größeren Normstruktur drängen. Das Ergebnis ist ständige Spannung und der latente oder offene Konflikt.

1. – Betrachten wir nun den neugeborenen menschlichen Organismus. Seine Dynamik ist, mit möglicher Ausnahme von schwachen, rudimentären Instinkten (Saugen, sich an etwas klammern), ungerichtet und unorientiert, unfähig, aus sich selbst heraus die Orientierung zu finden und zu entwickeln, die allein Kontaktaufnahme und Austauschhandlungen ermöglicht. Diese allein wiederum befähigen ihn zu leben, »Mensch« zu werden. Solche Orientierungen werden ihm von der Gesellschaft aufgedrängt, zunächst und vorwiegend von der Mutter (oder dem Muttersatz) vermittelt. Ihre Vermittlung geschieht auf individuelle Weise und wird zugleich mit dem dem Organismus eingenartigen Widerstand aufgenommen. Die Leistung der Mutter bedingt die organische Erhaltung sowie auch die körperhafte Kontaktaufnahme, die, wie wir aus zahlreichen Untersuchungen und Fällen des Hospitalismus

wissen (S. 128), so bedeutsam für Leben und Menschwerdung ist wie Nahrung und Schutz vor organischer Gefahr. So wie ein ungebundener, im Raum fliegender Himmelskörper in eine Bahn im Sonnensystem gerät, wird er in ein System hereingeholt und eingegliedert, bis er als reifes, erwachsener Individuum eine eigene Identität gefunden und stabilisiert hat, genug, um Neugeborene seinerseits in das gleiche System hereinzuholen. Das ist das »sozialisierte Individuum«.
Als dynamischer Organismus ist das Individuum durch **Abgegrenztheit** charakterisiert, als Mitglied der Gesellschaft **fließen die Grenzen** zwischen Individuen. Die Abgegrenztheit ist gegeben durch eine organische Haut und ein am Anfang gegebenes Unvermögen, sich in das andere Individuum »hinein« zu denken. Als Organismus ist es vollkommen allein, die Grenzen sind unübersteigbar. Dieses Charakteristikum erhält sich durchs Leben hindurch als Unfähigkeit, sich ganz in das andere Individuum hinein zu versetzen, eine Unfähigkeit, die bei Grenzsituationen – Schmerz, Leid, Trauer, beim Sterben – besonders auffällig wird. Auch sonst ist einem Grundtenor der Einsamkeit nicht zu entgehen, er kann höchstens mit Geschäftigkeit oder Selbstvergessen übertüncht werden. Dagegen ist die Einsamkeit des sozialisierten Individuums nie total, denn es teilt auf hunderterlei Weise die Gedanken und das Wissen, den Zweifel, die Freude und den Schmerz seiner Mitmenschen. Die Grenzen sind fließend, wenn auch nicht ganz gelöscht. Die Spannung zwischen diesen entgegengesetzten Charakteristiken zeigt sich sowohl in der Sehnsucht nach Mitteilung in der Einsamkeit wie auch in der Flucht vor dem Druck dauernder Geselligkeit.
Ein verwandtes Begriffspaar wäre die **Bindungsunfähigkeit** des Organismus und der **Bindungszwang** des sozialisierten Individuums. Neugeborene Säuglinge sind allein in keinerlei Weise fähig, Bindung und Kontakt miteinander herzustellen. Diese werden durch den Eingriff der Gesellschaft – vermittelt durch sozialisierte Individuen – ermöglicht. Die zwei stehen auch dauernd in einem Spannungsverhältnis. Mit dem besten Willen lassen sich gewünschte Bindungen häufig nicht herstellen, während andererseits Bindungen, die man sich nicht wünscht, oft ohne aktives Zutun entstehen und zählebig bleiben.
Merkmal des Organismus ist auch die **Labilität** und Richtungslosigkeit seiner dynamischen Kräfte, während die Gerichtetheit und die Orientierung des sozialisierten Individuums **Stabilität**, die Fähigkeit der Selbsterhaltung, geben. So sehr wir die Notwendigkeit der Zielgerichtetheit einsehen, kommt uns doch die Gerichtetheit des Handelns häufig verdächtig nahe an Dressur, Zwangshandlung, an »Abgerichtetheit«, vor, und wir würden uns selbst und anderen mehr Spontaneität wünschen, auch wenn sie mit einiger Unberechenbarkeit verbunden wäre.
Vor allem ist der Organismus als solcher dem **Tode** geweiht. Der Organismus ist damit endgültig vorbei und aus jeglicher materiellen Identität verschwunden. Das sozialisierte Individuum andererseits **überlebt** in der Erinnerung anderer Menschen; es objektiviert seine sozialisierte Existenz in Struktureinflüssen, die – wenn auch meist im kleinen Rahmen – in die Geschichte der Gemeinschaft eingehen und seine organische Existenz lange überdauern. Doch der Wunsch nach dem Tode, nach endgültigem Auslöschen einer miserablen Existenz, ist dem Menschen nicht fremd. Nicht selten finden sich beide Wünsche nebeneinander.

2. – Die Bedürfnisse des sozialisierten Individuums sind entsprechend gespannt.

Von der Seite des dynamischen Einzelwesens bedarf es der **Abweichung**, im kleineren oder größeren Maße, um seine Individualität, seine Selbstbestätigung als Individuum zu bewahren. Ein totales Aufgehen in die vorgegebenen Regeln der Gesellschaft gleicht dem Verschwinden aller Identifizierbarkeit, dem Tode der Individualität. Gleichwohl weiß jeder, daß **Anpassung** unabdingbar ist, daß der totale Abstand von gesellschaftlichen Ordnungsregeln den Verlust jeglichen Kontaktes, der Interaktion bedeuten würde und damit den sicheren Tod. Das Anpassungsbedürfnis ist wohl nicht nur durch massiven gesellschaftlichen Druck eingepflanzt, es ist höchstwahrscheinlich mitangelegt im Erbe. Die Spannung zwischen Anpassung und Abweichung äußert sich in dem banalen und alltäglichen Beispiel der Mode: Keine Frau fühlt sich wohl, wenn sich ihre Bekleidung in nichts von derjenigen einer anderen Frau unterscheidet, obwohl die Bekleidung beider der Mode angepaßt ist. Eine weitere Spannung in der Bedürfnislage läßt sich so formulieren: **Selbsterhaltung auf Kosten anderer gegen Selbstopfer für andere.** Wir wissen, daß Selbstopfer für eine Gemeinschaft oft mit Recht verlangt werden kann, und daß Selbsterhaltung gleichzeitig als unveräußerliches Recht verankert werden muß. Die Spannung zwischen Selbsterhaltung und Selbstaufgabe ist nicht bloß die zwischen Individuum und Gesellschaft; sie geht mitten durch jeden Menschen. Diese innere Spannung kann in Krisenzeiten schmerzlich bewußt werden: Soll ich mich opfern oder soll ich mich im Interesse der Gemeinschaft erhalten? Soll ich mich erhalten oder mich selbst vernichten in meinem eigenen Interesse?
Wir könnten das Spannungsverhältnis der Bedürfnislagen weiter betrachten durch die Begriffe Individualismus – Kollektivismus, Triebfreiheit – Triebkontrolle, Anarchie – Ordnung, Egoismus – Hingabe, Konflikt – Kooperation, Abenteuer/neue Erlebnisse – Gesichertheit/vertraute Erlebnisse. Dabei wäre nochmals zu betonen, daß der Konflikt nicht primär zwischen dem einzelnen und der Gruppe – der Gesellschaft – zu erfassen ist, sondern er ist auch die Bezeichnung des Verhältnisses des sozialisierten Individuums zu sich selbst. Um Mensch zu werden, hat das Individuum die Gesellschaft in sich verinnerlicht. Die Gesellschaft ist der sozialisierte Komponent, und der einzelne der individuelle Komponent seiner inneren Struktur. Beide sind Grundelemente der menschlichen Existenz.

II. Folgen der Spannung

1. – Es ist diese innere Spannung, welche Grundbefindlichkeiten des Menschen bestimmt. Wir können sie unter einigen geläufigen Begriffen andeuten. An erster Stelle wäre vermutlich die **Angst** zu setzen, – nach beiden Seiten hin: Angst, die identifizierbare Einmaligkeit durch die Konformitätszwänge gesellschaftlicher Regeln zu verlieren, und Angst vor dem Verlust der lebenstragenden und -sichernden Bindungen. Riemann formuliert diese Ängste so: (a) »Die Angst vor der Selbsthingabe, als Ich-Verlust und Abhängigkeit erlebt«, bzw. »Die Angst vor der Notwendigkeit, als Endgültigkeit und Unfreiheit erlebt«, und (b) »Die Angst vor der Selbstwerdung, als Ungeborgenheit und Isolierung erlebt«, bzw. »Die Angst vor der Wandlung, als Vergänglichkeit und Unsicherheit erlebt« [2].
Diese Ängste können nicht mit erzieherischem Geschick aus der Existenz »herausoperiert« werden; sie können höchstens in einem erträglichen Gleichgewicht ste-

hen oder einer Bewältigung durch Bewußtwerden zugänglich gemacht werden. Nach Riemann bedingt eine Kombination von ungünstigen Umwelts- oder konstitutionellen Faktoren das einseitige Hervortreten der einen oder der anderen Angstform. Beim Überwiegen der Angst vor dem Verlust der Individualität läßt sich das Individuum schwer in eine Bindung ein, verliert in einem Teufelskreis sein Vertrauen zum Mitmenschen und isoliert sich von Kontakten, im Extremfall bis zu dem Punkt, an dem es nicht weiß, ob es in derselben Welt lebt wie die anderen; es konstruiert seine eigene Welt: die Schizophrenie oder die Hysterie. Die einseitige Beherrschung durch die andere Form der Angst führt wiederum zu wiederholten Versuchen, durch Unterordnung oder auch Aggression eine absolute Absicherung der Bindung zu erreichen. Diese Versuche müssen an der Individualität des anderen scheitern. Der Kreis der Versuche und des Scheiterns äußert sich in Zwanghaftigkeit oder in einer krankhaft depressiven Persönlichkeit.

Eng verwandt mit der Angst ist die aus der Spannung entstehende **Schuld**. Obwohl man existentiell weiß, daß das eigene Leben nur der Zuwendung und der Hingabe anderer zu verdanken ist, widerstrebt es einem, sich dem anderen hinzugeben. Man bleibt dem anderen schuldig, und keine kalkulierbare Auszahlung vermag diese Schuld zu tilgen. Zwar verdeckt man sie mit Zusicherungen: »Man muß zuerst für sich selbst sorgen, es hat mir niemand geholfen!«, aber die verdrängte Schuld meldet sich wieder in der Gestalt der Aggression, welche neue zu verdrängende Schuldgefühle mit sich bringt, weitere Aggression usf. Auf der anderen Seite verleugnet man unter dem Druck einer Gemeinschaft die eigene Individualität (Komm, jetzt gehen wir Kirschen stehlen!), man plappert den anderen nach, kauft, was die anderen kaufen, obwohl man es nicht braucht und nicht wirklich will. Man verfehlt die eigene Selbstwerdung (die »uneigentliche« Existenz des »man« in Existentialismus). Man ist sich selbst nicht treu, ist sich selbst schuldig. Die Schuld trifft uns also auch auf beiden Seiten.

Zwei andere bedeutsame Folgen der Spannung bei der Begegnung des Organismus mit der Gesellschaft sind die **Selbst-Reflexion** und das **Wissen um den eigenen Tod.** Erst andere Menschen, deren Ordnungsregeln dem Organismus eine Orientierung geben können, stellen den Spiegel dar, in dem der einzelne sich selbst »sehen« kann. (S. 99ff.) An den Reaktionen anderer bildet sich das Urteil über sich selbst sowie auch eine Vorstellung davon, wie man sich selbst im Idealfall sehen möchte. Die Spannung zwischen dem, welches er »sieht«, und dem »Idealfall« – nach dem jeweiligen Idealbild – treibt wiederum zur dynamischen Gestaltung der persönlichen und sozialen Welt. Im Zusammenhang mit der Selbst-Reflexion steht das Wissen um den eigenen Tod, an dem die Spannung zwischen grenzenüberschreitender Solidarität und endgültigem Abbruch aller Bindungen am akutesten ist. Darin ist das Scheitern des sozialisierten Individuums am Organismus am deutlichsten abzulesen.

2. – Anhand dieses Modells können noch andere Aspekte des gesellschaftlichen Lebens veranschaulicht werden. Als System mit relativem Gleichgewicht der nach individueller Abweichung (»zentrifugalen«)xx und der nach gemeinsamer Anpassung drängenden (»zentripetalen«)x Kräfte gibt es einige einer Automatik analoge Regulierungsmechanismen. Übermäßiger Druck von außen nach Anpassung, nach stärkerer Einordnung in das Ordnungsschema der Gesellschaft wecken gerade das Bedürfnis nach Abweichung, bis zur Revolte, oder zur Abkapselung im privaten Leben.

x zum Mittelp. hinstrebend
xx vom Mittelp. wegstrebend

Umgekehrt wecken verunsichernde Abweichungen der einzelnen den Ruf nach Solidarität, nach Abwendung des Chaos, nach »Ruhe und Ordnung«. Beide tragen zur Erhaltung der Existenz bei.
Weniger anschaulich am Modell sind Veränderungen der Gesellschaft. Wir könnten jedoch vielleicht so formulieren: Abweichung einer erheblichen Zahl der Individuen erfordert Neustrukturierung der Gesellschaft, um die notwendigen Zentripetalkräfte wieder herzustellen. Die Erwartungen und Sanktionen, Rollen- und Autoritätsvorstellungen ändern sich in der Praxis, während Lippenbekenntnis und Gesetze vergangenen Bedingungen angehören. Die Gesellschaft wird schwach integriert und verliert ihre Orientierungskraft, verursacht störende Konflikte bis zur Spaltung. Das Regulierende besteht in der Neustrukturierung der Ordnungsregeln; alte Gesetze, Normen, Sanktionen und Autoritäten werden durch neuere, wirksamere ersetzt, um die theoretische mit der praktischen Struktur in relativen Einklang zu bringen.

3. – Wir haben bisher die Gesellschaft in erster Linie als politische Gemeinschaft gesehen, weil das Machtmonopol des Staates mit seinen Gesetzen die verbindlichsten Züge der Normstrukturen bilden. Das Modell des »Sonnensystems« mit seinen Zentrifugal- und Zentripetalkräften könnte jedoch auf ähnliche Weise für die Spannung zwischen dem sozialisierten Individuum und jeglichem anderen Gruppengebilde Anwendung finden, – von der Familie bis zur ganzen Menschheit. Gleichsam könnten innergesellschaftliche Gruppen und Organisationen als nach Individualität strebende »Planeten«, die um die Sonne der gesamten Gesellschaft kreisen, betrachtet werden. Gefährdung ihrer eigenen Identität durch Gleichschaltung oder Angriff von anderen Gruppen veranlassen zur größeren inneren Solidarität, genau wie die Zentripetalkräfte der Gesellschaft durch äußere Gefahr gestärkt werden. Der politische Herrscher oder Gruppenmanipulator benützt diese Tendenz, indem er gern den äußeren Feind ständig an die Wand malt, um innere Abweichungsimpulse zu dämpfen.
Das Verhältnis zwischen Individuum und Gesellschaft ist dialektisch, d. h. beide ändern sich durch gegenseitige Beeinflussung. Durch seine individualitätssichernde Abweichung trägt das Individuum zur Veränderung der Gesellschaft bei (es überzeugt andere, wird nachgeahmt, und neue Normen entstehen), und durch seine Verinnerlichung gesellschaftlicher Strukturen wird es weitgehend durch Gesellschaft geformt. Die Prägung durch Gesellschaft impliziert jedoch keine »außerhalb« der Individuen anzusiedelnde Willensrichtung der Strukturen, die, als Strukturen, in die kein lebendiges Individuum ganz aufgehen kann, tot und willenlos sind. So wie das Individuum durch eine nicht lebendige Landschaft oder auch Architektur geformt wird, wird es auch durch die Strukturen der Gesellschaft tief beeinflußt.
Angesichts der existentiellen Spannung ist der Traum einer vollständigen, konfliktlosen Gesellschaftsharmonie ebenso utopisch wie der Traum einer vollkommenen Freiheit, einer vollbefriedigenden Individualität. Der Zustand einer vollständigen Harmonie zwischen Bindungs- und Autonomiestreben ist nicht nur utopisch, sie kann von niemandem ernsthaft erwünscht werden. Denn die Spannung ist der Motor und die Triebkraft des Lebens, der Gegensatz zum Tod. Wir werden die Spannung nicht eliminieren, aber wir können versuchen, die daraus entstehenden Konflikte mehr statt weniger fruchtbar zu machen, weniger statt mehr zerstörerisch. Auch solche Bemühungen münden schließlich in Normstrukturen (Institutionen,

Gerichte, Verträge, Satzungen, Spielregeln) ein, die wiederum von Erstarrung bedroht sind [3].

III. Anthropologische Konstante

1. – Die Grundbefindlichkeit des sozialisierten Menschen in der Spannung zwischen Individualität und gesellschaftlicher Anpassung nannten wir eine anthropologische Konstante. Mit diesem Begriff sind wir schon an den Rand einer wissenschaftlichen Analyse und in die Zone der philosophischen Anthropologie eingedrungen [4].

Damit dreht sich die Diskussion zunehmend um vorwissenschaftliche Annahmen über Grundsatzfragen vom Sein und vom Sinn. Immerhin scheinen mindestens drei Ansätze in der sozailwissenschaftlichen Forschung eine solche Anthropologie zu bestätigen. Es sind:

a) Psychoanalyse

b) Rollentheorie und Selbstwahrnehmung durch die Reaktionen anderer Menschen

c) Systemanalyse.

Zu a): Grundlegend für die Psychoanalyse ist die Entdeckung der Spannung zwischen fundamentaler Triebstruktur (»Lustprinzip«) und kultureller Verzichtnotwendigkeit (»Realitätsprinzip«). (S. 103 ff.).

Zu b): Rollentheorie befaßt sich mit den vorgegebenen Rollenforderungen in der Gesellschaft. Rollenforderungen sind jedoch allgemeiner Art und decken sich nicht mit der einmaligen Persönlichkeit des jeweiligen Rollenträgers. Daraus ergeben sich vielfältige Spannungen zwischen dem individuellen Rollenträger und seiner Rolle. Dieser spannungsreiche Aspekt der Existenz in der Gesellschaft nennt H. Plessner ein »Doppelgängertum«.

Zu c): Die Erhaltung des Lebens von unverwechselbaren Individuen in gesellschaftlicher Bindung und Anpassung setzt ein sich selbst regulierendes System von verschiedenen Kräften voraus: denjenigen, welche die einzelnen in einem mit anderen einzelnen gemeinsamen Kraftfeld zusammenhalten, und denjenigen, welche die Individuen davon abhalten, sich in Gemeinschaft aufzulösen. Systemtheorie befaßt sich mit genau solchen Einheiten von ineinandergreifenden und gegenseitig ausgleichenden, zusammenziehenden und sich abstoßenden Kräften mit ihren grenzerhaltenden und gleichzeitig an die Umwelt anpassenden Impulsen.

2. – Um unsere anthropologischen Annahmen skizzenhaft zu vervollständigen muß noch erwähnt werden, daß weder »anthropologische Konstante« noch »System« für uns ein statisches Bild bedeuten. Obwohl die Spannung selbst als Konstante angenommen wird, ist damit nichts ausgesagt über die Nähe oder Ferne des Individuums von der »Mitte« des Systems oder über die Möglichkeiten der Systemgestaltung zugunsten befriedigender Anpassungsharmonie bzw. individueller Freiheit zur Abweichung. Wir nehmen lediglich an, daß eine vollkommene Identität der Erfordernisse einmaliger Individualität **und** kontakterhaltender Konformität nicht erreicht werden kann. (Plessner: »Identitätsutopie«). Das wäre wohl eine tote Utopie, ohne den Motor der Spannung zwischen dem Erreichten und dem Erhofften.

Zuletzt entsprechen unseren Spannungen in vieler Hinsicht die »Widersprüche« bei Marx zwischen Mensch und Natur, Subjekt und Objekt, Basis und Überbau, Produktionskräften und Produktionsverhältnissen. Ob Marx eine endgültige Auflösung dieser Spannungen im künftigen Kommunismus erwartete, bleibt, trotz mancher seiner utopisch klingenden Aussagen, eine umstrittene Frage.

D) Kommunikation

Als letzter Aspekt der Grundlagen der Gesellschaft wäre in diesem Zusammenhang die Kommunikation zwischen Individuen zu beleuchten.
Wir sahen, daß die aus konventionellen Symbolen bestehende Sprache die Erweiterung von Möglichkeiten bedeutet, Empfindungen und Erlebnisse, Gedanken und Absichten zwischen Menschen vermitteln zu können, oder, anders ausgedrückt, **eine gemeinsame Lebenswelt aufzubauen**. Laute sind jedoch nur eine der Möglichkeiten – wenn auch wohl die entwicklungsfähigste –, sich über den Bedeutungsinhalt von wahrnehmbaren Objekten zu verständigen. Im Falle der Sprache sind die »Vermittlungsobjekte« bestimmte, voneinander unterscheidbare und hörbare Konstellationen von Schallwellen. Es können aber auch unterscheidbare Lichtwellen sein, welche Gesten, Mimik, gemeinsam sichtbare Objekte vermitteln, oder Oberflächen, Konturen und Bewegungen, die gemeinsam abtastbar oder fühlbar sind. In begrenztem Maße können es gemeinsam gerochene Düfte oder der wahrnehmbare Geschmack sein. Oft sind es zwei oder mehr dieser Objektkategorien, die gleichzeitig zwischen Individuen als Vermittler von Bedeutungsinhalten dienen.
Wichtig für die Analyse von Kommunikation ist die Tatsache, daß Bedeutungsinhalte durch objektive Dinge **vermittelt**, jedoch von ihnen **nicht intendiert** (im Sinne eines lebendigen Wesens, eines Subjekts) werden. Allein die kommunizierenden Individuen haben Intentionen; sie legen die gemeinsame Bedeutung **in das Objekt hinein**. Die Fähigkeit, sich über die Bedeutung von gemeinsam wahrnehmbaren Vermittlungsobjekten zu einigen, kommt nur Subjekten zu. Sich einigen heißt wiederum: sich entscheiden. Denn ein Bedeutungszusammenhang kann durch vielfältige – fast beliebige – Objekte vermittelt werden, wie auch einem Objekt vielfältige Bedeutungen zugeordnet werden können. Es gilt zu **entscheiden**, welchem Objekt (welchem Laut z. B.) eine bestimmte Bedeutung zugeordnet werden soll, bzw. welche Bedeutung ein bestimmtes Objekt (Laut, z. B.) vermitteln soll.
Am Beispiel eines kybernetischen Apparats (Groß-Computers) läßt sich zeigen, daß das Objekt allein (der Apparat) diese Entscheidung nicht fällen kann. Der Apparat, genau wie das menschliche Gehirn, kann objektive Signale (Schallwellen, Lichtwellen, Konturen, elektrische Impulse usw.) empfangen, speichern, aussortieren im Hinblick auf einen bestimmten Zweck und in einen zielgerichteten Energieausstoß umsetzen. Zwei Apparate können jedoch nicht selbständig und beliebig **entscheiden**, welche Signale – für den Computer schon von Menschen in Zahlen übersetzt – bestimmten Bedeutungen (Daten, Zwecken usw.) zugeordnet werden sollen. Hierin liegt ein unüberbrückbarer Unterschied zwischen dem toten Objekt und einem lebendigen Subjekt.
Freilich machen Menschen eine neue Entscheidung über die Zuordnung von Vermittlungsobjekten (Lauten) und Bedeutungsinhalten recht selten. Das Kind **muß** die

zugeordnete Deutung seiner Umwelt zunächst übernehmen, um Kontakt zu gewinnen und erhalten, – um kommunizieren zu können. Diese Übernahme von bestehenden Zuordnungen herrscht mehr oder weniger durchs Leben hindurch und begründet die – auch notwendige – Kontinuität der Gesellschaft. Dennoch zeigt schon das Kind, besonders in Phantasie und Spiel, die Fähigkeit, bekannten Objekten neue Bedeutungen zu geben. Die Erhaltung dieser Phantasie scheint eine Bedingung dafür, daß der spätere Erwachsene fähig bleibt, den objektiven gesellschaftlichen Strukturen neue und abweichende Deutungen zuzuordnen [5].

E) Literatur

1. Behrendt, Richard F.: Der Mensch im Licht der Soziologie. Stuttgart: Kohlhammer 1962.
2. Berger, Peter und Thomas Luckmann: Die gesellschaftliche Konstruktion der Wirklichkeit. Frankfurt/M.: S. Fischer 1966.
3. Geiger, Theodor: Arbeiten zur Soziologie. Neuwied: Luchterhand 1962.
4. Lorenz, Konrad: Das sogenannte Böse. Wien: Borotha-Schoeler Verlag 1963.
5. Parsons, Talcott: Beiträge zur soziologischen Theorie. (Hrsg. D. Rüschemeyer), Neuwied: Luchterhand 1964.
6. Plessner, Helmut: Diesseits der Utopie. Köln: Diederichs 1966.
7. Riemann, Fritz: Grundformen der Angst. Basel: Reinhardt 1969.
8. Vanberg, Viktor: Die zwei Soziologien. Stuttgart: Enke 1975.
9. Wurzbacher, Gerhard (Hrsg.): Der Mensch als soziales und personales Wesen. Stuttgart: Enke 1963.

F) Anmerkungen

1 Die Aggression betrachten wir als den Ausdruck des fundamentalen Lebensimpulses, sich selbst zu erhalten, entfalten und erweitern. Sie ist häufig in Gruppenaggression zu beobachten, bei der sich der einzelne so sehr mit der Gruppe identifiziert, daß seine »Lebensentfaltung« von der Erhaltung und Stärkung der Gruppe nicht zu trennen ist.

2 Fritz Riemann »Grundformen der Angst«, Basel: Reinhardt 1969.

3 Auf die positiven Seiten des Konflikts hat Georg Simmel aufmerksam gemacht. Diese wurden von Lewis Coser »Theorie Sozialer Konflikte«, (Neuwied: Luchterhand 1965) ergänzt und auf den heutigen Stand gebracht. Weitere Betrachtungen dazu finden sich bei Dahrendorf »Gesellschaft und Freiheit«, (München: Piper 1965). »Gesellschaft heißt stets Struktur, verläßliche Regelung menschlichen Verhaltens, Sicherheit, Berechenbarkeit, Grenze, Zwang und Gewalt. Im Gedanken der Freiheit dagegen schwingt die Möglichkeit des Entwurfs ins Offene, noch ganz Unbestimmte und Ungeprägte mit. Der Gedanke, daß Gesellschaft immer Verzicht auf Freiheit, Freiheit immer Freiheit von der Gesellschaft sein soll mag . . . sinnlos . . . erscheinen« (S. 7). Weiter dazu siehe unten S. 34–35.

4 Schopenhauer drückt diese Anthropologie aus mit der Beobachtung, daß Menschen einem Rudel Stachelschweine im Winter ähnlich sind: Um der Wärme willen rücken sie zusammen, aber um der Stachel willen müssen sie Abstand halten.

5 Eine Analyse der Grundlagen der Kommunikation bestätigt die Annahme, daß objektive Gesellschaftsstrukturen keine »Intention« und kein »Ziel« haben, sondern allein durch die Entscheidung von Menschen Bedeutung und damit Einordnung in ihren Zielvorstellungen bekommen. Die Voraussetzung für Veränderung der Gesellschaftsstruktur ist somit eine zunächst individuelle Entscheidung, ihr eine abweichende Deutung zuzulegen. Diese Entscheidung ist »frei«, nicht von vorausgehenden menschlichen Deutungen, sondern von angeblichen Intentionen des Objekts, der objektiven Gesellschaftsstrukturen.

3. Kapitel
Aufbau und Bauelemente der Gesellschaftsstruktur

Der Mensch lebt in Gruppen, obwohl er hierbei biologisch nur geringfügig gelenkt wird. Seine Instinkte – im Gegensatz zu denen der Ameisen, die sie befähigen in einem komplexen Gruppengebilde zu leben – sind zu rudimentär, um auch nur den Anforderungen der nackten Existenz zu genügen.
Wie sind die Gegenseitigkeit und Berechenbarkeit, die Abgrenzung, Auswahl und Kontinuität, die zum »instinktarmen« Gruppenleben nötig sind, beschaffen? Aus welchen Materialien und Gegebenheiten schaffen sich offene Wesen, wie die Menschen es sind, ein Gehäuse, das ihre Offenheit soweit strukturiert, daß diese nicht totale Isolation und Orientierungslosigkeit für den einzelnen bleibt?

A) Der Bauprozeß

Der **Prozeß** des Aufbaus, der nie aufhört und an dem jeder einzelne teilnimmt, wird von Berger und Luckmann so beschrieben [1]: Indem er handelt, **verobjektiviert** sich der Mensch. Er externalisiert seinen Körper und seinen Geist; durch Sprache und Tun **schafft er objektive Realitäten.** In der Wechselwirkung mit anderen findet er mit ihnen gemeinsame Orientierungen und Deutungen diesen Realitäten gegenüber. Gemeinsame Reaktionen werden habitualisiert und institutionalisiert – zur Regel gemacht –, um das Individuum von ständiger Überlegung und Unsicherheit zu entlasten. Andererseits werden die so entstandenen Realitäten wiederum internalisiert; das Individuum wird vergesellschaftet. An jede neue Generation vermittelte Realitäten erscheinen als »Natur«-Gegebenheiten, als externe, äußere, nichtmenschliche Wirklichkeit; diese wird jedoch unentwegt durch weitere Taten beeinflußt und geformt.
Der Aufbau der Gegenseitigkeit heißt also: ein ständiger dialektischer Prozeß (Äußerung), Institutionalisierung (Regelung) und Internalisierung (Verinnerlichung); das Produkt des Subjekts wird gleichzeitig unausweichliches Objekt: die **objektive Wirklichkeit der Gesellschaft**. Sie präsentiert sich als vorgegebenes Verhaltensmuster, je nach Lebenslage und Situation, als Struktur der Wechselbeziehungen zwischen Individuen.
Gesellschaftsstruktur, Sozialstruktur: Es sind geläufige Begriffe, die einer näheren Betrachtung bedürfen. Unter dem Begriff **Struktur** versteht die Soziologie die gesamte Verflechtung genormter zwischenmenschlicher Verhaltensweisen, wie sie alle Personen untereinander verbinden, die innerhalb des gegebenen Kulturkreises erkennbare Positionen einnehmen. Diese Verhaltensweisen werden meist umschrieben wie Rolle, Status, Sitten und Gebräuche, Konvention, Moral usw. Sie umfassen Rechte und Privilegien, Pflichten, Etikette und Protokoll. Da alle Betroffenen diese Verhaltensregeln und ihre Implikationen im Grundriß kennen, kann auch ein gegenseitiges Verständnis und eine weitgehende Übereinstimmung angenommen werden, soweit sie den Ablauf von Aktion und Reaktion betreffen.

B) Normen

1. Teile der Struktur können als Erwartungen an die Mitglieder einer Gesellschaft aufgefaßt werden, auch **Normen** genannt. Einige Normen werden als allgemein bindend und unerläßlich für das dauernde Funktionieren der Gesellschaft angesehen; sie haben eine ausgesprochen moralische Bedeutung und sind von W. G. Sumner »Mores« genannt worden. Im negativen Sinne bezeichnet man sie als »Tabus«. Die Mores werden, nach Sumner, nicht von verstandesmäßigen Überlegungen gestützt; tatsächlich entfernt die Anwendung rationalen Denkens Normen bereits aus der Kategorie der Mores. Sie sind so tief verwurzelt in gefühlsmäßigen Reaktionen, daß die Frage »warum« normalerweise nicht gestellt wird. Ein allgemein bekanntes Beispiel dafür ist das »Tabu« gegen Inzest. Als weitere Beispiele könnten angeführt werden der Patriotismus und der Gehorsam gegen die Eltern, oder Tabus gegen den Genuß bestimmter Speisen oder die Ausführung mancher Handlungen an bestimmten Tagen oder zu bestimmten Jahreszeiten.
Die Normen reichen von den Mores über bloße Sitten und Gebräuche bis zu dem, was man als technische Konventionen bezeichnen könnte.
Bereits diese Beispiele lassen erkennen, daß es dem Normenbegriff an einer zufriedenstellenden Präzisierung fehlt. Die Zusammenhänge, in welchen Erwartungen stehen, sind so vielschichtig und so minimal oder so schwerwiegend in ihren Konsequenzen, Dauer, räumliche Geltung und Verbindlichkeit, daß eine überzeugende Differenzierung für analytische Zwecke noch aussteht. Manchmal wird die Norm als eine statistische Gleichförmigkeit, ohne besondere Rücksicht auf dahinterstehende Wertungen, verstanden. Das »Normale«, gängige, weitverbreitete Verhalten. Es ist »normal«, daß man in unseren Breitengraden Kaffee zum Frühstück trinkt. Dagegen gibt es Gesetzesnormen, die ein »muß« beinhalten. Verstöße dagegen bringen ebenso »normierte« Sanktionen mit sich. Andere Normen weisen auf eine Idealvorstellung hin, – ein Ziel, das erstrebenswert ist, aber nur von besonderen Leistungsstarken erreicht werden kann. Anhand solcher Überlegungen spricht Dahrendorf von »muß«, »soll« und »kann« Erwartungen [2].
Es gibt aber andere wichtige Dimensionen von Erwartungen, denen eine solche Differenzierung nicht gerecht wird. Dreitzel bemüht sich um eine Klassifikation von Normen im Hinblick auf ihre Herkunft einerseits, andererseits auf die Enge ihres Vorschriftscharakters in der Rolle [3]. Im Hinblick auf Herkunft: (a) persönlich vermittelt in der Sozialisation (z. B. Gehorsamkeit des Kindes), (b) erforderlich für das Ordnungsgefüge in organisierter Produktion (z. B. korrekte Ausführung eines Arbeitsauftrags), (c) erforderlich für den reibungslosen Austausch in besonderen Situationen (z. B. rechtsfahren im Verkehr). Im Hinblick auf Vorschriftsenge: (a) rigoroser Gehorsam gegenüber Regeln (z. B. in einem Gefängnis), (b) Bewältigung von gestellten Aufgaben (z. B. Prüfling, und (c) Stil der Verfolgung eines bestimmten Ziels (z. B. Gastgeber). Dreitzels Klassifikation ist einem für seinen spezifischen Zweck konstruierte Rollenschema zugeschnitten, läßt aber ahnen, daß eine Differenzierung von Normen rasch kompliziert wird.

2. – Aus der Perspektive einer Analyse des historischen gesellschaftlichen Wandels teilt Habermas Normen in zwei Kategorien: institutionelle und technische. [4] **Institutionelle** Normen regeln den Verkehr zwischen den Menschen, sie werden vermittelt in Interaktion zwischen Willenssubjekten. Sie entstehen in der Auseinandersetzung über Werte und wiederspiegeln Machtstrukturen. Institutionelle Normen wurzeln im Glauben an eine »Wertidee«, die dem Leben einen Sinn gibt und als Autorität für Moral, Sittlichkeit und Religion gilt. Sie werden tief in die Persönlichkeit eingeprägt, zum Teil in der frühen Kindheit. Die Gesellschaft wacht über die Einhaltung der institutionellen Normen durch ihre zur Strafe und zum Lohn ermächtigte Autorität.

Technische Normen dagegen regeln die Zweckmäßigkeit des Umgangs mit willenlosen Objekten und den in der Objektwelt herrschenden kausalen Zusammenhängen. Sie sind strategisch und instrumental im Charakter und wirken unabhängig von Wertsetzung oder institutioneller Autorität. Sie sind Fertigkeiten, die das technische Handeln leiten, statt Tugenden des moralischen Handelns. Nicht die gesellschaftliche Autorität straft die Verstöße gegen diese Regeln, sondern sie scheitern an der technischen Realität. Sie wurzeln im »Wissen« (im analytisch-empirischen Sinne) und nicht im »Glauben«.

Hinsichtlich des gesellschaftlichen Wandels der Neuzeit ist ein Vordringen des Bereichs des technischen Handelns zu verzeichnen. Die Autorität des »Wissens« kommt in ständigen Konflikt mit der Autorität des »Glaubens« (klassisches Beispiel: Galilei). Das hat zum rascheren Wandel der Normen und zur erhöhten Glaubensunsicherheit geführt. Institutionelle Normen, von ihrem Sinn her gesehen, sind notwendige Handlungsorientierungen. Der Wandel macht die überlieferten (institutionellen) Normen jedoch häufig sinnlos.

3. – Der unterschiedliche Gebrauch des Normenbegriffs kann auf etwa drei Perspektiven reduziert werden: (a) aus der Perspektive des **Drucks** auf die Mitglieder einer Gesellschaft: Eine Norm ist eine Norm, **weil** ihre Erhaltung unter Sanktion gestellt wird; (b) aus der Perspektive des Interesses an **Teilstrukturen** eines Systems von Verhaltensregeln: Ein Verhalten ist eine Norm, wenn es ein identifizierbarer **Teil** eines gemeinsamen Verhaltensmusters ist; und (c) aus der Perspektive der Orientierung für ein dynamisches, instinktarmes Wesen: Das Spezifikum der Norm ist, daß sie eine Orientierung gebende **Vereinbarung** zwecks Kommunikation und Austausch ist.

Wegen des Mangels an Präzision ist der Normenbegriff jedoch nicht nutzlos. Er ist aber in erster Linie als allgemeine, undifferenzierte Bezeichnung für ein Stück Gesellschaftsstruktur zu gebrauchen. Nähere Beschreibungen für empirische Zwecke müssen andere Begriffe verwenden.

C) Rollen und ihre Verteilung

I. Die soziale Rolle

Weniger vage und viel vertrauter von der Alltagssprache her ist der Rollenbegriff. Er ist zu einem Schlüsselbegriff in der Soziologie geworden. Wir werden jedoch sehen (S. 33 ff.), daß er ebenso eine erhebliche Problematik in sich birgt.

Zunächst betrachten wir einige wichtige Aspekte der Rollenkonzeption zur Veranschaulichung der Gesellschaftsstruktur. Das Individuum begegnet der normativen Struktur – den Verhaltensregeln – im Leben in dem, was die Soziologen gewöhnlich **»soziale Rollen«** nennen.

Das Wort Rolle erweckt in den meisten die Vorstellung von der vorgeschriebenen Handlungsweise eines Charakters in einem Drama; in der Tat besteht auch eine enge Übereinstimmung zwischen beiden. Shakespeare könnte ein moderner Soziologe gewesen sein, wenn er einen seiner Charaktere feststellen läßt: »Die ganze Welt ist eine Bühne, und alle Männer und Frauen sind nur Akteure.« Genau wie die erfolgreiche Aufführung eines Dramas, die u. a. auf der Zusammenarbeit aller beruht, die wesentliche Übereinstimmung mit den vorgegebenen Rollen voraussetzt, so verlangt auch eine funktionierende Gesellschaft Übereinstimmung, beide jedoch mit einem gewissen Maß an persönlicher Eigenleistung. Und genau wie in einem Drama das Versagen eines Darstellers oder seine Weigerung, sich an die Rolle zu halten, Verwirrung und Chaos hervorrufen kann, weil er damit unberechenbar wird und die Stichworte für die anderen Spieler fehlen, ergeben sie auch in der Gesellschaft aus Unberechenbarkeit und dem Fehlen der Anpassung an vorgeschriebene Handlungen beträchtliche Spannungen, wenn nicht ein Chaos.

Eine andere Ähnlichkeit besteht darin, daß sowohl das Drama wie auch die Gesellschaft weiterbestehen ohne Rücksicht auf das Ausscheiden der einzelnen Individuen, die die vorgegebenen Rollen darstellen. Gesellschaft und Drama umfassen beide ein System von vorgeschriebenen, ineinandergreifenden Handlungen und Handlungsfolgen, die mehr oder weniger zufriedenstellend von einer ganzen Reihe von Individuen ausgeführt werden können, welche annähernd gleiche Voraussetzungen mitbringen.

Zu den Rollen, die uns hierbei sofort in den Sinn kommen, gehören die Familienrollen wie die des Vaters, der Mutter, des Kindes, der Großmutter, oder die politischen Rollen des Präsidenten, des Wählers, des Abgeordneten und des Richters, oder als berufsbedingte Rollen Bauer, Bäcker, Schreiner, Hotelier. Auch gibt es Alters-, Geschlechts-, Standes- und Klassenrollen, National-, Religions- und Rassen-Rollen. Offensichtlich spielt jedes Individuum mehrere Rollen, wie auch ein Schauspieler verschiedene Rollen im gleichen oder in mehreren Stücken verkörpern kann. Aber das System der Regeln – im Drama wie in der Gesellschaft – beruht in der Hauptsache auf der Rolle und nicht in erster Linie auf dem Individuum. Die Gesellschaft ändert sich natürlich mit der Zeit, d. h. ihre Vorschriften ändern sich. Die Interpretation eines Dramas kann sich ebenfalls ändern. Beide Male geschieht dies teilweise durch die Wirkung außerordentlich starker Persönlichkeiten, die die Vorschriften oder Darstellung einer Rolle in einer Weise verändern, die von den anderen akzeptiert wird. Das beste Beispiel für die Wandlung einer Rolle in der Gesellschaft ergibt ein Vergleich zwischen der gegenwärtigen Rolle der Frau mit derjenigen, die sie vor einem Jahrhundert spielte.

Doch die Analogie, so anschaulich sie auch ist, kann nicht viel weiter angewendet werden. Der Schauspieler spielt seine Theaterrolle im vollen Bewußtsein ihres Maskencharakters; er legt sie für die Hauptzeit seines täglichen Lebens ab. Dagegen ist sich der Träger gesellschaftlicher Rollen nicht nur des »Spiels« selten bewußt; er verinnerlicht die Verhaltensmuster bis zu einem solchen Grad, daß sie ihn – in der Form, wie er sie erfährt – zu dem machen, was er ist. Durch sie findet er seine eigene Identität (s. Kap. 7).

Die Rollen sind außerdem eng miteinander verflochten; man könnte sie darstellen als ein Gewebe, in welchem die Rollen die Knotenpunkte der Fäden sind, die wieder direkt zu anderen Knotenpunkten führen, die teils näher, teils weiter entfernt liegen. Wie in einem Webwerk verursacht die Verlagerung oder das Zerreißen eines Knotens eine Spannung oder Schwächung im Gesamtgewebe, und der Schaden ist am größten in dem Teil unmittelbar um den betreffenden Punkt.

Für analytische Zwecke ist es hilfreich, die Position (der »Knotenpunkt«) als solche – d. h. als Bezeichnung der Ortsbestimmung in der arbeitsteiligen Struktur – von den ihr anhaftenden Erwartungen zu trennen. Viele Positionen sind in der biologischen Anlage gegeben, z. B. Alters- und Geschlechtspositionen; doch die dazugehörenden Erwartungen sind verschieden je nach gegebener Struktur. Das, was wir bisher Rolle genannt haben, läßt sich genauer als **Position** bezeichnen. Nach neuerem Gebrauch in der Fachsprache ist die Rolle der Komplex von **positionsspezifischen** Verhaltensnormen.

Jede Position befindet sich mitten in einem Kreis von anderen Positionen, zu denen unmittelbare, strukturbedingte Beziehungen bestehen. So der Vater zum Kind, zur Mutter, zu behördlichen Vertretern (Jugendfürsorger, Vormundschaftsrichter) usw. Oder der Arzt: zum Patienten, zu seinen Kollegen, zur Krankenkasse, zur Ärztekammer. Ein solcher Kreis wird **Positionsfeld** genannt, einzelne Bezugspaare **Positionssegmente**. Nicht nur durch die Beziehungen, welche die verschiedenen Positionen verbinden, sondern auch durch die Tatsache, daß viele verschiedene Positionen durch »Personalunion« (Vater gleich Arzt, Stadtrat, Kirchenältester, Gesangvereinsmitglied) verbunden sind, wird das Ganze zu einem dichten Gewebe verflochten.

Einige Beispiele mögen genügen, um die Tragweite der Rolle in menschlichen Beziehungen sichtbar zu machen: Zwei Fußballmannschaften gehen aufs Feld und spielen ein höchst verwickeltes Spiel, ohne sich jemals vorher kennengelernt zu haben, nur auf Grund der wohldefinierten Rollen, welche die einzelnen einnehmen. Man fragt den fremden Menschen nicht nach der Höhe seines Gehalts; auf Grund seiner Rolle kann jedoch der Finanzbeamte oder der Sozialarbeiter genau diese Frage stellen. Kein Mensch geht uneingeladen in den Keller eines fremden Hauses. Doch derjenige, der die Rolle eines Angestellten des Gas- und Wasserwerks ausführt, darf dies tun, ohne daß jemand stutzig wird. Auf Grund seiner Rolle darf der Arzt oder Pfarrer im Gericht die Aussage über die im Vertrauen gegebenen Mitteilungen eines Angeklagten verweigern.

Es ist peinlich, wenn man sich über die Position eines anderen täuscht. Man fragt ein Mädchen nach einem Kaufobjekt im Warenhaus und entdeckt überrascht, daß es keine Verkäuferin ist. Die Regeln, die zur gedachten Position gehören, passen überhaupt nicht. Deswegen wird häufig ein äußeres Zeichen oder Symbol benützt, um die Position zu identifizieren: ein amtliches Zeichen, Uniform, Kappe. Wenn man in nähere Beziehung zu einem nicht genau bezeichneten Menschen treten will, fragt man bald »Was ist Ihr Beruf?« »Woher stammen Sie?« »Was macht Ihr Vater?« Die Fehlbeurteilung von Positionen bietet eine unerschöpfliche Quelle für den Witz. Rollen könnten als »vorgefertigte Kleider aus der Vorratskammer der Gesellschaft« bezeichnet werden. Man zieht eines an, um sich kenntlich zu machen. Nebenbei entwickelt sich dadurch die eigene Identität; man lernt auch sich selbst kennen. Allerdings ist der Vorrat der Gesellschaft begrenzt. Darüber hinaus haften am »Kleid«

allgemeine Wertungen der Person; damit ist Lebenssicherheit und Selbstwertgefühl eng verbunden. Wer, aus biologischen oder sonstigen Gründen, ein Kleid mit niedriger Wertung bekommt, wird schwerlich Anerkennung finden; er wird sich mit »Lumpen« begnügen müssen, oder sogar rücksichtslos an den Rand gedrängt.

II. Systeme der Rollenverteilung

Ein grundlegender Unterschied zwischen den verschiedenen Gesellschaftssystemen entsteht durch die festgelegte Art und Weise, in der die Rollen an ihre Glieder verteilt werden.

1. – Das eine Extrem bilden Gesellschaftssysteme, in denen die meisten biologisch nicht festgelegten Rollen für das Leben des Individuums bereits zur Zeit seiner Geburt festliegen, d. h. direkt abgeleitet werden von den Positionen, die die Eltern einnehmen. Ein strenges Kastensystem ist ein gutes Beispiel für eine solche Gesellschaft: Der Beruf, die soziale Stellung, politische und religiöse Tätigkeiten sind weithin von Geburt an vorgeschrieben. Man könnte von einer »Wesensrolle« sprechen. Der Mensch sei vom »Wesen« her Häuptling, Sklave, Bauer, König usw. Seine Rolle im weltlichen Theater sei ihm vom »göttlichen Regisseur« zugeteilt. (In der Literatur früherer Zeiten wird der Rollenmetapher etwa in diesem Sinne verwendet.) Dadurch, daß sich die Identität des einzelnen von klein auf in eine bestimmte Richtung entfaltete, konnte der Eindruck entstehen, daß seine Rolle wesensmäßig von Anfang an zu ihm gehört. Wenn wir bedenken, daß die soziokulturelle Gestaltung des Menschen für seine Vorstellung der Wirklichkeit und für sein Selbstverständnis ausschlaggebend ist, sind diese Gedanken unter den genannten kulturellen Bedingungen nicht fremd.
Das andere Extrem sind Gesellschaftssysteme, in denen das Individuum beträchtliche Freiheit genießt, die Rollen nach seinen Fähigkeiten und Neigungen auszuwählen. Eine solche Gesellschaft kann man eine »offene« nennen, die erstere eine »geschlossene«. In der »offenen« Gesellschaft kann man verhältnismäßig viele Positionen erwerben, in der »geschlossenen« sind die meisten Positionen zugeteilt. Allgemein gesprochen ist es charakteristisch für das Abendland, daß eine relativ größere Anzahl von Positionen übernommen werden kann.
Auf den ersten Blick könnte es scheinen, als sei die Überlegenheit einer Gesellschaftsform um so größer, je offener sie ist. Wer von uns möchte dort leben, wo die Möglichkeit, auf der sozialen Leiter höher zu steigen, oder die Chance, seine Talente zu entfalten und die vom Beruf bestimmten Rollen zu wechseln, eng begrenzt oder völlig versagt ist? Und wie kann eine Gesellschaft sich günstig entwickeln, wenn sie sich nicht die Talente nutzbar macht, die sich erst beim reifen Menschen und an unerwarteten Stellen entfalten?

2. – Eine objektive Analyse zeigt jedoch, daß die Vorteile der »offenen« Gesellschaft teuer bezahlt werden müssen. Die Möglichkeit, die Rollen zu wechseln, bedeutet nicht nur eine größere Möglichkeit des Fortschritts, sie schließt auch Orientierungslosigkeit und Unsicherheit ein ebenso wie die größere Wahrscheinlichkeit der Kriminalität. Sie kann höchste Unsicherheit und Unentschlossenheit bei der

Wahl eines künftigen Berufs bedeuten. Obwohl wir die Möglichkeit begrüßen, auf der sozialen Leiter höher steigen zu können, neigen wir dazu zu vergessen, daß die Möglichkeit des Aufstiegs begleitet ist von der Möglichkeit des Abstiegs. Vor allem führt die volkstümliche Annahme, daß man bis zu den Grenzen seiner Fähigkeit aufsteigen könne, zu einer weitverbreiteten Enttäuschung, da man sich gemeinhin höher einschätzt, als die Tatsachen es rechtfertigen; ein Versagen beim Aufstieg endet oft in Unzufriedenheit, Bitterkeit, Neurosen und übermäßigen Minderwertigkeitskomplexen oder in Versuchen, durch unrechtmäßige Mittel zu erreichen, was einem durch die vorgezeichnete Ordnung versagt wurde. Die offene Gesellschaft wird gekennzeichnet durch einen raschen Wechsel; es fehlen die stabilisierenden Wurzeln in der Tradition, und Unsicherheit geht einher mit ungelösten und neuen Problemen.
Unsere Gesellschaft ist durch diese Schwierigkeiten besonders gekennzeichnet. Unsere Mobilität verlangt einen häufigen Rollenwechsel; wir werden von vielen verschiedenen Gruppen und Institutionen, deren Verhaltensregeln oft in Widerspruch stehen, in Anspruch genommen. Die Vorbereitung auf die nächste Rolle ist mangelhaft, oder unsere eigene Identität geht unter in der Fülle unserer oberflächlichen gesellschaftlichen Rollen. Dazu kommt das tatsächliche Auseinanderleben der Lebensbereiche – Familie, Beruf, Freizeit, Politik, Kirche – und nicht zuletzt der schnelle Wandel in der Gesellschaftsstruktur selbst, welcher alte Rollenvorstellungen ständig überholt und uns ohne Orientierung läßt.
Analytisch heißt das, daß sich die Positionsfelder in unserer Gesellschaftsstruktur gegenseitig weniger und weniger decken. Dadurch klaffen die Erwartungen, die gestellt sind an die einzelne Person als Träger verschiedener Rollen, weit auseinander. Dieselbe Person ist Erwerbstätige und Mutter. Daraus ergibt sich häufig ein **Interrollenkonflikt**. Auch fallen die Erwartungen von verschiedenen Bezugspartnern an derselben Rolle auseinander. Die Erwartungen der Schulbehörden und der Kinder an denselben Vater bedeuten oft einen **Intrarrollenkonflikt**.

III. Rollenunsicherheit bei gesellschaftlichem Wandel

Eine kurze Analyse der Positionen, die **jeder** Mensch einnimmt oder die seine Entwicklung tief prägen – nämlich Familienrollen –, macht die Rollenunsicherheit unserer Kultur deutlich.

1. – Was wird z. B. vom **Jugendlichen** erwartet? Zu Hause gelten u. U. kindliche Erwartungen, während von ihm als Kraftrad- oder jungem Autofahrer das gleiche wie von dem erwachsenen Straßenbenutzer erwartet wird. In der Bundeswehr ist er der reife, verantwortungsfähige Staatsbürger; die Gleichaltrigen in der Schule unterliegen anderen Verhaltensregeln. Der Rollenwechsel vom Kind zum Erwachsenen ist in den meisten Gesellschaften ein eindeutiger und lebenswichtiger Schritt, der durch feierliche Riten eingeprägt wird. Unsere Gesellschaft kennt keinen eindeutigen Schritt, sondern ein Jahrzehnt des Hin und Her zwischen kindlichen und erwachsenen Erwartungen.

2. – Die Rolle der **Mutter** und **Ehefrau** ist nicht minder labil geworden. Zu den tradi-

tionellen Forderungen – Kinder, Kirche, Küche – kommen die modernen Erwartungen: in den Wettkampf mit den Männern am Arbeitsplatz einzutreten, die Rolle des angespannten Teilnehmers im Autoverkehr auf sich zu nehmen, Familienfinanzen weitgehend zu verwalten, sich politisch zu informieren, um als mündige Staatsbürgerin politische Aufgaben erfüllen zu können. Dazu hat sie die Hauptlast der Kindererziehung. Ihre Rolle ist enorm an Verantwortung und Aufgaben, indessen ist sie unklar umrissen, von jeder Seite als etwas anders vorgestellt und vielfach widersprüchlich. Überall werden »Kinder und Küche« noch erwartet, aber öffentliche Anerkennung bekommt sie ausschließlich durch berufliche Leistung und höheren Geldverdienst.
In dem Maß, in dem die Aufgaben und Autoritäten der Mutter zugenommen haben, verlagerten sich oder verschwanden diejenigen des **Vaters**. Nach den überlieferten Erwartungen soll er Beschützer, Repräsentant, Autorität, Brotverdiener und letzte Instanz in der Kindererziehung sein. Alle diese Erwartungen haben an Gewicht verloren.

3. – Zuletzt sei die Rolle des **alternden Menschen** erwähnt. Früher war er als Respektsperson angesehen, welche in einem langen Leben Weisheit und damit das Recht erworben hatte, den Jüngeren Rat zu erteilen, Ämter an die Kinder weiterzugeben; seine Würde behielt er bis ans Lebensende. In der mobilen Gesellschaft sieht seine Rolle anders aus: Die Stadtwohnung läßt ihm keinen Platz in der Familie seiner Kinder, und da nur Leistung und Geldverdienst zählt, ist er abgesetzt, pensioniert, nur ein »Anhängsel«, vielfach sogar lästig. Wir leben im Zeitalter der Jugend und der leistungsfähigen Jahre; Weisheit des Älteren paßt nicht recht in den schnellen Wechsel der Szenen. Wo ständige und schnelle Umstellung notwendig ist, da ist die Jugend offenbar überlegen.

IV. Rollenstörungen

Ein wesentlicher Teil der menschlichen Probleme, mit denen wir es heute zu tun haben, kreist um Situationen, die das Rollenverständnis oder die Anpassung an neue Rollen erschweren. Solche Situationen nehmen vorwiegend drei Formen an: Rollenwechsel, Rollenkonflikt und Ausfall einer ergänzenden Rolle.

1. – Der **Wechsel von einer Rolle zur anderen** ist eine wiederholte Erfahrung jedes Menschen. Bedeutende Übergänge werden in den meisten Gesellschaften durch Feiern hervorgehoben, man bekennt sich in aller Öffentlichkeit zu den neuen Erwartungen. Man denke an die Pubertätsriten, die Eheschließung, die Geburt des ersten Kindes usw. [5]. Die Bewältigung einer neuen Rolle ist eine gesellschaftliche Angelegenheit ersten Ranges. Nun erlebt unsere Zeit eine große Zahl weiterer Rollenwechsel, welche weder vorbereitet noch von der Umwelt gefeiert und unterstützt werden: Ehescheidung, drastische Änderung durch Krieg, Vertreibung, Flucht, Inflation, Arbeitslosigkeit, das Straffällig-Werden und die Strafentlassung. Die alten Erwartungen, in welchen man Sinn und Aufgabe des Lebens fand, entfallen, ohne daß man auf die neuen vorbereitet wird.

2. – **Rollenkonflikte** ergeben sich aus diesen Fällen, in gleicher Weise verursacht aber das gleichzeitige Rollenspiel in verschiedenen – sich nur flüchtig berührenden – Gruppen und Lebensbereichen häufig einen Rollenkonflikt. Wir erwähnten schon die mehrfachen Rollen der Frau. Die Trennung zwischen Familie und Beruf bedeutet einen Rollenkonflikt für viele Männer. Als Kranker leidet der produktive Mensch an widersprüchlichen Erwartungen. Die Rolle des Muttersohnes kommt oft in Konflikt mit der Rolle als Ehegatte, die der Tochter mit der Rolle als Mutter.

3 – Jede Rolle setzt andere, sie **ergänzende Rollen voraus**. Besonders in der Familie ist der Halt des einzelnen so sehr von einer ergänzenden Rolle abhängig, daß der Ausfall dieser Ergänzung immer eine schwere Erschütterung bedeutet. Wir denken hier nicht nur an den Tod, sondern auch an die sonstigen Wechselfälle des Lebens: Ehescheidung, Flucht, Kriegsereignis (Gefangenschaft), Mobilität (Umzüge), Gefängnisaufenthalt, Krankheit.
Die Betrachtung der Rollenprobleme in einer offenen Gesellschaft, die durch einen verhältnismäßig »freien« Rollenwechsel charakterisiert ist, zeigt, daß die Vorteile und Nachteile der beiden Formen nicht so einseitig verteilt sind, wie man beim ersten Blick meinen könnte.
Dennoch scheint es, daß der Mensch, der einmal die Freiheit genossen hat, seine Rollen zu wählen, dazu neigt, diese Freiheit soweit wie möglich auszukosten, ohne die damit verbundenen Gefahren in Betracht zu ziehen. Die Zeit wird zeigen, ob die begleitende Unsicherheit, Unbeständigkeit und Rivalität eine spontane Reaktion gegen die freie Rollenwahl hervorrufen oder ob eine solche Gesellschaft sich schließlich auflösen und durch eine geschlossene Gesellschaft ersetzt werden wird. Keine dieser Möglichkeiten kann von vornherein ausgeschlossen werden.

D) Zur Problematik des Rollenbegriffs

I. Die Festlegung von Rollen

Die Schwierigkeit, dem Rollenbegriff ausreichende Schärfe zu verleihen, – die Frage, ob er dem tatsächlichen Prozeß der Begegnung zwischen Menschen gerecht wird – wurde bald nach seiner Verbreitung in die amerikanische Fachliteratur in den 30er Jahren erkannt. Vor allem tendiert die recht anschauliche Theorie prinzipiell dazu, Individuum und Gesellschaft (in der Form von Rollenforderungen von »außen«) scharf zu trennen. Daß Rollenforderungen allein durch lebendige Individuen geschaffen, erhalten und verändert werden, gerät leicht aus dem Blick. D. h., ich verkörpere »Gesellschaft« für die anderen, und die anderen für mich. In der Rollentheorie erscheint die Gesellschaft als äußerliches, lebloses »Gesetz«, daß den einzelnen in Bann schlägt. Er muß sich dem Gesetz beugen, es steht ihm jedoch fremd – oft »entfremdet» – gegenüber. Irgendetwas an dieser Vorstellung scheint nicht stimmig zu sein.

1. – Dennoch ist nicht zu verkennen, daß die zur Menschwerdung notwendigen Einflüsse zunächst von »außen« kommen müssen, – d. h., von »anderen«. Solche

anderen stampfen ihre Einflüsse auch nicht beliebig aus dem Boden, sondern sie sind selbst in erheblichem Maße wiederum von anderen geprägt. Insofern ist das »Fremde« des gesellschaftlichen Einflusses die unumgehbare Umwelt. Wir nehmen jedoch an, daß jeder einzelne im dialektischen Prozeß der Beeinflussung und des Beeinflußt-Seins steht. Auch schon von Anfang begegnet das einmalige Kind jeweils einmaligen Erwachsenen, deren Einfluß in soziologisch »standardisierten« Rollenforderungen **nicht** restlos aufgeht. Somit ist größte Vorsicht geboten, durch Rollentheorie das Ganze der gesellschaftlichen Existenz erfassen und erklären zu wollen. Die Gesellschaft und ihre Strukturen sind nur **eine** Dimension der Voraussetzungen des Menschseins. Abgesehen von der gegebenen materiellen Umwelt ist eine noch tiefere Dimension notwendig, nämlich diejenige der dem Individuum immanenten schöpferischen Lebendigkeit. Darin allein liegt die **Möglichkeit der schöpferischen Gestaltung** eines Strukturrahmens für Kommunikation und Austausch zwischen ursprünglich orientierungslosen Organismen.

2. – Die prinzipielle Starrheit des Rollenschemas wird aufgelockert im »Symbolischen Interaktionismus«. In der Interaktion, nach Mead, lernt der einzelne, sich in die Position des anderen zu projizieren, so daß das eigene Verhalten mitgesteuert wird aus der vermuteten Perspektive des anderen. [6] Gegenseitige Verhaltensvermutungen entspringen der Lebenserfahrung, die im groben Rahmen Berechenbarkeit aufweist. Es entstehen standardisierte Interaktionssequenzen, die jedoch nicht automatisch folgen müssen, sondern in kleinerer oder größerer Zahl, je nach Wendung der Situation, zur Wahl stehen.
Steinert baut auf diese Gedanken weiter, in dem er standardisierte Interaktionssequenzen als »Verhaltensstrategien« bezeichnet. [7] In der Folge lassen sich fruchtbare Hypothesen über »flexible« (größere Zahl von Strategien zur Verfügung) Persönlichkeiten, und »starre« Persönlichkeiten, und über ihre sozialen, so wie auch ihre pädagogischen Voraussetzungen entwickeln.
Bahrdt spricht vom Moment des »Eigenbetrags« in der Rolle, [8] und Dreitzel von der »Ich-Leistung«. [9] Ohne die Dimension des Individuellen und Schöpferischen wird das Verhalten von Menschen in der Rollentheorie marionettenhaft, und die eigentlichen Gestalter des Marionettentheaters kommen nicht in den Blick.

II. Rollenzwang kontra individuelle Freiheit

1. – An diesem Punkt wird die Problematik einer Konzeption sichtbar, die »Gesellschaft« und »Freiheit« als mehr oder weniger unüberbrückbare Gegensätze hinstellt, so wie es bei Dahrendorf vielfach erscheint. [10] Trotz »muß«, »soll« und »kann« – Kategorien erscheinen Normen und Rollen, insofern als sie Gesellschaft bilden, als »Muß«-Strukturen. Was davon abweicht wird einer gesellschaftsfremden Dimension des Menschen – eben seiner »Freiheit« – zugeschrieben.
Wir haben schon gesehen, daß Gesellschaft, obwohl für den einzelnen zunächst »gegeben« und unumgehbar, selbst ein **Produkt** der schöpferischen – und das heißt in der Möglichkeit der Freiheit gründenden – Tätigkeit von Menschen ist. In anderen Worten: Für den orientierungsbedürftigen Organismus ist Freiheit eine Grundbedingung dafür, daß solche Organismen existenztragende Orientierungen schaffen

können. Aber es ist nicht nur so, daß Freiheit eine **Voraussetzung** von Gesellschaft ist, sondern sie ist wiederum eine **Folge** der Gesellschaft, – d. h., ein Ergebnis der Orientierung gebenden Ordnung.
Anhand des alltäglichen Beispiels des Straßenverkehrs kann diese Tatsache erläutert werden. Die Möglichkeit, von hier bis dort mit dem Auto zu fahren, hängt davon ab, daß das Kollektiv von Straßenbenützern nicht beliebig (in einem sich selbst negierenden Sinne »frei«) rechts, links, mitte, rücksichtslos usw. fährt, sondern daß es sich an eine gemeinsame Verkehrsordnung hält. Die Freiheit, von hier bis dort zu fahren, wird erst durch Ordnungsstrukturen (manche meinen sogar, Zwänge) geschaffen. Richtig gesehen ist eine Freiheit des Planens und der Ausführung von Plänen nur denkbar vor dem Hintergrund eines größeren Ausmaßes an Berechenbarkeiten seitens der Umwelt, einschließlich der Aktivitäten der Mitmenschen. Solche Berechenbarkeiten, die für den anderen auch **meine** Berechenbarkeiten sind, bilden eben die Normen und Rollenstrukturen der Gesellschaft. Für Menschen, deren wesentliches Merkmal es ist, aufeinander angewiesen zu sein, ist Freiheit sowohl die Voraussetzung als auch das Ergebnis einer »angemessenen« Ordnung. **Prinzipiell** kann es für solche Wesen keinen Gegensatz zwischen Freiheit und gesellschaftlicher Ordnung geben.

2. – Über diese Tatsache, die der Menschheit bewußt oder unbewußt wohlbekannt ist, darf nicht vergessen werden, daß Ordnungen, die unter vergangenen Bedingungen und Wirklichkeitsvorstellungen entstanden waren, ständig auf ihre derzeitige Angemessenheit überprüft werden müssen. Gerade die menschliche Freiheit ist dazu da, freiheitserweiternde Erneuerungen oder Neuordnungen zu schaffen. Freilich können sich krasse Erneuerungen u. U. in solche Unberechenbarkeiten und Widersprüche umschlagen, daß der erhoffte Freiheitsgewinn negiert wird. Gesellschaftliche Ordnungen, oder auch Teilstrukturen können sich überleben, und tun es auch. Dadurch wird mögliche Freiheit beschränkt. Aber auch Umwälzungen von Gesellschaftsordnungen können – gegen die Absicht der Veränderer – Freiheit mindern. Weder das Alte noch das Neue kann prinzipiell die größere Freiheit für sich beanspruchen. Doch die Möglichkeit der Erneuerung wurzelt in Freiheit, und ist gleichzeitig eine Bedingung deren Erweiterung.

III. Rolle und »bürgerliche« Gesellschaft

1. – Eine weitere Frage hinsichtlich des Rollenbegriffs ist diejenige seiner ideologischen Funktion in der »bürgerlichen« Gesellschaft der Neuzeit. Der moderne Rollenbegriff – die Konzeption des Rollenträgers – wurde entwickelt und findet einen leichten Eingang in die Alltagswelt hochentwickelter kapitalistischer Gesellschaften. Diesen Zusammenhang meinen Willms [11] und Haug [12] herausgearbeitet zu haben. In der theoretischen Trennung von Individuum und Gesellschaft sehen sie die Folge des Bedürfnisses des entfremdeten Menschen, seine Entfremdung wissenschaftlich zu rationalisieren. Gleichzeitig wird vermutet, daß eine Theorie der »Berechenbarkeit des Handelns« der Kontrollierbarkeit durch die herrschende Klasse dienen soll. Indem alle Menschen von Straßenkehrern bis zu kapitalistischen Unternehmern ihre »Rollen spielen«, werden sie scheinbar auf eine gleiche Ebene gestellt; wirklich relevante Unterschiede durch Machtstrukturen werden verschleiert, und menschliche Verantwortung für Ausbeutungsverhältnisse wird übergangen.

2. – Es ist zweifellos richtig, im bürgerlichen Individualismus und Liberalismus einen erheblichen Impuls zur perspektiven Trennung von Individuum und Gesellschaft zu sehen. Freiheit auch als eine **gesellschaftliche** Aufgabe zu sehen ist dem individualistischen Denken etwas fremd.
Dennoch sind die treffendsten Kritiken der Rollentheorie von Theoretikern ausgegangen, die kaum oder nur am Rande von einer Ideologiekritik an der bürgerlichen Gesellschaft ausgehen. Ihnen sind auch die wissenschaftlich tragbaren Korrekturen am Modell des »homo sociologicus« zu verdanken (Mead, Plessner, Dreitzel, Claessens, [13] Joas [14]). Die Vorstellung einer ideologischen Funktion der Rollentheorie für eine bürgerliche Schicht, die sich in Bedrängnis befindet, ist selbst wohl ideologisch konstruiert. Viel wahrscheinlicher ist, daß Individuen in einer modernen, hochentwickelten und mobilen Gesellschaft sich in zunehmendem Maße in Personenkreisen agieren müssen, deren Strukturen und Erfordernisse unterschiedlich und wenig bekannt sind. Indem der einzelne an mehreren unterschiedlichen Gruppenstrukturen teilnimmt, stellt sich unweigerlich die Frage seiner eigentlichen Ortsbestimmung, – die Frage seiner Identität. Seine Teilnahme, mit angemessener Anpassung, an der einen Gruppe umfaßt offensichtlich **nicht** das Ganze seiner Person. Er »spielt« zu einem gewissen Grad mit, ohne den Personenkern zu verlieren, der dafür notwendig ist, um aussteigen und sich auf die nächste Gruppe einstellen zu können. Kurz: er ist »Rollenträger« geworden. Neue Besitzverhältnisse zur Kontrolle der Instrumente der Produktion versprechen kaum, die dafür verantwortliche Spezialisierung, Unübersichtlichkeit und Mobilität rückgängig zu machen.
Der Zeitpunkt für die Entstehung einer Theorie ist kein prinzipielles Kriterium für deren Gültigkeit. »Die Angabe von Bedingungen«, meint Joas, »die die Rezeption einer Theorie erleichtern, ist aber noch keine Ideologiekritik.« [15]

E) Soziale Kontrollmechanismen und Sanktionen

Das Problem, von dem wir ausgingen, war: Wie können die Menschen zu einem Punkt der Berechenbarkeit gebracht werden, wenn doch die biologische Struktur kein automatischer Führer ist und wenn so viele verschiedene Möglichkeiten theoretisch vorhanden sind? Mit anderen Worten: Wie wird den Normen Geltung verschafft?
Nach Parsons ist die Gesellschaft ein nach Gleichgewicht strebendes, sich selbstregulierendes »System« mit eingebauten Mechanismen, die in der frühen Kindheit angelegt werden und durch das Leben hindurch in Aktion treten, um etwaige Störungen zu beheben [16]. Wenn auch Parsons' Theorie vielfach kritisiert werden kann, ist doch der Fortbestand der Gruppenexistenz zweifellos davon abhängig, daß irgendwelche Mechanismen in die Richtung einer gemeinsamen Gruppenorientierung tendieren. Solche Mechanismen bilden zusammen eine notwendige soziale Kontrolle. Sie wirken teils von innerhalb der Persönlichkeit her und teils von außen; manche folgen spontan auf Abweichung eines Gruppenmitglieds, andere

sind formalisierte, mehr oder weniger streng normierte Reaktionen. Sie können als Druck gegen die Abweichung negativ, als Lohn für normkonformes Verhalten auch positiv sein.

1. – Die wichtigsten solcher Mechanismen sind:

a) Das Gewissen: Das erste und wichtigste Bollwerk gegen eine Verletzung der Normen mit moralischem Inhalt ist das Gewissen, ein innerer Regulator, der durch seine Verbindung mit Grundbedürfnissen des menschlichen Organismus dazu gestaltet und geformt ist, mit innerem Unbehagen auf die Verletzung gewisser Normen zu reagieren. Es scheint, daß die ausreichende Entwicklung dieses Bollwerks auf einer engen emotionalen Bindung an eine Autoritätsperson beruht. Diese Bindung ist am wirksamsten beim Kind; sie wird normalerweise in der Familie gefunden, besonders zwischen Mutter und Kind. Ein rudimentäres Gewissen kann man auch bei Hunden beobachten, für deren Existenz ebenfalls eine enge »gefühlsmäßige« Bindung an ganz bestimmte Individuen charakteristisch ist. Ob das Gewissen nach beliebiger moralischer Richtung hin trainiert werden kann, ist unbekannt, obwohl viele Beispiele zitiert werden können, die wesentliche diametral entgegengesetzte Moralvorschriften enthalten. Die Bedeutung des Gewissens als eines Kontrollmechanismus für soziale Normen wird offenbar, wenn wir bedenken, daß für die Mehrzahl der Menschen der entscheidende Grund, warum sie ihren Mitmenschen nicht niederschlagen und seines Geldes berauben, nicht die äußere Angst vor der Polizei oder vor dem Zorn seiner Angehörigen ist, sondern ein tief verwurzeltes inneres Gefühl: **Das ist nicht recht**.

b) Nicht-formaler Gruppendruck: Das Gewissen allein ist jedoch nicht ausreichend für die Verhaltenskontrolle, teils wegen der Veranlagung gewisser Individuen, teils wegen seiner unzureichenden Ausbildung während der Kindheit, und auch deshalb, weil einige Normen, obwohl sie anerkannt sind, sich dem Individuum in seiner Entwicklung nicht grundlegend eingeprägt haben. Eine wichtige Ergänzung zum Gewissen bilden eine ganze Reihe äußerlicher psychologischer Zwänge, die auf die Gefahr einer Störung der Bindung an eine Gruppe hinweisen oder auf eine Abwertung des Individuums in der Gruppe. Sie sind ihrer Natur nach nicht formal und reichen vom Lächeln oder Stirnrunzeln bis zur völligen, jedoch informellen Ächtung. Klatsch gehört zu diesen Zwängen ebenso wie der Skandal, das Schweigen und Meiden, Beifall und Zustimmung. Die Wirksamkeit dieser Maßnahmen beruht auf dem Bedürfnis, dazuzugehören, anerkannt zu werden, die eigene Person als anerkanntes und notwendiges Glied einer Menschengruppe zu sehen. Der psychische Druck geht unmerklich über in physische Maßnehmen gegen Mitglieder, die sich nicht anpassen.

Pater Virton beschreibt ein Stadtviertel von Lille: »In einem solchen Lebensraum scheint jegliches persönliche Leben praktisch ausgelöscht . . . Ständig wird der andere beobachtet, unbewußt und willkürlich, sein Tun und Lassen wird nach feststehenden Ansichten beurteilt. Die Gruppe ist dauernd in Reaktion und verurteilt automatisch jeden, der sich den Sitten und Gebräuchen nicht blindlings unterwirft. Wer Widerstand leisten würde und vielleicht nur nach seinem Kopf handeln wollte, lieferte sich unfehlbar der Schmähung und vielleicht gar der rücksichtslosen Ausstoßung aus [17].

c) Das formale Gesetz: Wenn weder das Gewissen noch der psychologische Druck genügen – und in einigen Fällen tun sie das offensichtlich nicht –, nimmt man seine Zuflucht zu formalen Maßnahmen im Namen einer eingesetzten Gruppenautorität; Hauptaufgabe solcher Maßnahmen ist letztlich, Zusammenarbeit und Berechenbarkeit, die die Vorbedingung für ein Gruppendasein bilden, zu erzwingen. Die Maßnahmen sind direkt und physisch; sie richten sich gegen den Besitz, den Ruf, die Freiheit oder sogar gegen das Leben desjenigen, der die Norm verletzt.

d) Isolation: Als weitere Möglichkeit, die Übereinstimmung mit sozialen Normen zu erreichen, sei noch die Isolation gegen die Kenntnisnahme von abweichenden Verhaltensnormen erwähnt. Man kann sie in zwei Kategorien einteilen, nämlich in die bewußte und in die unbewußte Isolation. Historisch gesehen wurden die Normen in vielen Gesellschaften in erster Linie wirksam, weil die Möglichkeit oder der Wunsch, diese Normen zu verletzen, nie aufkam. Die Gruppe oder die Gesellschaft war auf »natürlichem Wege« von anderen Normen isoliert. Eine solche Isolation kann religiös oder ideologisch gestützt sein: Eine andere soziale Ordnung sei unmöglich, die Welt ist so beschaffen. So sind Sklaverei, Kriege und die ungeheuerliche Ungleichheit in der Verteilung materieller Güter von vielen als selbstverständlich hingenommen worden. Ein Charakteristikum geschlossener Gesellschaften ist ihre praktische Unkenntnis der Möglichkeit oder Wünschbarkeit einer anderen Ordnung. Eine solche Ignoranz ist die natürliche Folge des Aufwachsens in einer Kulturgemeinschaft, die verhältnismäßig isoliert von anderen, widersprechenden Normen lebt.

Die Isolation wird aber oft absichtlich benützt als Schutz für gewisse Normen. Eindringliche Beispiele hierfür sind das Verbrennen von Büchern, das Schreibverbot für Autoren und das Auslandsreiseverbot für die Bürger moderner totalitärer Staaten. Es wäre jedoch falsch anzunehmen, daß solche negativen Schutzmaßnahmen ausschließlich von totalitären Staaten angewandt werden. Eltern ringen mit dem Problem, was sie ihre Kinder wissen lassen und inwieweit sie sie in Unkenntnis halten sollen. Der literarische Jugendschutz beschäftigt sich mit der gleichen Frage. Wissen ist nur zum Teil ein Segen; diese Weisheit ist bereits in der Geschichte von Adam und Eva enthalten, die den Apfel vom Baum der Erkenntnis aßen. Religionen und Heilslehren, die den Anspruch erheben, im alleinigen Besitze der Wahrheit zu sein, haben im allgemeinen zu verhindern versucht, daß ihre Anhänger etwas von der Existenz widersprechender Normen erfuhren.

Isolation in diesem Sinne ist nicht mit der Isolierung – dem Ausstoßen oder Einsperren – eines nicht normkonformen Mitglieds zu verwechseln. Diese Fälle sind unter Gruppendruck bzw. Gesetz einzuordnen.

e) Gewöhnung: Als zusätzliche Erscheinung können wir die Gewöhnung erwähnen. Ein wesentlicher Teil unseres normkonformen Verhaltens vollzieht sich durch die Habitualisierung. »Richtiges« Verhalten folgt dadurch dem Weg des geringsten Widerstandes; ein Denken und Überlegen darüber ist überflüssig. Richtiges Autofahren ist ein gutes Beispiel für Gewöhnung als Mechanismus zur Erhaltung der Normkonformität.

Alle diese Kontrollmechanismen finden normalerweise einen starken Rückhalt in einem System der sozialen Schichtung, in dem die Kontrolle »unterer« Schichten durch die Macht der »oberen« gewährleistet wird, sowie auch in Sanktionen, die innerhalb einer Schicht auf die eigenen Mitglieder ausgeübt werden (s. 6. Kap.).

Und hinter allen Mechanismen steht die immanente **Macht** jeglicher Gemeinschaft über das Individuum. Diese Macht ist eine unweigerliche Folge der gegenseitigen

Abhängigkeit der Menschen, ungeachtet der Art der konkreten Machtverteilung oder Konzentration unter den einzelnen.

2. – In einem etwas engeren Sinne aufgefaßt werden Kontrollmechanismen **Sanktionen** genannt. Sanktionen sind von Parsons definiert als der vom Empfänger wahrgenommene Druck, sein Verhalten nach den Normen zu orientieren, bzw. die wahrgenommenen Belohnungen für normkonforme Leistung. Da das »System« vom Verhalten der Mitglieder abhängt, ist ihre **Reaktion** als systemerhaltender Druck ausschlaggebend. Dagegen sieht Schumann die Sanktion als eine gesellschaftliche Absicht, die sich durchsetzen will, ob der Empfänger es bewußt wahrnimmt oder nicht. Wichtig ist, daß das Verhalten normkonform wird, und nicht, daß der Empfänger etwas empfindet [18]. Schumann möchte einen Maßstab für das Messen der objektiven Schwere von sozialen Sanktionen finden. Es ist aber fraglich, ob es in der Praxis eine objektive »Sanktions-Schwere« gibt. Sanktion scheint eher wie ein »Marktpreis« zu sein, der zwischen der Nachfrage (nach Erhaltung des Systems) und dem Angebot (Verhaltens-»Knappheit«, die zur Normkonformität beiträgt) vermittelt [19].
Dieselbe Analogie wird nahegelegt durch die Begriffsbestimmung der Sanktion als Wertung: Abwertung oder Aufwertung. Die Wertung steht im engen Verhältnis zur praktischen Chance, an den materiellen und geistigen Gütern, welche die Gruppe oder Gesellschaft verteilen kann, teilnehmen zu dürfen. Auch umgekehrt kann eine durch Macht oder Zufall eroberte Teilhabe an Gütern eine Aufwertung zur Folge haben.
Sanktionen ändern also die soziale Situation des Empfängers. Das kann als eine Änderung seiner spezifischen Rollendefinition aufgefaßt werden. Pflichten und Rechte werden dem Rollenträger zugeteilt nach dem Maß, mit welchem er die Erwartungen erfüllt. Nacheinanderfolgende Sanktionen führen schließlich zu einem Ausstoß in eine niedrigere Rolle oder Beförderung in eine höhere.
In der Verquickung von Sanktionen, neuen Rollenzuweisungen und der »selbst erfüllenden Prophezeiung« gleiten abgewertete Personen vielfach ohne objektive Berechtigung in eine Randposition, aus der sie schwerlich herauskommen können. Einer ursprünglichen – möglicherweise zufälligen – Sanktion folgt eine Kette von Abwertungen, Anpassung an niedrigere Erwartungen und neuen Sanktionen. So vollzieht sich in der Regel ein Prozeß der »Kriminalisierung« z. B. Umgekehrt kann aber eine »zufällige« Belohnung zu einem entsprechenden Aufwertungsprozeß führen. Sanktionen neigen dazu, eingebaute Verstärkungen auszulösen, was im allgemeinen zu Wertungen und Schichtungen führt, die in keinem Verhältnis zum ursprünglichen Verhaltensunterschied stehen. Kenntnis von diesem Sachverhalt kann uns dazu verhelfen, gesellschaftliche Wertungen zu relativieren, und Stößen, die leicht ins Elend führen, entgegenzuwirken.

F) Rolle und Status

Der Begriff Status als Zustand und Position hängt eng mit dem der Rolle zusammen. Im Sprachgebrauch wird er jedoch fast ausschließlich in Verbindung mit Rang in einem Schema von »oben« und »unten« gebracht. Wir können nun Status unter zwei Aspekten betrachten.

I. Status als Rangaspekt der Rolle

Verschiedene Rollen entsprechen offenbar verschiedenem Status (Rang), z. B. Vater im Vergleich zum Kind, Arzt im Vergleich zum Straßenkehrer, Professor zum Studenten. Dieser Rangaspekt ist zunächst unpersönlich und haftet nicht am Einzelmenschen. Er wurzelt in einer mehr oder weniger allgemein akzeptierten Wertschätzung, die zeitbedingt und nur im gegebenen Kulturbereich Gültigkeit besitzt. Als Inhaber einer Rolle muß man diese allgemeine Wertschätzung zur Kenntnis nehmen. Da der einzelne verschiedene Rollen spielt, können sich daraus verschiedene Ränge ergeben, was in einer offenen Gesellschaft auch tatsächlich der Fall ist. In traditionsgebundenen Gesellschaften entsteht jedoch ein allumfassendes Gefüge, das in eine verhältnismäßig kleine Zahl von Schichten gegliedert ist; der Rang des einzelnen spiegelt praktisch den Rang der Schicht, in welcher der einzelne oder seine Familie sich befindet. In offenen Gesellschaften, wo Rollentätigkeiten des einzelnen durch größere physische und psychische Distanz getrennt sind, entstehen mehrere Statusmöglichkeiten. Nicht ein einziges Hierarchiegefüge herrscht, sondern eine ganze Zahl von Hierarchien, bestimmt z. B. durch den Beruf, die Verwandtschaft (Adel, Mittelstand, Akademiker), Hautfarbe, Dauer des Wohnsitzes (»Zugereiste« gegenüber Alteingesessenen), Einkommensstufe, Einkommensquelle (Jahresgehalt gegenüber Tagelohn), Wohnviertel usw.
Diese Vielzahl von Statusmöglichkeiten für den einzelnen in einer höchst kompliziert gegliederten Gesellschaft – zuzüglich der Tatsache, daß viele Hierarchien rein funktional und zweckgerichtet zu sein neigen – fördert eine Tendenz nach Gleichheit. Nicht **eine** allumfassende Hierarchie bestimmt den Wert und die Würde der Einzelperson in unserer offenen Gesellschaft; sie kann »oben« in der einen Organisation stehen und »niedrig« in der anderen. Hier liegt eine wesentliche Wurzel der modernen Entwicklung zur Gleichheit vor dem Gesetz, die in der »Würde der Person« in modernen Verfassungen und Menschenrechtsdokumenten zum Ausdruck kommt.
Die Gleichheit vor dem Gesetz kann im praktischen Leben jedoch nicht das gleiche Ansehen und die subtileren Belohnungen des höheren Status garantieren. Wie die offene Gesellschaft allgemein, hat sie ihre Kehrseite: eine weitverbreitete Statusunsicherheit. Denn der Status spielt weiter eine erhebliche Rolle. Der Rang wird nie endgültig gesichert, er muß täglich neu errungen werden; das Absinken ist eine ständige Bedrohung. Da aber die alten Status-Symbole durch das Gleicheitsprinzip ihre Gültigkeit weitgehend verloren haben, wird der Konsum (das Geld) in weiten Kreisen zum neuen Maßstab erhoben; es wird den Menschen eingeprägt, daß Geld der Schlüssel zum befriedigenden Leben sei, daß jedem Mangel durch Geld abgeholfen werden könne. Das Verlangen nach Geld weist auf einen Mangel hin, aber

dieser ist wahrscheinlich eben das Fehlen der Statussicherheit und nicht der Mangel an Geld.
Damit soll nicht gesagt werden, daß Ungleichheit zu wünschen wäre. Es wird uns aber klar, daß die Statusunsicherheit, die mit der formalen Gleichheit verbunden ist, neue und bisher ungelöste Probleme mit sich bringt. Sie dürfte eine Hauptursache heutiger Neurosen sein. Hiermit kommen wir in die Nähe der zweiten Betrachtungsweise.

II. Status als Prestige in der Umwelt

1. – Hier handelt es sich um das persönliche Wertgefühl, das man in der Begegnung mit der Umwelt – innerhalb und außerhalb der Rollenhierarchie – empfindet. Es beruht ebenso auf Leistung, Charakter, Autorität, Erfüllung der Erwartungen u. a. m. – entwicklungspsychologische Faktoren haben auch eine tiefe Bedeutung – wie auf der Rolle als solcher: Geltung und Prestige als Arzt unter Ärzten, als Lehrer und Lehrern, als Mensch im Kreise der Bekannten, als Vater in der Familie. Auch hier bietet die heutige Gesellschaft durch die Trennung der Lebensbereiche verschiedene Statusmöglichkeiten. Der Professor mag einen hohen Status unter seinen Kollegen einnehmen und gleichzeitig in seiner eigenen Familie oder Nachbarschaft wenig gelten – oder umgekehrt.
In diesem Sinne ist der Zwang, »etwas zu gelten«, für die meisten Menschen unvermeidlich; ihre Bemühungen um Statuserhöhung erklären mit einen wesentlichen Teil ihrer Handlungen. Das oft geschmähte »Geltungsbedürfnis« kann als fundamentales emotionales Bedürfnis betrachtet werden, dessen Unbefriedigtsein zu allerlei abnormen Verhaltensweisen, bis zu nicht -akzeptablen Formen des Geltenwollens, führen kann.
Wenn wir die Frage nach den Wurzeln des Geltenwollens näher untersuchen, stoßen wir gleich auf Dinge, die tiefer sind als äußere Belohnungen und Ruhm. Wir kommen auf die Tatsache, daß das Selbstwertgefühl, das Urteil **über sich selbst**, als ein »Wertobjekt« von der sozialen Umwelt abhängig ist. Das Bewußtsein des »Selbst« ist von vornherein ein Produkt der sozialen Umwelt, aus welcher ein Urteil darüber auch abgeleitet wird (s. 7. Kapitel). Das Selbstwertgefühl ist möglicherweise nicht vom Selbsterhaltungstrieb zu trennen; das Fehlen beider wäre als eine der Ausgangspositionen für den Selbstmord zu betrachten.

2. – Sehr viele menschliche Handlungen lassen sich mindestens teilweise aus dem Bestreben nach Statuserhöhung erklären. Einige vielfach benützte Methoden dieses Bestrebens seien hier erwähnt:
a) Man sucht, sich an die in der Gruppe gültigen Normen anzupassen. »Wie macht man es hier?« ist eine Grundfrage beim Eintritt in eine neue Gruppe. »Wenn in Rom, tut man wie die Römer.« In Amerika sagt man: »To keep up with the Jones« – Schritthalten mit den Nachbarn in Hauspflege, Wohneinrichtungen, Autos. Es sind Fälle beobachtet worden, in denen die Fernsehantenne auf dem Dach aufgebaut wurde, ohne daß ein Gerät in der Wohnung stand. Dieses Phänomen kann man in jeglicher Gruppe finden: in Schule, Familie, Fabrik, Nachbarschaft, Klub und Bar. Mode ist ein auffälliges Beispiel dafür. Ja, man überbietet die anderen gelegentlich und wird »päpstlicher als der Papst«.

b) Man versucht, eigene abweichende Normen durchzusetzen, wodurch man automatisch in den ersten Rang gelangt. Reformen und Revolutionen werden betrieben, neue Maßstäbe geltend gemacht. Dazu gehört eine selbstsichere und mutige Persönlichkeit. Auch der verbissene Non-Konformismus hat starke Elemente des Statusstrebens in sich.

c) Man versucht, seine Zeit in denjenigen Gruppen zu verbringen, in denen man einen höheren Status genießt, und vermeidet die anderen Gruppen. Der in seiner Familie nichtsgeltende Ehemann besucht häufig das Wirtshaus, wo er seine Geschichten anbringen kann; der Jugendliche schwänzt die Schule, wo sein Status niedrig ist und verweilt bei der Straßenbande, wo seine mutigen Taten anerkannt werden. Viele Menschen werden zu kleinen Sekten gezogen durch die größeren Chancen, dort eine anerkannte Rolle zu spielen.

d) Man versucht, sich mit Menschen und Dingen, die höheren Status genießen oder repräsentieren, auf irgendeine Weise zu verbinden. Man ersetzt den mangelnden Status durch den mit großen Opfern gekauften protzigen Wagen. Gewisse Dinge und Handlungsweisen haben einen Wert als »Statussymbol«. Man »muß« diesen Film gesehen haben. Oder man »muß« eine bestimmte Konzertreihe abonnieren und dort »gesehen werden« (oder bei der Premiere), wenn man etwas gelten will. Ein erfahrener Buchhändler berichtete, daß vor den großen Ferien Menschen in den Laden kämen und fragen: »Welches Buch muß ich diesen Sommer im Reiseomnibus neben mir liegen haben?« (Andere stürmen berühmte Menschen, um Autogramme zu besitzen.)

e) Man entflieht dem niedrigen Status. Wir denken einmal an die körperliche Flucht, die u. U. bei der Auswanderung, dem Umzug aus einem »schlechten« Milieu und beim Berufswechsel eine Rolle spielen mag, aber auch an die innere Flucht durch Phantasie, Tagträume, Kino, Bücher, Alkohol, Drogen usw.

3. – Wichtig für das Verständnis der menschlichen Handlungen ist die Erkenntnis, daß Bestrebungen um Statuserhöhung unseren Vorstellungen von Recht und Moral, Sitte und **Vernunft** oft widersprechen. Und wenn wir versuchen, solche auf diese Weise um Statuserhöhung ringenden Menschen für unsere Auffassungen zu gewinnen, fühlen sie sich zunächst vom Statusverlust bedroht, was mit ihrem Grundbedürfnis nach Geltung kollidieren muß. Gerade sozial benachteiligte Menschen werden häufig gescholten, weil sie z. B. einen Fernsehapparat anstatt einer »notwendigen« Wohneinrichtung kaufen oder einen Wagen (auf Raten), anstatt sich vorzunehmen, ihren Kindern eine gute Berufsausbildung zu ermöglichen. Im Fernen Osten, lesen wir, ist es die größte Schande, wenn man »das Gesicht verliert«, d. h. den Status in der Umwelt.

Die in unserer mobilen Gesellschaft weitverbreitete Statusunsicherheit wird durch ebenso verbreiteten Statusverlust mit den dazugehörigen Problemen begleitet. Eine Hauptreaktion auf Statusverlust ist Aggression gegen die Welt im allgemeinen, gegen spezifische Menschen und Dinge oder gegen sich selbst. (Der Statusverlust durch den Versailler Vertrag, durch Inflation und Depression nach dem 1. Weltkrieg bereitete vermutlich mit den Boden für die Aggressivität des Nationalsozialismus.) Andererseits reagieren Menschen auf Statusverlust u. U. mit Resignation, Rückfall in primitivere Handlungsweisen, mit Scheu oder Flucht vor der Realität.

Gerade das große Gewicht, das in der modernen Gesellschaft auf berufliche und materielle Leistung gelegt ist, bringt eine erhöhte Gefahr des Statusverlusts mit sich. Wir denken z. B. an das Altern, welches ein Nachlassen dieser Leistung und schließlich das Absinken zur Abhängigkeit von der Leistung anderer bedeutet. Auch der Kranke, der Flüchtling, der Strafgefangene, der Arbeitslose und die Opfer einer Depression oder Inflation erleiden einen Statusverlust, welcher allzuoft durch die Weise in der Hilfe angeboten und angenommen werden muß, nur gesteigert wird. Hier liegt eine wesentliche Aufgabe einer menschlich und wissenschaftlich fundierten Sozialarbeit:

Hilfe so zu organisieren und zu gewähren, daß sie nicht den Hilfebedürftigen noch tiefer in seine Hilflosigkeit, Abhängigkeit und Aggression stürzt, sondern ihn zur Selbständigkeit leitet.

Dies ist das Ziel der durch Not entwickelten neuen Methodenlehre der Sozialarbeit.

G) Institutionalisierte Autorität und Macht

Das Bedürfnis nach gemeinsamer Orientierung kann angesichts des gegensätzlichen Bedürfnisses nach individueller Abweichung von der Norm nicht befriedigt werden ohne konkretes Handeln im Sinne der normativen Ordnung. Aber nur im abstrakten Sinne handelt »**die Gesellschaft**«, die eigentlich zur Erhaltung der Ordnung ermächtigt ist. Wo dieses Handeln nicht spontan erfolgt, müssen »Delegierte« handeln im Auftrage der Gesellschaft. Die »Delegierten« müssen also mit Handlungsvollmacht ausgestattet werden; Handlungsvollmacht heißt in diesem Zusammenhang: Macht und die Verfügung über Mittel, die zum Machtvollzug befähigen: materielle Güter und vor allem legitime, von den Mitgliedern möglichst bejahte Autorität.

Da die Verfügung über Güter und Machtmittel eine starke Hebung des Selbstwertgefühls mit sich bringt, ist Autorität zu genießen ein von vielen angestrebtes Ziel. Das führt zu Machtkämpfen wie auch zu einem ständigen Bemühen der Autoritäten, ihre Macht zu institutionalisieren, d. h. in einem Wertsystem zu verankern, das über den Verdacht der egoistischen Willkür erhoben ist. Pure Gewaltherrschaft ist höchst aufwendig und unsicher; sie verzichtet auf die schmeichelnde innere Anerkennung der Regierten. Auch die Regierten haben ein Bedürfnis nach der Zuverlässigkeit und der Kontinuität einer institutionalisierten Autorität. Die Regelung der Autoritätsausübung als Forderung, die aus einer »höheren« Sphäre (Religion, Philosophie, Idee) ableitbar ist, kommt also den Bedürfnissen beider Seiten entgegen.

Autorität ist unverzichtbar, nicht nur, um die normative Struktur zu erhalten bzw. eine neue oder geänderte durchzusetzen, sondern auch deshalb, weil jede Gruppe oder Gesellschaft als Kollektiv handelt. Drei Fragen müssen dabei beantwortet werden: a) Wer fällt die verbindliche Entscheidung über das, was die Gruppe als Gruppe zu unternehmen gedenkt (Auf die Jagd gehen, Krieg führen, Straßen bauen, Steuer erheben, Schulen einrichten)? b) Wem wird die Verantwortung für die Durchführung des Gruppenunternehmens übertragen? c) Wer schlichtet zwischen gegensätzlichen Interessen? Ob diese Fragen auf diktatorische oder auf demokratische Weise beantwortet werden, auf die Delegation von Macht und Autorität kann nicht verzichtet werden. [20]

Autorität und Macht sind Bauelemente der Gesellschaft ebenso wie Norm und Rolle,

Sanktion und Status. Der Grundsatz der »Gleichheit vor dem Gesetz« widerspricht dieser Tatsache nicht. Wie Dahrendorf treffend bemerkte: Wenn es Gleichheit **vor** dem Gesetz geben mag, kann es **nach** dem Gesetz keine geben. Gesetzeskonforme teilen die Vorzüge der Autorität, Gesetzesbrechern werden Teilnahmechancen genommen.

Wenn es auch völlige Gleichheit an Macht und Autorität nicht geben kann, eine gerechtere Verteilung muß angestrebt und kann erreicht werden; die Tendenz zur Machthäufung zwingt zu ständigem Bemühen darum.

H) Literatur

1 Berger, Peter: Einladung zur Soziologie. Freiburg: Walter Verlag 1969.

2 Dahrendorf, Ralf: Homo sociologicus. Köln und Opladen: Westdeutscher Verlag 1961.

3 Dreitzel, Hans Peter: Die gesellschaftlichen Leiden und das Leiden an der Gesellschaft. Stuttgart: Enke 1972.

4 Gerth, Hans und Mills, C. W.: Person und Gesellschaft. Frankfurt: Athenäum 1970.

5 Joas, Hans: Die gegenwärtige Lage der soziologischen Rollentheorie. Frankfurt: Athenäum 1973.

6 Mead, George Herbert: Geist, Identität und Gesellschaft. Frankfurt: Suhrkamp 1968.

7 Plessner, Helmut: Diesseits der Utopie. Köln: Diederichs 1966.

8 Popitz, Heinrich: Der Begriff der sozialen Rolle als Element der soziologischen Theorie. In »Recht und Staat«, Heft 331/332. Tübingen: J. C. B. Mohr 1968.

10 Schumann, Karl: Zeichen der Unfreiheit. Zur Theorie und Messung sozialer Sanktionen. Freiburg: Rombach 1968.

11 Steinert, Heinz: Die Strategien sozialen Handelns. München: Juventa 1972.

12 Steinert, Heinz: (Hrsg): Symbolische Interaktion. Stuttgart: Ernst Klett Verlag 1973.

13 Wurzbacher, Gerhard (Hrsg.): Der Mensch als soziales und personales Wesen. Stuttgart: Enke 1963.

I) Anmerkungen

1 Vgl. Peter Berger und Thomas Luckmann, »Die gesellschaftliche Konstruktion der Wirklichkeit«, Frankfurt/M.: S. Fischer 1966.

2 Ralf Dahrendorf, »Homo sociologicus«, Köln und Opladen 1970.

3 Hans Peter Deitzel, »Das gesellschaftliche Leiden und das Leiden an der Gesellschaft«, Stuttgart: Enke 1968. S. 140.

4 Diese kurze Beschreibung der zwei Handlungsbereiche folgt im wesentlichen der Analyse von Jürgen Habermas in »Technik und Wissenschaft als Ideologie«, Frankfurt/M.: Suhrkamp 1968, S. 62-65.

5 Wichtige schulische und Ausbildungsprüfungen heute enthalten starke Elemente der Übergangsriten, sind zum Teil echte Kulthandlungen mit den dazugehörigen Geheimnissen und Feierlichkeiten. Nicht nur Wissen und Können werden auf die Probe gestellt, die Handlungen sollen auch die Psyche so tief beeindrucken, daß der erfolgreiche Prüfling über allem

Zweifel weiß, daß er einer neuen Rollenkategorie angehört. Die bestandenen Qualen schaffen eine für notwendig gehaltene Solidarität. Vieles im Prüfungswesen ist nur so zu verstehen.

6 Dieser Ansatz zur Klärung der Möglichkeit gegenseitigen »Verstehens« stammt von G. H. Mead. Vgl. sein »Geist, Identität und Gesellschaft«, Frankfurt 1968.

7 Vgl. Heinz Steinert, »Die Strategien sozialen Verhaltens«, München 1972.

8 Hans Paul Bahrdt, »Zur Frage des Menschenbildes in der Soziologie« in Europäisches Archiv für Soziologie, 1/1961.

9 Dreitzel, a.a.O.

10 Ralf Dahrendorf, »Homo sociologicus«, Köln und Opladen 1964.

11 Vgl. Bernard Willms, »Gesellschaftsvertrag und Rollentheorie« in Funktion-Rolle-Institutionen, Düsseldorf 1971.

12 Frigga Haug, »Kritik der Rollentheorie«, Frankfurt 1972.

13 Dieter Classens, »Rolle und Macht«, München 1968.

14 Hans Joas, »Die gegenwärtige Lage der soziologischen Rollentheorie«, Frankfurt 1973.

15 Joas, a.a.O. S. 108.

16 S. Talcott Parsons »The Social System«, Glencoe: Free Press 1964. Auch »Beiträge zur soziologischen Theorie« (Hrsg. D. Rüschemeyer, Neuwied: Luchterhand 1964).

17 Pol Virton, S. J. »Soziologische Beobachtungen eines Seelsorgers«, München: Manz Verlag 1962. S. 60-61.

18 S. Karl F. Schumann »Zeichen der Unfreiheit.« Zur Theorie und Messung sozialer Sanktionen, Freiburg: Rombach 1968.

19 Wenn man diesem Gedanken folgt, kommt man auch auf »Marktstörungen«, »Monopolstellungen« (durch Macht) usw., die den theoretischen »Gleichgewichtspreis« nur zum Teil zur Geltung kommen lassen.

20 Ausführlicher zum Problem der Macht, S. 80 ff.

4. Kapitel
Gruppenformen und Gruppeninteraktion

A) Die Gruppe

I. Begriff der Gruppe; Gruppenklassifizierung

1. – Beim Begriff Gesellschaft liegt der Akzent auf dem größeren Rahmen des Handelns und Denkens, auf dem »Gehäuse«, in dem das gemeinsame Leben stattfindet. Die Gruppe, im Gegensatz dazu, lenkt unsere Aufmerksamkeit auf einen Ausschnitt dieser Struktur und auf seine besondere Zusammenstellung von Zielsetzungen und Strukturmerkmalen. Diese widerspiegeln in größerem Ausmaß wiederum die jeweiligen Persönlichkeiten der Mitglieder. So wie die Gesellschaft das »Skript« des Dramas mit seinen Rollen darstellt, wird dieses Skript durch eine bestimmte Gruppe – eine Schauspielertruppe – konkretisiert. Sie ist das »Fleisch und Blut« , das das Gehäuse mit Leben füllt.
Im Gegensatz zur Gesellschaft, die eine begrenzte Rollenstruktur anbietet und den Rahmen für das Rollenspiel steckt, besteht die Gruppe aus Einzelpersönlichkeiten, die die Aktivitäten und das Dasein der jeweiligen Gruppe unmittelbar bestimmen. Die Rolle »Vater« in der Gesellschaft wird vom Tode des Herrn Braun kaum betroffen, aber die »Familie Braun« wird gestört und möglicherweise auseinandergerissen durch das gleiche Ereignis.
Doch eine soziologische Bestimmung des Gruppenbegriffs wird eine Vielfalt von Formen einschließen, von einem gesamten Staatsvolk mit Hunderten von Millionen Menschen angefangen bis zu einem einzelnen Ehepaar. Wo **soziologische** Strukturen bei den großen überwiegen, treten **sozialpsychologische** Aspekte bei kleineren eher in Erscheinung, eben die spezifischen Persönlichkeiten, die ihre Rollen auf einmalige Weise ausführen. Gleichwohl gibt es keine Gruppen, auch wenn sie noch so klein sind, die nicht von allgemeinen Rollenerwartungen beeinflußt sind. Am ersten Schultag reagieren die Schüler auf die Rolle »Lehrer«; später reagieren sie mehr auf Herrn Meyer, der lehrt. Ein anderes Beispiel wäre das Verhalten eines Bürgers gegenüber einem unbekannten Polizisten im Gegensatz zu seiner Reaktion auf einen wohlbekannten Polizeibeamten.
Wenn wir sagen, daß die Gruppe etwas anders und mehr ist als nur eine Summe von Mitgliederpersönlichkeiten, dann heißt das in erster Linie, daß die besondere Konstellation von Beziehungsstrukturen und die Handlungsweisen der Mitglieder von Gruppe Y **im Gruppenzusammenhang** etwas Eigenartiges ist. Das erhebt die Gruppe als Sondereinheit jedoch nicht in den Rang eines metaphysischen Subjekts. Die Wurzeln der Entstehung, der Erhaltung und aller Dynamik der Gruppe sind ausschließlich in individuellen Persönlichkeiten zu suchen. Das Verhalten des Mitglieds in Gruppe Y ist gruppenspezifisch; die Gesamtheit des gruppenspezifischen Verhaltens aller Mitglieder bildet die einzigartige Verhaltens- und Struktureinheit, die wir Gruppe Y nennen.

2 – Um das Phänomen »Gruppe« in den Griff zu bekommen, versucht man, sie nach verschiedenen Gesichtspunkten zu klassifizieren.
Man könnte beispielsweise die Gruppen nach ihrer **Größe** einteilen. Aber eine solche Grundlage zwingt dazu, die Grenze jeweils bei ganz bestimmten Zahlen zu ziehen, eine Prozedur, die willkürlich und ungerechtfertigt scheint. Große Gruppen haben natürlich andere Wechselbeziehungen als kleine, aber der Unterschied liegt nicht in erster Linie in der Größe, vielmehr in der Stärke und dem persönlichen Wert der Wechselbeziehungen. So ist also die Größe einer Gruppe kaum eine nützliche Grundlage für die Klassifizierung.
Eine andere Möglichkeit der Klassifizierung könnte die Unterscheidung in **erzwungen – freiwillig** sein. Einige Gruppen erhalten ihre Mitglieder durch freiwilligen Beitritt, in anderen, z. B. der durch Wehrpflicht entstandenen Armee, ist die Mitgliedschaft erzwungen. Diese Grundlage der Klassifizierung ist funktional begrenzt, indem sie sich nur auf die Art und Weise des Eintritts in die Gruppe bezieht und nicht auf grundlegende Unterschiede der Wechselwirkungen innerhalb der Gruppe. Ob der Zwang, einer Gruppe beizutreten, von außen oder von innen kommt, scheint uns kein beherrschender Faktor zu sein, um die Beschaffenheit der Wechselwirkungen zu bestimmen. In gewissem Sinne ist die stärkste und intimste aller Gruppen, die Familie, zwangsmäßig entstanden. Man hat keine Entscheidungsfreiheit, außer bei der Gattenwahl, und sogar dieses Wählen ist in vielen Gesellschaften sehr eingeschränkt oder sogar unmöglich.
Als Grundlage für die Klassifizierung der Gruppen ist auch **horizontal/vertikal** – bezogen auf die Auswahl der Mitglieder aus verschiedenen sozialen Schichten – vorgeschlagen worden: Die Glieder einer Volkskirche z. B. stammen aus allen Rängen der Gesellschaft, während eine kleine Sekte dazu neigt, nur Personen einer gesellschaftlich und wirtschaftlich eng begrenzten Schicht an sich zu ziehen. Diese Basis für eine Klassifizierung beleuchtet eine Anzahl von Faktoren, die unmittelbar mit der Intensität der Wechselwirkungen zu tun haben. In der Praxis sind kleine Teile vertikaler Gruppen, die eine intensive Wechselwirkung haben, ihrer Natur nach horizontal.
Ebensogut könnte man die Gruppen einteilen in **spezialisierte und nichtspezialisierte**. Ein Beispiel für eine spezialisierte Gruppe wäre der Tierschutzverein, während danach die Familie eine nichtspezialisierte Gruppe wäre.
Diese Klassifizierungen haben ihren bestimmten Nutzen jeweils für verschiedene Arten der Analyse. Drei Typen der Gruppen-Klassifizierung sollen hier im einzelnen betrachtet werden, nämlich a) die Einteilung nach statistischen, gesellschaftlichen und sozialen Kategorien, b) die primäre und die sekundäre Gruppe, c) die Innen-Gruppe und die Außen-Gruppe.

II. Statistische, gesellschaftliche und soziale Gruppen

Eine Klassifizierung im Hinblick auf den Grad der internen Gliederung, des Dauerengagements und der Dichte des Organisationsnetzes scheint zweckmäßig zu sein. Demnach gäbe es drei größere Kategorien:

1. – **Statistische** Gruppen sind abstrakte, zu statistischen Zwecken zusammengefaßte Menschenkategorien, die irgendein gemeinsames Merkmal aufweisen: Menschen mit einem jährlichen Einkommen von DM 50 000 und mehr, Menschen mit Blut in der Gruppe »0«, alle Linkshänder oder eine Kombination einiger solcher Merkmale usw. Als nur statistisch erfaßbar sind sich die Mitglieder ihrer Gruppenzugehörigkeit nicht bewußt; das Gemeinsame wird nicht als Grund für ein Zugehörigkeitsgefühl empfunden. Für eine Analyse der Beziehung zwischen Menschen mit solchen Merkmalen und Menschen mit anderen ist die statistische Zusammenfassung in einer »Gruppe« nützlich und oft unerläßlich. Dabei hat die Kategorie an sich keine innere »Struktur«; sie als »Gruppe« zu bezeichnen ist eigentlich nur eine Konvention für statistische Erhebungen.

2. – **Gesellschaftliche** Gruppen haben meist mehrere gemeinsame Merkmale und sind sich ihrer Gruppenzugehörigkeit wohl bewußt. Sie sind als solche nicht organisiert, obwohl Teile davon formal organisiert sein können. Die einzelnen Rassen, die größeren Religionsgruppen, die »obere Schicht«, der Adel, die Arbeiter, der Mittelstand, die Jugend, die Männer, die Vertriebenen sind Beispiele solcher Gruppen. Ihre Mitgliedschaft ist öffentlich und bildet leicht einen Grund zur Organisation, was in Konfliktsituationen rasch geschieht. Viele solcher Gruppen werden oft **Sub-Kulturen** genannt; ihre Mitgliedschaft ist von relativ langer Dauer.

3. – Den höchsten Grad des Gruppenbewußtseins und der Organisation bilden die **sozialen** Gruppen. Man unterscheidet dabei die **flüchtigen** und die **dauerhaften** Gruppen.

a) Flüchtige Gruppen sind nicht durch gemeinsame Merkmale gekennzeichnet, sondern durch ein zeitweilig gemeinsames Interesse oder Erlebnis. Das gemeinsam Erlebte verdichtet sich zuweilen zu einer solchen Gefühlsintensität, daß die Ratio stark zurücktritt. Diese Situation findet man oft dort, wo eine Menge Menschen dicht zusammen sind, wie bei einer Demonstration, als Zuschauer bei einem Sportwettkampf, in einer Panik oder in der Menge von Zuschauern bei einem Feuer. Durch die Nähe des Nachbarn werden Gefühlsregungen schnell vermittelt; die individuelle Verantwortung tritt in den Hintergrund vor dem Druck der Menge. Eine milde Form des flüchtigen, aber intensiven Kontakts ist das gemeinsame Erlebnis der Passagiere auf einem Schiff; Freundschaften und Bindungen werden schnell aufgenommen, Versprechungen werden leicht gemacht, und die gesellschaftlichen Bindungen, die in den Verpflichtungen des Alltags herrschen, werden leicht abgeschüttelt; aber mit wenigen Ausnahmen wird das Ganze am Tage der Landung abgeworfen, es verschwindet wie ein Spuk.

Gustav le Bon beschäftigte sich Ende des 19. Jahrhundert mit dem Phänomen der Menge in einem vieldiskutierten Werk [1]. Le Bon, der das Irrationale im sozialen Leben hervorhob, sah in der Suggestion die Ursache des merkwürdigen Verhaltens in der Menge.

b) Dauergruppen sind wiederum vielfältig, aber eine Einteilung in **formal organisierte** und **nicht-formal organisierte** Gruppen weist auf wichtige Strukturunterschiede hin. Alle sind organisiert in dem weiteren Sinne, daß sie eine feste Gliederung mit spezifischen Rollen, Normen und Autoritäten zeigen.

Formal organisierte Gruppen sind normalerweise größer als nicht-formal organsierte, obwohl auch kleine Gruppen sich mit einer schriftlichen Formulierung des Ziels,

der Verfassung oder Satzung, mit einem Namen und mit formalen Ämtern ausstatten können. Bei einer kleinen Gruppe jedoch entstehen diese Merkmale meist auf informale Weise und bleiben oft ungeschrieben.
In der Regel ist die formale Verfassung einer Gruppe ein Zeichen, daß sie **sekundär** ist, d. h. daß die Mitglieder sich zusammenschließen, um ein bestimmtes Ziel besser erreichen zu können.
Dagegen ist das Ziel einer **primären** Gruppe eher diffus; die ganze Persönlichkeit des Mitglieds und seine Gruppenaktivität ist in ihr verwurzelt (s. unten S. 50).

4. – Einige gemeinsame Merkmale **aller organisierten** Gruppen – formalen und nicht-formalen – können unter folgenden Stichworten zusammengefaßt werden.
a) Funktion: Darunter verstehen wir die Befriedigung von spezifischen Bedürfnissen, entweder solcher, die in einer formalen Zielsetzung zum Ausdruck gebracht werden (»manifeste« Funktionen) oder unausgesprochener, unbewußter Bedürfnisse, deren Befriedigung als Nebenprodukt der Gruppenzugehörigkeit und -tätigkeit erfolgt (»latente« Funktionen). **Manifeste** Funktionen sind meist schriftlich festgelegt, wie z. B. die Ziele einer politischen Partei, die Pflege der Vokalmusik in einem Gesangverein, die Sicherung des Friedens in der U. N. usw. **Latente** Funktionen spielen ebenfalls eine Rolle; gerade das Bedürfnis nach »Zugehörigkeit« schlechthin bewegt eine unbekannte Zahl von Menschen, sich an eine – oft auf beschränkte Ziele gerichtete – Gruppe anzuschließen; sie flüchten vor der Einsamkeit. Oft erfüllen zielgerichtete Gruppen nebenbei ganz praktische und materielle Existenzfunktionen, besonders in der Form der gegenseitigen Hilfe.
Im allgemeinen läßt sich sagen, daß manifeste Funktionen in formal organisierten Gruppen herrschen, während latente in nicht-formal organisierten Gruppen eine dominante Rolle spielen.
b) Spezifische Normen: Die organisierte Gruppe hat mindestens einige Normen, die in der weiteren Gesellschaft keine Geltung haben. Solche Normen »definieren« die Gruppe und bewirken ihre Abgeschlossenheit gegen andere Gruppen. Manchmal stehen die Normen im direkten Gegensatz zu den allgemeinen Erwartungen (Anti-Alkoholiker, Verband der Kriegsdienstverweigerer, religiöse Sekten).
c) Spezifische Rollen: Aus den spezifischen Normen und Funktionen entstehen Positionen und Rollen, die für die Gruppe spezifisch sind.
d) In gleicher Weise gibt es eine gruppenspezifische **Autoritätsstruktur** mit Rängen und der Delegation von Verantwortung und Autorität. Wie in der Gesellschaft ist die Existenz der Gruppe von der Einhaltung der Normen abhängig; Sanktionen, Belohnung und Bestrafung sollen sie sichern. Autorität besagt auch, daß die Gruppe selbst in mancher Hinsicht über dem einzelnen steht, solange er Mitglied bleibt.
e) Grenzen: Das Spezificum der Gruppe bedingt ihre Grenzen; ohne sie wäre die Gruppe keine Gruppe. Als Konsequenz erhebt sie stets den unbedingten Anspruch, bestimmen zu können, wer dazugehören darf und wer nicht. Ob dieser Anspruch rigoros oder lax gehandhabt wird, ändert nichts an dem Anspruch selbst.
f) Besitz: Gemeinsamer Besitz charakterisiert die Gruppe: Kasse, Fahne, Trophäen, Gebäude, einige materielle Gegenstände, über deren Verfügung nur die Gruppe oder ihre autorisierte Vertreter entscheiden können.
g) Symbole: Gruppen werden vielfach gebunden durch Symbole: Fahne, Lieder, Marke, Händedruck, Farbe, Abzeichen, Totem. Sie kennzeichnen und bestätigen

Gruppenzugehörigkeit und sind ein Mittelpunkt, um den sich die Mitglieder sammeln.
Bei manchen kleinen nicht-formalen Gruppen gibt es wohl Grenzfälle, wie z. B. Freundschaften und Cliquen, die zeitweilig nicht alle diese Merkmale aufweisen. Die Dynamik der Wechselbeziehung bedingt es, daß die Gruppe als strukturelles System sich immer in einem Prozeß der Bildung, der Änderung oder der Auflösung befindet. Keime zu neuer Gruppenbildung sind immer vorhanden wie auch Tendenzen zur Abspaltung; vollkommenes Gleichgewicht kann nur theoretisch gedacht werden. Interessenkonflikte zwischen einzelnen oder Untergruppen führen zu Verfestigung oder Neugruppierungen.

III. Primäre und sekundäre Gruppen

1. – Wir haben oben die Bezeichnungen primäre und sekundäre Gruppen erwähnt; diese Einteilung wurde von C. H. Cooley geprägt [2].
Die **primäre** Gruppe ist die kleine, in der man sich von Angesicht zu Angesicht kennt und in der die einzigartige und geschlossene Persönlichkeit des einzelnen Mitglieds direkten Einfluß auf die Gruppe und jeden ihrer Angehörigen hat; die typische primäre Gruppe ist die Familie, andere Beispiele wären noch die Bande, die Spielgruppe, die Clique, die kleine Dorfgemeinschaft usw. Typisch für die **sekundäre** Gruppe ist, daß sie größer und in gewissem Maße spezialisiert ist; eine begrenzte Anzahl gemeinsamer Interessen führt ihre Mitglieder zusammen, und jedes davon beschäftigt sich wenig mit den anderen Seiten der Persönlichkeit des Gruppengenossen; ein Briefmarkensammlerklub, eine Ballspiel-Liga, eine politische Partei oder eine Organisation von Geschäftsleuten sind dafür geläufige Beispiele.
Offensichtlich ist die psychische Verankerung, die wir erwähnten, in der primären Gruppe stärker; ihr Einfluß auf die Entwicklung der Persönlichkeit und auf das tägliche Verhalten ist eher einschneidend. In vieler Hinsicht entspricht die Zweiteilung primär – sekundär der Klassifizierung Gemeinschaft – Gesellschaft durch Ferdinand Tönnies [3]. Nach Tönnies wird die **Gesellschaft** charakterisiert durch Wechselbeziehungen als bewußt eingesetztes Mittel zur Erreichung bestimmter Ziele. So ist also eine Geschäftspartnerschaft eine Gesellschaft, bei der die Wechselbeziehung nur einen begrenzten Sektor der Persönlichkeit erfaßt; sie wurde geschaffen, um bestimmte Ziele zu erreichen (Erfolg oder Gewinn bei einem geschäftlichen Unternehmen). Das Rationale und die klarumrissene Formulierung einer Mittel-Zweck-Beziehung sind daher vorherrschend. Die **Gemeinschaft** andererseits wurzelt tiefer im Gefühl, ist spontaner, umfaßt die Gesamtpersönlichkeit der Mitglieder, und die Wechselbeziehung beschränkt sich nicht auf spezifisch zielgerichtete Handlungen; wie bei der primären Gruppe ist auch hier die Familie das beste Beispiel.

2. – Es ist mehreren Beobachtern in den letzten Jahren klargeworden, daß Tönnies' Analyse und Beschreibung stark von einer bestimmten Wertvorstellung ausgegangen war, und zwar von der eines verhältnismäßig spannungslosen Gesellschaftszustandes, der in der Tat nicht existiert; für die moderne Analyse von Gruppen- und Beziehungsstrukturen wurden seine Begriffe zunehmend als ein Hindernis angesehen. Wurzbacher hat einen fruchtbaren Anfang gemacht, aus der Sackgasse der vereinfachten antithetischen Konstruktion »Gemeinschaft – Gesellschaft« herauszukommen, indem er **Strukturfaktoren** anstatt »Polartypen« postuliert, Elemente, die in stärkerer oder schwächerer Form in jedem sozialen Gebilde auftreten [4]. Die verschiedene Stärke dieser Elemente ergibt ein Bild des Gesamtgefüges, das viel sinnvoller ist als das einfache Messen am Idealtyp »Gemeinschaft« oder »Gesellschaft«.

Die drei Strukturfaktoren – sicher noch kein erschöpfender Katalog – sind

a) der **Organisationsfaktor:** die Kräfte, die zur Unterordnung von einzelnen und Untergruppen unter das Gruppenziel hindrängen. Die Teile des Ganzen werden als Mittel zur Erreichung des Gruppenziels erlebt. »Leistung« und »Mittel zum Zweck« stehen im Vordergrund;

b) der **Individuationsfaktor:** Elemente, die zur Stärkung des einzelnen in seiner »Einmaligkeit«, zur Erhebung des Selbstwertgefühls, der Selbständigkeit und Selbstentfaltung beitragen. In Form der Arbeitsteilung und Leistungskonkurrenz können die beiden: Organisations- und Individuationsfaktoren sich gegenseitig ergänzen;

c) der **Solidarisationsfaktor:** Tendenzen, die nach gegenseitigem Verständnis, nach Übereinstimmung von Werten und Gefühlen hin wirken. Die gefühlsmäßige Verbundenheit, Zugehörigkeit und Geborgenheit werden in erster Linie durch diesen Faktor erzeugt.

3. – Eine kritische Beobachtung läßt erkennen, daß oft, wenn auch nicht immer, primäre Gruppen (nach Wurzbacher Gruppen, deren Struktur einen starken Solidarisationsfaktor aufweist) ursprünglich aus rationalen, äußerlichen Erwägungen (Organisationsfaktoren) zustande kommen. Die Gesellschaftspartnerschaft kann sehr wohl zu einer höchst persönlichen, primären Beziehung werden, oder eine Ehe kann ursprünglich aus finanziellen oder gesellschaftlichen Gründen geschlossen worden sein. Unter gewissen Bedingungen neigt jede dauernde Verbindung dazu, primären Charakter anzunehmen.

Forschungen auf diesem Gebiet haben George C. Homans veranlaßt, eine Reihe provozierender Hypothesen aufzustellen für die Beziehungen zwischen Tätigkeit, Interaktion und Gefühl und ihre Wechselbeziehungen in der Bildung und Erhaltung einer primären Gruppe [5]. Zum Zwecke der Analyse wird unterschieden zwischen

a) dem **internen** System, den Beziehungen und der Tätigkeit, die sich innerhalb der Gruppe entwickeln, **nachdem** sie zustande gekommen ist, und die über und oberhalb der formalen Anforderungen der Vereinigung stehen, und

b) dem **externen** System, der Tätigkeit und den Beziehungen wie auch den Motiven, die die Mitglieder der Gruppe zuführen und sie dort festhalten, wobei die interne Entwicklung außer acht gelassen wird.

Als Beispiel können wir eine Hochschule wählen und alle die Motive, die Studenten, Fakultät und Verwaltung in ihren Bildungsbemühungen zusammenführen; diese Motive, zuzüglich der formalen Organisation des Instituts mit seinem vorgezeichneten System der Wechselwirkungen zwischen Studenten, Lehrern und Verwaltung, bilden das **externe** System. Wenn wir aber annehmen, daß eine Gruppe von Studenten mit gemeinsamen Interessen eine Art Bruderschaft – oder etwa eine »Kommune« – bilden und zusammenleben, dann wäre diese Gruppe mit ihren anderen Tätigkeiten, Interaktionen und Gefühlen ein **internes** System.

Bei der Verfolgung des Gruppenziels (externes System) ist die Rückkoppelung mit internen Systemen von großer Bedeutung. Erhebliche Motivation zur Unterstützung bzw. zur Sabotierung des Ziels der größeren Gruppe entsteht in internen Systemen. Die Studenten im obigen Beispiel (oder Dozenten, oder Verwaltung) können interne Gruppierungen bilden, die die Organisation zum Scheitern bringen. Andererseits können sie ebenso eine Unterstützung bewirken, die für den Erfolg der Organisation ausschlaggebend ist. Militärorganisationen sind auch gute Beispiele für die zum Erfolg oder zum Mißerfolg ausschlaggebende Kraft, die sich in internen Systemen entwickelt. Über solche Rückkoppelungsprozesse ist wenig an wissenschaftlich fundierter Kenntnis vorhanden. Organisationsleitungen versuchen auf mehr oder weniger intuitive Weise, durch »Betriebsausflüge«, Freizeiteinrichtungen u. a. m. die in internen Gruppierungen gärenden Motivationen im Sinne des Organisationsziels zu lenken. Ebenso zeigen sie erhebliche Angst vor möglichen negativen Wirkungen interner Gruppierungen. Das klassische Organisationsgefüge ist prinzipiell daraufhin strukturiert, die Bildung von internen Systemen zu bremsen. Dagegen wagen die Experimente mit weitgehend autonomer Entscheidungsbefugnis einzelner Arbeitsgruppen (Volvo-Werke in Schweden, z. B.), die Bildung solcher Gruppen zu ermutigen in der Hoffnung, daß die Rückkoppelung, aufs Ganze gesehen und für die Zukunft des Unternehmens, eine positive Wirkung haben wird.
Die primäre Gruppe ist nicht nur der Platz, wo der einzelne als selbstbewußte Persönlichkeit auftreten kann, sie ist vielfach auch unser Wahrnehmungsorgan: Wir sehen, was die Gruppe »sieht«, hören, was die Gruppe »hört«, sagen, was die Gruppe »sagt«, und denken, was die Gruppe »denkt«. Man lernt die »Sprache« der primären Gruppe zuallererst. Die Leistung der primären Gruppe ist ungleich größer als die Summe der Leistungen der einzelnen Mitglieder. Vor allem ist die kleine Gruppe unersetzlich als Mittler zwischen dem einzelnen und dem größeren sozialen Gebilde: Volk, Staat, Partei, Konfession, Beruf. Sie ist das Medium eines großen Teils der Information, der Pflege, des Schutzes, auch der Diskussion. In ihr werden einzelne in ihre Aufgaben als »Rollenträger« eingeführt und in ihr werden Konfliktsituationen ausgeglichen. Die kleine Gruppe hebt sich von der »Menge« in Intensität des Gewissens, der Verantwortung, der Urteilskraft und des Rechtsgefühls wesentlich ab. Nur eine partielle Aufzählung ihrer Funktionen genügt, um die Bedeutung für das gesellschaftliche Leben klarzumachen.

4. – Eines der Kennzeichen der verstädterten, industrialisierten Gesellschaft ist die relative Abnahme primärer Kontakte, die die ganze Persönlichkeit umfassen, und ein Anwachsen der fließenden sekundären Kontakte, die nur einen kleinen Teil der Persönlichkeit beanspruchen. Man stelle die bäuerliche Dorfgemeinschaft, in der jeder Kontakt ein persönlicher ist, begleitet von einem unentrinnbaren sanften Zwang zur Erhaltung der Gruppennorm, der städtischen Gemeinde gegenüber, in der man kaum seinen Nachbarn kennt, wo auf speziellen Arbeitsgebieten Kontakte bestehen mit Verkäufern, Polizisten oder Arbeitskollegen, und wo die grundlegende primäre Gruppe, die Familie, nur immer für kurze Zeit beisammen ist. Wenn wir die Schlüsselposition in Betracht ziehen, die die primäre Gruppe bei der Entwicklung der Gruppennormen, der Festlegung sozialer Rangstufen und der Kontrolle der einzelnen Mitglieder einnimmt, erhalten wir einen Hinweis auf die sogenannte »Normlosigkeit« unserer Gesellschaft.

Viele unserer Mitmenschen werden hin- und hergerissen zwischen dem Wunsch, sich von der Neugier, der Klatschsucht und der persönlichen Beaufsichtigung durch die Dorfgemeinschaft freizumachen, und der Sehnsucht nach Geborgenheit der Gesamtpersönlichkeit, nach dem Bewußtsein, daß jemand an ihnen als Person Interesse hat und sie nicht nur als Mittel zum Zweck betrachtet, wie z. B. das Interesse des Verkäufers, das sich in freundlichen Worten und einem oberflächlichen Lächeln äußert, nur ein Mittel zu äußerlichen Zwecken ist. Vermutlich ist die trotz ihrer abnehmenden materiellen und sozialen Vorteile zunehmende Popularität der Ehe der Ausdruck des Grundbedürfnisses, eine tiefe, vollkommene Geborgenheit zu finden inmitten einer eher unpersönlichen Welt. So besitzt die Ehe jetzt neue, psychologische Funktionen; es wird mehr von ihr erwartet, ohne daß sie als Institution noch die Stütze hätte, die sie früher besaß. Dadurch ist sie zerbrechlicher geworden mit dem Ergebnis, daß persönliche Enttäuschungen und Ehescheidungen häufiger werden.

IV. Die Innen-Gruppe und die Außen-Gruppe

1. – Die Typologie Innen-Gruppe und Außen-Gruppe bezieht sich nicht auf die Eigenschaften einer Gruppe als solcher, sondern auf das subjektive Gefühl, daß ein ganz bestimmtes Individuum zu einer gegebenen Zeit in bezug auf eine bestimmte Gruppe empfindet. So wird für verschiedene Individuen eine gegebene Gruppe gleichzeitig Innen- und Außen-Gruppe sein, umgekehrt gilt dies für das gleiche Individuum unter verschiedenen Umständen.

Die Innen-Gruppe ist diejenige Gruppe, der sich ein einzelner durch eine Reihe besonderer Umstände zugehörig fühlt, mit der er sich persönlich identifiziert. Er empfindet Solidarität und brüderliche Gefühle für andere Angehörige der Gruppe. Ihre Erfolge werden als persönliche Erfolge gewertet, ein Versagen als persönlicher Fehlschlag. Aber der Brennpunkt kann sich leicht verlagern. Ein Beispiel zur Erläuterung:

In einem Konflikt zwischen der Studentenschaft und der Fakultät einer Hochschule wird der Studierende die Studentenschaft als Innen-Gruppe und die Fakultät als Außen-Gruppe betrachten, aber in einem Wettbewerb zwischen verschiedenen Hochschulen gehören Studenten und Fakultät gemeinsam zur Innen-Gruppe. Beide Hochschulen, falls sie im gleichen Landesteil liegen, werden zur Innen-Gruppe gehören, sobald es sich um einen Disput zwischen den Hochschulen verschiedener Landesteile handelt, und wenn sich das Land im Krieg befindet, werden sich alle Landesteile in der Zusammenarbeit gegen die Außen-Gruppe, das feindliche Land, vereinigen. Es ist schon häufig bemerkt worden, daß eine Möglichkeit, die Nationen der Erde zu einen, eine Invasion vom Mars wäre.

Religiöse Gruppen, soziale und ökonomische Klassen, alle haben ihren Innen-Gruppen-Fokus und ihren Außen-Gruppen-Fokus. In diesem Sinne ist der Nationalismus die übertriebene Betonung der Einheit der Nation und derjenigen Merkmale, die ihre Glieder von Fremden unterscheiden. Religiöse Bigotterie ist eine Überbetonung der religiösen Gemeinsamkeiten der Innen-Gruppe, der Rassenfanatismus tut dasselbe mit der Rasse usw. Sobald wir dies begreifen, erkennen wir auch, daß normalerweise unsere Vorurteile gegen die Mitglieder anderer Gruppen subjektiv sind, gegründet auf dem Fokus einer Reihe willkürlich ausgewählter Eigenschaften, die uns von den Mitgliedern der Außen-Gruppe abgrenzen, wobei wir gleichzeitig die Gemeinsamkeiten beiseiteschieben.

Als gewöhnlicher Bürger des Landes A, das mit dem Lande B Krieg führt, kann ich

1. meinen Gegner im Lande B entweder als Angehörigen eines feindlichen Landes betrachten, dessen Ziele mit denen meines Vaterlandes unvereinbar sind, oder
2. als einen Familienvater, mit Sorgen und Freuden, Enttäuschungen und Erfolgen, wie ich sie habe, dessen größter Wunsch es ist, mit allen Menschen in Frieden zu leben und die Früchte seiner Arbeit zu genießen.

Wirkliche Unterschiede, die es selbstverständlich gibt, werden im Gegensatz zu vermeintlichen Verschiedenheiten oft zweitrangig behandelt oder außer acht gelassen in den Beziehungen zwischen den Gruppen.

2. – Obwohl die Einteilung in Innen-Gruppe und Außen-Gruppe subjektiv und oft provisorisch ist, hat sie große Bedeutung für die Beziehungen zwischen Einzelperson und Gruppe. Ein Merkmal verdient hier besondere Aufmerksamkeit, nämlich die Tendenz, bei der Außen-Gruppe als Laster zu brandmarken, was man bei der Innen-Gruppe Tugend nennt. Einfache Beispiele sollen diese Tendenz illustrieren: Im Kriege sind unsere Soldaten tapfer und furchtlos, diejenigen des Feindes fanatisch und selbstmörderisch. Ein Rückzug auf unserer Seite ist eine »strategische Absetzbewegung«, auf der anderen Seite aber eine »wilde Flucht«. Unsere Soldaten opfern selbstlos ihr Leben, der Feind wirft sein Leben nutzlos weg. In einem Sportwettkampf spielt unsere Mannschaft hart und sauber, die andere Mannschaft ist hinterlistig und gewinnt mit Glück. Wir von der oberen Gesellschaftsschicht wissen eine besinnliche Stunde zu nützen, die unteren Schichten sind faul und wollen sich vor der Arbeit drücken. Unsere Glaubensgenossen sind fromm und eifrig in der Erfüllung ihrer religiösen Pflichten, die Angehörigen einer anderen Religionsgemeinschaft sind bigott und abergläubisch. In der kommunistischen Welt sind Überstunden eine freiwillige Leistung zum Aufbau des Sozialismus, unter den »kapitalistischen Ausbeutern« ist die Mehrarbeit nötig, um die unerträglich niedrigen Löhne auszugleichen. Im Wettrüsten dienen »unsere« Waffen der Verteidigung, die der anderen dem Angriff.

Robert Merton hat sehr schön gesagt: Die richtige Konjugation des Wortes »entschlossen« wäre: ich bin entschlossen, du bist eigensinnig, er ist störrisch [6].

Es werden nicht nur die Tugenden als Laster angesehen; ein bemerkenswerter Erfolg auf seiten der Außen-Gruppe ist eine besondere Gemeinheit und hinterläßt bei uns den Argwohn, daß sie mit dem Teufel im Bunde ist. Für den strengen Calvinisten kann der finanzielle Erfolg ein Zeichen für den Segen Gottes bedeuten. Aber wehe dem Schwarzen in einigen Teilen der Welt oder dem Juden in anderen, wenn er reich wird! Man muß ihn sorgfältig beobachten. Der Wohlstand wird ihm sicher zu Kopf steigen und ihn verderben. Eine der vollständigsten Listen über die Leistungen der Juden wurde nicht von einem Juden aufgestellt, sondern von einem fanatischen Antisemiten, der damit beweisen wollte, daß die Juden eine finstere Bedrohung für die Welt seien und sich verschworen hätten, sie zu beherrschen.

B) Gruppenbeziehung und Gruppenziele

1. – Die Beziehungen zwischen Gruppen können nicht verstanden werden ohne ihre jeweiligen Beziehungen zu einem dritten Faktor, nämlich zu den Gruppenzielen. Als einleuchtendes Beispiel können wir zwei politische Parteien wählen, die um Stimmen kämpfen; die Beziehung zwischen den Parteien (nicht notwendigerweise die Beziehung zwischen zwei Mitgliedern dieser Partei) ist eine Funktion der Stellung, die die zweite Partei eingenommen hat im Hinblick auf die Chancen der ersten Partei, ihr Ziel zu erreichen. Mit anderen Worten: Jede Beziehung ist ein Teil einer Konstellation, die gemeinsame oder verschiedene Ziele umfaßt. Das gleiche gilt für Individuen, obwohl persönliche Faktoren und individuelle Beziehungen oft die direkte Orientierung auf das Ziel hin überdecken. Die Art dieser Konstellation und das Ausmaß der Anstrengungen beim Erreichen der gestellten Ziele spiegeln sich in den verschiedenen Formen der Wechselwirkung zwischen Gruppen und Individuen: Wettbewerb, Rivalität, Konflikt, Anpassung, Zusammenarbeit oder Assimilation, um nur die wichtigsten Formen zu nennen. Allgemein können wir sagen, daß dort, wo die Gruppe eine andere als Hindernis bei der Verfolgung ihres Zieles oder als feindlich gegenüber der schließlichen Vollendung empfindet, die Beziehung zu gegenseitigem Auseinanderstreben tendiert, daß jedoch dort, wo die Gruppe die andere als Hilfe beim erfolgreichen Erreichen des gemeinsamen oder der jeweiligen Ziele empfindet, eine Beziehung der Attraktion besteht. Dieses Schema wird natürlich nicht allen Feinheiten in den Beziehungen der Gruppen gerecht, aber es hilft die Tatsache illustrieren, daß die Ziele einen wesentlichen Anteil haben an der Art der Wechselwirkung.
Wenn wir uns an die obengenannten Bedingungen halten, bemerken wir eine Skala der Abneigung, die von Wettbewerb über Rivalität zum Konflikt ansteigt. Die Variante ist bedingt durch das Ausmaß, in dem die gegnerischen Parteien willens sind, sich mit den »Spielregeln« abzufinden. In einem »fairen« Wettbewerb hält man sich strikt an die Regeln, und von dem (oder den) Verlierer(n) wird erwartet, daß er die Niederlage mit Anstand trägt. Die Bereitschaft hierzu hängt ab a) von kulturellen Normen: die Betonung liegt auf dem »fair play«, man ist »ein guter Verlierer« usw. und b) von der Bedeutung des Zieles, auch dies ist eine Funktion der kulturellen Normen. Am Konfliktende der Skala entfernt man sich mehr und mehr von diesen Regeln bis zu dem Punkt, wo es dann zu einem »Kampf auf Leben und Tod« kommt.

Meist jedoch kostet ein Konflikt so viel Material und Kraft – sowohl physisch als psychisch –, daß er an irgendeinem Punkt aufgegeben wird zugunsten einer irgendwie gearteten Zusammenarbeit; am einen Ende steht die »bedingungslose Unterwerfung«, die sich über zögernde Anpassung bis zur freiwilligen Kooperation wandeln kann. Unter günstigen Umständen werden Gruppendifferenzen sogar ganz fallengelassen und es findet eine Assimilation statt.

2. – Die jeweiligen Bedingungen, die die eine oder andere Form der Beziehungen begünstigen, sind weithin **kulturell** bestimmt. Nicht alle Gesellschaften halten Wettbewerb, Kooperation oder Rivalität für gleich wünschenswert. Es ist bemerkenswert, daß die westliche Zivilisation mit ihrer Betonung des Individualismus und der Persönlichkeit charakterisiert wird durch den ungewöhnlich hohen Wert, den sie

dem Wettbewerb beimißt. Es ist dies ein Gesichtspunkt unserer Kultur, der sehr eng mit der »offenen Gesellschaft« verknüpft ist. Politischer und wirtschaftlicher Liberalismus ebenso wie der »Sozialdarwinismus« waren Ergebnisse dieses kulturell bedingten Aspekts und gleichzeitig Triebkräfte für deren starkes Weiterwirken in unserer Gesellschaft. Wo der Erfolg des Individuums hoch im Werte steht, wird mit Wahrscheinlichkeit auch der Wettbewerb gefördert, denn der letztere ist ein entscheidender Ansporn für den ersteren. Auf der anderen Seite werden dadurch aber Instabilität und Konflikte begünstigt. Es ist vielen Beobachtern entgangen, daß **»Gleichheit«** als ideologisches Ziel dem Wettbewerb, dem Konflikt und der Instabilität einen fruchtbaren Boden bereitet. Wettbewerb und Konflikte zwischen Ungleichen sind unmöglich oder werden vielfach abgelehnt dort, wo die Ungleichheit akzeptiert wird. Erwachsene messen sich nicht mit Kindern, Sklaven nicht mir ihren Herren, auch die Frauen traten nicht in Wettbewerb mit den Männern, solange sie als ungleich angesehen wurden. Im sportlichen Wettbewerb ist annähernde Gleichheit der Teilnehmer eine allgemeine Voraussetzung. Der Anspruch der untergeordneten Gruppe, mit herrschenden Gruppen in sozialen und wirtschaftlichen Wettbewerb zu treten, liegt in dem Anspruch auf Gleichheit begründet. Die Beziehung zwischen Wettbewerb und Gleichheit hat so tiefe Wurzeln, daß man versucht ist, von einem biologischen Instinkt zu sprechen. Innerhalb einer Tierart gibt es normalerweise keinen Wettbewerb oder Konflikt zwischen den Geschlechtern, zwischen ausgewachsenen und jüngeren Artgenossen oder zwischen den sehr starken und den Schwachen.
Allerdings stößt der Versuch von außen, ungleiche Gruppen in eine einzelne zu verschmelzen, auf erheblichen Widerstand und fördert den Zusammenhalt innerhalb der ursprünglichen Gruppen, um die Eigenart besser verteidigen zu können. Aus der Perspektive einer Gruppe ist die unterschiedliche Eigenart ein konstituierender Faktor ihrer Existenz. Als abgrenzbarer, definierbarer Ort des einzelnen ist die »Individualität« der Gruppe ein Stück »Individualität« des Einzelmenschen. Somit stößt der Anspruch auf Gleichheit – auch auf gleiche Lebenschancen – immer wieder auf die Grenzen der Gruppe, die Unterschiede gegen andere Gruppen beibehalten will. Auf jeden Fall kann man nicht sagen, daß Kooperation von Gleichheit abhängig sei. Da wir sowohl die Gleichheit als auch die Kooperation hochschätzen, müssen wir uns bewußtmachen, daß sie keine »natürlichen Brüder« sind und daß eine Gesellschaft, in der beide hochentwickelt sind, eine Ebene der moralischen und ethischen Verantwortlichkeit erreichen muß, die wahrscheinlich höher ist als alles, was der Mensch bisher kennt [7].
Was wir hier ausgesprochen haben, sollte uns nicht blind machen gegenüber der Tatsache, daß in gewissem Sinne Zusammenarbeit und Wettbewerb die beiden Seiten der gleichen Münze sind. Die interne Kooperation unter den Mitgliedern einer Gruppe verstärkt sich normalerweise, sobald sich die Gruppe in einem Wettbewerb oder Konflikt mit einer anderen Gruppe befindet. Darüber hinaus ist der Wettbewerb dort, wo er nicht in Konflikt ausartet, ein Anlaß zur Zusammenarbeit **zwischen** den Gruppen, indem beide übereinkommen, sich den allgemeingültigen Regeln unterzuordnen. Die liberale Wirtschaftstheorie schließt auch ein, daß wir besser »zusammenarbeiten«, einen höheren Lebensstandard sichern können durch wirtschaftlichen Wettbewerb. Ebenso meinen die bisherigen sozialistischen Staaten, durch Wettbewerb zwischen Gruppen, »Brigaden« usw. den »gemeinsamen Auf-

bau« des Sozialismus besser vorwärts treiben zu können. Diese Erwägungen weisen auf die Verflochtenheit der Beziehungsformen hin und warnen uns davor, die eine oder die andere Form als die allein »richtige« zu betrachten.

3. – Wir stellten fest, daß kulturelle Normen ausschlaggebend sind bei der Formung unserer Beziehungen hinsichtlich Kooperation, Wettbewerb usw. In erster Linie bestimmen kulturelle Normen die **Ziele**, die wir am erstrebenswertesten finden: das Ziel kann Wohlstand heißen oder Bildung, militärische Macht oder Besitz vieler Frauen, körperliche Anziehungskraft, Skalps oder romantische Liebe, um nur einige zu nennen. Zweitens schreiben die Normen vor, **wer** in Wettbewerb treten darf; religiöse, rassische oder nationale Minderheiten sind häufig auf zahlreichen Gebieten vom Wettbewerb ausgeschlossen; in den Kastengesellschaften ist die Auswahl der Personen, die ganz bestimmte Ziele verfolgen dürfen, sehr eng. Drittens schreiben kulturelle Begriffsbestimmungen die **Regeln** vor, unter denen der Wettbewerb stattfinden darf; zum Beispiel war es vor einem Jahrhundert erlaubt und wurde sogar erwartet, daß in bestimmten Klassen der Kampf um eine Frau in Form eines Duells ausgetragen wurde. Viertens schreiben die Normen die **Situationen** vor, in denen Kooperation **nicht** erlaubt ist; z. B. ist es verboten, daß zwei Männer zusammenarbeiten um den Besitz einer Frau, zwei Studenten dürfen bei einer Examensklausur nicht zusammenarbeiten. Mann und Frau dürfen nach der christlichen Tradition und noch heute in manchen westlichen Ländern nicht zusammenwirken, um ihre Scheidung zu erreichen, vielmehr muß ihr ein einseitiges Verschulden zugrunde liegen, Geschäftsunternehmen dürfen nicht zusammenarbeiten bei der Festsetzung der Preise.

Wir leben inmitten einer Bevölkerung mit teils unerfüllbaren Wünschen und in einer Welt der vielfach unzulänglichen und ungenügenden Hilfsquellen. Unter solchen Gegebenheiten sind die Konfliktmöglichkeiten gewaltig. Daher ist es nicht erstaunlich, daß ein großer Teil der politischen Geschichte des Menschen die Geschichte seiner Bemühungen ist, die Maschinerie zu perfektionieren, die er zur Lösung seiner kostspieligen und Unordnung schaffenden Konflikte braucht. Diese Methoden zur Milderung der Konflikte nehmen inzwischen allgemein anerkannte Formen an:

a) der **Waffenstillstand**, mit dem die offenen Feindseligkeiten ein Ende nehmen, ohne daß eine grundsätzliche Regelung der Streitfrage erfolgt;
b) der **Kompromiß**, in dem jede Partei zu gewissen Konzessionen bereit ist, jedoch vorhat, die Rivalität in bestimmten Grenzen weiterzutreiben;
c) das **Schlichtungsverfahren**, bei dem beide Parteien übereinkommen, sich der Entscheidung einer dritten Partei, der sie vertrauen, zu unterwerfen (Zivilgerichte sind das wichtigste Beispiel für diesen Typ der Beilegung eines Streitfalles).

In diesem Zusammenhang ist auch die **Toleranz** zu nennen, eine Haltung, die mehr oder weniger betont sein kann, ihrem Wesen nach informell ist und die gegnerischen Parteien ermutigt, sich lieber »miteinander abzufinden« als die Anstrengung, die Umstände oder die Kosten offener Feindseligkeiten auf sich zu nehmen; die Demokratie als Lebensform betont die Toleranz als Grundprinzip zur Vermeidung von Konflikten. Es kann auch als »schlechter Geschmack« angesehen werden, einen Konflikt wegen »trivialer« Gründe weiterzutreiben; in solchen Fällen hat man passende rationale Gründe zur Hand: »Es ist mir zu dumm, ihm zu antworten«; »Es ist besser, ein Gentleman zu sein, als zu gewinnen«; »Man muß nur das Wichtige wichtig nehmen«; Leben und leben lassen«; »Geben und Nehmen«.

4. – Die eben diskutierten Vorgänge sind die ständigen Begleiterscheinungen des Gruppenlebens. Die Beziehungen sind stets im Fluß. Eine Gruppe kann durch Assimilation als selbständige Einheit verschwinden, während eine neue Gruppe entsteht und ihren Platz einnimmt. Während des Vorgangs der Assimilation teilt sich die aufgesogene Gruppe normalerweise in zwei Bestandteile, die in einem tatsächlichen oder denkbaren Konflikt miteinander stehen, nämlich in diejenigen, die die Assimilation befürworten, und in die anderen, die sich ihr widersetzen. Das einzelne Mitglied der Gruppe, die sich im Prozeß der Assimilation befindet, ist in einem »Niemandsland« angesiedelt, wo es von keiner Gruppe voll akzeptiert wird. Es wird nicht nur objektiv von beiden Parteien zurückgestoßen, sondern wird auch hin- und hergerissen zwischen den verschiedenen inneren Ansprüchen auf Treue und den widersprechenden Normen. Ein solches Individuum nennt man einen »marginal man«. Emigranten und ihre Kinder, Grenzbevölkerungen und Gastarbeiter geraten häufig in eine solche Lage, die weitreichende Folgen für ihr Verhalten hat.

C) Literatur

1. Bigler, Rolf R.: Der einsame Soldat. Frauenfeld (Schweiz): Huber 1963.
2. Blum, Rudolf: Soziologische Konzepte der Sozialarbeit. Freiburg: Lambertus 1964.
3. Hofstätter, Peter: Gruppendynamik, Hamburg: Rowohlt 1957.
4. Homans, George C.: Elementarformen sozialen Verhaltens. Köln/Opladen: Westdeutscher Verlag 1968.
5. Homans, George C.: Die Theorie der sozialen Gruppe. Köln/Opladen: Westdeutscher Verlag 1960.
6. Le Bon, Gustav: Psychologie der Massen, Stuttgart 1950.
7. Wurzbacher, Gerhard: Gruppe – Führung – Gesellschaft. München: Juventa 1961.
8. Zoll, Ralf und Hans-Jörg Binder: Die soziale Gruppe. Frankfurt: Verlag Moritz Diesterweg 1970.

D) Anmerkungen

1 Gustav le Bon »Psychologie der Massen«, Stuttgart 1950.
2 Charles Cooley »Social Organization«, New York 1909.
3 Ferdinand Tönnies »Gemeinschaft und Gesellschaft«, Berlin 1926 (6. und 7. Aufl.).
4 Gerhard Wurzbacher »Gruppe – Führung – Gesellschaft«, München: Juventa 1961. S. 33-37.
5 George C. Homans »Die Theorie der sozialen Gruppe«, Köln-Opladen: Westdeutscher Verlag 1960.
6 Robert Merton »Social Theory and Social Structure«, Glencoe, Ill., S. 186.
7 Die Funktion der Ungleichheit und der Rangordnung in der Erhaltung einer gesellschaftlichen Ordnung ist von Konrad Lorenz überzeugend dargestellt in »Das sogenannte Böse«. Wien: Borotha-Schoeler Verlag 1963.

5. Kapitel
Kultur als soziologischer Begriff

A) Kultur und Kulturgrenzen

I. Zum Begriff »Kultur«

Wir haben das Wort Kultur bereits gebraucht zur Beschreibung von Gebieten, die ein verhältnismäßig einheitliches System von Normen und »Situationsbestimmungen« umfassen. Es wird dabei vielleicht aufgefallen sein, daß unsere Verwendung des Wortes mit seiner allgemein üblichen Definition nicht übereinstimmt. Es ist deshalb notwendig, daß wir uns hier mit dem Gebrauch des Wortes Kultur in der Soziologie im einzelnen befassen.

1. – Vor mehr als eineinhalb Jahrhundert bezeichnete W. V. Humboldt die technischen, ökonomischen und organisatorischen Aspekte der sozialen Errungenschaften als »Kultur«, während er die mehr geistig-schöpferischen Bemühungen »Zivilisation« nannte. Im Laufe des 19. Jahrhunderts wurden diese Begriffe vertauscht mit dem Ergebnis, daß im größten Teil des historischen und philosophischen Schrifttums des letzten halben Jahrhunderts Kultur die Bedeutung von etwas »Höherem«, mehr Geistig-Schöpferischem hat als »Zivilisation«; dies gilt besonders für den europäischen Kontinent.
Kultur ist einer jener Begriffe, die selten genau definiert werden, und wenn man sich ernsthaft bemüht, seine Bedeutung zu umschreiben, stößt man auf außerordentliche Schwierigkeiten. Vor allem erkennt man sehr bald, daß ein Volk dazu neigt, diejenigen Produkte seiner gemeinschaftlichen und individuellen Bemühungen in den Begriff einzuschließen, denen es ideell – wenn auch nicht immer in der Praxis des täglichen Lebens – den höchsten Wert beimißt. Diese Produkte können mit denen übereinstimmen, die auch eine andere Gemeinschaft von Personen als »Kultur« bezeichnet, sie müssen es aber nicht. Man sieht also, daß der Begriff sehr stark subjektiv gefärbt ist, wodurch sein Nutzen für die Beschreibung einer grundlegenden menschlichen Kategorie verringert wird. Aus der Geschichte wissen wir, daß bis zur Mitte des letzten Jahrhunderts die Chinesen die Europäer und ihre Bestrebungen für ungewöhnlich »barbarisch« hielten. Es läßt sich ebenfalls in der Geschichte leicht aufzeigen, daß allgemein bei allen Völkern eine Tendenz bestand – auch bei den einzelnen europäischen Völkern –, die kulturellen Errungenschaften anderer Völker herabzusetzen und sie bis zu einem gewissen Grade als »barbarisch« zu bezeichnen.
Das Wort Kultur wird gewöhnlich auf zweierlei Weise gebraucht. Einmal sprechen wir von einer »kultivierten« Person, von einem Menschen, der vertraut ist mit den Werken schöpferischer Geister in den schönen Künsten, in Philosophie und Religion, der sie versteht und der mühelos die Vorschriften gehobener Sitten befolgt, wie sie sich für die Gesellschaftsschichten mit dem höchsten Ansehen verstehen. Zum anderen bezieht sich »Kultur« auf das Erbe eines Volkes an »höheren« Errungenschaften, besonders in der Philosophie, der theoretischen Wissenschaft und

den schönen Künsten. Aber bereits hier gehen die Meinungen auseinander. Wann sind Errungenschaften »hoch« oder »schöpferisch« und wann nicht, und sind schöpferische Errungenschaften auch dann als Kultur zu bezeichnen, wenn sie negativ sind oder doch sein können (z. B. die Spaltung eines Atoms?). Ist das organisatorische Genie weniger schöpferisch als das literarische? Ist der einfallsreiche Politiker weniger schöpferisch als der selbstlose Wissenschaftler? Können wir die literarischen Leistungen eines Voltaire von den praktischen Auswirkungen seiner Schriften trennen? Gibt es eine kulturelle Rangfolge für die verschiedenen Leistungsgebiete: Philosophie, Musik, Dichtung, Wissenschaft, theoretische Politik, bildende Kunst? Haben die Buschmänner in Australien Kultur?
Das Studium der verschiedensten menschlichen Gemeinschaften auf dem ganzen Erdball hat viele Sozialwissenschaftler davon überzeugt, daß die Endsumme der Ergebnisse fortgesetzter menschlicher Assoziation in einem »sozialen System« ein vollständiges Ganzes ist, dessen Bestandteile – die häßlichen wie die schönen, die moralischen und die unmoralischen, die schöpferischen wie die nachahmenden, die positiven wie die negativen – alle »aus einem Stück«, aus dem gleichen Guß sind. Das Negative könnte nicht vom Positiven getrennt werden, ohne das Ganze zu ändern [1]. Wie soll man diese Gesamtheit, dieses Ganze nennen? Eine wachsende Zahl von Wissenschaftlern hat sich durch Gewohnheit auf das Wort Kultur festgelegt. So wird Kultur zum fundamentalen, wertfreien Begriff, vergleichbar den Begriffen Familie, Gesellschaft, Regierung, Religion, Wirtschaft; wir würden uns beim Gebrauch dieser Begriffe ja auch nicht auf die Beschreibung der ästhetischen, positiven oder komplexen Mitglieder ihrer Klasse beschränken. Deshalb werden wir das Wort Kultur hier gebrauchen im Hinblick auf die Gesamtsumme der Möglichkeiten und Errungenschaften, die sich aus der menschlichen Wechselwirkung ergeben. Jedes gemeinsame Produkt menschlicher Zusammenarbeit und des täglichen Lebens wird so zu einem Teil der Kultur einer bestimmten Gemeinschaft von Menschen, ebenso wie die Gegenstände, die Werkzeuge und die Techniken, die zu diesen Produkten gehören. In diesem Sinne sind Autobahnen, Zeitungen, Reklame und Fußballspiele ein Teil der Kultur, genau wie Gemälde, Sinfonien, Dichtung und philosophische Abhandlungen.
Die soziologische Definition des Begriffes Kultur würde also wie folgt lauten:
Kultur ist die Gesamtsumme der vorgezeichneten Wege des Denkens und Handelns von Menschen, die durch gemeinsame Tradition und Probleme verbunden sind, zuzüglich der Gegenstände und der Techniken, durch die sie ihren Ausdruck finden.
Die Frage der Grenzziehung zwischen Gruppen von Menschen, »die durch gemeinsame Traditionen und Probleme verbunden sind«, wird später aufgegriffen werden. Dieser Standpunkt vermeidet das dornenreiche Problem, Völker daraufhin miteinander zu vergleichen, ob sie »mehr« oder »weniger« Kultur haben. Auch die Frage, ob eine Kultur »höher« oder »niedriger« ist, steckt so voller Schwierigkeiten, deren Lösung sich dem wissenschaftlichen Wahrheitsbeweis entzieht, daß die Soziologen dazu neigen, lieber von »einfachen« und »komplizierten« Kulturen zu sprechen als »niedrigeren« und »höheren«. Demnach haben »komplizierte« Kulturen eine größere Zahl und Differenzierungen von Ideen und Symbolen, Normen und materiellen Dingen. Auch hier ist es leicht, die Differenziertheit einer fremden Kultur zu übersehen (Tabus, Familienstruktur z. B.), weil gerade auf manchen Gebieten unsere ei-

gene Kultur recht »einfach« ist. Es mag sein – obwohl auch dies schwer zu beweisen ist –, daß die »höheren« Kulturen weiter von der Grenzlinie des Tieres im Menschen entfernt sind. Es ist allgemein beobachtet worden, daß vieles von dem, was gewöhnlich als »höhere« Kultur gilt, einfach das ist, was unsere Tradition für wertvoller hält und was uns ästhetisch gefällt.

2. – Wenn wir Kultur so betrachten, zeigt sie verschiedene Charakteristika, deren hauptsächlichste wir jetzt aufzeigen werden.

a) Kultur ist allumfassend. Nichts von dem, was die Menschen mit anderen ihrer Gemeinschaft gemeinsam haben, steht außerhalb der Kultur. Wir sehen, daß die »Gesellschaft« mit ihrem System von verteilten Rollen, Normen und Sanktionen ein zentraler Bestandteil der Kultur ist. Aber sie umfaßt auch so verschiedenartige Dinge wie Bleistifte, Rock 'n' Roll, Arbeitsämter, Bildgeschichten, Aberglauben und Moden, ebenso wie den Existenzialismus, die Musik von Bach und die Gemälde von Picasso; sie umfaßt sogar viel von dem, was gemeinhin »Natur« genannt wird, besonders soweit es sich auf eine europäische Landschaft bezieht. Wenn die Leute sagen, daß sie gerne fortgehen, »um die Natur zu genießen«, vergessen sie wahrscheinlich, daß das, was sie genießen, eine Landschaft ist, die jahrhundertelang durch menschliche Kultur verändert und geformt wurde. Der Wald z. B. ist immer wieder abgeholzt und aufgeforstet worden entsprechend den Bedürfnissen einer ganz bestimmten Kultur; er wird gesäubert, geschützt und mit Wild besetzt, das nach bestimmten Regeln gejagt wird. All das ist weit entfernt von einer »Natur«, die unberührt ist vom Eingreifen des Menschen. Natur »im Urzustand« wäre wahrscheinlich interessant, Ehrfurcht einflößend oder schrecklich, aber sie wäre kaum etwas, das man »genießt«.

b) Kultur wird erlernt. Damit soll betont werden, daß Kultur nicht ererbt ist wie blondes Haar oder eine hochgewachsene Gestalt, daß die einzige Voraussetzung für das Lernen jeder Kultur ein Grad von geistiger und körperlicher Beweglichkeit ist und nicht die biologische Verwandtschaft mit den Menschen, die an der gegebenen Kultur teilnehmen. Das heißt, ein Inder paßt in die indische Kultur, nicht weil er »biologisch« Inder ist, sondern weil er in Indien geboren, erzogen und aufgewachsen ist. Andererseits liegt die Fähigkeit, überhaupt eine Kultur zu erlernen, in dem biologischen Erbe. Die Chinesen essen Reis – und mit Stäbchen – und sie schätzen ihre eigene klassische Musik, weil sie es so gelernt haben. Die Europäer halten im Gegensatz zu den Mohammedanern die Monogamie für richtig, die Italiener gestikulieren beim Sprechen stärker mit den Händen als die Engländer usw. Dies bedeutet nicht, daß alles, was der Mensch tut, erlernt ist. Manche Handlungen sind reine Reflexe. Der Mensch tut neue und unbekannte Dinge auch gelegentlich »zufällig«, weniger häufig aus schöpferischer Anstrengung. Manches davon wird vielleicht der Kultur einverleibt, indem es allgemeingültig für Denken oder Tun wird.

Es wird häufig behauptet, ein bestimmtes Individuum sei ein »geborener« Mathematiker (oder Geiger, Maler, Beamter). Solche Feststellungen müssen so aufgefaßt werden, daß 1. der Betreffende geboren wurde mit der Fähigkeit – möglicherweise der außergewöhnlichen Fähigkeit –, diesen bestimmten Beruf zu erlernen, und daß 2. die gegebenen Umstände für die Entwicklung dieser Fähigkeit günstig waren. Auch der Mathematiker muß Multiplikation, Algebra, Geometrie, Trigonometrie, Integral und Differential rechnen lernen, wenn er es auch vermutlich schneller tut als andere. Das bedeutet, daß er in einer Umgebung leben muß, die ihm die Gelegenheit bietet, genau diese Dinge zu lernen. Das gleiche gilt für den Geiger, den Maler und den Beamten.

c) Kultur ist ihrer Natur nach geistig. Wenn wir sagen, daß Kultur grundsätzlich geistig ist, wiederholen wir mit anderen Worten, was bereits im Einführungskapitel erklärt wurde, nämlich daß der Schlüssel zum sozialen Verhalten in der Bedeutung liegt, die der Mensch ihm beilegt, daß die Menschen nicht auf die »Realität« reagieren, sondern auf ihre Auffassung von der Realität. Und diese Auffassungen sind standardisierte, »vorgezeichnete« Situationsdefinitionen. Die Sonne beispielsweise ist physikalisch die gleiche für alle Kulturen. Aber kulturell kann die Sonne für die eine Gruppe ein Gegenstand der Verehrung sein und für die andere ein Gegenstand wissenschaftlicher Untersuchungen. Oder die Muschel ist in einer Kultur ein Zahlungsmittel und in einer anderen ein Düngemittel. Obgleich wir gesagt haben, der Bleistift sei ein Teil der Kultur, so ist es doch nicht der physikalische Gegenstand, der die Stellung des Bleistifts in der Kultur definiert, sondern vielmehr die Bedeutung des »Bleistifts« innerhalb eines Rahmens gemeinsamer Tätigkeit, die z. B. die Schule, das Briefeschreiben oder die Büroarbeit umfaßt. Anders ausgedrückt: Nicht die Dinge »an sich«, sondern die geistige Deutung der Dinge ist die Essenz der Kultur. Nur die Kultur kann uns sagen, was wir mit den »Dingen« anfangen sollen. Sie definiert für ihre Teilnehmer die »Wirklichkeit«; man könnte sogar sagen, sie **ist** die »Wirklichkeit« [2].

d) Die Kultur wirkt als Filter. Man kann die Kultur auch als Filter betrachten, durch den wir die Wirklichkeit wahrnehmen [3]. Nach E. Fromm filtert die kulturelle Strukturierung der Welt unsere Erfahrungen und Erlebnisse auf dreierlei Weise: (a) Durch die Sprache, welche Empfindungen nur zum bewußten Erlebnis werden läßt, für die die Sprache eine Bezeichnung hat. Nur Empfindungen, die in einem Kulturkreis als »wichtig« betrachtet und gepflegt werden, bekommen reichhaltige Ausdrücke, während andere »arm« an Ausdrücken bleiben oder überhaupt nicht genannt werden. Diese werden in einem gewissen Sinne verdrängt. Ähnlich verhält es sich im Hinblick auf Syntax und Grammatik. In der einen Sprache werden Zeitaspekte der Erlebnisse hervorgehoben (Vergangenheit, Gegenwart, Zukunft), in einer anderen die Frage, ob eine Handlung vollendet (perfekt) oder unvollendet ist (imperfekt), in einer dritten werden »Dinge« und Hauptwörter bevorzugt, und in einer vierten die Handlungen selbst (Zeitwörter). (b) Durch die Logik. Man betrachtet die in der eigenen Kultur gepflegte Logik als die einzige und natürliche. Dabei unterscheiden sich die abendländische Logik (»aristotelisch«: A kann nicht gleichzeitig A und Nicht-A sein) und die im Osten weitgehend akzeptierte »paradoxe« Logik erheblich voneinander. Wichtige Elemente der Dialektik wie auch der in der Psychoanalyse anerkannten **Ambivalenz** (die intensive Beziehung kann gleichzeitig Haß und Liebe sein) zeugen von Spuren dieser Logik in der westlichen Welt. Im allgemeinen ist es jedoch äußerst schwer, einen Sachverhalt zur Kenntnis zu nehmen, der der herrschenden Logik widerspricht. (c) Durch die kulturelle Auswahl der Gehalte von Empfindungen. Bestimmte Gefühle und Gedanken sind nicht zulässig. Sollten sie im Ansatz aufsteigen, verursachen sie Angstgefühle, denn sie könnten einen von der Gemeinschaft isolieren. Anders ausgedrückt: Unsere Kultur strukturiert unsere Bedürfnisse in der Weise, daß wir das tun, denken und wollen, was wir »müssen«, um in ausreichendem Maße Kontakte und den notwendigen Austausch erhalten zu können.

3. – Aus diesen wesentlichen Charakteristika ersehen wir, daß die Kultur die erste und einfachste Antwort gibt auf die meisten Fragen, welche die Eigenart der menschlichen Gruppen betreffen. Warum trinken die Menschen in Indien keine Milch? Warum beging eine gewisse Schicht von Japanern unter bestimmten Bedingungen Harakiri? Warum essen die Deutschen Wurst und trinken Bier, die Amerikaner Pop-Corn und Erdnüsse? Warum sind die Hopi-Indianer außergewöhnlich friedfertig und die Kwakiutl äußerst kriegerisch? Warum sind manche Menschen Kannibalen? Wenn wir sagen, daß die Antwort darauf »Kultur« heißt, so bedeutet das in erster Linie, daß die Antwort eben nicht lautet: »Weil diese Menschen so geschaffen sind.«
Kultur ist natürlich nicht die einzige und erschöpfende Antwort auf solche Fragen, und es ist damit noch nicht erklärt, wie eine solche Verhaltensweise Teil der Kultur werden konnte.

II. Kulturgrenzen

Wie sind die Grenzen zu bestimmen, die eine Kultur von der anderen trennen? Wann gelangt man aus einer Kultur hinüber in die andere? Kulturgrenzen sind ja in Wirklichkeit keine genauen Linien, weder geographisch noch sozial. Und sie sind jedesmal unterteilt in Untereinheiten, so wie es politische Einheiten auf verschiedenen Ebenen gibt: die Stadt, den Staat, die Nation, internationale Bündnisse.
Es gibt zwei Haupttypen von Kulturgrenzen: geographische und soziale.

1. – **Geographische** Grenzen trennen – mehr oder weniger genau – die Kulturen der hauptsächlichen Regionen und Kontinente, der Nationen, der Staaten und örtlich begrenzter Gebiete (z. B. die Täler des Schwarzwaldes mit ihren verschiedenen Trachten und Dialekten). Wo man jeweils die Grenzen einer Kultur zieht, hängt ab von der Art und dem Zweck der Beschreibung. Auf der untersten Ebene könnte man behaupten, daß immer dann, wenn eine Gruppe von Personen ein Muster von Normen für diese bestimmte Gruppe entwickelt, der Keim zu einer »Kultur« entsteht; eine bestimmte Familie ist somit eine Mikro-Kultur. Da der Gebrauch der gleichen Sprache oder Sprachfamilie eng mit Tradition, Wertbegriffen und Denkweise verbunden ist, sind wir dahin gelangt, Kulturgrenzen und Sprachgrenzen gleichzusetzen. Das ist für vielerlei Zwecke nützlich und wahrscheinlich als Kennzeichen einer regionalen Kulturgrenze so gut wie irgendein anderes, obwohl es für sich allein keinesfalls genügt.

2. – Genauso wichtig wie geographische Kulturgebiete sind die **sozialen** Gruppierungen, die über eine bestimmte Region verstreut sind und in vielen Fällen die internationalen Grenzen überschreiten; solche Gruppierungen werden oft **Sub-Kulturen** genannt.
Die erste dieser Gruppierungen ist diejenige, die durch das Bestehen **sozialer Schichten** geschaffen wird. Die Lebensweise der Oberschicht oder des Adels unterscheidet sich von der Lebensweise weniger begünstigter Schichten so stark wie die Lebensformen in geographisch weit auseinanderliegenden Gebieten. Solche Gruppen sprechen tatsächlich »verschiedene Sprachen«, sie essen verschiedene

Speisen und haben unterschiedliche Tischsitten, sie erfüllen verschiedene wirtschaftliche Aufgaben, haben unterschiedliche politische und religiöse Ansichten; ebenso differieren auch ihre Freizeitbeschäftigungen. In vieler Hinsicht hat der Bauer in Indien mit dem Bauern in Mexiko mehr gemeinsam als mit dem reichen Kaufmann aus seinem eigenen Dorf. Diese Tatsache haben die Marxisten in Rechnung gestellt bei ihrer Forderung: »Proletarier aller Länder vereinigt euch!«, obwohl sie die Stärke des Zugehörigkeitsgefühls des jeweiligen Proletariats falsch eingeschätzt, d. h. überschätzt haben.

Verwandt mit Schichten sind die **Berufs- und Beschäftigungsgruppen**. Dies gilt besonders, seit moderne Verkehrsmittel Reisen und Verbindungen untereinander leichtgemacht haben. Jede große Berufsgruppe entwickelt eine eigene »Kultur«; ein schlagendes Beispiel dafür bietet die Internationalität der Wissenschaftler. In den letzten Jahren hat der kulturelle und berufliche Austausch – zwischen Künstlern, Musikern, Lehrern, Sozialarbeitern, Juristen und Studenten – das Gefühl für gemeinsame Traditionen, Probleme und Interessen innerhalb solcher Berufsgruppen stark vertieft. Viele davon entwickeln eine eigene »Sprache«, eine spezifische Terminologie, die die Verständigung über die Sprachgrenzen hinweg erleichtert.

Eine zweite wesentliche kulturelle Trennung innerhalb der geographischen Einheiten scheidet die **Städter von den Landbewohnern**. Die Unterschiede zwischen diesen beiden Gruppen bedürfen keiner Erklärungen. Die typisch ländliche Lebensweise ist durch Welten getrennt von der typisch städtischen. Es muß allerdings festgestellt werden, daß die fortschreitende Technisierung in hochindustrialisierten Bezirken dahin zielt, diese Unterschiede zu verwischen. Im besonderen wird das, was einmal durch seine räumliche Trennung von der Stadt rein ländliches Gebiet war, durch die geographische und soziale Beweglichkeit (Mobilität) verstädtert.

Drittens schaffen **Religionen** kulturelle Einheiten. Das Christentum ist eine Kultur ebenso wie der Hinduismus, das Judentum, der Shintoismus und der Islam. Diese Religionen prägen typische Familiensitten, Eßgewohnheiten und -riten, die Einstellung zum Leben und zum Tod, zur Vergangenheit und zur Zukunft, die philosophische Haltung und eine Vielzahl alltäglicher Gebräuche. Es ist z. B. schwer, das Judentum als Rasse oder als Nation zu erklären; es hatte jahrhundertelang kein eigenes Land und es bildet keine rassische Einheit, jedoch bestand es als Kultur weiter. Kulturelle Unterabteilungen gibt es innerhalb aller großen Religionen, wie z. B. den Protestantismus, den Römischen Katholizismus und die Griechisch-Orthodoxe Kirche, die Sekten und verschiedene Glaubensrichtungen innerhalb der Religionen.

Eine letzte wichtige kulturelle Trennungslinie scheidet die **Rasse-Gruppen** voneinander. Diese kulturelle Trennung hat ihren Ursprung in der geographischen Trennung und in dem Mangel an Kontakten in der Vergangenheit. Aber sie besteht vielfach weiter, auch nachdem die Rassen geographisch zusammengerückt sind. Die Fortdauer dieser Trennung ist größtenteils nicht durch die rassischen (biologischen) Verschiedenheiten bedingt, sondern durch die Tatsache, daß die beiden Gruppen nur selten unter solchen Umständen zusammentreffen, die eine kulturelle Integration begünstigen; ein schlagendes Beispiel hierfür sind die Schwarzen in den USA. In der Regel erscheint eine Gruppe als herrschende, die andere als die untergeordnete, durch Eroberung oder Sklaventum »inferior« gehaltene Gruppe, die »unfähig« ist, die »überlegene« Kultur völlig zu assimilieren. Obwohl die untergeordnete Gruppe durchaus in der Lage wäre, sich zu integrieren, verhindert einerseits doch die Haltung der herrschenden Gruppe, daß man sie akzeptiert, andererseits zwingt sie die untergeordnete Gruppe, Mittel und Wege zu finden, um sich ihrer Lage anzupassen. (Soziale Ideen zeugen soziale Wirklichkeiten.) Diese Verhaltensweise wird bald standardisiert und formt sich zu einer Kultur, die sich auf vielerlei Art von der der herrschenden Gruppe unterscheidet. Solche kulturellen Unterschiede auf rassischer Grundlage sind nicht unbedingt notwendig, auch heute existieren sie z. B. auf Hawaii und bestimmten Inseln im Pazifik praktisch überhaupt nicht. Dennoch begünstigt das unterschiedliche Äußere die Entwicklung von Sub-Kulturen.

B) Ethnozentrik

Wie das Wort egozentrisch, nach dem es gebildet wurde, bezeichnet Ethnozentrik die Tendenz, die »ethnische« Gruppe – anstatt sich selbst – zum Mittelpunkt aller Werturteile und -bestimmungen zu machen. Der egozentrische Mensch steht im Mittelpunkt einer Anzahl konzentrischer Kreise, und je weiter entfernt die anderen Individuen sind, desto weniger wichtig oder beachtenswert sind sie. Bei der Ethnozentrik steht die eigene Kulturgruppe im Mittelpunkt. In diesem Falle bedeutet »ethnisch« nicht genau das gleiche wie für den Ethnographen, obwohl die Beziehung klar ist. Für unsere Zwecke bezieht »ethnisch« sich auf die Kulturgruppe, sei es nun die Sprachgemeinschaft, der Staat, die soziale Schicht, die Religion, die Rasse usf.

1. – Wir neigen dazu, andere Kulturen am Standard unserer eigenen zu messen. Je näher sie der unseren kommen, desto eher schenken wir ihnen Beachtung und Respekt. Diejenigen, die weiter entfernt sind – hinsichtlich der »kulturellen« Lebensweise – sind in der Regel »merkwürdig«, »unnatürlich«, »unmoralisch« oder »barbarisch«. Bestenfalls haben diese Leute »einen seltsamen Geschmack« oder sie sind »malerisch«. Wenn wir großzügig sind, dulden wir natürlich ihr Vorhandensein, aber gerade diese Toleranz ist ein neuer Beweis für unsere Überlegenheit.
Daß wir unsere Kultur für überlegen halten, zeigt sich am besten an unserer spontanen Reaktion auf eine unbekannte Sprache. Vernunftmäßig wissen wir, daß die Verständigung in einer fremden Sprache genausogut möglich ist wie in unserer eigenen. Und doch können wir oft das Gefühl nicht unterdrücken, daß jene Laute »komisch« und ein »Gebabbel« sind. Unsere spontane Reaktion gleicht der des kleinen Jungen, der sagte: »Das Schwierige an Fremdsprachen ist, daß man nichts Vernünftiges mit ihnen ausdrücken kann!«
Die Ethnozentrik findet häufig ihren Ausdruck in abfälligen Namen für die Angehörigen anderer Kulturen. Wir alle kennen solche Ausdrücke wie »Polacke«, »Russki«, »Ami« oder »Jüd«. Die starke Einwanderung hat in den Vereinigten Staaten für nahezu jede nationale, rassische oder religiöse Gruppe einen herabsetzenden Übernamen in der Folge gehabt; die Franzosen sind »frogs«, der Deutsche ist ein »Kraut«, die Italiener sind »Wops«, die Chinesen »Chinks« und die Japaner »Japs«. Die Juden werden häufig »Kikes« genannt, und es ist sehr beleidigend für einen Schwarzen, wenn man ihn »Nigger« nennt. Der französische Schimpfname für die Deutschen ist »Boches« usw.
So gesehen, scheint die Ethnozentrik in erster Linie ein Ausdruck kindischer Unwissenheit zu sein, das Ergebnis der Isolierung von anderen Kulturen. Aber das ist eine

unzureichende Erklärung. Tatsache ist, daß wir dazu neigen, die fremde Art zu verspotten, nicht nur weil sie fremd ist, sondern **weil sie tatsächlich unsere kulturbedingten Bedürfnisse nicht erfüllen würde**. Das wird verständlich, wenn wir uns an den sozialen Ursprung unserer Bedürfnisse erinnern, die häufig die rein biologischen Triebe überspielen. So sind wir zweifellos berechtigt, von sozialen Bedürfnissen zu sprechen: Wir haben das »Bedürfnis«, einen Mercedes statt eines VW zu fahren, das »Bedürfnis«, Nylonstrümpfe statt warmer Wollstrümpfe zu tragen, das »Bedürfnis«, ein Orginalgemälde statt einer Kopie zu besitzen, das »Bedürfnis«, unser Leben für das Vaterland zu opfern. Diese Liste kann fortgesetzt werden mit dem »Bedürfnis« der Deutschen, Fleisch und Kartoffeln zu essen und Kaffee zu trinken oder dem »Bedürfnis«, sauber und ordentlich zu sein. Der Chinese andererseits »braucht« Reis und Curry und Tee. Der Europäer ißt gelegentlich auch ganz gern Reis und Curry, aber die überwältigende Mehrheit wird zu Fleisch und Kartoffeln als ständiger Kost zurückkehren, die offensichtlich befriedigender ist für den Europäer. Dieses Prinzip wird noch auffallender, wenn wir es auf uns weniger vertraute Sitten anwenden, als da etwa sind Verzehr von Vogelnester-Suppe, von faulen Eiern, von Heuschrecken und eingemachten Bienen, das Auf-der-Erde-Sitzen, der Besitz mehrerer Frauen, das Nasereiben zur Begrüßung. Dem Bekannten gegenüber ist der Mensch nicht nur subjektiv positiv (psychisch) eingestellt, sondern auch objektiv (körperlich) [4].

Wir können also sagen, daß die Ethnozentrik nicht nur eine Sache der Unwissenheit und der Engstirnigkeit ist. **Da unsere sozialen Bedürfnisse Geschöpfe unserer eigenen Kultur sind, können sie auch durch unsere eigene Kultur am besten befriedigt werden**. Diese Bedürfnisse sind so tief in unserer Persönlichkeit eingepflanzt, daß wir fälschlich annehmen, sie seien biologisch bedingt, sie seien »die menschliche Natur«. Und wenn andere diese Bedürfnisse nicht haben, sind sie für uns »seltsam« oder »abnorm«. Ihre Art ist »widernatürlich« [5].

Auf den ersten Blick scheint es also, als sei die Ethnozentrik ein Zeichen von Unwissenheit und Intoleranz, über das man nur den Kopf schütteln kann. Dies ist jedoch nur mit beträchtlichen Einschränkungen der Fall; wir können auch eine Anzahl positiver Bei-Produkte der Ethnozentrik feststellen. Sie ist unzweifelhaft die treibende Kraft, die hinter Leistung, Expansion, Fortschritt und Erfindungen steht. Idealismus aller Art entspringt aus der Überzeugung von der »Überlegenheit« unserer Art des Denkens und Handelns. Darüber hinaus beruht die Verteidigung unserer Kultur in einem Krieg oder anderen Konflikten weithin auf der Ethnozentrik. Sogar wenn man von dem nicht-ethnozentrischen, toleranten Gesichtspunkt ausgeht, daß alle Kulturen einen wertvollen Beitrag zur Bereicherung der menschlichen Existenz zu leisten haben, muß man einräumen, daß keine Kultur ihre eigene, abgetrennte Existenz und ihre individuelle Charakteristika bewahren könnte ohne ein gewisses Maß an Ethnozentrik.

Dennoch ist unsere erste Reaktion gegen die Ethnozentrik gerechtfertigt, vollends in der Welt von heute mit ihrer zunehmenden kulturellen Vermischung. Allzu häufig ist die Ethnozentrik der Ahnherr von Intoleranz, Mißtrauen, Haß und Fanatismus. Ihre spontanen Züge machen sie zu einem bequemen Instrument für die Manipulationen von Demagogen und Machthungrigen. Es braucht nur wenig Stimulation, um zu internationalen Verwicklungen und Bürgerkriegen zu führen, zu Revolutionen, Klassenkampf, religiöser Bigotterie und Rassenhaß, die alle miteinander zu teuer erkauft sind, als daß eine schnell kleiner werdende Welt, in der die Kulturen einen ständigen Kontakt untereinander nicht mehr vermeiden können, sie sich leisten könnte. Nichts Geringeres als die Existenz der Menschheit hängt davon ab, daß wir die Extreme der Ethnozentrik vermeiden. In dieser Hinsicht ist die wissenschaftliche Haltung möglichst großer »Objektivität« ein notwendiger Schutz gegen die emotionale Subjektivität der Ethnozentrik, die in der Schule, der Presse, in Radio und Film so eifrig gepflegt wird.

2. – Das Wissen um die Vielfalt der Verhaltensweisen, die beim Aufbau einer Gruppenexistenz möglich sind, bildet eine prägende Schicht des heutigen Bewußtseins. Wenige Werke beweisen die Verschiedenheit der Kulturen so schlagend wie Sumneers »Folkways« [6]. Es ist ernüchternd, oft sogar erschreckend, wenn man überlegt, daß unserer eigenen Kultur und ihren Werten anscheinend alle absoluten Grundlagen fehlen. Eine Welt von Überzeugungen droht über unseren Köpfen zusammenzustürzen. Wo ist der feste Grund, auf dem wir stehen können?
Das Problem des Relativismus ist nicht neu, aber seine Auswirkung in der modernen Welt ist unendlich groß. Nicht nur der Wissenschaftler und Philosoph, auch der Durchschnittsbürger ist gezwungen, die Folgerungen daraus in Betracht zu ziehen. Ausgerechnet der Schatz an Wissen, der eine Erleichterung von den Bürden der Vergangenheit verspricht, entpuppt sich als zweischneidiges Schwert, das die Wurzeln der psychischen Sicherheit durchtrennt, die in den vertrauten absoluten Maßstäben liegen. Das verzweifelte Suchen nach neuen, unangreifbaren Maßstäben hat auf dem Gebiet des Absolutismus der »Rasse«, des »Volkes« und des »historischen Determinismus« zu katastrophalen Spekulationen geführt. Der verführerischste unter den neuen Absolutismen ist die Wissenschaft selbst.
Es ist jedoch gerade die Wissenschaft, die auf der Ebene von absoluten Überzeugungen unser »Wissen« untergräbt. Je mehr wir »wissenschaftlich« wissen, um so mehr sind umfassende Daseinsdeutungen in Frage gestellt. Nietzsche hat diese Tendenz der Wissenschaft schon früh gesehen: Im Hinblick auf wirkliche Erkenntnis ». . . bereitet die Wissenschaft eine souveräne Unwissenheit vor . . .« [7].
Unser Gewinn dadurch, daß Machtansprüche nicht länger so leichtfertig im Namen einer »absoluten Erkenntnis« erhoben werden können, wird zunächst verloren durch die Versuchung, Machtansprüche durch willkürliche Entscheidung (Dezisionismus) zu legitimieren. Wenn »absolute Gültigkeit« theoretisch nicht festgestellt werden kann, bleibt nur die Herrschaft einer faktischen Macht als Entscheidungsinstanz. Mit dieser Lösung kann sich eine Menschheit, deren Sehnsucht nach Frieden und Liebe, nach Lebenserfüllung und Befreiung von Gewalt unübersehbar ist, nicht zufriedengeben. Darin zeigt sich die Unterschiedlichkeit der Fragestellung der Wissenschaft und derjenigen nach den absoluten Werten.

C) Literatur

1. Behrendt, Richard F.: Der Mensch im Licht der Soziologie. Stuttgart: Kohlhammer 1962.
2. Benedict, Ruth: Urformen der Kultur. Hamburg: Rowohlt 1955.
3. Heintz, Peter: Soziale Vorurteile. Köln: Verlag für Politik und Wirtschaft 1957.
4. Riesman, David: Die einsame Masse. Berlin u. Neuwied: Luchterhand 1956.
5. Thurn, Hans Peter: Soziologie der Kultur. Stuttgart: Kohlhammer 1976.

D) Anmerkungen

1 Die meisten Reformer greifen die sozialen Probleme an, als ob man das Negative daran einfach entfernen könnte, so wie ein Arzt einen Splitter aus der Hand zieht. Sie erkennen nicht, daß viele unserer schönsten Errungenschaften aus denselben Wurzeln stammen wie unsere schwierigsten Probleme. Wir haben bereits festgestellt, daß der technische Fortschritt notwendigerweise von einer neuen Art der Unsicherheit begleitet wird. In der gleichen Weise bringt die materielle Sicherheit die Gefahren des Wohlfahrtsstaates mit sich. Oder man erkennt, daß Demokratie auch manche Wurzeln für den Totalitarismus enthält. Sie fange mit höchsten Idealen an, und ende – nach Plotin – mit der Bestechung der Massen.

2 Vgl. Peter Berger und Thomas Luckmann »Die gesellschaftliche Konstruktion der Wirklichkeit«, Frankfurt/M.: S. Fischer 1966.

3 Erich Fromm »Psychoanalyse und Zen-Buddhismus« in Zen-Buddhismus und Psychoanalyse, von E. Fromm, D. T. Suzuki und R. de Martino, Frankfurt/M.: Suhrkamp 1972.

4 Im Fremden liegt auch eine gewisse Anziehungskraft, die mehr oder weniger starke Auswirkungen haben kann, je nachdem, welches Individuum oder welche kulturelle Einstellung sie trifft. Historisch gesehen ist der Okzident fremden Einflüssen zugänglicher gewesen als der Orient. Und der Bauer (ländliche Kultur) ißt aus Tradition nichts, was er nicht kennt, während der Städter (städtische Kultur) dies viel eher tut.

5 »Die menschliche Natur« ist ein oft mißbrauchter Ausdruck. Vieles von dem, was man »die menschliche Natur« nennt, ist das Ergebnis sozialer Umstände, ist »künstlich« und so wenig »natürlich« wie die Tatsache, daß man eine Krawatte trägt, Deutsch spricht und mit Messer und Gabel ißt. Oder, anders ausgedrückt, was ausschließlich menschlich ist, ist weithin »unnatürlich«, z. B. der Bau von Kathedralen, das Violinspielen, die Lösung mathematischer Aufgaben und das Bücherschreiben. Auf der anderen Seite ist das, was »natürlich« ist, oft weit mehr tierisch als menschlich.

6 William G. Sumner »Folkways«, Boston 1907.

7 F. Nietzsche, Werke in 3 Bänden. Hrsg. K. Schlechta, 2. Aufl., München 1960. Bd. 3, S. 862. Und Habermas notiert: »Gegenüber einem absoluten Wissen muß wissenschaftliche Erkenntnis notwendig als borniert erscheinen.« J. Habermas »Erkenntnis und Interesse«, Frankfurt/M.: Suhrkamp 1968, S. 12.

6. Kapitel
Soziale Schichtung: Kontrolle, Macht und Herrschaft

A) Schichtung und Kontrolle

1. – Eine unverwechselbare »Allgemeinerscheinung« der sozialen Organisation ist die soziale Schichtung. Darunter verstehen wir den Aspekt der Struktur, welcher die Rangunterschiede zwischen Angehörigen einer Gesellschaft festlegt. Ohne jemals ernstlich nach dem Ursprung oder der Berechtigung dieser Unterscheidung zu fragen, nimmt der Durchschnittsmensch es als selbstverständlich hin, daß einige Individuen zusammen mit ihren Familien, Freunden und Nachbarn als zur »Oberschicht« gehörig betrachtet werden, während andere zur »unteren« Gesellschaftsschicht« zählen und wieder andere auf mehr oder weniger klar abgegrenzten Ebenen dazwischen rangieren.
Die einzelnen Gesellschaften unterscheiden sich erheblich in ihrer Haltung diesen Rangunterschieden gegenüber. Wir haben bereits (S. 30–31) erwähnt, daß die »geschlossene« Gesellschaft ihren Mitgliedern schon bei der Geburt eine Art Stempel aufdrückt, der vorschreibt, auf welcher gesellschaftlichen Ebene ihr Leben verlaufen wird. Das andere Extrem ist die »offene« Gesellschaft, in der zumindest theoretisch jedes Mitglied die Ebene erreichen kann, die seinen Fähigkeiten und Neigungen am besten entspricht; die Möglichkeit, diese Ebene zu finden, ist theoretisch allen Menschen geboten. Es ist wichtig festzustellen, daß keine Gesellschaft, mit Ausnahme der kommunistischen, das Vorhandensein und die Berechtigung solcher Unterschiede leugnet. Die »offene« Gesellschaft erlaubt lediglich eine größere Beweglichkeit – »Mobilität« – zwischen den verschiedenen Schichten. Die Erlaubnis hierzu ist Bestandteil einer vielschichtigen Ideologie, die »gleiche Möglichkeiten für alle« einschließt, die also in der Praxis darauf hinarbeiten soll, den Unterschied zwischen den »oberen« und »unteren« Schichten zu verrringern [1]. Die offene Gesellschaft neigt vermutlich dazu, die Möglichkeit des sozialen Aufstiegs zu betonen und dabei offiziell wenig Notiz davon zu nehmen, daß die Möglichkeit des Abstiegs ebenso gegeben ist. Wir werden jedoch sehen, daß eben diese Möglichkeit des Abstiegs eine psychologische Atmosphäre schafft, die dahingehend wirkt, daß die freie Beweglichkeit der Individuen zwischen den verschiedenen Ebenen eingeschränkt wird. Die verschiedensten utopischen Systeme ebenso wie der Kommunismus haben die klassenlose Gesellschaft als ihr Ideal proklamiert und haben die soziale Schichtung, die tatsächlich besteht, geleugnet, aber es ist noch keinem gelungen, dieses Ideal zu verwirklichen. Die Gründe für diese Fehlschläge werden uns in der Folge noch klar werden. Dennoch ist eine Verringerung der Unterschiede wohl noch möglic und, durch die Technik, wahrscheinlich.
Bei einem System, das die Mobilität auf ein Minimum beschränkt, sprechen wir von Kasten, in unserer modernen Welt reden wir von sozialen Schichten. Während des Mittelalters und bis zur Französischen Revolution war es üblich, die abendländische Gesellschaft in Stände einzuteilen, deren Grenzen relativ starr waren, jedoch eher als ein Kastensystem durchbrochen werden konnten.
Die Stellung auf der sozialen Stufenleiter, irgendwo zwischen dem unteren und oberen Ende, welche die Rangordnung eines Individuums oder einer Gruppe angibt,

nennt man oft »Status« (vgl. S. 40 ff.). Alle diese Begriffe sind von den verschiedenen Beobachtern in unterschiedlichem Sinne gebraucht worden; den einzelnen Charakteristiken wird verschiedenes Gewicht beigelegt, aber alle beziehen sich auf ein grundlegendes Phänomen, nämlich auf die soziale Schichtung.

2. – Was bestimmt nun tatsächlich den Unterschied zwischen den Angehörigen der verschiedenen sozialen Schichten? Sind es Reichtum, Ansehen oder Beruf? Sind es Macht oder Lebensstil, religiöser Glaube oder Funktion, politische Einstellung, gesellschaftlicher Ehrgeiz oder Erziehung? Keines davon oder alle miteinander oder noch andere Dinge können den Ausschlag geben. Man kann nicht sagen, daß die Schichtung als soziales Phänomen nur ein einziges objektives Kennzeichen als Grundlage habe. Jede Kultur und jede Periode der Geschichte hat ihre eigene Prioritätenskala in bezug auf die charakteristischen Kennzeichen der Individuen, die den verschiedenen Schichten angehören. Eines haben sie alle gemeinsam: Es scheint, daß alle Gesellschaften ihre »Güter« ungleich verteilen, indem sie die Mitglieder der Oberschichten damit überhäufen, während die Unterschichten wenig bekommen. Diese »Belohnungen« spiegeln eine herrschende Werthierarchie wider und bilden eine Grundlage für Bewertungen von Menschen. Dabei trifft man immer wieder einzelne Persönlichkeiten, deren Werte im Widerspruch stehen zu dem herrschenden Wertsystem einer Kultur. Diese Personen lassen sich nicht beherrschen von der Aussicht auf eine Belohnung durch die Gesellschaft oder durch die Furcht, sie zu verlieren. Aber es liegt in der Natur der sozialen Organisation, daß die meisten Menschen die Schichtung als Ausdruck der Belohnung ansehen, welche die Gesellschaft zu vergeben hat. Diese sind zweifellos in der Hauptsache Macht, Reichtum und Ansehen, die alle, mit vereinzelten Ausnahmen, das Ich in hohem Maß befriedigen. Da der Beruf eng mit diesen Belohnungen verbunden ist, ist es verständlich, daß er zum bekanntesten der einzelnen Anzeichen des sozialen Status geworden ist. Wir wollen hier nicht darüber nachgrübeln, ob die Leute die Belohnung bekommen, weil sie zur Oberschicht gehören, oder ob sie zur Oberschicht gehören, weil sie die Belohnungen bekommen. Es genügt zu sagen, daß man das eine für eine Begleiterscheinung des anderen ansieht, und daß es sich so verhält.
Die Tatsache, daß die Gesellschaft Güter, die allgemein als erfreulich gelten, ungleich verteilt, legt die Vermutung nahe, daß die Schichtung letzten Endes mit einer sozialen Kontrolle verbunden ist (s. S. 72 ff.). Das Prinzip ist so alt wie die Menschheit: Die Verteilung von Preisen wirkt als Kontrollfaktor (die Notengebung in der Schule ist ein gutes Beispiel hierfür). Die Furcht vor dem Versagen ebenso wie die Aussicht auf eine höhere Belohnung halten die Menschen »bei der Stange«. Außerdem haben diejenigen, die die ersten Preise bekommen, die Mittel dazu, die unteren Schichten zur Übereinstimmung zu zwingen, wenn diese sich nicht durch die Aussicht auf Belohnung bewegen lassen. Unter den Belohnungen steht die Macht, die Konturen der sozialen Ordnung in erster Linie selbst bestimmen zu können, d. h. möglichst zu ihren Gunsten.
Der Zusammenhang zwischen sozialer Kontrolle und Schichtung tritt stärker in Erscheinung, wenn die Gesellschaft größer und komplexer wird, d. h. sobald aus der einfachen kleinen Gruppe, in der die direkte persönliche Autorität als Mittel zur Einhaltung der Normen genügt, eine größere Gemeinschaft wird, die des allumfassenden, aber unpersönlichen Zwanges bedarf. Wir erkennen diese Zusammenhänge im

historischen Ursprung und in der Entwicklung der Kasten in Indien, bei der Versklavung der Heloten in Sparta, in der sozialen Organisation des Feudalismus ebenso wie in der Schichtung, die wir in modernen Gesellschaften, einschließlich des Kommunismus finden. Eine soziale Revolution richtet sich gegen das herrschende Kontrollsystem und erschüttert gleichzeitig das alte Schema der sozialen Schichtung, indem sie neue Belohnungen nach anderen Gesichtspunkten verteilt. Aber auch hier wird wieder ein Unterschied gemacht zwischen mehreren sozialen Ebenen. Die allseitige Beziehung zwischen Revolution, Kontrolle und Schichtung weist auf den Kontrollfaktor in der letzteren hin.

Man kann annehmen, daß das System der Schichtung seinen Ursprung letztlich im Sichtbarwerden besonderer Fähigkeiten und Führereigenschaften hat, die verknüpft sind mit biologisch ererbten Talenten und Verfügungsmöglichkeiten, die spontane Bewunderung und erhöhte Autorität bewirken. Diese wiederum sind der Nährboden für die Weiterentwicklung der Fähigkeiten, für zunehmende Autorität und Ansehen, und vielleicht erwächst daraus sogar der Anspruch, daß der Betreffende eine besonders enge Verbindung mit göttlichen Kräften habe. In dem Maße, wie die Gruppe an Größe, Vielschichtigkeit und Traditionen zunimmt, wird die Beziehung zwischen biologisch ererbten Fähigkeiten und Standeszugehörigkeit verwischt oder sie verschwindet ganz. Die Vorrechte werden vom Vater an den Sohn weitergegeben oder im Familienkreise eifersüchtig gehütet. Berufliche Fähigkeiten oder Berufsgeheimnisse werden zum ausschließlichen Besitz bestimmter Familien oder Cliquen, und es wird eine Distanz geschaffen zwischen ihnen und der übrigen Gemeinschaft, ohne daß angeborene Fähigkeiten länger berücksichtigt werden. Diese werden weitgehend ersetzt durch ein Mehr an Macht und Ansehen und durch die Möglichkeit, die vorhandenen Fähigkeiten zu entwickeln. Um genau zu sein, müßte man also sagen, daß die fundamentale Einheit in der sozialen Schichtung die Familie ist und nicht der einzelne. Der moderne Individualismus hat hier zwar abschwächend, aber nicht zerstörend gewirkt. Auch dem Kommunismus ist es nicht gelungen, das Streben der Väter auszurotten, Privilegien, die aus ihrer eigenen Zugehörigkeit zu den höheren Ebenen der Hierarchie erwuchsen, an die Söhne weiterzugeben. Radikale Gleichheitsbewegungen erkennen die Familienwurzeln der Schichtung und versuchen oft, die Bindung zwischen Eltern und Kindern möglichst früh abzubrechen, damit keine Vorrechte weitergegeben werden können. Ein befriedigender Ersatz für die Familie wurde jedoch bis jetzt nicht gefunden.

Beim Nachdenken erscheint es zweifelhaft, ob es wünschenswert wäre – selbst wenn es möglich sein sollte –, den sozialen Status völlig individuell von Fähigkeit und Ehrgeiz abhängig zu machen. Ein »Sozialdarwinismus« solcher Art und unter den bekannten Güterknappheiten wäre der Extremfall einer Leistungsgesellschaft. Rigoros durchgeführt wäre er inhuman gegen alle Leistungsunfähige, -schwache und -unwillige. Bisher – auch bei bester Absicht – erzeugten »gleiche Startchancen« Ungleichheiten, die nicht nur aus unterschiedlichen Fähigkeiten stammen. Dennoch konnte sich keine Gesellschaft entschließen, individuelle Fähigkeiten und Neigungen außer acht zu lassen. Da solche Fähigkeiten jedoch mit der Familiensozialisation eng verbunden sind, bleiben die Belohnungen dafür in bestimmten Kreisen konzentriert. Solche »Frühstarts« begünstigen vermutlich bestimmte Arten des Fortschritts und der Kreativität, die, wenn alle Menschen von einer Durchschnittslage anfangen müßten, nicht stattfinden könnten.

Durch die Geschichte hindurch findet man eine geteilte Meinung über die Wurzeln, den Wert und die Legitimität von Schichtungsunterschieden. Von der einen Seite werden sie als legitim, notwendig, gottgegeben betrachtet. Die heutige Variante dieser Position nennt die Schichtung »funktional«; sie trägt zur maximalen Funktionierung bei. [2] Da Unterschiede immer – soweit wir wissen – vorhanden waren, schien es selbstverständlich und in Ordnung, daß es so war. Mit wenigen Ausnahmen bestätigen die literarischen Quellen der Vergangenheit diese Annahme.
Auf der anderen Seite gibt es vereinzelte Beispiele der Auflehnung gegen solche Unterschiede überhaupt. Unter den ältesten dieser Zeugnisse sind diejenigen mancher alttestamentlichen Propheten. Die moderne Zeit erlebt eine Erneuerung der Widerstände gegen soziale Ungleichheit. In der Soziologie hebt man die konfliktreichen Folgen von Schichten hervor und spricht vom Streben nach »Emanzipation«, nach einer »herrschaftslosen« Gesellschaft. Diese Position findet die Unterschiede dysfunktional im Hinblick auf das, was sie als einzig mögliches Menschheitsziel betrachtet. [3]
Ob Klassenunterschiede pauschal als funktional oder dysfunktional betrachtet werden können, kann hier nicht entschieden werden. Dahrendorf sieht die soziale Ungleichheit als eine immanente Begleiterscheinung der Norm, deren Verletzung auf irgendeine Weise sanktioniert werden muß. [4] Demnach muß es »Sanktionierende« und »Sanktionierte« geben, also Herrschaft und Unterordnung. Diese Gegebenheit fände ihre positive Seite darin, daß die Unterordnung auch zur potentiellen Auflehnung führt, und somit zum sozialen Wandel. Solange Güter im Verhältnis zu den Bedürfnissen »knapp« sind, bedarf es eines »neuen Menschen«, um den freien Verzicht auf Vorrechte zu einer Selbstverständlichkeit zu erheben. Solche Vorrechte sind durch unvermeidliche Autorität und delegierte Macht zunächst gegeben. Bis zum »neuen Menschen« wird es eine Kontrollfunktion der Schichtung zweifellos geben. Sicher müßten die meisten Gesellschaften Techniken entwickeln, um den zerstörerischen Folgen des durch Unterschiede entstandenen Neids entgegenzuwirken. Andererseits leistet Konflikt selbst in vielen seiner Formen – durch Ansporn – einen Beitrag zum Fortschritt der Menschheit. Wiederum ist es noch nicht ausgemacht, daß soziale Schichten mehr zum Konflikt oder zur stabilen Harmonie beigetragen haben. Berechtigt scheint die Aussage zu sein, daß krasse Unterschiede seit einiger Zeit zunehmend als unerträglich und dysfunktional **empfunden** werden. Ob dieser Trend von langer Dauer sein wird, läßt sich nicht mit Sicherheit sagen.
Auf jeden Fall war die Schichtung – und sie ist es noch – ein wesentliches Element der sozialen Kontrolle. Wie wirkt sie sich aus? Es gibt eine Kontrolle durch Schichtung auf zwei verschiedenen Ebenen: einmal die Beherrschung der Unter- durch die Oberschicht, und zum anderen die interne Kontrolle des individuellen Verhaltens innerhalb einer Schicht. Die einfachste und früheste Form der Herrschaft einer Gruppe über die andere, niedrigere ist die Besiegung eines Stammes durch einen anderen. [5] Die Unterlegenen als ganze Gruppe sind der Kontrolle durch die Sieger unterworfen – als Sklaven, Diener, als niedere Kaste oder Klasse. Eine Zeitlang ist die nackte Gewalt das vorherrschende Element bei der Kontrolle. Aber mit der Zeit wirken Familienleben, Tradition und Gewohnheit dahingehend zusammen, daß sich die Mitglieder der untergeordneten Gruppe an ihren neuen Status gewöhnen und den früheren zum Teil vergessen. Nach und nach ersetzen feinere und weniger kost-

spielige Methoden die Gewalt, die zuerst herrschen mußte. Trotzdem muß die Kontrolle von außen weiter eine Rolle spielen, je nachdem, wie lebensfähig sich die Erinnerung an den früheren Status bei der unterworfenen Gruppe erweist, eine Rolle spielen aber auch die Maßnahmen, die von der herrschenden Gruppe getroffen werden, um den Zwang zu erleichtern, z. B. indem sie die Möglichkeit bietet, in die begünstigte Gruppe aufzusteigen durch besondere Verdienste oder sogar durch Einheirat.

3. – Wir wollen einige typische Techniken der Kontrolle durch eine herrschende Schicht erwähnen.
Als Ausübende der politischen Kontrolle übersetzt die herrschende Schicht die nackte Gewalt in legale Formen, die psychologisch wirksamer sind als der unmittelbare Zwang. Sie bietet der untergeordneten Gruppe auch ein geisses Maß an Sicherheit und Schutz, so daß diese weniger der Willkür und persönlichen Laune ausgesetzt ist. Die Legitimität der Herrschaft wird nach und nach in eine »höhere« Sphäre verlegt, um Stabilität und Kontinuität zu sichern.
Praktisch bedienen sich alle Gruppen-Kontrollsysteme, bei denen die Anwendung von Gewalt nötig ist, des Kunstgriffs, die unmittelbare Überwachung der unterworfenen Gruppe **bevorzugten Mitgliedern dieser Gruppe** zu übertragen. Ein solches System der Bevorzugung dient nicht nur dazu, der Oberschicht viel von der »schmutzigen Arbeit« abzunehmen, die mit der Beherrschung eines niedrigeren Standes verbunden ist; es spaltet auch die unterworfene Gruppe in streitende Parteien und erleichtert dadurch die Kontrolle. Spione und Verräter und unterwürfige Marionetten sind überall zu finden, die gerne die persönlichen Vorteile ergreifen, die mit einer solchen Stellung verbunden sind. Die Sowjetunion konnte nach dem 2. Weltkrieg die osteuropäischen Völker viel wirksamer durch Landeseinwohner kontrollieren als durch eine ausschließlich russische Herrschaft, wie auch die Nazis Kollaborateure benutzten und westliche Imperien ihre »Protektorats-Regierungen«. In Zwangsarbeitslagern und KZs und in den Gefängnissen gibt man einigen Insassen Kontrollpositionen. [6] Die Nazis benutzten soviel wie möglich Juden zur Durchführung ihres Verschickungs- und Vernichtungsprogramms. Kriegsgefangene litten oft mehr unter Maßnahmen ihrer »Brüder« von gleicher Nationalität als unter den »Feinden«, die sie gefangengenommen hatten. Man hat Grund anzunehmen, daß verschiedene hisorisch bekannte Gesellschaftsschichten sich aus solchen untergeordneten Kontrollpositionen heraus entwickelt haben. Das wäre ein weiteres Anzeichen dafür, daß Schichtung und Kontrolle eng miteinander verknüpft sind.
Auch die **Religion** kann von den herrschenden Gruppen als Kontrollmittel benutzt werden. Sie können beispielsweise in die Herzen der Angehörigen der unterworfenen Gruppe eine starke Furcht vor dem Übernatürlichen einpflanzen, während die begünstige Gruppe selbst eine enge Verbundenheit mit diesen Kräften für sich beansprucht. Oder es wird auf den Lohn in einem Leben nach dem Tode hingewiesen. Es ist bekannt, daß die Sklavenhalter in den USA in vielen Fällen zu betonen pflegten, der Lohn im Himmel werde einmal der Ersatz sein für alles, was den Schwarzen im irdischen Leben mangelte. Zweifellos spielte die Verknüpfung der Religion mit dem Klassensystem eine Rolle bei dem starken Anti-Klerikalismus des 18. Jahrhunderts in Westeuropa. In gewisser Hinsicht enthält also der Ausspruch von Marx: »Religion ist das Opium des Volkes« mehr als nur ein Körnchen Wahrheit. Wahr-

scheinlich besteht auch ein enger Zusammenhang zwischen einer derartigen Ausnützung der Religion und dem übertriebenen Wert, den man der Tugend des Gehorsams, der Achtung vor der Tradition und der Heiligkeit alter Sitten beilegte; dadurch soll die Aufmerksamkeit der Menschen auf die ruhmvolle Vergangenheit und auf die Vorzüge des Status quo gelenkt werden statt auf mögliche Verbesserungen in der Zukunft.

Pomp und **üppige Zeremonien** oder **eindrucksvolle Schaugepränge** wurden benützt, um Ehrfurcht vor der Macht und dem Reichtum der herrschenden Gruppe einzuflößen und die Aufmerksamkeit vom Elend der gegenwärtigen Lage abzulenken. Die römischen Schauspiele – »Brot und Spiele« – dienten teilweise dazu, das unruhige Proletariat am Revoltieren zu hindern; auch die Demonstrationen der totalitären Staaten helfen dazu, mögliche Rebellen durch die Machtfülle der herrschenden Gruppe zu beeindrucken.

Die herrschenden Gruppen pflegen auch die beherrschten vom Nachdenken über ihren untergeordneten Stand abzuhalten, indem sie ihre Aufmerksamkeit auf wirkliche oder erfundene **»Feinde«** lenken. Im Innern können es die »Internationalisten« sein oder die »Reaktionäre«, wie z. B. beim Kommunismus, oder wie es die Juden für den Nationalsozialismus waren oder die »Nigger« für die Ein-Parteien-Herrschaft im tiefen Süden der USA. Außenpolitisch begrüßt der Totalitarismus Krisen oder schafft sie selbst auch deshalb, um die Aufmerksamkeit vom untergeordneten Stand abzulenken.

Zu den auffallendsten Erscheinungen der Klassenherrschaft gehört die **»Etikette«** im Verkehr der verschiedenen Gruppen, die aus einer langen Tradition erwächst und aus einem System starrer Konventionen besteht, welche die persönlichen und die Gruppen-Beziehungen zwischen den Mitgliedern der herrschenden und der untergeordneten Gruppen bestimmen. Diese Etikette gestattet einerseits die notwendigen Wechselbeziehungen, betont aber andererseits gleichzeitig die Rangunterschiede. Jede konventionelle Handlung symbolisiert den Unterschied und erinnert beide Teilnehmer der Wechselbeziehung an den Abgrund, der sie trennt. Eine derartige Etikette zwischen den Klassen können wir am deutlichsten beobachten an den Wechselbeziehungen zwischen den Mitgliedern verschiedener Kasten im alten Indien und der »Jim-Crow-Etikette« zwischen Schwarzen und Weißen in Teilen der USA. Ein verbreitetes Element innerhalb dieser Etiektte ist es, der untergeordneten Gruppe »Unreinheit« zuzuschreiben; die »reine« Gruppe meidet sie, indem sie bestimmte Arten des persönlichen Kontakts ausschließt, den Schatten der Unreinen flieht, getrennte Einrichtungen beim Essen, Trinken, Schlafen und bei der Toilette benützt, gemischte Heiraten verbietet usw. Der minderwertige Status muß anerkannt und öffentlich demonstriert werden durch tiefes Verbeugen, den Gebrauch von Titeln, durch Sprechen in einer bestimmten Tonlage, durch das Einhalten einer vorgeschriebenen Distanz, das Benützen der Hintertür usw. [7]. Zu den direkteren Kontrollmaßnahmen gehören auch Monopole, Vorrechte (Wahlrechte, die Handhabung der Steuergesetze in der Wirtschaft und die Beeinflussung der öffentlichen Meinung durch die finanzielle oder polizeiliche Kontrolle von Presse, Funk, Fernsehen und Erziehung.

4. – Ein weiteres wichtiges Feld für die Kontrolle durch die Schichtung liegt innerhalb der einzelnen Schichten selbst; hier wirkt sie auf den Standesgenossen. Wahr-

scheinlich beruht der Fortbestand der Schichtung mehr auf dem Zwang, der von den Mitgliedern innerhalb der Schicht ausgeübt wird, als auf einer Beherrschung von außen. Der Druck, der von der Familie und von einer primären Gruppe ausgeht, ist natürlicher, normaler und wird deshalb auch bereitwilliger angenommen. Das vorschriftsmäßige Verhalten innerhalb der Schicht ist das normale Ergebnis eines langdauernden Prozesses der Sozialisation, der die Persönlichkeit formt und tiefsitzende Gefühle der Überlegenheit – oder der Minderwertigkeit – gegenüber Personen anderer Schichten hervorbringt. Von frühester Kindheit an wird der einzelne mit Vorurteilen gefüttert durch abschätzige Bemerkungen über die unteren Schichten: sie sind »der Pöbel«, »nicht ihresgleichen«, »Pack«, »Hinterwäldler«; man macht unbedachte oder spitze Bemerkungen oder übt sonst sanften Druck aus. Auch die weniger Privilegierten suchen und finden noch Gruppen, denen sie sich überlegen fühlen können. Die entsprechende Haltung gegenüber den oberen Schichten besteht aus einer Mischung von Respekt und Neid, verbunden mit offener Verachtung; man spricht von der »Haute-Volee«, den »Großkopfeten« und man betont, wie froh man ist, zu den »gewöhnlichen Leuten« zu gehören und daß man sich nicht mit den Problemen der Reichen und Mächtigen herumschlagen muß.
Auf jeden Fall kommt es normalerweise zu einer Anpassung und teilweisen oder völligen Anerkennung eines bestimmten Standes durch die Persönlichkeit. Bei Angehörigen der unteren Schichten führen die Einschränkungen, die mit ihrem Status verbunden sind, leicht zu einem Mangel an Kontaktvermögen und Interessen und auch zu einem Mangel an Selbstvertrauen, aus dem heraus sie sich mit kulturellen Dingen, die Mitgliedern der oberen Schichten wichtig sind, nicht beschäftigen. Im allgemeinen kann man annehmen, daß der Wille zum »gesellschaftlichen Erfolg« um so geringer ist, je niedriger der Status ist. Das ist nicht nur eine Abschirmung gegen Enttäuschungen, es besteht tatsächlich ein Unterschied im grundsätzlichen Streben. Alle kulturellen Einrichtungen, sobald sie festgefügt sind, bestehen zum Teil automatisch weiter. Die Wirkung der inneren Kontrolle erstreckt sich über alle Institutionen. Vor allem die Familie prägt ihren Kindern die Pflichten und Rechte, die Privilegien und die Etikette ihrer Schicht ein. Bevor ein Kind noch zeigen kann, daß es persönlich für den vorhandenen Familienstatus geeignet ist, verbinden sich mit ihm schon zahlreiche Erwartungen hinsichtlich seiner zukünftigen sozialen Stellung, seines Reichtums und seines Ansehens. Die meisten Religionen haben zwingende, sich kontrollierende Aspekte, die ein System der Schichtung unterstützen, bei einigen, z. B. beim Hinduismus und der mittelalterlichen Kirche, sind sie besonders stark ausgeprägt. [8]
Obwohl moderne Bildungssysteme allgemein als wesentliches »Vehikel« der Mobilität gelten, besuchen die Oberschichten weiterhin Privatschulen und solche, die den »letzten Schliff« geben; sie benützen studentische Verbindungen und Institute »von Rang und Namen« (Harvard, Princeton, Yale in USA, Eton in England), [9] um sich der Fortdauer ihres gesellschaftlichen Standes zu versichern. Und schließlich sind auch die meisten bisherigen Wirtschaftssysteme eng verknüpft mit der internen Kontrolle der Schichtung, indem sie die Weitervererbung von Besitz und Beruf sichern.

B) Moderne Gesichtspunkte betreffend Schichtung und Mobilität

1. – Die Beobachter des Phänomens der Schichtung neigen dazu, es unter zwei entgegengesetzten Gesichtspunkten zu betrachten, nämlich entweder als eine **objektive** Erscheinung, die man untersuchen und messen kann an Begriffen wie Reichtum, Besitz, Beruf, Macht, Lebensstil und anderen äußerlichen Kennzeichen, oder als **subjektives**,von solchen Merkmalen mehr oder weniger unabhängiges Phänomen.

a) Ein Großteil der Untersuchungen geht davon aus, daß die Schichtzugehörigkeit durch eine Anzahl von äußeren Merkmalen, die für den Lebens-, Denk- und Handlungsstil zentral sind, gekennzeichnet ist. Die empirischen Untersuchungen von West [10], Hollingshead [11] und Warner [12] sind bahnbrechend und typisch für diesen Ansatz. Am ausgedehntesten waren die Studien von Warner und seinen Mitarbeitern über die Schichtung einer mittelgroßen Stadt in Neuengland. Diese Forscher fanden, daß die Schichtzugehörigkeit jeweils bestimmt werden konnte durch äußerliche Charakteristika, von denen vier vorherrschend waren: Beruf, Einkommen, Einkommensquelle und Wohnbezirk. Die Schlüsse, zu denen Warner kommt, sind kritisiert worden, weil sie

1) zu stark beeinflußt seien von der subjektiven Ansicht solcher Personen, die der Oberklasse angehörten und sehr konservativ waren,
2) sich nicht auf jüngere, größere und mobilere Gemeinden anwenden lassen, da in der befragten Stadt eine ungewöhnlich große Zahl »alter Familien« ansässig war und die persönlichen Kontakte, die bestanden, den Gesichtspunkt des gesellschaftlichen Ansehens betonten, und
3) die Elemente des persönlichen Prestiges hervorheben und dabei den ökonomisch bedingten Klassenunterschieden zuwenig Beachtung schenken. Man warf ihm vor, er habe eine Skala des gesellschaftlichen Ansehens herausgearbeitet statt einer Klassenstruktur.

Warner stellte fest, daß Angehörige der Unterschichten die wirtschaftlichen Unterschiede, die die Klassen trennen, stärker betonen, während die Mitglieder der Oberschicht Wert auf das Ansehen legen.

b) Die **»subjektive«** Ansicht, die von Richard Centers [13] vertreten wird, sieht die Schichtung mehr innerhalb eines Rahmens der subjektiven Identifizierung, die in vielen Fällen im Gegensatz zu äußerlichen Kennzeichen, wie z. B. Einkommen und Beruf, steht. Diese Einstellung unterstreicht eine subjektive politische und soziale Orientierung, nicht die äußeren Merkmale. Beide haben vieles gemeinsam, sie sind aber nicht identisch.

c) Wissenschaftliches Interesse an der empirischen Untersuchung sozialer Unterschiede findet einen Dauerimpuls in der Theorie von Marx [14]. Bei Marx sind die in späteren Untersuchungen festgestellten Merkmale der Schichtung mehr oder weniger selbstverständliche Begleiterscheinungen einer grundlegenden Stellung in der Gesellschaft hinsichtlich des Besitzes von Produktionsmitteln (Land, Rohstoffe, Maschinen, Kapitalanlagen), die befähigen, einen Gewinn aus der Benutzung der Arbeitskraft der an solchen Mitteln Besitzlosen zu ziehen. Tendenziell gibt es bei Marx nur die zwei primären Positionen: die Besitzer und die Besitzlosen. Marx nennt sie Gesellschafts**klassen** und in der theoretischen Literatur, die diese Unterschei-

dung hervorhebt, ist prinzipiell von Klasse, Klassengesellschaft und vom Klassenkampf die Rede. Die Zugehörigkeit zur Gesellschaftsklasse ist einerseits objektiv bestimmbar durch den Besitz bzw. die Besitzlosigkeit an Produktionsmitteln. Andererseits hängt das subjektive Bewußtsein dieser Zugehörigkeit davon ab, inwieweit sich die Widersprüche zwischen den fundamentalen Interessen der zwei Klassen entwickelt haben. In jeder gesellschaftlichen »Formation« (Sklavengesellschaft, Feudalismus, Kapitalismus, z. B.) bewirken – nach Marx – diese Widersprüche, im Laufe der Zeit, eine »revolutionäre Situation«. In dieser Situation kann das Bewußtsein der eigenen Klassenposition und der Widersprüche nicht länger durch ideologische Verblendung überspielt werden.
Die Objektivität der Klassenposition in dieser Theorie ist zugleich feststellbar und der Schlüssel zur bewegenden Kraft der Geschichte. Dennoch ist diese Position, je nach Phase der Entwicklung, nicht allen Menschen subjektiv bewußt. Mit zunehmendem Bewußtsein konkretisiert sich die Kraft des geschichtlichen Wandels.
In der modernen empirischen Forschung der Schichtung ist der marxsche Raster von zwei Klassen nur als heuristische Annahme für eine Geschichtsinterpretation fruchtbar. Eindeutige, empirisch feststellbare Zwischenstufen, die nur zum geringen Teil mit Besitz an Produktionsmitteln zusammenhängen, bilden die praktischen Lebensgrundlagen auf subkultureller Ebene und motivieren zu kollektivem Handeln, das nicht außer acht gelassen werden kann. Unter den »Lohnabhängigen« befinden sich ungelernte Arbeiter, Angestellte, Manager großer Unternehmen, Universitätsprofessoren und hohe Beamte. Umgekehrt leben alte Menschen von der Miete eines bescheidenen Hauses, so wie auch mittlere Bauern und Ölmagnaten von ihrem Besitz an Produktionsmitteln leben. Dazu kommt, daß praktisch alle »Lohnabhängigen« an sozialen Sicherheiten stark teilnehmen, deren konkrete Finanzierung zum Teil von dem Gewinn aus Kapitalinvestitutionen abhängt. Und die meisten haben Ersparnisse verschiedener Art, deren Zins früher oder später zum Lebensunterhalt beiträgt. Abgesehen davon, daß »produktive Arbeit« sich nicht so einfach definieren läßt, ist eine Trennung zwischen Lohnabhängigen und Kapitaleigner äußerst schwierig geworden. Andere Kräfte hinter kollektiven Bewegungen scheinen mindestens so bedeutsam für den Lauf der Geschichte zu sein.
Von diesen Überlegungen her liegt es nahe, für die konkrete Wirklichkeit der sozialen Ungleichheit den Begriff »Schicht« zu verwenden.

2. – Es erhebt sich nun häufig die Frage: Sind die Schichten jeweils ein geschlossenes Ganzes mit wirklichen Grenzen oder sind sie künstlich festgelegte Abgrenzungen auf einer Strecke? Die genaue Antwort hierauf hängt in erster Linie vom Grad der Mobilität – der sozialen und der geographischen – ab.
In einem sehr starren Klassensystem mit einem Minimum an Mobilität, wie es die traditionellen Kasten in Indien darstellen, haben die einzelnen Schichten sehr genaue Grenzen, und die Zugehörigkeit eines bestimmten Individuums steht außer Frage. Andererseits verwischen sich dort, wo die Mobilität groß ist, die Grenzlinien, und das Individuum wird nur vage den oberen oder unteren Schichten oder der Mitte zugeteilt, als ob es auf einer Leiter stünde. (Wer soll entscheiden, wo der »obere« Teil der Leiter anfängt?) Wenn zwei Länder voneinander isoliert sind, werden die nationalen Verschiedenheiten klar zutage treten. Wo aber eine häufige Hin- und Herwanderung besteht, wird es vielerlei »Zwischentöne« und »Mischungen« geben,

welche die Grenzlinien verwischen. Das gleiche gilt für Rassenmischungen. Und ebenso ist es mit der Mobilität der Schichten. In der westlichen Gesellschaft sind die Trennungslinien zwischen den Schichten durch die ausgedehnte Mobilität zunehmend verwischt worden; oft ist es schwierig, wenn nicht gar unmöglich, ein Individuum endgültig in eine bestimmte Schicht einzuordnen. Die Ausdifferenzierung der Gesellschaft in verschiedene Systeme bewirkt auch, daß man in der Tat in verschiedene Schichten gleichzeitig eingeordnet werden kann, je nach dem angewandten Schichtungskriterium (Bildung, Einkommen, Beruf, Einkomensquelle, Macht, Wohnlage und -stil, Freundeskreis usw.). Durch den allgemeinen Wohlstand und die weitreichende Beteiligung der großen Masse an solchen Gütern, die früher als Luxus galten – wie z. B. höhere Bildung, Erwachsenenbildung, Autos, modische Kleidung, Besitz von Aktien und Obligationen, moderner Wohnkomfort usw. – wie auch durch die allumfassenden Massenmedien bewegen sich in mehreren Hinsichten die Welten der verschiedenen Schichten aufeinander zu, besonders im Konsumverhalten. Genauso, wie auf dem Gebiet der Wirtschaft und der Politik das Streben auf »eine Welt« gerichtet ist, nähern sich auch die verschiedenen Schichten einer größeren äußeren Uniformität. Man darf indessen annehmen, daß es immer Rang- und Machtunterschiede geben wird, wenn auch die äußeren Kennzeichen, welche die einzelnen Schichten charakterisieren, sich beträchtlich ändern können. Wahrscheinlich werden sie subtiler werden.

Soziale Ungleichheit hat inzwischen andere Dimensionen angenommen. In den hochentwickelten Ländern gibt es eine relativ kleine Zahl von Menschen, die am äußersten unteren Rand der Gesellschaft leben. An der einigermaßen gelungenen Integration der großen Zahl nehmen sie nicht teil. Ihre Zahl ist auch zu klein, um einen direkten politischen und wirtschaftlichen Druck auf das Verteilersystem ausüben zu können.

Die massivsten Probleme der Verteilung gesellschaftlicher Güter treten jedoch in Ländern auf, die noch unterentwickelt sind oder denen der Anschluß an die Modernisierung nicht gelungen ist. In vieler Hinsicht sind solche Bevölkerungen – die dünne herrschende Schicht ausgenommen – die moderne ausgebeutete Klasse der entwickelten Ausbeuterländer. Unser allgemeiner Wohlstand wäre unmöglich, würden jene Bevölkerungen den gleichberechtigten Anspruch auf Rohstoffe und Güter allerlei Art geltend machen. Ohne eine gerechtere Teilung auf Weltmaßstab gehen wir größten Erschütterungen entgegen.

3. – Die dynamische Seite der Schichtung ist die Mobilität. Obwohl wir unter sozialer Mobilität eine Bewegung nach »oben« oder nach »unten« auf der sozialen Leiter verstehen, dürfen wir nicht vergessen, daß diese Bewegung mit einer geographischen Mobilität eng verbunden ist. Eine Gesellschaft auf der Grundlage der freien Beweglichkeit von Ort zu Ort wird gleichzeitig eine Gesellschaft mit sozialer Mobilität sein. Der ausschlaggebende Zwang – abgesehen von ererbeten biologischen Fähigkeiten –, der ein Individuum in seinem alten Rang festhält, geht aus von Personen, die seine Familie, seine Abstammung, seine Vergangenheit und seine Erfolge oder Mißerfolge kennen, und die in bezug auf sein Verhalten und seine Stellung vorgefaßte Erwartungen hegen. Wenn dieses Individuum eine neue Stellung antritt in einer Gemeinschaft, in der es unbekannt ist, fällt dieser Zwang fort. Der Mensch ist in der verhältnismäßig glücklichen Lage, einen »neuen Start« wagen zu können. Die

Anziehungskraft, die Amerika – mindestens teilweise zu Recht – als »Land der unbegrenzten Möglichkeiten« auf den Einwanderer ausübt, beruht nicht nur darauf, daß es dort physisch leichter ist, sich die Merkmale einer anderen Schicht anzueignen, sondern zumindest ebenso auf der Tatsache, daß die frühere Gemeinschaft mit ihren Erwartungen, die sie an das Individuum knüpfte, hier fehlt.
Unsere Kenntnis von der Mobilität ist sehr lückenhaft. Der Begriff selbst wird nicht überall im gleichen Sinne gebraucht. In den meisten Gesellschaften pflanzen sich nicht alle Schichten in gleichem Umfang fort, weshalb es notwendig ist, daß die Gruppen mit der geringeren Nachkommenschaft sich aus anderen Ständen rekrutieren, wenn die Struktur konstant bleiben soll. Im letzten Jahrhundert hatten in der westlichen Gesellschaft die Oberschichten ganz allgemein weniger Kinder als die Unterschichten; wenn nun ein Ausgleich stattfinden soll, kann er nur aus diesen kommen. Es gibt auch Fälle, in denen eine ganze Schicht innerhalb der Struktur aufrückt, während eine andere absinkt. Oder in einer Periode des Wohlstands verbessern alle Schichten ihren Lebensstandard im Vergleich zu früher. Sind dies nun alles Fälle von Mobilität oder müssen wir den Gebrauch dieses Begriffes beschränken und ihn nur anwenden, um aufzuzeigen, mit welcher Häufigkeit sich Individuen vom Status ihrer Eltern entfernen dürfen bzw. dazu ermutigt werden? Umfaßt der Begriff Mobilität auch die bewußte Auswahl und Förderung von Angehörigen der unteren Schichten, die von der Elite als Nachfolger in ihren Stellungen bestimmt werden? Oder meinen wir nur die Bewegung, die sich aus dem Kampf um das »Vorwärtskommen« ergibt, wobei wir die Zustimmung der Gesellschaft zu einer solchen Bewegung voraussetzen, oder den Abstieg anderer, die im Wettbewerb mit besser Begabten auf der Strecke bleiben? Auf diese Fragen gibt es noch keine befriedigende Antwort.
In seiner klassischen Abhandlung über die Mobilität unterscheidet P. A. Sorokin [15] zwischen den drei Formen der wirtschaftlichen, politischen und beruflichen Mobilität. Historisch gesehen findet er keine lange anhaltenden Tendenzen zur Verstärkung oder zum Ausgleich der Schichtung. In jeder Gesellschaft und in jeder Periode der Geschichte gibt es Schwankungen; jede besitzt bestimmte Mechanismen der »sozialen Tests«, der Auswahl und Verteilung als eine Art Sieb. Er betont die starke Mobilität der heutigen westlichen Gesellschaft, die er der großen geographischen Mobilität, dem durch die Industrialisierung herbeigeführten Wegfall der Weitervererbung von Berufen, den modernen sozialen Umwälzungen im allgemeinen (Kriegen und politischen Revolutionen) und der Allgemeingut gewordenen Erziehung zuschreibt. Alle diese Elemente sind offenbar eng aufeinander bezogen. Nach Sorokin sind Gesellschaften mit starker Mobilität gekennzeichnet durch geistige Überbeanspruchung und Geisteskrankheiten, durch Oberflächlichkeit und Wurzellosigkeit, durch Empfindungsarmut und das Bedürfnis nach Sensationen, durch Skeptizismus, Zynismus und Relativismus, mit denen der Ruf nach neuen Ideologien oder Religionen Hand in Hand geht. Außerdem verschwenden sie ihr Menschenmaterial, weil »die Elite wie ein Feuerwerk abbrennt und die Gesellschaft mit wunderbarer Schnelligkeit vorantreibt«, dabei ist sie aber schnell erschöpft und wird früh verfallen. Auf der positiven Seite stehen die rasch aufeinanderfolgenden Erfindungen und Entdeckungen, wirtschaftliche Blüte und sozialer Fortschritt, eine gewisse Anpassungsfähigkeit und Toleranz, ein Abnehmen der Engstirnigkeit und eine allgemeine Zunahme des intellektuellen Lebens.

Statistische Untersuchungen bestätigen die Annahme, daß eine Beziehung besteht zwischen höherer Schicht und gewissen körperlichen Kennzeichen wie Körpergröße, Gewicht, Schädelgröße und -inhalt, längerer Lebensdauer, Gesundheit, Kraft und Energie, wie auch Intelligenz, Dominanz und Ehrgeiz. Diese Wechselbeziehungen sind aber keineswegs vollkommen und in Zeiten des Zerfalls, so meint Sorokin, sind sie wahrscheinlich negativ. [16]

4. – Die Komplexität und die Spezialisierung in der industriellen Gesellschaft haben wohl eine neue Dimension in die Schichtung hineingebracht. Außer der vertrauten horizontalen Schichtung zeigen sich, besonders unter demokratischen Strukturen, vertikale Spaltungen in verschiedene Gesellschaftssektoren: Politik, Militär, Justiz, Verwaltung, Wirtschaft, Religion, Massenmedien, um einige Hauptbereiche zu nennen. In jedem Sektor gibt es ein relativ selbständiges Schichtungssystem. Wettkämpfe um Machtpositionen finden statt nicht nur **innerhalb** jedes Bereichs, sondern auch **zwischen** den Bereichen. Solange nicht dieselben Personen Schlüsselpositionen gleichzeitig in mehreren Bereichen besetzen und solange es ein stetiges Wechseln – »Zirkulation« – innerhalb der einzelnen Bereiche gibt, kann man von einem demokratischen Pluralismus sprechen.

C) Theorien von Herrschaftsstrukturen

Daß so viele Menschen offensichtlich so leicht von einigen wenigen beherrscht werden können, ist ein verblüffendes Phänomen, das jedoch erst in moderner Zeit – mit ihrem Streben nach Menschenrechten und Gleichheit – zu einem universalen Problem geworden ist. Nicht zuletzt die Soziologie hat aus der intensiven Beschäftigung mit diesem Problem ihre größten Impulse bekommen. Wir wollen hier über vier Ansätze zur Analyse dieser merkwürdigen Tatsache kurz referieren: Marxismus, Herrschaft bei M. Weber, Eliten-Theorie, und Popitz' Theorie der Machtbildung.

1. – Der klassische **Marxismus** sieht im Privatbesitz von Boden und »produzierten Produktionsmitteln« die Hauptursache für soziale Ungleichheit und Herrschaft und als deren Folge die Ausbeutung der Besitzlosen und den Klassenkampf. Der Klassenkampf wiederum erscheint als das dynamische Vehikel, das soziale und politische Veränderungen herbeiführt und schließlich, nach dem endgültigen Zusammenbruch des Kapitalismus, zur klassenlosen, »staatenlosen« Gesellschaft führt, in der solche Konflikte unbekannt sind.
Der Marxismus sieht in den westlichen hochindustrialisierten Staaten die typischen Merkmale des Spätkapitalismus: Militarismus und Imperialismus, ein Bündnis von Staats- und Kirchenautorität gegen die Arbeiter, philosophische und Bildungssysteme, die dahin zielen, die Vorherrschaft der besitzenden Klasse zu untermauern. Die zunehmenden Widersprüche zwischen diesen Strukturen (Produktionsverhältnisse) einerseits und den Möglichkeiten der Befriedigung der Bedürfnisse der Massen (Produktionskräften) andererseits, sowie die wiederkehrenden strukturellen Krisen führen schließlich zu einer revolutionären Umgestaltung der Besitzverhältnisse, welche die Befreiung der Menschen von Ausbeutung und Entfremdung einleitet.

Die seit Marx/Engels eingetretenen historischen Entwicklungen führten zu etlichen Modifizierungen der Theorie – besonders im Hinblick auf die Reihenfolge der Phasen und der Länder, welche die notwendigen Voraussetzungen für eine revolutionäre Umwälzung aufweisen –, ohne jedoch auf das Grundschema der Herrschaftswurzeln in Besitzverhältnissen zu verzichten. Das Gedankengebäude des Marxismus-Leninismus ist auf einigen philosophischen Grundprämissen errichtet. Diese Prämissen sind dem Nicht-Marxisten, trotz des wissenschaftlichen Anspruchs, keineswegs selbstverständlich. Vor allem scheinen sie ein Willenssubjekt aus der »Gesellschaft« (der Struktur des Zusammenlebens) machen zu wollen, das einem vorgedachten Ziel zustrebt. [17]
In der praktischen Anwendung dieser Lehre sind die bisherigen Ergebnisse kaum geeignet, Hoffnung auf Abschaffung von Herrschafts- und Machtstrukturen zu wekken. Daß die Konzentration von Macht nicht nur in formalen Besitzverhältnissen zu wurzeln braucht, wird weitgehend anerkannt, Dahrendorf stellt überzeugend fest: Nicht wer die Produktionsmittel besitzt, sondern wer sie kontrolliert, sitzt in der Industrie »oben«. Die Staatsfunktionäre der kommunistischen Zwangswirtschaft sind daher ebensosehr eine herrschende Klasse der Industrie wie die Manager westlicher Aktiengesellschaften. [18]
Andere Kritiker heben hervor, daß konkretes, geschichtswirksames Handeln eher von den tatsächlichen Identifikationen der Menschen mit organisierten Gruppierungen und ihren Führern (mit bestimmten Nationen, Parteien, Ständen, Organisationen, Nachbarschaften) als von theoretischen Interessen, die durch eine grobe Einteilung der Bevölkerung nach der Stellung im Produktionsprozeß gegeben sein sollen, bestimmt wird. Eine einfache Einteilung in Besitzende und Besitzlose (von Produktionsmitteln) sei eine hochentwickelte Abstraktion der Theoretiker, die an den handlungsbestimmenden Gefühlsbindungen der in unmittelbaren, konkreten Menschenbeziehungen stehenden Individuen vorbeigeht. Die Theorie überschätze die Möglichkeit einer »klassenrationalen« Basis für Solidarität.
Empirisch betrachtet machen Menschen Gesetze, führen Kriege, entledigen sich alter Herrschaften und führen neue ein aus nationalen, religiösen, rassischen, – **und** aus ökonomischen Gründen. Das spekulative Modell eines verborgenen »Geschichtsbewegers«, der nur von ökonomischen Interessen her geschichtswirksam ist, ist mehr ein metaphysisches Postulat als ein empirischer Befund.
Die marxistische Analyse von Herrschaft scheint ungeeignet, der Vielgestaltigkeit der Machtstrukturen gerecht zu werden. Sie läßt auch die Vielfalt der Institutionen außer acht, welche in kapitalistischen Ländern – wie in Entwicklungsländern – eingerichtet wurden und werden, um entstehende Konflikte zu mildern oder auf sonstige Weise auszutragen. Sie ist im allgemeinen wohl zu undifferenziert.
Schließlich steht die Marxsche These eines konfliktlosen Endzustandes im Widerspruch sowohl zu ihrem eigenen Postulat, daß jegliche Form des gesellschaftlichen Lebens von einer neueren, höheren Form abgelöst werden muß, als auch zu unserer Kenntnis der unvermeidlichen Spannung zwischen den Bedürfnissen des biologischen Organismus nach Selbstbehauptung und der notwendigen Einordnung in die Gesellschaftsstruktur. Die Erklärung für ihre starke Anziehungskraft scheint darin zu liegen, daß sie die große Sehnsucht nach Geborgenheit in einer gemeinsamen Sinndeutung einerseits, andererseits die Vorteile der hochentwickelten Produktionsrationalität auf geniale Weise zu kombinieren vermag.

2. – **Herrschaft bei Max Weber:** Für Max Weber war Macht die Chance, den eigenen Willen auch gegen das Widerstreben anderer durchzusetzen. [19] Solche Chancen sind jedoch so vielschichtig, unterschiedlich gelagert und punktuell zu beobachten, daß das eigentliche politische Phänomen, dem das wissenschaftliche Interesse gilt, in der **Institutionalisierung** der Macht gesehen werden muß. Erst institutionalisierte – zur mehr oder weniger akzeptierten Regel gelangte – Macht ist als Struktur von relativer Dauer, politisch und soziologisch relevant. Weber nennt diese Strukturen **Herrschaftsstrukturen**, eine Bezeichnung, die sich weitgehend durchgesetzt hat. Der Grad der Akzeptiertheit solcher Strukturen wiederspiegelt, nach Weber, den Grad des Glaubens an deren **Sinn** als Grundlage für die Verfolgung vordringlicher Lebensziele. Um sich durchsetzen zu können, muß die Herrschaft im ausreichenden Maße akzeptiert sein, d. h. **legitim** erscheinen. Ein **Legitimationsglaube** ist somit das Fundament jeglicher Herrschaft.
Die Vorstellung von dem Sinn einer Herrschaft ist in Sinndeutungen des Lebens überhaupt eingebettet. Verschiedene Epochen und Kulturen sind durch unterschiedliche Sinndeutungen – Weltanschauungen, Lebensgefühle, Ideologien, Religionen – charakterisiert. **Weber** leugnete nicht die eminente Bedeutung von ökonomischen Faktoren, sah sie jedoch eher als Folgeerscheinungen allgemeiner Sinndeutungen des Lebens an. Deswegen war er – der ursprüngliche Nationalökonom – an Weltreligionen und an den verschiedenen Epochen der Religionsgeschichte außerordentlich interessiert. [20] Herrschaftsstrukturen widerspiegeln kollektive Glaubenspostulate über das Wesen der Welt und der Geschichte. Eine logische, zwangsmäßige Folge solcher Glaubenspostulate konnte Weber jedoch nicht finden, – oder höchstens in der langfristigen Entwicklung des Glaubens an die »Rationalität«.
Drei idealtypische Quellen des Glaubens an die »Rechtmäßigkeit« von Herrschaftsstrukturen meinte Weber herausarbeiten zu können: (1) Tradition, (2) Charisma, und (3) Rationalität.
Tradition – die Beibehaltung des Bisherigen – legitimiert durch Vertrautheit, und weil das Neue große Risiken mit sich bringt. Das Bisherige hat das Leben bislang getragen, es ist zuverlässig, man ist darin psychisch geborgen. **Charisma** beinhaltet vertrauenseinflössende Ausstrahlung einer besonderen Gestalt. In Zeiten des Wandels und der Erschütterung nehmen die Menschen ihre Zuflucht zu einer »charismatischen« Person. Diese verkörpert Stärke, neue Ideale, Hoffnung, und ist die Konkretisierung der Macht einer geschichtsträchtigen Bewegung, der man sich anschließt und unterordnet. **Rationalität** überzeugt durch ihre Durchsichtigkeit und offensichtliche Funktionalität. Sie bewirkt, aufgrund durchschaubarer Regeln, den Fortschritt in Richtung festgesetzter Ziele.
Webers besonderes Interesse gilt der Rationalität, deren Entfaltung möglicherweise ein Schlüssel zur Entwicklung der menschlichen Kultur ist. Nach Weber ist sie der vorwiegende und moderne Legitimationsglaube. Einerseits führt die Rationalität zu bürokratischen Strukturen, die allein in der Lage sind, vorherrschende Bestrebungen nach Wohlstand und der Befreiung von der Willkür unbeherrschter Naturkräfte effektiv zu gestalten (z. B. soziale Sicherheiten, Bildung für die Massen, effektive Güterproduktion, Gesundheitsschutz). Andererseits haben diese »rationale« Strukturen eine eingebaute Tendenz zur Lähmung individueller Teilnahme an der Gestaltung gesellschaftlicher Ziele. Größere Rationalität scheint fast identisch mit größe-

rem Umfang des organisierten Unternehmens zu sein, was den einzelnen immer kleiner und machtloser werden läßt. Der einzelne verfällt der Sucht nach Sicherheit und wird bequem. Das so entstandene politische Vakuum wird durch die »rationale« Bürokratie selbst besetzt, sie neigt zu einer Starrheit und einer Totalität, die selbst von der legitimen politischen Macht nicht gebrochen werden kann.
Die Gefahren, die Weber sah, sind zweifellos vorhanden. Sein Begriff der Rationalität scheint jedoch einseitig an der Produktionsmaximierung orientiert zu sein. Mit zunehmendem Interesse an der »Lebensqualität«, und mit den erneuten Erkenntnissen der Bedeutung emotionaler Faktoren für jegliche Form der Lebenserfüllung kann der Begriff »Rationalität« mit anderem Inhalt erfüllt werden. Dennoch bleibt weiterhin eine Tendenz zu einem engen Begriff der Rationalität, indem sich die Effektivität unserer Bemühungen am besten in meßbaren Quantitäten ausdrücken läßt. Über die **Zahl** der produzierten Dinge und der geleisteten »Fälle« können wir sichere Aussagen machen. Aber eine Zunahme an »Lebensqualität«? Kann sich eine soziale »Qualtitätsvorstellung« gegen konkurrierende Vorstellungen ohne den Ausweis – Legitimation – überlegener Zahlen durchsetzen?

3. – Eliten-Theorie: Bei dem Versuch einer Analyse der »Elite« wird die Herrschaftsstruktur daraufhin untersucht, welcher Personenkreis im Staat entscheidende Machtpositionen einnimmt, wie er sich zusammensetzt, wo die Schwerpunkte liegen, welche Beziehungen zwischen den Angehörigen dieser Gruppe bestehen und woher sie stammen.
So gesehen ist die Analyse eine Reaktion auf den Marxismus. Man stellt sich auf den Standpunkt, daß der Lauf der Geschichte nicht von den dynamischen Vorgängen in der Gesellschaft als Ganzheit bestimmt wird, sondern durch das Handeln einiger Männer an den Hebeln der Macht und des Einflusses. [21]
Es scheint uns möglich, die Marxsche These mit Eliten-Theorie in Einklang zu bringen. Soziale Vorgänge und Umwandlungen verändern jedesmal die Machtverhältnisse für große Gruppen in der Gesellschaft, und die neue Gruppenkonstellation schafft neue Eliten, die den vorher Etablierten die Macht entreißen. Ob die Veränderungen in der Gesellschaft langsam und allmählich vor sich gehen oder durch revolutionäre Umstürze, scheint dabei keine Rolle zu spielen. [22] Man muß also wohl sagen, daß die Eliten jeweils typisch sind für eine bestehende Herrschaftstruktur, daß sie aber andererseits entscheidend mitwirken an deren Veränderung.
Gegenwärtige Analytiker der Eliten in westlichen Ländern heben die Pluralität der Gesellschaftssektoren hervor, in welcher es mehrere Interessen und Eliten gibt. Eine geringfügige Überschneidung der Elitepositionen, zusammen mit einer geordneten, ständigen Zirkulation – die nicht unbedingt schnell vor sich gehen muß –, charakterisiert einen demokratischen Pluralismus. Dahrendorf spricht von sieben »funktionalen Eliten« mit bedeutendem Einfluß innerhalb der Gesellschaft in der BRD; diese sind 1) die Wirtschaftsführer, 1) die politischen Führungskräfte, 3) die akademische Elite samt der Spitzen der Schulverwaltung, 4) die kirchlichen Würdenträger, 5) die »Prominenz« an der Spitze der Kommunikationsmittel, im Sport und in der Vergnügungsindustrie, 6) Generäle und Admirale und 7) Richter und Staatsanwälte. [23] Er findet keine homogene herrschende Klasse, sondern eine Mehrzahl konkurrierender Eliten, unter denen die wirtschaftlichen Führungsgruppen einen gewissen Vorrang haben.

In einer empirischen Untersuchung von 281 Spitzenpositionen und der Veränderungen in ihrer Besetzung zwischen 1919 und 1961 findet Zapf eine im wesentlichen ähnliche Auffächerung der Eliten, mit wenig Austausch oder Personalunion unter den verschiedenen Sektoren. [24]
Weniger optimistisch über die Pluralität der Eliten in den USA war die Analyse von Mills. [25] Er sah die »Machtelite« in den USA auf drei Gebiete konzentriert, nämlich auf Politik, Wirtschaft und Militär, die sich vielfältig überschneiden in der Person ihrer Repräsentanten, die zudem noch meist demselben sozialen Milieu entstammen. Darin erblickte er eine Bedrohung der Demokratie.
Auch andere Analytiker sehen Anzeichen dafür, daß die Ära des klassischen liberalen Pluralismus abendländischer Prägung sich in einer gefährlichen Krise befindet, daß die anscheinend so soliden Grundmauern eines gemäßigten Liberalismus überall zu bröckeln beginnen, während man in der BRD gerade erst dabei ist, das Gebäude darauf zu errichten. Die Idee, daß ein freier Wettbewerb im Rahmen einer politisch aufgeklärten »Öffentlichkeit« die Chancen eröffne, das Geschick der Nation zu bestimmen, verliert an Überzeugungskraft. Hauptveranwortlich für diese Wandlung ist die Konzentration von schicksalhafter Verfügungsmacht bei Mammutkonzernen, während es der politischen Führung unmöglich gemacht wird, sich in Zeiten einer Krise von ihnen loszusagen oder aber die weitreichenden Folgen ihrer Entscheidungen bereits frühzeitig zum Gegenstand öffentlicher, demokratischer Diskussionen zu machen. Der überlieferte Liberalismus in der Behandlung politischer Entwicklungen macht es äußerst schwierig, die »Machtelite« zur Verantwortung zu zwingen gegenüber denjenigen, deren Leben durch ihre Entscheidungen drastisch verändert wird: den Staatsbürgern. Hinzu kommt noch, daß auch die Entscheidungen dieser Elite selbst mehr und mehr abhängig werden von einem Heer von Technikern und Ingenieuren, die allein noch Zugang haben zu den durch Computer gelieferten komplexen Informationen, die letzten Endes dann den endgültigen Entscheidungen zugrunde liegen. Wer sind denn diese Techniker? Sind das nicht u. U. Leute, die nach Ausbildung und Neigung dazu tendieren, wenig Geduld zu haben mit den unvollkommenen, unvorhersehbaren »menschlichen« Zügen von Menschen. [26]

4. – Popitz' **Theorie der Machtbildung**. In einer Analyse der Machtbildung sieht Popitz drei wesentliche Wurzeln ihrer Entstehung: Organisationsfähigkeit (Solidarität, Helfen und Teilen), Besitz, und Anerkennung (Legitimation). [27) Bereits ein kleiner Vorsprung in einem von diesen drei Elementen läßt sich verhältnismäßig leicht in die anderen umsetzen. Von der neuen Position aus vollzieht sich fast von selbst der Prozeß der Machtbildung und -erweiterung. Allerdings, meint Popitz, wäre auch ein kleiner Widerstand im Anfangsstadium genug, um diese Entwicklung in andere Bahnen zu lenken. Später ist sie schwer umkehrbar. Inzwischen ist der Nährboden für die Weiterentwicklung der Fähigkeiten so bereichert worden, daß nur fest institutionalisierte Ablösungs- und Kontrollmechanismen, wie die Versuche der demokratischen Spielregeln – oder offene Machtkämpfe –, eine Veränderung herbeiführen können. Da die Machthaber von den von ihnen sanktionierten Gesellschaftsstrukturen reichlich profitieren, stößt eine Neuverteilung der Chancen nach Gleichheitsprinzipien unvermeidlich auf Widerstand. Es spricht gegen eine gewaltsame Revolution – und für den institutionalisierten demokratischen Ablösungsprozeß –, daß die aus der Revolution hervorgehenden Sieger nach erfolgreicher Gewaltanwendung in einer besonderen günstigen Lage sind, weitere Veränderungen auf längere Sicht mit Gewalt zu verhindern. Ihre teuer erkaufte Position geben sie besonders ungern auf. Damit jedoch beschwören sie wiederum zerstörende Gewalt herauf, um mit neuen Spannungen fertig zu werden. Um die Verhinderung eines solchen Teufelskreises geht es in der Demokratie.

D) Komplementarität von Macht und Abhängigkeit

Obwohl Bücherregale mit Werken über Macht und Herrschaft gefüllt werden könnten, gibt es noch empfindliche Lücken in unserer Kenntnis ihres Wesens, ihrer Quellen und Bauelemente. Die Verquickung der faktischen Machtausübung mit subjektiver Willensstärke und subjektiven Empfindungen auf der einen Seite, Rollenerwartungen, Strukturgegebenheiten und institutionalisierte Autorität auf der anderen macht eine umfassende Theorie außerordentlich schwierig. Vermutlich vereinfachen die meisten Analysen zu sehr und sind darüber hinaus einseitig.

1. – Folgende Betrachtungen gehen davon aus, daß Macht und Abhängigkeit komplementär sind. Wo Abhängigkeit besteht, besteht auch Macht; wo Macht, auch Abhängigkeit. Da Abhängigkeit eine Grundbefindlichkeit der sozialen Existenz ist, läßt sich Macht nicht wegdenken. Jeder verfügt über etwas, dessen andere zu ihrem »Glück«, zur Lebenserfüllung bedürfen, z. B. über technische oder praktische Fähigkeiten, knappes Wissen, körperliche Stärke, materielle Güter, Bereitschaft und Fähigkeit zur Liebe, Hingabe u. a. m. Die meisten Bedürfnisse können ohne **andere** Menschen nicht befriedigt werden. Durch die Möglichkeit der Situationsbedingten »Monopolisierung« und somit der Vorenthaltung solcher Güter bzw. der Heraufsetzung des »Preises« dafür, kann Macht ausgeübt werden. Insofern ist **Machtpotential** immanent in der Interdependenz des Menschen. Die »anderen« – das Kollektiv – hat Macht über den einzelnen, weil er derer bedarf. Das Kollektiv ist jedoch nicht anonym und abstrakt, sondern seine Macht ist strukturiert, durch Personen verkörpert.
Das »Machtproblem« besteht nicht darin, Macht zu beseitigen, sondern Machtpotential und die ihr entsprechenden Abhängigkeiten so zu verteilen, daß eine Degradierung einzelner Menschen zum bloßen »Objekt« der Machtverfügung anderer möglichst vermieden werden kann.

2. – Somit ist Macht keine »Eigenschaft« eines »Machthabers«, sondern die bedingte Teilhabe an einer zweiseitigen Beziehung, deren andere Seite die ebenso bedingte Abhängigkeit ist. Anders ausgedrückt: Die Macht des einen ist abhängig von der Abhängigkeit des anderen, – und umgekehrt. Beide unterliegen Bedingungen, die veränderbar sind und u. U. rasch verändert werden. Unter solchen veränderlichen Bedingungen wären zu nennen: (a) institutionelle Strukturen, und (b) eine Disposition zur faktischen Ausübung der potentiellen Macht, bzw. die Disposition des potentiell Abhängigen, die Konkretisierung dieser Abhängigkeit zu akzeptieren.
a) Die Beweglichkeit von Macht/Abhängigkeitsbeziehungen hängt zum einen vom Ausmaß und Gewicht der Institutionalisierung der diese Beziehung betreffenden Si-

tuationen ab. Bei neuen, nicht vorstrukturierten Situationen entstehen neue Machtbeziehungen, die relativ rasch veränderbar sind, bis sich eine bestimmte Form in dauerhafte, berechenbare Beziehungsregeln niederschlägt. Bei den Untergebenen scheint man sodann die Unterwerfung unter berechenbare Regeln der Unsicherheit neuer Situationen vorzuziehen.
Zum anderen spielen komplexe Faktoren im spezifischen Charakter der Situation und der Beziehung eine Rolle, auch wenn der institutionelle Rahmen relativ fest liegt. Er kann z. B. durch geschickte Taktik der »Machthaber« bewegt werden, seine potentielle Macht nicht in die Tat umzusetzen. Oder er verzichtet, aus ethischen oder sonstigen Gründen, seinen Willen durchzusetzen. Weiter kann der potentiell Abhängige u. U. auf die Befriedigung seiner für die Situation relevanten Bedürfnisse verzichten. In diesem Fall kommt die verborgene Abhängigkeit des »Machthabers« zum Vorschein. (Viele sogenannte Bedürfnisse sind oberflächlich und keineswegs glücks- oder lebensnotwendig.) Da konkrete Bedürfnisse weithin kulturell strukturiert sind, bleibt viel Raum für die Befreiung von einseitiger Abhängigkeit durch Verzicht. In allen großen Weltanschauungen und Religionen wird Verzicht – Askese – als ein wichtiges Mittel der Befreiung von einseitiger Abhängigkeit anerkannt. Bis zur »endgültigen« Lösung des Verteilerproblems muß deswegen der Ruf zur Durchsetzung von »Ansprüchen« gerade die Abhängigkeit von denjenigen, die über die beanspruchten Güter verfügen, nur vergrößern.
Dennoch kann Verzicht auf Bedürfnisbefriedigung keine generelle Lösung des Abhängigkeitsproblems sein. Es gibt existentielle Bedürfnisse, auf die nicht verzichtet werden kann. Die Lage beim Kind, z. B. ist äußerst einseitig. Aber auch bei gleichberechtigten Erwachsenen sind gegenseitige Abhängigkeiten die notwendige Grundlage für Solidarität und Brüderlichkeit. Letzten Endes liegt eine Lösung allein in der Gestaltung der Disposition des Menschen, so daß sein etwaiges Machtpotential nicht im Sinne der Verfügung über Menschen als über »Objekte« gebraucht wird. Dieses Ziel ist die Vision vieler Weltanschauungen und Religionen: Die Entstehung eines »neuen Menschen«.
b) Die Wahrscheinlichkeit, daß die potentielle Macht zu tatsächlicher Durchsetzung des eigenen Willens gelangt, hängt ebenso von zweierlei ab: Einmal von der Stärke der Überzeugung, daß der eigene Wille in Übereinstimmung mit den letzten Bestimmungen des »Wesens der Welt« ist (»göttliche«, »natürliche«, demokratische, geschichtliche »Legitimation«). Einen solchen Legitimationsglauben teilen normalerweise auch die Untergebenen. Solche durch Weltanschauung, Religion oder Ideologie untermauerte Legitimation von Machtbeziehungen bestimmt einen erheblichen Teil aller institutionalisierten Interaktionen in der Politik, Religion, Wirtschaft, Familie usw.
Zum anderen von der Stärke des persönlichen Bedürfnisses, sich in eine absolute Verfügungsordnung einzurichten. Dieses Bedürfnis, das bis zum extremsten Sadismus bzw. Zwangskonformismus reichen kann, entwickelt sich als mögliche Kompensation für mangelnde Annahme und vorbehaltlose Bejahung in der Sozialisation. Da eine Vorbedingung des Selbstwertgefühls die Annahme und Anerkennung als »Mensch« – ohne Vorleistung – ist, sucht der Mensch, in Ermangelung solcher Anerkennung, sein Selbstwertgefühl und seine Anerkennung durch angestrengte Verfügungsleistung zu gewinnen. In dem einen Fall steht er unter ständigem inneren Druck, mehr Güter zu haben, mehr Statussymbole vorzuweisen, mehr

Leistungen zu vollbringen als andere es können. Andere Menschen stehen ihm prinzipiell im Wege, es sei denn, er kann sie als Werkzeuge zur Befriedigung seines Verfügungswillens ausnützen. Kontakte, auch wenn bewußt gesucht, leiden ständig unter dem Zwang des Wettkampfes.
In anderer Ausprägung unterordnet er sich blind, weil die Ordnung seiner Welt eine Frage der absoluten Verfügung ist. In stark ausgeprägten Machtverhältnissen ergänzen sich die zwei Formen als Machtbesessene und Machthörige. Beide können schwerlich die nächste Generation vorbehaltlos annehmen, und somit tendiert diese in einem Teufelskreis zu einer ähnlichen Kompensation.

3. – Bestrebungen nach totalen Macht- und Unterordnungsbeziehungen müssen immer an die Grenzen der Verfügbarkeit stoßen. Als ausschließliches Objekt geht die erkennbare »Menschlichkeit« verloren. Das Subjekt meldet sich in Verweigerung, Verzicht, »innere Emigration«, oder in einem gewalttätigen Versuch, über die Herrschenden selbst zu verfügen. Damit wird jedoch am Charakter der Machtordnung nichts geändert. Auch Entwürfe utopischer Systeme postulieren normative Regelungen der Beziehungen, deren Befolgung eine notwendige und erst nach Vollzug anzuerkennende Leistung ist. Wer diese Leistung nicht erbringt, kann nicht anerkannt werden. Und so entstünde, unter solchen Sytemen der nämliche Mangel an vorbehaltloser, ohne Vorleistung geschenkter Annahme, – ein Mangel, der durch Verfügung über Dinge und Menschen, oder durch blinde Unterwerfung, kompensiert werden muß.
Zur Überwindung unmenschlicher Machtverhältnisse gehört nach aller Erfahrung sowie nach sozialwissenschaftlicher Erkenntnisse nicht nur eine Neuregelung der institutionalisierten Beziehungsstrukturen. Dazu gehört noch die implizite Annahme und die Bejahung des Kindes als eines mit menschlicher Subjektivität ausgestatteten Subjekts. Als freier Willensakt kann solche Annahme weder gesetzlich erfolgreich verordnet, noch kann sie nur äußerlich vorgetäuscht werden. Sie ist ein vorbehaltloses Geschenk, das im Vertrauen in den »Lebenssinn« eines solchen Geschenks gegeben wird. Vertrauen in diese Sinndeutung ist in eine so konstituierte Weltanschauung/Religion eingebettet, deren Lebendigkeit und Erweiterung durch die Bestätigung in der Gemeinschaft des gegenseitigen Vertrauens erhalten wird.

E) Literatur

1. Arendt, Hannah: Macht und Gewalt. München: Piper 1970.
2. Bolte, K. M., D. Kappe und F. Neidhardt: Soziale Schichtung in der Bundesrepublik Deutschland, Opladen: Westdeutscher Verlag 1966.
3. Bottomore, T. B.: Elite und Gesellschaft. München: Beck 1966.
4. Calvez, J. Y.: Karl Marx, Darstellung und Kritik seines Denkens. Darmstadt: Wissenschaftliche Buchgesellschaft 1964.
5. Dahrendorf, Ralf: Gesellschaft und Freiheit. München: Piper 1965.
6. Dahrendorf, Ralf: Soziale Klassen und Klassenkonflikte in der industriellen Gesellschaft. Stuttgart: Enke 1957.
7. Dahrendorf, Ralf: Pfade aus Utopia. München: Piper 1967.
8. Djilas, Milovan: Die neue Klasse. München: Kindler 1957.

9. Glass, David und Rene König (Hrsg.): Soziale Schichtung und soziale Mobilität. Kölner Zeitschrift für Soziologie und Sozialpsychologie. Sonderheft 5, 1961. Köln und Opladen: Westdeutscher Verlag 1961.
10. Hörnung, Karl H. (Hrsg.): Soziale Ungleichheit. Strukturen und Prozesse sozialer Schichtung. Neuwied: Luchterhand 1976.
11. Marx, Karl und Friedr. Engels: Manifest der kommunistischen Partei. In Die Frühschriften. Stuttgart: Kröner 1968.
12. Mills, C. Wright: Die amerikanische Elite. Hamburg: Holsten-Verlag 1962.
13. Ossowski, Stanislaw: Klassenstruktur im sozialen Bewußtsein. Neuwied: Luchterhand 1962.
14. Popitz, Heinrich: Prozesse der Machtbildung. Recht und Staat, Heft 362/363, Tübingen: J. C. B. Mohr 1968.
15. Weber, Max: Wirtschaft und Gesellschaft. Tübingen: J. C. B. Mohr 1972.
16. Wiehn, Erhard: Theorie der sozialen Schichtung. München: Piper 1966.
17. Zapf, Wolfgang: Wandlungen der deutschen Elite. München: Piper 1965.
18. Zapf, Wolfgang (Hrsg.): Beiträge zur Analyse der deutschen Oberschicht. München: Piper 1965.

F) Anmerkungen

1 Dahinter steht eine im Naturrecht der Aufklärung wurzelnde Vorstellung vom »gerechten Tausch«: Wenn Menschen ihre Güter, Leistungen und Ideen »frei« – ohne fremde Einmischung – austauschen können, folgt – dieser Vorstellung nach – notwendigerweise das höchste Maß an Gleichheit und Gerechtigkeit.

2 Für eine Diskussion dieser Position in der Soziologie S. David W. Glass und René König (Hrsg.) »Soziale Schichtung und soziale Mobilität«, Kölner Zeitschrift für Soziologie, Sonderheft 5, 1961. Köln und Opladen: Westdeutscher Verlag, besonders Renta Mayntz »Kritische Bemerkungen zur funktionalistischen Schichtungstheorie«, S. 10-28.

3 Eine gute Darstellung dieser Position findet sich in den Werken von Jürgen Habermas; s. auch Marcuse »Der eindimensionale Mensch«, (Neuwied: Luchterhand 1967), und Bernhard Schäfers (Hrsg.) »Thesen zur Kritik der Soziologie«, (Frankfurt/M.: Suhrkamp 1969).

4 Ralf Dahrendorf, »Über den Ursprung der Ungleichheit unter den Menschen« in Pfade aus Utopia, München 1967.

5 Wahrscheinlich setzt das Zurückbehalten und die Verwendung von Kriegsgefangenen eine verhältnismäßig fortschrittliche Stufe der wirtschaftlichen und politischen Organisation voraus.

6 H. G. Adler »Die Erfahrung der Ohnmacht«, Frankfurt/M.: Europäische Verlagsanstalt 1964. Besonders »Gedanken zu einer Soziologie des Konzentrationslagers«.

7 Gunnar Myrdal »An American Dilemma«, New York, Harper 1944, S. 607 ff.

8 Es ist interessant festzustellen, daß das Prinzip des Zölibats die Mobilität in gewissem Grade verstärkt hat, indem es die Möglichkeit einschränkte, daß führende Männer in der Hierarchie der Kirche ihren Stand an ihre Söhne weitergeben konnten.

9 Die Eton-Boys dürfen während ihrer Schulzeit nur in bestimmten Bezirken außerhalb des Schulgebäudes spazierengehen, nur in vorgeschriebenen Geschäften einkaufen und nur mit einem beschränkten Personenkreis verkehren, um unliebsame Kontakte mit anderen Schichten zu vermeiden.

10 James West, »Plainville, USA«, New York 1945.

11 August Hollingshead, »Elmtown's Youth«, New York 1949.

12 W. L. Warner u. a. »Social Class in America«, Chicago, Science Research Associates 1949.

13 Richard Centers »The Psychology of Social Classes«, Princeton N. J., Princeton Univ. Press 1949.

14 Karl Marx, »Das Kapital«, 3 Bände, Berlin 1951.
15 P. A. Sorokin »Social Mobility«, New York, Harper 1927.
16 Eine ausgezeichnete Sammlung von Beiträgen, welche die zeitgenössischen Theorien und die empirischen Studien über die Schichtung zusammenfassen, bietet die Schrift von R. Bendix und S. Lipset »Class, Status, and Power«, Glencoe, Ill., Free Press 1966.
17 Zur Vorstellung der »Gesellschaft« als »Subjekt der Geschichte« siehe unten Kap. 13.
18 Ralf Dahrendorf »Gesellschaft und Freiheit«, München: Piper 1966. Dieselbe These wird nachdrücklich vertreten in Milovan Djilas »Die neue Klasse«, München: Kindler 1957.
19 M. Weber, »Wirtschaft und Gesellschaft«, Tübingen 1972.
20 M. Weber, »Gesammelte Aufsätze zur Religionssoziologie«, Band I, Tübingen 1947.
21 Eliten-Theorie bildete einen Hauptansatz in den Werken dreier Theoretiker: Vilfredo Pareto »Allgemeine Soziologie«, Gaetano Mosca »Die herrschende Klasse«, und Roberto Michels »Zur Soziologie des Parteiwesens in der moderen Demokratie«.
22 Eine Diskussion über das Problem Eliten und Gleichberechtigung finden wir bei T. B. Bottomore »Elite und Gesellschaft«. München: Beck 1966.
23 Ralf Dahrendorf »Gesellschaft und Freiheit«, München: Piper 1966. S. 179.
24 Wolfgang Zapf »Wandlungen der deutschen Elite«, München: Piper 1965.
25 C. Wright Mills »Die amerikanische Elite«, Hamburg: Holsten-Verlag 1962.
26 Interessante Ansichten zu dieser Entwicklung werden zur Diskussion gestellt in John K. Galbraith »Die moderne Industrie-Gesellschaft«, München: Droemer-Knaur 1968, und Ben B. Seligman »Most Notorious Victory«; New York: Free Press 1966.
27 Vgl. Heinrich Popitz »Prozesse der Machtbildung«, in Recht und Staat, Heft 362/363, Tübingen: J. C. B. Mohr 1968.

7. Kapitel
Die Persönlichkeit: Der sozialisierte Organismus

A) Vorbemerkungen

Für unsere Zwecke ist die Persönlichkeit das jeweilige Ergebnis der bisherigen Begegnung eines bestimmten Organismus mit spezifischen natürlichen und sozialen Umwelten. Wir fassen den Persönlichkeitsbegriff frei auf wie die Kultur. Jedes menschliche Individuum, das an einer Kultur teilhat, das vorgezeichnete Wege des Denkens und Tuns benutzt, ist eine Persönlichkeit. Wir werden uns also nicht auf das hervorragende Individuum beziehen und sagen: »Es ist eine Persönlichkeit«, ebensowenig wie auf das farblose Individuum, »das keine Persönlichkeit ist«. Im Endeffekt bedeutet unsere Definition, daß nur zwei Klassen von Menschen keine Persönlichkeiten sind, nämlich das neugeborene Kind, das noch keine »Situationsdefinitionen« erfaßt hat, und der Idiot, der die Fähigkeit dazu nicht hat.

Ebenso wie die Kultur ist auch die Persönlichkeit allumfassend. Sie besteht weder nur aus der äußeren Erscheinung oder der Maske noch allein aus dem Temperament. Sie ist weder Intelligenz noch Willenskraft noch Charakter allein, vielmehr all dies zusammen; sie ist sowohl das, was von anderen wahrgenommen wird, sei es von dem intimsten Freund oder nur von einem Vorübergehenden, als auch das, wofür das Individuum selbst sich hält, und das, was im tiefsten Bereich des Unterbewußtseins liegt.

Die Gründe, warum wir diese verschiedenen Erscheinungsformen des Individuums nicht voneinander trennen, sind ähnlich denen, die uns veranlassen, auch die Kultur als allumfassenden Begriff zu nehmen. Keine Erscheinungsform der Persönlichkeit ist völlig unabhängig von anderen Bezügen; die äußere Erscheinung ist abhängig von der inneren psychischen Struktur, die ihrerseits wieder beeinflußt wird von der Erscheinung usw. Wenn wir das Individuum verstehen wollen, dürfen wir keinen dieser mitwirkenden Faktoren vernachlässigen. Auch die sogenannte gespaltene Persönlichkeit umfaßt nicht zwei Persönlichkeiten, sondern eine einzige, teilweise abseits der gängigen Wirklichkeit seiner Umwelt stehende, die nur verstanden werden kann, wenn man sich allen Erscheinungsformen des Individuums zuwendet.

Der Prozeß, durch den der neugeborene Organismus zur Persönlichkeit wird, nennen wir die **Sozialisation**. Sozialisation in unserem Sinne setzt ebensowenig ethische, moralische oder intellektuelle Überlegenheit voraus, wie es der Begriff Persönlichkeit in unserem Sinne tut. Auch der Verbrecher ist »sozialisiert«, obwohl er in einigen Dingen von der Gruppe abweicht. Auch der Verbrecher hat mit tausend von Gedanken und Handlungen an diesen Normen seiner Gesellschaft teil. Auch der Nichtverbrecher weicht davon in vieler Hinsicht ab.

Unsere Betrachtung der Persönlichkeit führt uns notwendigerweise auf Gebiete, die bereits eingehender von Psychologen untersucht wurden. Wir werden diese Forschungsgebiete jedoch soziologisch orientiert angehen, d. h. wir werden sie als miteinander in Beziehung stehende Erscheinungsformen einer sozialen Gesamtsituation betrachten. Unsere ersten, in diesem Kapitel folgenden Untersuchungen werden sich mit den Formkräften der Persönlichkeit, der Entwicklung des Selbstbildes und der Freudschen Alternative befassen, während im folgenden 8. Kapitel die Problematik der sozialen Wertung für die Persönlichkeit gesondert ins Auge gefaßt wird.

B) Die die Persönlichkeit formenden Kräfte

I. Einmaligkeit und Typus

1. – Beim Betrachten der Persönlichkeit fällt uns als erstes auf, daß jede absolut **einmalig** ist; keine zwei gleichen einander. Tatsächlich liegt die Einmaligkeit bereits im Begriff selbst begründet. Wenn zwei Personen miteinander völlig identisch wären, würden wir sagen, daß eben diesen die individuelle Persönlichkeit fehlt. Eine Definition der Persönlichkeit drückt dieses Charakteristikum aus: Die Persönlichkeit ist das, was die Stellung des Individuums in der Gesellschaft bestimmt und was es von anderen Mitgliedern seiner Gruppe unterscheidet. Andererseits lassen sich die Persönlichkeiten deutlich in verschiedene Kategorien unterteilen, innerhalb deren es auffallende **Ähnlichkeiten** gibt. Wir sprechen von ehrgeizigen, lethargischen oder schwachen Persönlichkeiten oder vom Typ des Schotten, des Bayern, des Westfalen, des Rheinländers usw. Welches sind die Wurzeln dieser unendlichen Vielfalt und der zahlreichen Typen oder, um es anders auszudrücken, welches sind die Kräfte, die die Persönlichkeit formen?
Die erste sichtbare Wurzel ist das **biologische** Erbe. Soweit wir wissen, ist das Erbteil jedes Individuums einmalig, d. h. das Ausmaß, in dem gegebene elterliche Charakteristika im Nachkommen wieder erscheinen, hängt ab von den vielen Generationen elterlicher Vorfahren und vom Zufall. Da die Zahl der Charakteristika sehr groß ist, ist die Wahrscheinlichkeit, daß zwei Individuen die gleiche Kombination mitbekommen, gleich null; identische Zwillinge sind die Ausnahme von dieser Regel. Indessen können wir auch hier nicht völlig sicher sein, daß die Erbträger, die Gene, ihre identische Natur beibehalten, da es bekannt ist, daß z. B. radioaktive Wellen die Eigenschaften der Gene verändern können. Für unseren praktischen Zweck können wir indessen voraussetzen, daß das Erbteil identischer Zwillinge das gleiche ist ebenso wie das anderer Mehrgeburten aus einem Ei.
Aber das biologische Erbe ist nur das organische Fundament der Persönlichkeit; seine endliche Struktur hängt auch ab von **Umwelteinflüssen**. Die eine Persönlichkeit wuchs in einer angesehenen, wohlhabenden und traditionsreichen Familie auf und nahm die Sitte und Haltung dieser Kreise an, die andere wurde in Armut aufgezogen und war ständiger Krankheit und den Einflüssen ausgestoßener Personen ausgesetzt. Die eine Persönlichkeit wurde beschützt und hatte alle die Möglichkeiten, die Reichtum und Prestige geben können, die andere war verurteilt zu einem Leben der Entbehrung, des Kampfes und der Enttäuschungen. Offensichtlich spielt die Umwelt eine wichtige Rolle bei der Formung der Persönlichkeit.

2. – Hitzige Debatten haben sich entwickelt über die Frage, ob Vererbung oder Umwelt von größerer Wichtigkeit sind für das Ergebnis dieses Formungsprozesses. Die Verteidiger der Vererbung weisen auf die auffallenden Ähnlichkeiten zwischen den Individuen innerhalb der Familien hin, während die andere Seite die Unterschiede festhält, die auftreten, wenn Personen mit gleichem Erbgut in weit voneinander abweichenden Umwelten erzogen werden. Jede Seite konzentriert sich weitgehend auf jene Aspekte der Persönlichkeit, die ihren Standpunkt unterstützen. Offensichtlich sind körperliche und manuelle Merkmale stark vom Erbgut abhängig, während die Sprache, die wir sprechen, und die Sitten, die wir einhalten, mit den Umwelteinflüssen verbunden sind.

Ein solcher Streit ist wenig fruchtbar. Beide Faktoren sind untrennbar verbunden, keine von beiden kann ohne die andere die Persönlichkeit hervorbringen. Offensichtlich kann das größte musikalische Talent – biologisch gesehen – nicht zur Reife kommen, wenn das Individuum nicht in einer Umwelt aufwächst, die diese Gabe erkennt und pflegt. Die alten Griechen z. B. konnten keine Flugzeuge entwickeln, nicht weil sie unbegabt waren, sondern weil es in jener Zeit keine vorbereitete Umwelt gab, die einer Entwicklung auf diesem Gebiet günstig gewesen wäre. Auf der anderen Seite kann auch die günstige Umwelt nicht aus einem Durchschnittsmenschen oder gar einem Schwachsinnigen ein mathematisches Genie machen.

Gleichwohl neigt der Soziologe, bedingt durch die Natur seines Forschungsgebietes dazu, die Umwelteinflüsse in der Form von sozialen Strukturen stark zu betonen und oft legitime Argumente der anderen Seite außer acht zu lassen; wahrscheinlich tut der Biologe oder Erbforscher von seinem Standpunkt aus dasselbe. Der Anspruch der Umwelttheorie auf Vorherrschaft beruht zweifellos auf der Beobachtung, daß das Erbgut bereits gegeben und festgelegt ist. Wir können vorläufig wenig tun, um es zu ändern, ohne in die Privatsphäre der Gattenwahl und der Schwangerschaft einzudringen. Dies kann unter unserem ethischen System nur in begrenztem Ausmaß geschehen. Ein gelenktes Programm der biologischen Selektion oder Eugenik z. B., wie wir es in der Tierzucht kennen und wie es die Rassisten im »Dritten Reich« planten, ist undenkbar; die Sterilisation der »Untüchtigen« – ganz zu schweigen von deren Ausrottung – ist unvereinbar mit der hebräisch-christlich-humanistischen Tradition. Auf der anderen Seite zeigt sich am Horizont die Möglichkeit einer Gestaltung der Gene, die uns in der Zukunft wohl in zunehmendem Maße beschäftigen wird.

Im Gegensatz dazu ist die Umwelt in erheblichem Maße unserer Kontrolle unterworfen. Wir können Gesundheitsprogramme entwerfen, auf ein besseres Erziehungsprogramm hinarbeiten, Elendsviertel beseitigen, die Eltern in der richtigen Kinderpflege unterweisen und ethische und moralische Werte vermitteln. Die ganze Skala der öffentlichen und privaten Maßnahmen zugunsten der Erziehung und der sozialen Wohlfahrt beruht auf der Annahme, daß eine Verbesserung der Umwelt auch die Persönlichkeit bessern wird. Die Politik gibt als Ziel vor, die Hauptsäulen der Strukturen im Interesse des einzelnen zu gestalten. Soweit ist der Soziologe gerechtfertigt in seiner Annahme, daß die Umwelt von größerer unmittelbarer Bedeutung ist.

II. Analyse der persönlichkeitsbildenden Faktoren

Wir kehren zurück zu einer Analyse einiger Faktoren, die zur Persönlichkeitsbildung beitragen.

1. – Was wird von der **Vererbung** beigesteuert? Vor allem darf man nicht übersehen, daß der Mensch biologisch »Mensch« ist und nicht Tier, Fisch oder Vogel, und das bereits durch Vererbung. Hier hat die Umwelt überhaupt keinen Einfluß. Alle die grundlegenden Fähigkeiten, die wir im zweiten Kapitel feststellten, sind ererbt. Welche **spezifischen** Aspekte der Persönlichkeit sind nun ererbt?

a) Wir können beginnen mit den augenfälligen Merkmalen in **Form und Struktur:** Hautfarbe, Farbe und Beschaffenheit der Haare, Augenfarbe, Gesichts- und Körperform und Muskelstruktur.

b) Die Vererbung bestimmt auch das **Geschlecht**, ein Faktor, der eine Hauptrolle spielt für die Art von Persönlichkeit, die entsteht. Die große Bedeutung, die der Unterschied des Geschlechts auf zahllosen Gebieten der Persönlichkeit hat, ist kürzlich erst wieder »entdeckt« worden nach einer Zeit, in der extreme Umwelttheoretiker behauptet hatten, es gäbe keine wesentlichen Unterschiede – abgesehen von der körperlichen Erscheinung –, für die man nicht die Umwelteinflüsse verantwortlich machen könne.

c) Die **Struktur und die Funktionsweise der Drüsen** sind mindestens zum Teil eine Funktion der Vererbung; wir wissen aber längst noch nicht alles über den Einfluß der Drüsen auf den Aufbau und das Arbeiten des Organismus. Es besteht sicher eine enge Beziehung zur äußeren Erscheinung, ebenso wie zu Wachstumsgeschwindigkeit, Temperament, Empfindsamkeit, Reaktionszeit und möglicherweise auch zur Intelligenz.

d) Die biologische Wachstums- und Reifungs-»Uhr«, welche den Prozeß des Wachsens und Alterns bestimmt, scheint vorwiegend in der Erbanlage verwurzelt zu sein. Die Grenzen vieler Aspekte der Entwicklungsphasen sind biologisch bedingt; sie können nicht durch Umwelteinflüsse ausgesetzt oder umgetauscht werden.

Es scheint, daß das biologische Erbe bei der Bestimmung der Persönlichkeit in der Hauptsache die **Grenzen** setzt, nicht aber die Persönlichkeit selbst endgültig formt. Wir erben z. B. die Veranlagung, eine bestimmte Körpergröße zu erreichen; aber unter günstigen Bedingungen wird die betreffende Person größer werden als in einer ungünstigen Umwelt. Ebenso legt die Vererbung die Grenzen der Intelligenz fest. Auch unter den besten Bedingungen wird das Individuum diese Grenzen nicht überschreiten können; aber es wird, mit unseren Maßstäben der Intelligenz gemessen, unter ungünstigen Umständen etwas weniger gescheit sein (normalerweise jedoch nicht schwachsinnig). Dasselbe scheint mehr oder weniger auf alle ererbten Faktoren zuzutreffen.

Eine eingehende Erörterung über den Einfluß der Vererbung müssen wir dem Biologen und Genetiker überlassen; wir haben hier nur in groben Zügen ihre Bedeutung aufgezeigt. Vererbung bildet die **Grundlage** für die Persönlichkeit. Sie legt die **Umrisse** fest, innerhalb deren sich der Aufbau vollzieht.

2. – Von da an beruhen Formen und Gestalt der Persönlichkeitsstruktur auf **Umweltfaktoren**. Zum Zwecke weiterer Erörterung können wir diese Faktoren in a) geographische, b) kulturelle und c) individuelle Erfahrungen einteilen.

a) Geographische Faktoren: Manche Wissenschaftler betonen sehr stark den Einfluß geographischer Faktoren auf die Entwicklung sowohl der Kultur als auch der Persönlichkeit. Man weiß z. B., daß das Problem der Disziplin in Schulen und Strafanstalten sich mit den klimatischen Gegebenheiten ändert bzw. abhängig ist von

der Luftfeuchtigkeit. Ebenso ist bekannt, daß die Menschen in gemäßigten Zonen körperlich aktiver sind als die in heißen, feuchten Regionen, und daß die Art der begangenen Verbrechen verschieden ist bei Bewohnern verschiedener Klimazonen, ebenso wie sie bei einer bestimmten Menschengruppe in den verschiedenen Jahreszeiten sich ändert. Man kann mit Sicherheit annehmen, daß die Bodenbeschaffenheit die körperliche Entwicklung direkt beeinflußt, wie dies beispielsweise für das Vorkommen oder die relative Seltenheit der Kropfbildung zutrifft. Es steht außer Zweifel, daß der Regionalcharakter eines Volkes verknüpft ist mit den topographischen, klimatischen Elementen und der Bodenbeschaffenheit dieser Gegend.
Außerdem haben die geographischen Gegebenheiten indirekt über die Kultur Einfluß auf die Persönlichkeit. Architektur, Wirtschaftsform und das Material, das für Werkzeuge und Gebrauchsgegenstände benützt wird, sind abhängig von den natürlichen Quellen; sie beeinflussen ihrerseits wieder die Denk- und Verhaltensweisen eines Volkes. Die Eskimos können keine vielseitige Architektur entwickeln, da das Baumaterial, das ihre Umwelt ihnen liefert, sehr beschränkt ist. Das weite Feld der damit verbundenen Wissenschaften von der Mathematik und Geometrie bis zur Malerei und bildenden Kunst findet dadurch wenig Ansporn. Die Architektur und Bildhauerkunst der alten Griechen scheint aufs engste verbunden mit dem überreichen Vorkommen des Marmors. Auch die Religionen scheinen stark beeinflußt zu sein von den jeweiligen Gegebenheiten eines geographischen Gebietes; das bezeugt die Sonnenverehrung im alten Ägypten, die Entwicklung der Astronomie und Astrologie bei den Chaldäern und die Gebete um Regen bei den Hopi-Indianern in Amerika.
Tatsächlich nimmt der Einfluß eines spezifischen geographischen Gebiets auf die Persönlichkeitsbildung heutzutage ab. Klimaanlagen und Beheizungssysteme schenken den Völkern der verschiedensten Klimazonen gemäßigte Temperatur und gemäßigte Luftfeuchtigkeit. Die großen Mengen von Nahrungsmitteln, die in alle Welt transportiert werden, bringen Bodenerzeugnisse aus den entferntesten Gegenden in unser Ernährungssystem. Wir verzehren Datteln und Orangen aus Nordafrika, Kaffee aus Brasilien, Tee aus Indien und Fisch von den Küsten Neufundlands; die Begrenztheit der örtlichen Nahrungsmittelquellen wird ausgeglichen durch die günstigen Beförderungsmittel. Schließlich wandert auch der moderne Mensch so häufig von einem Ort zum anderen, daß bei industrialisierten Völkern der anhaltende, lebenslange Einfluß eines bestimmten Klimas und Bodens nicht länger die Norm ist. Diese Vermischung geographischer Elemente trägt das ihre zur Angleichung der modernen Menschen bei.
Andererseits bringt die neuerliche Entdeckung der »Grenzen des Wachstums« die Einsicht mit sich, daß die gesamten geographischen Bedingungen unseres »Raumschiffs« unerbittliche Folgen haben für die Gestaltung unserer Umwelt, und das heißt für die Gestalt künftiger Persönlichkeiten. Wir werden vermutlich wieder erleben, daß die Geographie an Bedeutung zunimmt.
b) Kultur: Wie es auch bei den anderen Faktoren der Fall ist, meint eine bestimmte Richtung in der Soziologie, daß die Kultur den stärksten Einfluß auf die Persönlichkeit ausübt. Manche gehen so weit zu behaupten, Kultur und Persönlichkeit seien die zwei Seiten der gleichen Münze. Obwohl dies die Bedeutung des biologischen Erbes und der individuellen Erfahrung vernachlässigt, kann nicht bestritten werden, daß die Kultur eine machtvolle Rolle spielt bei der Entwicklung der Persönlichkeit. Der sogenannte Durchschnittsmensch ist in vielerlei Weise ein Spiegel der Moral,

der Sitten, der politischen und religiösen Denkweise seiner Kultur. Seine Handlungsfolgen sind weitgehend vorgezeichnet durch den Rahmen seiner Kultur, die auch die Sanktionen ausübt, die den Rahmen aufrechterhält. Er ißt und zieht an, was die Kultur vorschreibt, übernimmt ihr herrschendes Weltbild, und seine Gedanken werden geleitet durch das System der konventionellen Symbole, unter denen die Sprache das Wichtigste ist. Es ist jedoch nicht zu vergessen, daß jede Persönlichkeit auch einen Beitrag zur Gestaltung und Veränderung der Kultur leistet.

Die logische Erklärung für den Unterschied in der Persönlichkeit, der besteht zwischen dem Städter und dem Bauern, die nur 10 km voneinander entfernt leben, ist weder die Vererbung noch eine Verschiedenheit von Klima und Bodenbeschaffenheit, sondern die Kultur. Ebenso muß ein großer Teil der Unterschiede zwischen deutschen, französischen, polnischen, amerikanischen und italienischen Persönlichkeiten dem dauernden Einfluß eines kulturellen Systems von Rollen und Denkweisen zugeschrieben werden. Bis zu einem bestimmten Grade kann dasselbe behauptet werden im Hinblick auf den Unterschied zwischen dem Europäer einerseits und dem Afrikaner oder dem Orientalen andererseits. Daß es eine »amerikanische« Persönlichkeit gibt – mit allen Vorbehalten gegenüber diesem Ausdruck –, ist ein positiver Beweis für kulturelle Einflüsse, da ja die Amerikaner eine Mischung aus vielen europäischen und zahlreichen außereuropäischen Kulturgemeinschadten darstellen.

Von besonderer Bedeutung dabei ist die Autoritätsstruktur der Familie, die in einem spezifischen Kulturbereich herrscht.

Auf der Ebene der sozialen Schicht als einer Subkultur gibt es eine rasch anwachsende Literatur über die unterschiedlichen familiären Einflüsse, die zur Gestaltung der Persönlichkeit beitragen. Ansporn zu dieser Forschung war die Beobachtung, daß die schulischen Bemühungen um gleiche Bildungschancen an schichtspezifischen Sozialstationspraktiken in der Familie vielfach scheitern. Besonders im Hinblick auf sprachliche Ausdrucksfähigkeit, auf Motivation zur weiteren schulischen Bildung und auf den Einfluß unterschiedlicher Autoritätsstrukturen in der Familie entstehen schichtspezifische Persönlichkeiten. Ihre Entfaltung bis zum Schuleintritt ist schon so weit gediehen, daß eine Angleichung durch die Schule kaum mehr möglich ist. Somit werden die Bemühungen um Gleichheit der Bildungschancen mehr und mehr in das Vorschulalter verlegt. [1]

c) Die individuellen Erfahrungen: Sowohl Geographie als auch Kultur sind im wesentlichen gleich für eine große Anzahl von Personen; sie kommen deshalb nicht in Frage als Erklärung für die Einmaligkeit der Persönlichkeit. Sie sind die hauptsächlichen Quellen für Persönlichkeits**typen**. Wir müssen uns also der Biologie und der individuellen Erfahrung zuwenden, um eine Erklärung für die **Einmaligkeit** zu erhalten.

Wenn wir individuelle Erfahrung sagen, so beziehen wir uns damit auf die Kontakte, die die sich entwickelnde Persönlichkeit mit anderen einmaligen Persönlichkeiten hat und mit den einmaligen Kombinationen der Umwelteinflüsse. Ein bestimmtes Kind z. B. hat die individuelle Erfahrung, daß es nicht nur von einem Mann und einer Frau erzogen wird, die die »normalen« Rollen des Vaters und der Mutter in einer deutschen städtischen Kultur spielen, sondern eben von den einmaligen Persönlichkeiten dieser Eltern.

Wir geraten dabei an den Rand einer soziologischen Perspektive der Persönlichkeit, wobei hervorzuheben wäre, daß »einmalig« in diesem Zusammenhang nicht »unabhängig« von strukturellen Einflüssen bedeutet. Die Erfahrungen des Individuums sind strukturiert im Sinne einer Kontinuität der Erwartungen seiner sozialen Umwelt und seiner Erwartungen an diese Umwelt. Strukturiert sind sie auch im Sinne einer einmaligen Konstellation von Interaktionspartnern. Diese Tatsache rechtfertigt eine kurze Betrachtung solcher Kontinuitäten und Konstellationen.

Individuelle Erfahrungen können wir einteilen in solche, die dauernd, Routine und in der Regel erwartet sind, und solche, die unerwartet, einmalig, schockierend oder traumatisch sind.

Dauernde Erfahrungen sind solche, die weitgehend im vertrauten Rahmen gemacht werden. Nur eine einzige Person macht die entscheidende Erfahrung, dauernd unter dem formenden Einfluß dieser seiner Eltern zu sein, und zwar in der bestimmten Reihenfolge seiner Geburt. Bei oberflächlicher Betrachtung könnte angenommen werden, daß Brüder aus derselben Familie ähnlichen, wenn nicht identischen elterlichen Einflüssen ausgesetzt seien. Eine solche Ansicht geht vorbei an den weitreichenden Folgerungen, die die Reihenfolge der Geburt für die Entwicklung der Persönlichkeit hat. Der Psychologe Adler hat diese Folgerungen ausführlich untersucht. Eine kurze Erörterung wird ihre Bedeutung erklären.

Der **Erstgeborene** nimmt in vielen Kulturen eine einmalige Stellung ein, da er der greifbare Beweis ist für biologischen und sozialen »Erfolg«, für die Reife der Eltern bei der Übernahme neuer Rollen von allererster Bedeutung. Häufig ist der Erstgeborene der Haupterbe für Besitz oder Titel. Für viele Eltern ist er Gegenstand von Experimenten in der Kindererziehung, der »erste Versuch«, derjenige, der am meisten photographiert wird und der ein ungewöhnliches Maß an Aufmerksamkeit erhält, bis andere ihm folgen. Seine bevorzugte Stellung ändert sich dann radikal, obwohl sein Rang oft beibehalten wird in der Form, daß er der »Statthalter« ist, der die Eltern vertritt und ihre Anordnung an die jüngeren Geschwister weitergibt. Sein bevorzugter Rang und seine Autorität werden oft materiell ausgeglichen durch die Unfähigkeit junger Eltern mit mehreren Nachkommen, ihm eine kostspielige Erziehung zu geben, und durch das frühzeitige Übernehmen der Verantwortung durch finanzielle Mithilfe. Einige Untersuchungen haben gezeigt, daß bei erstgeborenen im Vergleich zu nachgeborenen Kindern weit eher die Neigung besteht, verantwortungsvolle Stellungen einzunehmen, daß sie mehr Initiative zeigen und größeres Risiko auf sich nehmen. Ob das nur in unserem Kulturbereich der Fall ist, ist nicht bekannt.

Personen, die in der Geburtenfolge einen **mittleren Platz** einnehmen, besitzen in unserer Tradition nicht die bevorzugte Stellung der Erstgeborenen. Sie werden weiter zurückgesetzt durch das Erscheinen folgender Kinder und sind immer im Nachteil in einem Wettgbewerb mit den älteren Geschwistern, die größer, stärker und auf dem Weg zur Reife weiter sind als sie. Sie müssen sich abfinden mit dem Standard, der durch die älteren Geschwister gesetzt wurde und der häufig entweder zu hoch oder zu niedrig für sie ist. Sie haben es schwerer, der Außenwelt gegenüber »Individuen« zu sein. Sie sind von vornherein abgestempelt als der Bruder oder die Schwester des Soundso. Je weiter unten sie in der Geburtenfolge stehen, desto mehr ist ihre Aufzucht eine Sache der Gewohnheit für die Eltern und um so mehr sind sie ein Produkt der Erziehung durch ältere Geschwister. Das braucht nicht negativ zu sein; es kann zahlreiche Vorteile haben. Aber die besondere Konstellation der Gegebenheiten für das mittlere Kind resultiert oft in seiner Bemühung, den Mangel einer individuellen Stellung in der Familie auszugleichen, indem es ein spezielles Talent entwickelt, mit welchem es die anderen überflügeln kann.

Das **Letztgeborene** teilt viele Erfahrungen des Mittelgeborenen, nimmt aber eine Sonderstellung ein durch die Tatsache, daß es nie von einem hilflosen, Aufmerksamkeit heischenden Nachfolger entthront wird. Es besteht die Tendenz, die Aufmerksamkeit, die man dem Baby zuwendet, über die Jahre hinaus auszudehnen, manchmal lange über die Zeit hinaus, in der es normalerweise aus der Aufsicht seiner Eltern entlassen werden sollte. Häufig besteht besonders auf seiten der Mutter der Drang zu bemuttern, und das Letztgeborene ist das gegebene Objekt für diesen Drang. Letztgeborene berichten oft von ihrer Verlegenheit, wenn sie noch als Jünglinge als »mein Kleiner« oder »das Baby der Familie« vorgestellt werden. Diese Aufmerksamkeit, die sich ihm zuwendet, hat indessen auch ihre Vorteile, weil er nie entthront wird, häufig erhält er seine Erziehung und Berufsausbildung zu einer Zeit, in der die Eltern bereits größere finanzielle Unabhängigkeit erreicht, in denen sie sich etabliert haben und einen guten Ruf genießen. Darüber hinaus tragen die Eltern nicht mehr die finanzielle Belastung durch jüngere Geschwister, und die älteren Geschwister leisten vielleicht schon finazielle Hilfe.

Das **einzige Kind** genießt zu gleicher Zeit die Beachtung des Erst- und des Letztgeborenen. Es wird nicht zurückgesetzt durch einen Nachfolger und wird nicht in das Verhaltensmuster älterer Geschwister gepreßt. Es wird wahrscheinlich immer materielle Vorteile haben, da es den finanziellen »Kuchen« nicht mit anderen teilen muß. In einer Welt, der die Anpassung innerhalb der Gesellschaft wichtig erscheint, ist das einzige Kind im Nachteil, wenn es nicht einen Ausgleich in den Spielgruppen und in der Schule findet. Es läuft Gefahr, verwöhnt zu werden und nicht früh genug zu lernen, daß andere in ihrem eigenen Bereich respektiert werden müssen. Wenn es auch nicht in das Verhaltensmuster älterer Geschwister gepreßt wird, so steht es dafür um so stärker unter dem Zwang, die Erwartungen der Eltern zu erfüllen.

Diese Abschweifung zu den Einflüssen, die die **Reihenfolge der Geburt** unter bestimmten kulturellen Bedingungen auf die Persönlichkeit ausübt, will zeigen, daß die Konstellation lang dauernder Erfahrungen für jedes Individuum einmalig ist. Die gleiche Einmaligkeit ist auch charakteristisch für die Erfahrungen in Spielgruppen, in der Schule, unter anderen Verwandten, im Jugendalter, in der Ehe und das ganze Leben hindurch. Das ständige, durch einmalige Individuen geprägte Milieu kann vielleicht als stärkster Faktor der Persönlichkeitsformung betrachtet werden.

Ein anderer Typ der individuellen Erfahrung ist besonders von der Psychoanalyse hervorgehoben worden. Wir meinen damit das einmalige, schockierende, besonders eindrucksvolle oder traumatische Erlebnis. Mancher legt solchen Erfahrungen entscheidendes Gewicht bei im Hinblick auf die Persönlichkeitsbildung. Man braucht nur solche Beispiele wie schwere Unfälle zu erwähnen oder Krankheiten, die den Lebensplan radikal ändern, die schreckliche Angst vor einem Hund oder einem anderen Tier, Schlangenbisse, frühe sexuelle Erfahrung, das Eingesperrtwerden in eine dunkle Kammer und anderes mehr. Die Kriegsjahre sorgten reichlich für traumatische Erlebnisse, z. B. durch Bombenangriffe und den plötzlichen Tod lieber Angehöriger. Ein typisches Beispiel für ein traumatisches Erlebnis ist dem Autor bekannt:

Ein Mann, der von Pflegeeltern aufgezogen wurde, erinnert sich, daß er als kleiner

Junge sah, wie sein betrunkener Pflegevater wild mit einem Gewehr herumfuchtelte und seine Pflegemutter bedrohte. Dieser Mensch weigerte sich sein ganzes Leben lang, auch nur einen Tropfen Alkohol zu sich zu nehmen und unterstützte hingebungsvoll alle antialkoholischen Bewegungen, die er kennenlernte, obwohl objektiv gesehen einige von ihnen nicht mit seinen eigenen wesentlichen Interessen übereinstimmten.

Jeder Psychoanalytiker könnte zahlreiche Beispiele traumatischer Erlebnisse nennen, an die der Mensch sich nicht bewußt erinnert, die aber dennoch eine wichtige Rolle in der Persönlichkeitsbildung spielen. Das Ausmaß ihres Einflusses ist ein strittiger Punkt. In den meisten Fällen würde der Soziologe sagen, daß ein traumatisches Erlebnis als solches kein feststehendes Ergebnis hat, sondern daß es nur verstanden werden kann unter Einbeziehung vorhergehender oder nachfolgender Erlebnisse, der Reaktion anderer Individuen in der Umwelt, der Kultur und der ererbten Konstitution. Weiter kann, was für ein Individuum oder eine Kultur traumatisch ist, für ein anderes Individuum oder in einer anderen Kultur wenig oder entgegengesetzte Folgen haben. Ein Kind kann durch die Kinderlähmung, obwohl sie es sein Leben lang an den Rollstuhl fesselt, angeregt werden, auf einem ihm noch offenstehenden Gebiet Hervorragendes zu leisten, während sie für ein anderes Kind mit gleichen Gaben ein qualvolles Leben voll Selbstmitleid und Bedeutungslosigkeit nach sich zieht. Wir erinnern uns auch der Feststellung in unserem Einleitungskapitel, daß wir, um soziale Vorgänge verstehen zu können, nach ihrer Bedeutung für das jeweilige Individuum fragen müssen. Dabei ist daran zu erinnern, daß »Bedeutung« ihre Wurzeln in der sozialen Interaktion hat.

3. – Dies sind also einige Beispiele der vier die Persönlichkeit formenden Kräfte, die verhältnismäßig leicht zu beobachten sind: des biologischen Erbes, der geographischen Umwelt, der Kultur und der persönlichen Erfahrung. Die Persönlichkeit ist niemals fertig, hat nie ihre endgültige Form, sondern ist von der Geburt bis zum Tode Änderungen unterworfen. Um genauer zu sein, könnten wir sagen, daß die Grenzen der Persönlichkeitsentwicklung in groben Umrissen bei der Geburt festgelegt werden (man könnte sogar sagen bei der Zeugung), daß diese Grenzen sich während des Säuglingsalters, der Kindheit und der Jugend schnell verengen und daß sie mit der Reife bereits relativ eng geworden sind, so daß die Leichtigkeit oder die Wahrscheinlichkeit einer wesentlichen Persönlichkeitsänderung danach nur noch gering ist und mit fortschreitenden Jahren weiter abnimmt. Es ist falsch zu sagen, daß die Persönlichkeit in der Kindheit geformt wird oder bis zum 6. Lebensjahr oder zu irgendeinem anderen Zeitpunkt.

Wir dürfen nicht vergessen zu erwähnen, was einige philosophische und religiöse Systeme einschließlich des Christentums als fünften Faktor betrachten, nämlich den **freien, schöpferischen Willen**. Dieser Faktor entzieht sich der wissenschaftlichen Beobachtung und führt uns deshalb auf eine Forschungsebene, die außer dem Bereich unserer Methode liegt. Wir können nur darauf hinweisen, daß, wenn die Persönlichkeit völlig bestimmt würde durch unsere vier Faktoren, die alle in der früheren oder unmittelbaren Vergangenheit gesetzt wurden, daß dann auch die Gegenwart fixiert, festgelegt und vorbestimmt wäre. In diesem Falle ist auch die unmittelbare Zukunft festgelegt, die wiederum die fernere Zukunft bestimmt, und das führt unvermeidlich zur Prädestination. Als praktische Philosophie ist die Prädesti-

nation für die meisten Völker abstoßend; wo der theoretische Glaube daran proklamiert wird, wird dieser Glaube in der täglichen Praxis geleugnet.
Es ist wahr, daß die innere Fähigkeit, die Schalen des Gleichgewichts zu verschieben, indem wir zwischen verschiedenen Möglichkeiten wählen, sich nicht beschreiben läßt mit Worten der groben menschlichen Art, wie sie den Wahrnehmungen von Auge und Ohr angemessen sind. Dies ist jedoch an sich noch kein überzeugender Beweis für das Fehlen einer solchen Fähigkeit. Insbesondere lassen sich Spontaneität und schöpferische Freiheit nicht beschreiben und erfassen in der Sprache einer durch »technische Rationalität« mit ihren gesetzmäßig beschreibbaren Vorgängen beherrschten Kultur. Ihre Existenz und Wirkung werden häufig verleugnet und verdrängt. Wahrscheinlich ist »frei« ein verkehrter Ausdruck in dem Sinne, daß der Wille aufs Geratewohl wirkt oder ohne Lenkung. Was wirklich behauptet werden soll, ist, daß der Wille sich in einer mehr oder weniger großen Zone der Freiheit bewegen kann. Die vielfach angebotene Lösung, daß Freiheit eine »unentbehrliche Illusion« ist, gründet auf philosophischen Prämissen, die ebensowenig beweisbar sind wie die Prämisse der Gegenbehauptung, nämlich, daß »Ich muß« eine unentbehrliche Illusion ist.

C) Die Gesellschaft und das »Selbst«

Viele Sprachen machen einen Unterschied zwischen der ersten Person als »Subjekt« (Ich) und der ersten Person als »Objekt« (mich oder selbst). Diese Unterscheidung ist mehr als nur eine semantische Konvention; die Ausdrücke spiegeln zwei verschiedene Ebenen der Persönlichkeitsstruktur. In unseren Denkvorgängen trennen wir den lenkenden, wertenden und rechnenden Sektor unseres Wesens von jenem Teil, der nur die Anordnungen des ersteren ausführt, denjenigen, der in direkten Kontakt mit der Sinnenwelt kommt und das notwendige Medium ist zwischen dem innersten »Ich« und der Umgebung. Dieses »Doppel« kommt teilweise zum Ausdruck in Ausrufen wie »Ich liebe mich«, »Ich hasse mich«, »Ich kann mich nicht ausdrücken«, oder in der Erklärung des verliebten Mädchens: »Ich will für das geliebt werden, was ich bin, nicht wegen meines Reichtums (Aussehens, Talents, Kleidung usw.).« Es ist offensichtlich so, daß wir einen Teil unseres Seins als die »wesentliche Person« betrachten, einen Kern, der das beherrschende Zentrum der Existenz ist, der jenseits und über dem Rest des Wesens steht und der das Selbst beurteilt, anerkennt, verdammt und leitet. Dieser Rest ist eine Maske, eine Schale, ein Schmuck, mehr oder weniger unter Kontrolle, mehr oder weniger die Natur des Kerns widerspiegelnd. Eine (natürlich nur ungenügende) Analogie könnte man zum Vergleich heranziehen: Das »Selbst« ist die Marionette, die unmittelbar wahrgenommen wird, die zu handeln und auf ihre Umgebung zu reagieren scheint. Hinter der Marionette indessen steht das wahre »Ich«, das die Entscheidungen trifft und an den Fäden zieht. Es kann sein, daß sich das Wesen der lenkenden Kraft in wahrnehmbaren Handlungen der Marionette nur ungenügend enthüllt, in diesem Falle werde »ich« mißverstanden.
Der Soziologe betont, daß die normale Sozialisation (Persönlichkeitsentwicklung) eine normale Entwicklung des Selbst verlangt, und daß diese undenkbar ist ohne die Gegenwart anderer Personen, zumindest in den Jahren der Entwicklung. Das heißt,

es gibt kein »Selbst« ohne andere. Es wird angenommen, daß das Phänomen »Selbst« nicht ein automatisches Produkt des biologischen Reifungsvorgangs ist, sondern vielmehr das Produkt der Reaktionen anderer Individuen der Umwelt. Wir können unser »Selbst« nicht direkt wahrnehmen, wir können lediglich die Reaktionen anderer auf die »Marionette« erkennen, als die sie uns sehen. Aus diesen Reaktionen formen wir ein Bild unseres Selbst. Bildlich gesprochen können wir uns nur so wahrnehmen, wie wir uns in den Augen anderer spiegeln. Charles Cooley drückt dies aus, indem er vom »Spiegel-Selbst« spricht. [2] Das Selbst ist also ein Produkt der Gesellschaft; »Tarzan, der Affenmensch« ist eine soziale Unmöglichkeit. Durch die Reaktion von Tieren könnte nur ein höchst rudimentäres Selbst entstehen, die Situation wäre so anomal, daß das Resultat kaum eine Persönlichkeit wäre, selbst wenn man die physischen Möglichkeiten voraussetzte, ein Leben nur unter Tieren zu führen.

Da der Prozeß, durch den sich das Selbst entwickelt, vom Individuum nicht reflektierend beobachtet werden kann, muß er rekonstruiert werden durch sorgfältige Beobachtung der Entwicklung bei Säugling und Kind und aus gelegentlichen Beispielen von Individuen, die in den kritischen Jahren der Entwicklung isoliert von einer sozialen Umwelt lebten. Der Prozeß kann in groben Zügen wie folgt beschrieben werden: Das neugeborene Kind hat kein »Selbst«, es ist nur ein Bündel handelnder, unternehmender, befehlender Energie; es weiß nicht, daß irgend etwas von dem, was es wahrnimmt einschließlich seiner eigenen Finger und Zehen, seinem eigenen befehlenden Willen unterworfen sein könnte. Mit der Zeit jedoch lernt es, daß die Befriedigung seiner Bedürfnisse und die Befreiung von Unannehmlichkeiten eng verbunden sind mit den Reaktionen anderer – zuerst vor allem der Mutter – und daß ihre Reaktionen irgendwie verknüpft sind mit den physischen Manipulationen seines Körpers und den Lauten, die es hervorbringt und die ihm zur Verfügung stehen. Nach und nach lernt das Kind, daß es einen Zustand des Mißbehagens vermeiden kann durch die geschickte Manipulation eines »Dinges«, das die anderen wahrnehmen und auf das sie unmittelbar reagieren. Aber wer dirigiert und was ist dieses »Ding«, das gehandhabt wird? Hier haben wir die Entstehung des »Selbst«, natürlich unbewußt für das Kind.

Dies alles wäre nur »Schauspielerei« und die Probleme des Kindes könnten einfach gelöst werden, bestünde nicht die Tatsache, daß eine »Manipulation«, die eine günstige Umweltreaktion nach sich zieht, gleichzeitig einen inneren Drang vereitelt und so ebenfalls Mißbehagen verursacht. Oder das, was innere Bedürfnisse befriedigt, kann negative Reaktionen seitens der Umwelt hervorrufen. Das »Ich« fordert in sich selbst und von sich selbst, aber seine Forderungen können auf Unannehmlichkeiten von außen stoßen. Dann ist das Kind gezwungen, zu wählen zwischen dem Mißbehagen, das von innen, und dem, das von außen kommt; seine Manipulationen müssen einen Kompromiß schließen zwischen inneren und äußeren Forderungen. Die Entwicklung des Selbst beruht also nicht einfach auf einem Reflektieren der Reaktionen anderer, sondern sie hängt ab von einem zufriedenstellenden Kompromiß zwischen umweltlichen und inneren Forderungen. Die erfolgreiche (aber nicht schmerzlose) Lösung dieses Problems ist das Ziel der richtigen Kindererziehung. Es ist klar, daß keine spezifischen Regeln für diese Aufgabe aufgestellt werden können, da die inneren Forderungen immer einmalig sind, jeweils abhängig von der Vererbung. Ebenso hängen äußere Forderungen ab von einmaligen Individuen in der

Umwelt des Kindes, die eine oder mehrere kulturelle Verhaltensweisen interpretieren.

Soweit ist das Selbst das Resultat aus einem Kompromiß von Manipulationen, die bestimmt sind, gleichzeitig und bestmöglich die Anforderungen der äußeren Umwelt und der inneren Antriebe zu treffen. Wir erkennen, daß die äußere Anforderung weithin mit der sozialen Rolle oder den Rollen identisch ist. Indem das Kind lernt, daß verschiedene soziale Situationen verschiedene Rollen verlangen, beginnt es in der Phantasie damit zu arbeiten, indem es mit Rollen spielt, beobachtet es in seiner Umwelt den Briefträger, die Kinderschwester, die Mutter, den Arzt, den Lokomotivführer, den Pfarrer. Es entnimmt – unbewußt – aus der Reaktion der anderen und aus seinen eigenen inneren Antrieben den Grad der Befriedigung, die es in einer solchen Rolle erwarten könnte.

Mit der nahenden Reife kristallisiert sich ein aus vorstellbaren Rollen und den Eigenschaften der Persönlichkeit zusammengesetztes Bild zu einem »idealen Selbst«, einem Selbst also, das ein Maximum an Zufriedenheit in bezug auf die Reaktion der Umwelt und die inneren Forderungen verspricht. In der Beurteilung des Selbst werden die unmittelbaren Reaktionen anderer mehr und mehr ersetzt durch die eingebildeten Reaktionen derjenigen Personen, die günstig auf das »ideale Selbst« reagieren würden. Dasjenige Individuum, für dessen »ideales Selbst« die Ehrlichkeit charakteristisch ist, läßt sich nicht stören dadurch, daß einige Leute über seine Wahrheitsliebe spotten. Oder diejenige Person, deren »ideales Selbst« ein Gangster ist, leidet nicht (in seiner Beurteilung des Selbst) unter der Mißbilligung der Bürger, die sich dem Gesetz beugen. Anstatt uns den Reaktionen beliebiger Individuen um uns herum auf Gnade oder Ungnade auszuliefern, versuchen wir, uns solche Individuen zu Gefährten zu wählen, die uns in der Wahl unseres »idealen Selbst« bestätigen: »Gleich und gleich gesellt sich gern.« (»Ideal« bedeutet hier nichts Hohes im ethischen oder moralischen Sinn.)

David Riesmans »außen-gelenkte« Persönlichkeit [3] ist, von diesem Gesichtspunkt her betrachtet, derjenige, dessen »ideales Selbst« sich nicht so sehr aus einer Reihe von Rollen und Charakteristiken zusammensetzt, als vielmehr das populäre Abbild der augenblicklichen »Masse« ist. Da dieses Bild sich so schnell ändert, ist das Individuum immer in einem hektischen Rennen begriffen, um kommende Veränderungen aufzuspüren und sich ihnen beizeiten anzupassen. Aber es kennt nicht die Sicherheit derjenigen, die sich auf der Grundlage eines kontinuierlich aufgebauten, inneren Standards entwickeln und verhältnismäßig unabhängig sind von den Reaktionen der Welt im allgemeinen. Das hektische Wettrennen, in dem man notwendigerweise häufig der Verlierer ist, macht deshalb von Grund auf unsicher und einsam.

So wie die Welt beschaffen ist, klafft normalerweise ein Abgrund zwischen dem »idealen Selbst« und dem Resultat der Bemühungen um einen Kompromiß zwischen innerem Bedürfnis und äußerem Druck, d. h. zwischen dem »idealen Selbst« und dem erlebten »Selbst«. Wir müssen wiederholen, daß wir dieses »Resultat« nur durch die tatsächlichen Reaktionen anderer wahrnehmen können oder durch genügende Erfahrung mit anderen, durch die wir wissen, wie sie reagieren werden oder reagieren könnten. Dieser Abgrund zwischen dem »idealen Selbst« und dem »Selbst« ist in sich bereits ein bezeichnender Aspekt der Persönlichkeit. Wenn der Abgrund groß ist, herrscht tendenziell ein Gefühl des Versagens und der Minder-

wertigkeit vor, möglicherweise in einem Ausmaß, das die Anstrengungen des Individuums lähmt, an der Gestaltung der sozialen Umwelt aktiv teil zu nehmen. Wenn aber der Abgrund nur klein ist, kann dies äußerste Selbstzufriedenheit, Trägheit oder ein Minimum an Anstrengung zur Folge haben. Die verschiedenen Kulturen und ihre Teilsysteme variieren stark in ihrer Haltung gegenüber diesen Extremen und in den Typen, die sie vorzugsweise hervorbringen. Die »offene« Gesellschaft, die ein Minimum an Behinderungen verspricht bei der Verfolgung von Idealen bis zur Grenze der Energie oder der Fähigkeiten, tendiert zweifellos dahin, eine größere Anzahl von Personen hervorzubringen, deren Streben (das »ideale Selbst«) beträchtlich entfernt bleibt von dem, was sie erreichen (das »Selbst«). Das Ergebnis ist angestrengtes Bemühen bei vielen; manche aber enden als enttäuschte oder gelähmte Persönlichkeiten.
Die Art der Anstrengung, die unternommen wird, um diesen Abgrund zu überbrükken, ist ein wesentliches Element der Persönlichkeit. Sie nimmt eine Vielzahl von Formen an. Das eine Extrem ist der einseitige Energieaufwand zur Erhöhung des »Selbst« in das »ideale Selbst«. Das andere Extrem ist ein langsames oder drastisches Zurücksetzen des »idealen Selbst«, um es besser in Einklang zu bringen mit dem erkannten »Selbst«. Dazwischen gibt es alle möglichen Kombinationen der beiden Extreme oder Pseudo-Anpassungen: Mechanismen, die bestimmt sind, das Selbst oder andere zu täuschen und glauben zu machen, daß die beiden erträglich miteinander übereinstimmen.

D) Rolle und Identität

Im 3. Kapitel wurde gezeigt, daß der Mensch seine vielfältigen Bedürfnisse nur im Austausch mit anderen Menschen befriedigen kann. Diesen anderen begegnet er nur in Rollen, d. h. in normierten, »typisierten« Verhaltensweisen, die sich um funktionale Positionen in einem arbeitsteiligen Unternehmen – der Gesellschaft – »bündeln«. Aus unserer Betrachtung des Selbst ergibt sich nun, daß dieses Selbst auch ein Ergebnis des Rollenspiels ist. Das Ich hat die ständige Aufgabe, sich selbst in den verschiedenen Situationen des Gesellschaftsdramas zu »inszenieren«. Es muß eine überzeugende Verkörperung der vorgegebenen Rollen durchführen. Das bedeutet einen ständigen Wandel, aber es muß sich dennoch in seiner Einmaligkeit und Eigenständigkeit behaupten. Das alles ist also kein »Spiel«, sondern eine Existenznotwendigkeit. Unvermeidlich taucht das Problem auf: Wer bin ich? Wie kann ich ein konstantes »Ich« bewahren, wenn ich mich selbst nur in der Verkörperung, in der »Maske« eines Rollenspiels bewußt machen und bilden kann, wenn ich Kontakt mit anderen nur »als« der jeweilige Rollenspieler gewinnen und erhalten kann?
»Alles, was der Mensch ist, ist er auf dem Umweg über andere; seine Identität, das Selbstverständnis aus seiner durchaus eigenen und privaten Existenz konstituiert sich und wird selbst erfahren erst aus dem Blickwinkel des anderen Menschen, Innen und Außen verschränken sich wie im Verhältnis zu Objekten so auch im Sozialen und bestimmen sich aneinander, ohne daß eines von beiden vorgängig wäre . . . das Individuum ist von vornherein vergesellschaftet, weil es selbst Individuum nur sein kann in der Verkörperung als dieser oder jener im Hinblick auf seine Umwelt.

Die Menschen begegnen einander immer im Modus des ›als‹, in einer bestimmten Personifikation.» [4]
Sich selbst »haben« zu können nur auf dem Umweg über andere Menschen in Form der Verkörperung einer Rolle bildet die Grundsituation, aus welcher das Problem der Identität entsteht. Wie sichert man sich eine unumstrittene Basis, aus der man die vielfältigen Rollenspiele bewältigen kann, ohne sich selbst zu verlieren?
Das ist die wichtigste Aufgabe der Sozialisation, eine Aufgabe, deren Lösung bis in das Erwachsenenalter dauert, die oft nur mangelhaft gelöst wird. Zweifellos ist das moderne Bewußtsein der Rollenhaftigkeit der Existenz mit einer Intensivierung des Identitätsproblems eng verwandt. Die zunehmende Differenzierung der Rollenforderungen und die Distanz zwischen den damit verbundenen Personenkreisen erschwert die Identitätsfindung; sie ist vielleicht in wachsendem Maße eine Überforderung für viele. Die moderne Literatur widerspiegelt diese Problematik.
»Die größere Differenzierung und Funktionsverflechtung moderner Gesellschaften hat nicht allein eine neue Vielfalt von Gruppen, Organisationen und Institutionen geschaffen, sondern hat auch in den individuellen Rollenhaushalt eingegriffen und diesen durch Vergrößerung und Differenzierung bis zur Unkenntlichkeit umgestaltet . . . Erst die Notwendigkeit, sich in eine so vielgestaltige Welt hinein veräußern zu müssen, um sie sich wieder anzueignen, schafft im eigentlichen Sinne das Individuum als den Herrn über seine verschiedenen Rollen. Zugleich aber birgt sie die Gefahr einer Überforderung des Menschen, wenn die Entwicklungsmöglichkeiten seiner Persönlichkeit mit dem Differenzierungsprozeß nicht Schritt halten.« [5]
Nach Dreitzel hat der Sozialisierungsprozeß zweierlei zu leisten: a) die Entwicklung einer integrierten und vergesellschafteten Triebstruktur (Affektkontrolle): Integration der Affekte in das Rollenspiel – Körper- und Triebbeherrschung –, und b) den Aufbau einer Ich-Identität (soziales Selbst) als Basis jeder Verkörperung in sozialen Rollen. Diese zwei Aufgaben werden stufenweise bewältigt, und zwar in einem bestimmten, für die Stufe gegebenen Lernmilieu. Mangelnde Bewältigung in einem oder beiden Aufgabenbereichen auf jeder Stufe verursacht Störungen im Rollenverhalten (z. B. Hospitalismus, Psychose, moralische Insensibilität, Triebverbrechen, aggressive Durchbrüche, »Aufblähen« einer bestimmten Rollenidentität), welche eine erhebliche Belastung für das Individuum wie für seine Umwelt bedeuten.
Wichtig für die soziologische Orientierung ist, daß gesellschaftliche Strukturen die Bewältigung dieser Aufgaben vielfach erschweren oder unmöglich machen. Diskriminierung und Orientierungschaos, Stigmatisierung und Milieumängel sind weitverbreitete Beispiele solcher Strukturen.

E) Die Freudsche Alternative

1. – Eine Theorie von der Persönlichkeit, die in wichtigen Punkten von dem Obengesagten abweicht, hat ihren Ursprung in dem genialen Werk von Sigmund Freud. Wir können uns hier nur mit einigen der weniger umstrittenen Aspekte beschäftigen, da die Nachfolger Freuds in ihrer Interpretation der besonderen Elemente seiner Theorie weit voneinander abweichen. [6]
Der Hauptbeitrag Freuds zur Analyse der Persönlichkeit ist seine Entdeckung des

umfangreichen und entscheidenden psychischen Bereichs des Unbewußten. Es werden nicht nur bewußte Erlebnisse vergessen oder verdrängt, woraufhin sie das Individuum auf unerwartete Weise beeinflussen, es werden auch Impulse, die aus den Grundtrieben aufsteigen, häufig bekämpft und in die Tiefe zurückgedrängt, ohne daß sie jemals die Ebene des Bewußtseins erreicht hätten. Dennoch üben sie dauernd einen machtvollen Einfluß aus auf die offen zutage tretenden Handlungen. Um das Wechselspiel dieser Kräfte darzustellen, gebrauchte Freud drei Begriffe: das Ich, das Es und das Über-Ich. Das Es ist das System der biologischen Triebe, das sich, nach Freud, auf das Sexuelle konzentriert, dessen Lokalisierung sich aber während der Entwicklung des Individuums ändert (Lust-Prinzip). Da sich diese Triebe in der Gesellschaft nicht frei äußern dürfen, wird eine Gegenkraft, das Über-Ich, aufgebaut, in erster Linie durch die im Frühalter autoritativen Gestalten von Mutter und Vater, die die Entwicklung von Sanktionen gegen diese Triebe – sowohl unbewußt als auch bewußt – kontrollieren und lenken (Realitäts-Prinzip). Schließlich wird diese Gegenkraft ins Innere aufgenommen und arbeitet unabhängig von unmittelbar vorhandenen Individuen in der Umwelt. Die Spannung zwischen diesen beiden Kräften, dem Es und dem Über-Ich, bildet den dynamischen Kern der Persönlichkeit. Mittler und Interpret zwischen diesem Vorgang und der Umwelt ist das Ich, das versucht, den Zustand innerer Dynamik (den es selbst nicht völlig begreift) mit der Außen- und Innenwelt in Einklang zu bringen.
Dieser Konflikt ist oft schmerzlich und unausgeglichen , das Ich reagiert manchmal auf die Welt in einer Weise, die der sozial strukturierten Realität nicht entspricht, wobei es selbst nicht weiß, warum es so reagiert, wie es das tut. Das Über-Ich hindert das Ich an einer fruchtbaren Auseinandersetzung mit dem Konflikt, der im Unbewußten ausgefochten wird. Das, was auf der bewußten Ebene zum Vorschein kommt, ist stark gefiltert und verschoben.
Es ist die Aufgabe des Therapeuten, den Konflikt auf eine Ebene zu heben, auf der er verstanden und gelöst werden kann. Die Art und der Ursprung des Kampfes werden in der Behandlung enthüllt u. a. durch »freie Assoziationen« und durch die Traumanalyse.

2. – Die Freudsche Theorie ist Gegenstand vieler Kontroversen und Modifizierungen. Es ist klar, daß eine Beschreibung von Vorgängen im Unbewußten auf leicht anfechtbare Bilder angewiesen sein muß und daher der Kritik ausgesetzt sein wird. Freudsche Psychologen haben oft selbst drastische Kritik herausgefordert durch die Art und Weise ihrer Darstellungen und manchmal auch durch absurd erscheinende Ansprüche. Die hauptsächlichsten kritischen Äußerungen seien hier kurz dargestellt:
a) Die Freudsche Argumentation ist unangreifbar durch negative Kritiken und Beweise, da sie ihnen immer entschlüpfen kann mit der Behauptung, der Gegner bekämpfe die Theorie eben deshalb, weil eine Anerkennung ihrer Gültigkeit schmerzliche Konflikte an die Oberfläche bringen würde. Diese würde unbewußt vom Über-Ich verhindert. Es ist also unmöglich, mit dem Freudianer auf einer allgemeinverständlichen Ebene zu argumentieren.
b) Es wird behauptet, der Freudianer argumentiere im Kreise. Wenn man ihn fragt, warum ein Individuum eine bestimmte psychische Störung hat, setzt er einen »Grund« voraus, der empirisch nicht nachprüfbar ist. Und wenn man ihn fragt, wo-

her er wisse, daß dies der Fall sei, weist er auf die Störung hin und antwortet: »Aus den Ergebnissen.«

c) Es wird behauptet, daß die Theorie entwickelt wurde bei der Behandlung anomaler Individuen in einem bestimmten gesellschaftlichen Rahmen, und daß ihr deshalb eine allgemeine Gültigkeit fehle. Ihr Nutzen in der Therapie sei nicht so sehr ein Beweis für die Wissenschaftlichkeit ihrer Beschreibung als vielmehr ein Beweis dafür, daß gewisse Arten der persönlichen Beziehungen, in erster Linie des Vertrauens – in diesem Falle zwischen dem Therapeuten und dem Patienten –, positive Resultate haben, ganz gleich, ob die Theorie genau stimmt oder nicht.

d) Die Bezeichnung »sexuell« für die Triebe des Es wird in Frage gestellt. Solche Triebe haben wenig Ähnlichkeit mit dem, was ein gewöhnlicher Mensch unter »sexuell« versteht. Über diesen Teil der Theorie bestehen auch bei den Anhängern Freuds Kontroversen; die durch die Theorie vermittelten Einsichten werden davon wenig berührt.

e) Obwohl die Freudsche Theorie den Einfluß der Kultur anerkennt in der Form einer verinnerlichten kulturellen Autorität, nämlich des Über-Ich, wird sie von den Soziologen kritisiert, weil sie den herrschenden Einflüssen von Gruppen, Rollen, Institutionen und anderen sich verändernden Umweltfaktoren nicht genügend Beachtung schenkt, während sie sich andererseits stark auf die biologischen Triebe stützt.

3. – Ein Teil der spezifischen Kritik an der Freudschen Theorie läßt sich nur schwer widerlegen. Indessen ist das moderne Verständnis psychischer und auch sozialer Phänomene undenkbar ohne die Einsichten, die sich aus dem Werk Freuds und seiner Nachfolger ableiten lassen. Vor allem bedeuten diese Einsichten eine notwendige Korrektur des rationalisierten Menschenbildes, das die Aufklärung und weite Bereiche ihrer Nachwelt beherrschte. Durch Freud gelangen wir wieder zu einer Anerkennung der »irrationalen« Seite des Menschen und somit zu einer wesentlich vollkommeneren Sicht. Im Hinblick allein auf die zerstörerische Wirkung von Gruppenvorurteilen als kollektiven Projektionen wäre die Soziologie ohne Freud weit zurückgeblieben.

F) Literatur

1. Benedict, Ruth: Urformen der Kultur. Hamburg: Rowohlt 1955.
2. Caesar, Beatrice: Autorität in der Familie. Reinbek b. Hamburg: Rowohlt 1972.
3. Dreitzel, Hans Peter: Die gesellschaftlichen Leiden und das Leiden an der Gesellschaft. Stuttgart: Enke 1968.
4. Erikson, Erik H.: Kindheit und Gesellschaft. Stuttgart: Klett 1961.
5. Freud, Anna: Das Ich und die Abwehrmechanismen. München: Kindler 1964.
6. Freud, Sigmund: Abriß der Psychoanalyse. Frankfurt/M.: Fischer 1953.
7. Fromm, Erich: Die Kunst des Liebens. Frankfurt und Berlin: Ullstein 1967.
8. Gerth, Hans und C. Wright Mills: Person und Gesellschaft. Frankfurt/M.: Athenäum 1970.
9. Hurrelmann, Klaus (Hrsg.): Sozialisation und Lebenslauf. Hamburg: Rowohlt 1976.
10. Lersch, Philipp: Vom Wesen der Geschlechter. München: Ernst Reinhardt 1950.

11. Mead, George Herbert: Geist, Identität und Gesellschaft. Frankfurt : Suhrkamp 1968.
12. Mead, Margaret: Mann und Weib. Hamburg: Rowohlt 1958.
13. Riemann, Fritz: Grundformen der Angst. Basel: Reinhardt 1969.
14. Steinert, Heinz (Hrsg.): Symbolische Interaktion. Stuttgart: Ernst Klett 1973.
15. Thomae, Hans: Die Motivation menschlichen Handelns. Köln: Kiepenheuer und Witsch 1965.
16. Wurzbacher, Gerhard (Hrsg.): Der Mensch als soziales und personales Wesen. Stuttgart: Enke 1963.

G) Anmerkungen

1 Neuere Beiträge zu Fragen der Sozialisation, auch aus soziologischer Sicht, finden sich in Heinz Walter (Hrsg.): Sozialisationsforschung. 3 Bände. Stuttgart-Bad Cannstatt 1973.
2 Charles Cooley »Human Nature and The Social Order«, New York 1902, S. 152 ff.
3 In »Die einsame Masse«, Darmstadt, Luchterhand 195*.
4 Hans Peter Dreitzel »Die gesellschaftlichen Leiden und das Leiden an der Gesellschaft«, Stuttgart: Enke 1968, S. 117-118.
5 a.a.O. S. 385.
6 Sigmund Freud »Abriß der Psychoanalyse«, Frankfurt/M., S. Fischer 1953.

8. Kapitel
Die Persönlichkeit: Werte und soziale Wertung

Wir haben gesehen, daß die Persönlichkeit ein Komplex verschiedenartiger Elemente ist, – ein Produkt der Begegnung von »Innen« und »Außen«. In diesem Produkt nehmen **Wert** und **Wertungen** einen hervorragenden Platz ein. Nur der Mensch als Subjekt kann bewerten: sich selbst und andere, die Dinge, die Ideen und die Strukturen der sozialen Welt. Nicht nur lebt er in einem ständigen Prozeß des Wertens, er wird dadurch getragen, daß andere ihn für einen Wert halten. In einem gewissen Sinne kann man sagen, daß seine Lebensbemühung darin gipfelt, das Selbstwertgefühl zu erhalten und erheben. Dies ist jedoch von den Wertungen seiner Umwelt nicht zu trennen, und über diese Wertungen hat er nur einen mittelbaren und unsicheren Einfluß.

A) Werte und Wertorientierungen

I. Zu dem Begriff Wert

Wertorientierungen sind offenbar etwas Gemeinsames und immanent Gesellschaftliches. Dynamische Wesen, deren Existenz von sich gegenseitig ergänzenden Impulsen und Handlungen abhängt, müssen in ihren Orientierungen mindestens teilweise übereinstimmen. Solche Orientierungen werden artikuliert und markiert als »wertvolle Dinge«, die erstrebenswert sind, als wünschenswerte Handlungsweisen und Zielsetzungen. Sie sind nähere Konkretisierungen des »Guten«, »Schönen« und »Wahren«. Normalerweise sind sie jedoch Mittel zum Zwecke des noch höheren Wertes. Als Mittel zum Zweck können sie durch neuere Einsichten und Lebensbedingungen relativiert oder als wertlos gesehen werden (z. B. unbegrenzt höhere Produktion, größere Autos, Contergan, kinderreiche Familien). Somit ist es klar, daß isolierte Dinge und Verhaltensweisen keinen immanenten Wert »besitzen«. Wert ist nicht ein Merkmal des Dinges, sondern ein von Menschen zugeschriebenes Potential im Hinblick auf eine weitere Zielsetzung. Wertvoll allein ist der mögliche Beitrag zum »höchsten Wert« – in der jeweiligen Vorstellung. Dieser höchste Bezugspunkt aller Werte verliert sich in eine kaum aussprechbare Sehnsucht nach dem »gelungenen Leben«. Die Relativität der kulturellen Werte besteht also in der Tatsache, daß sie fixierte, durch Strukturen filtrierte Formulierungen dessen sind, was offen bleiben muß und nicht endgültig festgehalten werden kann und dennoch für das praktische Handeln formuliert und kommuniziert werden muß. Denn Leben, geschweige denn »gelungenes Leben«, ist biologisch und kulturell ohne Kommunikation und gemeinsame Deutungen undenkbar.
Zu beachten wäre die starke Tendenz, Formulierungen von Wertorientierungen mit Symbolcharakter zu belegen. Ihre einfache Beschaffenheit, ihre rationalen Hinweise werden überlagert mit tieferen, emotional besetzten Deutungen, die die Oberfläche transzendieren (z. B. Fahne, Kreuz, »Rot«, »Blut«, Rasse). So werden Werte wie z. B. Freiheit, Gleichheit, Kapitalismus, Kommunismus, reine Rasse, »Verände-

rung der Gesellschaft« zu Symbolen und umfassenden sozialen Bildern, die Hoffnungen, Ängste und fanatische Parteinahme hervorrufen.
Wertorientierungen könnte man also als formulierbare Zielsetzungen bezeichnen, als Wegweiser menschlichen Verhaltens, als Dispositionen, Objekten und Ideen gegenüber. Obwohl sie verinnerlicht und zu einem Bestandteil der Persönlichkeit werden, ist ihre Gestalt vorwiegend ein Produkt der in der sozialen Umwelt verankerten Werte; sie stammen aus dem kulturellen Milieu und werden der Persönlichkeit bei dem Prozeß der Sozialisation herangetragen.

II. Wertklassen

I. – Um die Stellung der Werte in der Persönlichkeit zu klären, wollen wir sie in drei Klassen einteilen, von denen jede auf einer bestimmten Ebene steht, die einen Druck von verschiedener Stärke auf das unmittelbare Verhalten ausübt.
a) Werte auf der abstrakten Ebene: Diese werden derart empfangen und formuliert, daß es möglich ist, sie intellektuell oder emotional zu bejahen, ohne daß sie unbedingt einen ernsthaften Druck auf das konkrete Verhalten ausüben. Als Beispiele für Werte, die häufig nur auf der abstrakten Ebene vorkommen, wären alle die volltönenden Tugenden einer Kultur oder Religion zu nennen, wie Freiheit, Demokratie, Nächstenliebe, gleiche Chancen für alle, Volk, Vaterland, Mut, Selbstaufopferung, Menschenwürde. Solche Werte werden uns von Kindheit an als gut und edel dargestellt; sie werden tatsächlich ins Innere aufgenommen – wir glauben daran –, auf einer ganz bestimmten Ebene. Wir haben sie immer bei der Hand, um den Verlauf einer geplanten Handlung zu rechtfertigen (wenn ein blutiger Krieg nicht mit der Nächstenliebe gerechtfertigt werden kann, läuft er unter der Rubrik: Verteidigung der Freiheit, der Demokratie oder des Vaterlandes). Sie sind auch von Nutzen für uns und für andere, um am Ende der Unternehmung zu beweisen, daß diese anständig war. Ihr Bereich ist so groß, daß praktisch jede Art von Verhalten damit gerechtfertigt werden kann. Es ist also nicht schwierig, gestützt auf ähnliche wohltönende Werte in einem Jahr den Abwurf von Atombomben und im nächsten Jahr die Lieferung von Hilfesendungen für ihre Opfer zu rechtfertigen.
Werte der abstrakten Ebene sind beliebte Schlagworte der Demagogen. Sie klingen gut, anständig, beherzigenswert. Je höher sie klingen, desto unwahrscheinlicher ist es, daß sie einer kritischen Prüfung durch konkretes Verhalten ausgesetzt sein werden; je mehr sie Luftschlössern gleichen, desto schwerer ist es zu bemerken, daß das alltägliche Verhalten auf der festen Erde nicht mit ihnen übereinstimmt. Es wäre jedoch falsch, von vornherein zu unterstellen, daß Menschen, deren alltägliches Verhalten oft mit ihren abstrakten Wertbegriffen nicht übereinstimmt, entweder Heuchler oder Zyniker sind. Der weiße Bürger in Südafrika oder in den amerikanischen Südstaaten oder der durchschnittliche Antisemit glauben tatsächlich, daß sie die Werte der Demokratie oder der »Freiheit« verteidigen; der idealistische kommunistische Funktionär glaubt, daß er auf eine »klassenlose Gesellschaft« hinarbeitet; der Reiche ist nicht zynisch, wenn er die »Gleichheit« preist. Nicht, als ob es keine Zyniker darunter gäbe, wie unter allen Gruppen. Wie wir festgestellt haben, sind schlaue Demagogen sehr geschickt darin, diese Symbole zu benützen, um sich in ihrem Streben nach Macht Unterstützung zu sichern. Aber für die meisten Men-

schen sind diese Werte doch echte Symbole für die Hingabe an gemeinsame Gruppenideale. Hierin liegt ihre Bedeutung für die Gesellschaft. Sie schaffen Brennpunkte; sie sind der Sammelpunkt, um den herum die Handlungen der einzelnen Glieder einer Gemeinschaft organisiert und gelenkt werden können. Sie vermitteln ein Gefühl des Einsseins, fördern die Zusammenarbeit der Innengruppe und üben so eine bedeutende, unentbehrliche Funktion aus.

Wir haben es leicht, das widersprüchliche Verhalten anderer zu entlarven, die Unvereinbarkeit ihrer pietätvoll vorgetragenen Ideale mit den objektiven Konsequenzen ihres Verhaltens im täglichen Leben aufzudecken. Indessen wären wir wahrscheinlich entsetzt, wenn wir die Scheuklappen entfernen könnten, die uns daran hindern, die Widersprüche zwischen den von uns selbst proklamierten höheren Werten und den tatsächlichen Beweggründen unseres konkreten Verhaltens festzustellen. Diejenigen, die diese Widersprüche übermäßig bekritteln – es ist dies die Berufskrankheit eines bestimmten Typs von Intellektuellen –, verstehen zu wenig von der sozialen Funktion der abstrakten Werte und von den hauptsächlichsten Triebfedern menschlichen Verhaltens, die in erster Linie auf anderen psychischen Ebenen liegen. Diese Einstellung ist es zweifellos auch, die in der oft zitierten Bemerkung von O. W. Holmes zum Ausdruck kommt: »Folgerichtiges Handeln ist eine Sache für kleine Geister.«

b) Unmittelbare Gruppen-Normen: Auf einer Ebene, die dem Kern der Persönlichkeit näher ist, liegen die direkten Normen der Gruppe für eine konkrete Situation. Sie üben einen starken Zwang aus auf das individuelle Handeln, ganz gleich, ob sie mit abstrakten Werten übereinstimmen oder nicht. Solche Normen sind im wesentlichen die unmittelbaren, objektiven Wertorientierungen derjenigen Gruppe, in der das Individuum seine persönliche und soziale Erfüllung findet oder zu finden sucht. Die primäre Gruppe ist in dieser Hinsicht offensichtlich die stärkste. Wer ihre verpflichtenden Werte in seinem konkreten Verhalten mißachtete, liefe Gefahr, an den Rand der Gruppenzugehörigkeit gedrängt, wenn nicht ganz ausgeschlossen zu werden, eine der ernsthaftesten Bedrohungen für die Befriedigung menschlicher Bedürfnisse.

Das Gesetz trägt dem Rechnung, indem es die Ehefrau nicht zwingt, vor Gericht gegen ihren Ehemann auszusagen, und darauf verzichtet, sie als Zeugin unter Eid zu nehmen. Eine Kombination abstrakter Werte, nämlich Ehrlichkeit und die Unterwerfung unter das Gesetz plus der legalen Sanktionen des Gerichts treten damit zurück hinter einen Wertbegriff – einer unmittelbaren Gruppennorm –, der dem Kern der Persönlichkeit nähersteht: hinter die Loyalität gegenüber dem Ehepartner. Genauso können die Glieder einer fest verbundenen Clique, einer Spielgruppe oder einer Bande sich selbst unter dem schwersten Druck weigern, andere Mitglieder der Gruppe zu verraten. Märtyrertum wird häufig nur möglich durch das Wissen um die loyale Gruppe im Hintergrund. Ein Soldat, der glaubt, es gehe um die Verteidigung seiner Kameraden oder seiner Familie, ist fähig, den »Feind« unbarmherzig zu töten, obwohl er gleichzeitig an »Nächstenliebe« und die »Würde der Persönlichkeit« glaubt. Wenn er dennoch in einen inneren Konflikt gerät, kann er sein Handeln auch noch mit anderen abstrakten Werten rechtfertigen: Verteidigung der Demokratie, des Christentums oder des Vaterlandes. Die Triebfeder ist jedoch die Behauptung seiner Stelle in der Gruppe durch die Beachtung derer Normen.

Wertorientierungen auf der abstrakten Ebene und zugleich als Gruppennorm kön-

nen sich decken; um so stärker ist die Motivierung. Dies mag ein Grund dafür sein, daß Treue und Mut gelegentlich so außergewöhnlich stark ausgeprägt sind. Beide sind häufig vorkommende Werte in der unmittelbaren Gruppe und bestehen ebenso auf der abstrakten Ebene. Allerdings wird dort, wo die verschiedenen Treuebegriffe miteinander in Konflikt geraten, die Loyalität gegenüber der unmittelbaren Gruppe den Vorrang haben, und der Mut (die Kraft, persönliche psychische Hemmungen zu überwinden), eine Gefahr der unmittelbaren Gruppe zuliebe auf sich zu nehmen, wird eher aufgebracht als der Mut, abstrakte »soziale Werte« zu verfechten; die Tageszeitungen sind voll von Beispielen dafür. Daher rührt der vielbeklagte Mangel an »Zivilcourage«, die viel öfter auf abstrakten Werten beruht als auf unmittelbaren Gruppennormen.
Es muß betont werden, daß die Wertorientierungen der Gruppe, auf die wir uns beziehen, nicht die sorgfältig formulierten Prinzipien einer Gruppenverfassung sind. Es sind vielmehr die echten, im allgemeinen jedoch nicht formulierten, unausgesprochenen Werte, welche in konkreten Situationen entweder die Zustimmung oder die Ablehnung der Gruppen-Mitglieder hervorrufen. Es gilt z. B. als ungeschriebenes Gesetz bei den meisten Industriearbeiter-Gruppen, daß keiner die durchschnittliche Leistungsnorm wesentlich überschreitet. Das gleiche gilt in den meisten Schulklassen für das übereifrige Streben nach guten Noten. Ebenso beruht das sogenannte »Ehrensystem«, das in manchen Erziehungsinstitutionen eingeführt ist, um das Mogeln zu verhindern, auf der Entwicklung einer echten Gruppennorm der Schüler, die eben das Betrügen verachtet. Die Stärke eines solchen Systems wird allgemein anerkannt im Gegensatz zur allgemeinen und abstrakten Forderung nach Ehrlichkeit.
Wir können verstehen, wie bedeutsam es ist, Mitglied von Gruppen mit hohem ethischem Stand zu sein, wenn wir uns klarmachen, daß Gruppennormen im praktischen Verhalten den Vorrang haben vor abstrakten Werten. Und wir wundern uns nicht länger darüber, daß Ermahnungen durch bloßes Reden häufig so wirkungslos sind. Sie bleiben in der Regel auf der abstrakten Ebene. Was der junge Mensch, der sich gerade erst von seiner Familie löst, braucht, damit er sich anständig verhält, sind keine Moralpredigten, sondern psychisches Wurzelfassen in einer Gruppe, die diese Tugenden übt, auch wenn sie selten beim Namen genannt werden.
c) Das ideale Eigenbild: Die Werte, die dem innersten Kern der Persönlichkeit am nächsten liegen, sind diejenigen, die sich im idealen Eigenbild verkörpern, wie wir es im vorhergehenden Kapitel (S. 101–102) besprochen haben. Sie sind noch stärker als die Gruppennormen, obwohl in der Praxis der reife Mensch gewöhnlich in genau den Gruppen verwurzelt ist, deren Wertorientierungen den seinen ähnlich sind. Oder anders ausgedrückt: Die Gruppe, in der man selbst verwurzelt ist, spielt eine bedeutende Rolle bei der Formung des idealen Eigenbildes. Die beiden sind voneinander abhängig und normalerweise auch eng bezogen auf mindestens einige der abstrakten Werte, die die weitere Umgebung bejaht.
Wenn das Individuum völlige Freiheit hätte, sich Gruppen anzuschließen oder sich zurückzuziehen, oder wenn es nicht so häufig von einer zur anderen hinüberwechselte, gäbe es wenig Konfliktstoff zwischen den Gruppennormen und dem Eigenbild. Dies ist jedoch nicht der Fall; in der modernen Welt ist die Hin- und Herbewegung zwischen den Gruppen bedeutend häufiger geworden. Das ideale Bild vom

Selbst (Eigenbild) ist die Sache, mit der die Menschen sich am ernsthaftesten und immer wieder befassen. Es ist unsere empfindlichste Stelle. Es entsteht ein ernster Zwiespalt in der Persönlichkeit, wenn die Wertorientierungen des idealen Eigenbildes dauernd zugunsten der Anforderungen der Gruppennormen verleugnet werden; wenn dieser Zustand längere Zeit anhält, kann er die Stabilität der Persönlichkeit, ihren »Charakter«, zerstören. Wenn von einer Person gesagt wird, daß sie sich »völlig verändert«, oder eine »Verwandlung durchgemacht« habe, dann können wir behaupten, daß das ideale Eigenbild sich radikal verändert hat (abgesehen von organischen Veränderungen, die ähnliche Folgen haben können). Es ist überflüssig zu betonen, daß körperliche Qualen und Foltern das Individuum zwingen können, sein ideales Eigenbild zu verleugnen, was zu einer einschneidenden Veränderung, manchmal auch zum Zusammenbruch führt. Dies hat man hauptsächlich an den Insassen von Konzentrationslagern, Gefängnissen und Arbeitslagern beobachtet; es ist auch der fundamentale Prozeß, der bei der sogenannten Gehirnwäsche vor sich geht. Die wirksamste Verteidigungswaffe in solchen Situationen ist das feste Verwurzeltsein in einer primären Gruppe, deren Werte auch die unseren sind, deren Loyalität außer Zweifel steht und die »an uns glaubt«. Dies ist das Geheimnis der Stärke einer Gemeinschaft, sei es die der Familie, der Bande, des Klubs, der Dorf- oder Kirchengemeinde.

2. – Wir wiederholen, daß die gleichen Wertorientierungen auf allen drei Ebenen wirken können, wenn auch normalerweise ein gewisses Maß an Konfliktstoff zwischen ihnen vorhanden ist. Die Konflikte kommen auf der persönlichen und der Gruppenebene zum Ausbruch. Eine traditionsgebundene, relativ unabhängige, stabile Gesellschaft hat ein Minimum solcher Konflikte. Theoretisch scheint dies ein Idealzustand zu sein. Dabei vergessen wir leicht, daß eine solche Gesellschaft statisch wäre, und, für unseren Geschmack, langweilig. Wahrscheinlich würde ihr auch die kulturelle Schöpferkraft abgehen.

III. Organische Merkmale und richtungweisende Werte

So gesehen motivieren Werte in bestimmte Richtungen. Da die Persönlichkeit ein Ganzes ist, sind die Wertorientierungen von den Grenzen und Merkmalen des Organismus nur theoretisch zu trennen. Die Merkmale sind Bestandteile des »Fahrzeugs«, während die Werte die Richtung der »Reise« bestimmen. Das, was wir Werte genannt haben – Ehrlichkeit, Tüchtigkeit, Fleiß, Treue, Mut usw. –, wird gewöhnlich als »Charakterzüge« der Persönlichkeit angesehen, so als ob sie (wie rotes Haar) feste Bestandteile der Persönlichkeit wären. Meist glaubt man zu wissen, daß ein Individuum ehrlich »ist«.
Diese Ansicht wird von den Sozialwissenschaftlern weitgehend abgelehnt und ersetzt durch den phänomenologischen Standpunkt, daß solche Wertorientierungen keine Charakterzüge sind, d. h. keine festen Bestandteile der Persönlichkeit, sondern »Dispositionen«, Objekten und Ideen gegenüber, die uns in einer gegebenen Situation leiten oder auch nicht, je nach den Anforderungen der unmittelbaren Gruppen-Situation und der Stellung solcher Werte im idealen Eigenbild. Wir betonten schon, daß »den einzelnen Phänomenen keine Kräfte innewohnen« (es ist kein

»Charakterzug« des Ballons, daß er aufsteigt), sondern daß die Werte sich allein im Prozeß offenbaren. Diese Sicht stimmt überein mit der unleugbaren Tatsache, daß unter bestimmten Bedingungen der »ehrliche« Mensch unehrlich sein wird, die »faule« Person ehrgeizig, das »geizige« Individuum großzügig und der »feige« Mensch mutig. Unsere Analyse will zeigen, daß der Mensch, von dem man sagt, er sei ehrlich, im Charakter jemand ist, in dessen idealem Eigenbild die Ehrlichkeit eine bedeutende Rolle spielt. Aber auch er kann in eine Gruppensituation geraten, in der die Unterwerfung unter die Gruppennormen wichtiger für ihn ist als die Treue zu dem Wert »Ehrlichkeit«. Oder neben dem Wert »Ehrlichkeit« kann in seinem idealen Eigenbild auch der Wert »Anhänglichkeit an die Familie« bestehen, der in einer bestimmten Situation Unehrlichkeit in seinem konkreten Verhalten von ihm fordert.

Wir könnten ein Beispiel konstruieren von dem ehrgeizigen Geschäftsmann, der im Konkurrenzkampf unbarmherzig, Frau und Kindern gegenüber gleichzeitig aber gütig und rücksichtsvoll ist. Besitzt dieser Mann nun den »Charakterzug« der »Unbarmherzigkeit« oder nicht? Wie wir sehen, ist der Ansatz vom »Charakterzug« her irreführend, sondern es ist ein Problem der Werte. Die Antwort muß lauten, daß das ideale Eigenbild des Geschäftsmannes beide Werte, geschäftlichen Erfolg und Familiensinn enthält, und daß kein fundamentaler Widerspruch zwischen seinen Handlungen innerhalb dieser beiden Sphären besteht. Nur wenn wir fordern, daß er auch seinem geschäftlichen Konkurrenten gegenüber freundlich sein müsse, weil er zu seiner Familie freundlich ist (dies wäre möglicherweise der Fall, wenn »gütig« ein fester Bestandteil der Persönlichkeit sein könnte), finden wir sein Verhalten ungebührlich und widersprechend.

Wir könnten auch den Schüler als Beispiel zitieren, der normalerweise »ehrlich« ist, dessen ideales Eigenbild als Primus ihn aber dazu verführt, bei einem Examen zu betrügen. Im Gegensatz dazu kann sich ein häufig unehrlicher Schüler so wenig aus seinen Noten machen, daß er nicht einmal in Versuchung geführt wird zu betrügen und daß er deshalb »ehrlich« ist.

In bezug auf die Werte des idealen Eigenbildes bewegen sich die Persönlichkeiten zwischen zwei polaren Typen, die wir die **Prinziporientierten** und die **Situationsorientieren** nennen könnten. Die prinziporientierte Persönlichkeit sieht sich selbst idealisiert als »ehrlich«, »mutig«, »fleißig« oder mit anderen mehr oder weniger abstrakten Wertorientierungen ausgestattet; die situationsorientierte Persönlichkeit sieht sich selbst idealisiert als »der liebevolle Familienvater«, als »beliebter Kamerad«, als »anpassungsfähiger Mensch«, »Erfolgsmensch«, als »Musterhausfrau« usw. Diese Typologie läuft etwas parallel mit Riesmans »innegelenkter« und »außengelenkter« Persönlichkeit; die »innengelenkte« hat Grundprinzipien, die »außengelenkte« legt großen Wert auf die Zustimmung ihrer Mitmenschen. Solche Überlegungen haben weitreichende Folgen, z. B. für den Geistlichen oder den Arzt, die sich dem dornenreichen Problem gegenübersehen, ob sie einem Patienten die Wahrheit sagen sollen, der an einer vermutlich unheilbaren Krankheit leidet. Hierbei ist nicht nur wichtig, welche Rolle die Ehrlichkeit im idealen Eigenbild des Arztes spielt, sondern auch die Stellung, die sie im idealen Eigenbild des Patienten einnimmt.

Wir könnten zusammenfassend sagen, daß Charakterbeschreibungen (die volkstümlich »Züge« genannt werden) Werte sind, die man jeweils mit verschiedenen anderen Personen und Gruppen gemeinsam hat und die einen Druck von wechselnder Intensität auf das konkrete Verhalten ausüben. Die Stärke eines solchen Druckes hängt davon ab, wie nahe die jeweiligen Werte dem Kern der Persönlichkeit stehen. Wir haben diese Entfernungen vom Kern der Persönlichkeit beschrieben, indem wir sie ordneten in die zunächstliegenden (das sind diejenigen, die im idealen Eigenbild verankert sind), die weitest entfernten (abstrakten Werte) und die dazwischenliegenden (die praktizierten Werte der Bezugsgruppe, auf welche das Individuum sein Handeln hin orientiert).

B) Entfremdung und Anomie

1. – Folgenschwer für die Persönlichkeit ist die Art und Weise, wie Wertungen von anderen und Selbstbewertungen – sie sind prinzipiell voneinander nicht zu trennen – zu Störungen im Verhalten führen können. Aus soziologischer Perspektive haben wir es nicht mehr mit pathologischen Persönlichkeiten zu tun, sondern mit einer »Pathologie« der Gesellschaft.

Kann eine Gesellschaft »krank« oder »verrückt« sein, wie in einem Buch von Erich Fromm angedeutet wird? [1] Fromm ist nur einer in der langen Liste von Sozialwissenschaftlern, welche eine Diagnose der Krankheit und eine »Heilung« der Gesellschaft anstrebten, um damit die Voraussetzungen für Glück und Vollkommenheit der Menschen zu schaffen.

Die Soziologie wurde vielfach von solchem Streben vorangetrieben. Die Utopisten und die Frühsozialisten gingen von diesem Ansatz aus; vor allem war es Marx, der meinte, die Strukturentwicklungen der Gesellschaft entdeckt zu haben. Solche Kenntnis sollte die Menschen dazu befähigen, an dieser Entwicklung mitzuarbeiten und sie zu beschleunigen, um so ihr Leben zu vervollkommnen. Die gegenwärtige »dialektische« Schule der Soziologie nimmt diese Orientierung nach längerer Herrschaft der »Positivisten« wieder auf. Dabei nimmt die Frage der Werte und der Wertungen von Menschen und Strukturen, anstatt deren »technisches« Funktionieren, eine Schlüsselstelle ein.

2. – Umstritten ist nicht die Frage, ob soziale Strukturen die Persönlichkeit beeinflussen bzw. wesentlich formen, sondern ob sie eine Eigengesetzlichkeit haben, die zu einem von der Analyse her zu entdeckenden »Ziel« der Geschichte führen muß. Dieses Ziel heißt vielfach »Emanzipation« oder **Befreiung von der Entfremdung.**

Das Wort Entfremdung ist seit Marx – der den Begriff von Hegel übernommen hatte – in den Kulturanalysen des Abendlandes geläufig geworden. Marx sah die Entfremdung als einen Zustand des Menschen, der in Produktionsverhältnissen lebt, welche ihn zwingen, sich seines Wesenskerns zu entäußern. Das Wesen des Menschen sei gesellschaftlich; der Mensch produziere diese Gesellschaft – und damit sich selbst – in seiner Arbeit. Aber indem er die Verfügung über die Werkzeuge und die Produkte seiner Arbeit verliere und indem er seine Arbeitskraft verkaufen müsse, entfremde er sich sowohl von sich selbst als auch von seinem Mitmenschen.

Der Begriff der Entfremdung ist in der Zwischenzeit sehr verschwommen geworden. Häufig bringt er nur ein diffuses Unbehagen an der Welt oder sich selbst zum Ausdruck. Gefühle der Schwäche dem Lauf der Dinge gegenüber sowie der Orientie-

rungslosigkeit, der Bedeutungslosigkeit und Einsamkeit schwingen mit im Gebrauch des Begriffes.
Aus unserer Analyse des Verhältnisses zwischen dem Ich und der notwendigen Verkörperung in gesellschaftlichen Rollen geht ein gewisses »Doppelgängertum« hervor. Mit zunehmender Differenzierung der Rollen und Trennung der Personenkreise, in welchen man Rollen spielt, sahen wir die Entstehung eines akuten Identitätsproblems. Es ist vermutlich gerade das zunehmende Bewußtsein dieser Problematik, das seit Anfang der Industrialisierung mehr und mehr die Menschen beschäftigt und das sie als Entfremdung bezeichnen. Da aber der Mensch seiner »selbst« nur über den durch Rollenverkörperung ermöglichten Kontakt mit anderen bewußt werden kann, scheint dieses »Doppelgängertum« eine Grundbedingung der menschlichen Existenz. Nach Plessner:
»Wer darin eine Selbstentfremdung sehen wollte, verkennt das menschliche Wesen . . . Nur der Mensch erscheint als Doppelgänger, nach außen in der Figur seiner Rolle und nach innen, privat, als er selbst . . . Er kann in ihm (dem Doppelgängertum) keine Verdoppelung beklagen und sie gegen das Ideal ursprünglichen Einseins ausspielen, denn eins sein kann ich nur mit etwas, mit jemandem, und wäre es sogar mit mir. Am anderen wird der Mensch seiner habhaft.« [2]
Eine präzisere Bestimmung des Begriffs Entfremdung entwickelt Dreitzel aus seiner Analyse des Rollenspiels und der Voraussetzungen für die in ihm ermöglichte Befriedigung menschlicher Bedürfnisse. Von der Persönlichkeit aus gesehen bilden diese Voraussetzungen eine Art Gleichgewicht von »Distanz« und »Engagement« im Rollenspiel [3] »Distanz« bezeichnet die Fähigkeit, sich selbst als ein konstantes Ich zu bewahren trotz Verkörperung in der Rolle. Sie ist notwendig, um das Rollenspiel in Perspektive zu sehen, kritisch zu beurteilen, zu kontrollieren, und um sich selbst in der Rolle nicht zu verlieren. (Der Schauspieler unterscheidet in seinem Bewußtsein offensichtlich zwischen seiner persönlichen Identität und seiner Darstellung einer Rollenfigur.) »Distanz« heißt auch die reale Möglichkeit, aus einer Rolle auszusteigen, wenn auch vielleicht nur in eine andere einzutreten.
Auf der anderen Seite ist »Engagement« notwendig, nicht nur, um die Rolle überzeugend zu spielen – und damit Bedürfnisse zu befriedigen –, sondern auch, um an eine Klärung der eigenen Identität durch Kontakt mit anderen zu gelangen. Die Persönlichkeit gewinnt gerade Konturen, sie wird »profiliert« durch überzeugendes, engagiertes Rollenspiel.
Nach Dreitzel entsteht eine Entfremdung aus »Distanzverlust«. Wenn man durch übermäßigen Normendruck (Bürokratisierung, Leistungsdruck, Unmöglichkeit, von der Rolle Abstand zu nehmen) keine kritische Distanz mehr von der Rolle behalten kann, dann entstehen Störungen im Verhalten, die als Entfremdung bezeichnet werden können. Das Ich muß, um funktionsfähig zu bleiben, Subjekt sein, muß eigene Willensleistungen zum Rollenspiel mitbringen. Wenn es das nicht kann, wenn die Erwartungen so dicht und engmaschig sind, daß kein Raum für »Ich-Leistungen« übrigbleibt – man ist also nur »Marionette« und nicht sein eigener Darsteller –, dann ist die Selbstentfremdung eine Realität. Man nimmt sich wahr als Objekt der Normen, der Verhältnisse, des Schicksals. Als Objekt ist man von sich selbst – als Subjekt – entfremdet. Im Verhalten drückt sich die Entfremdung in zwanghaftem Ritualismus, Beschränkung auf Konventionen und Inflexibilität aus. [4]
Gerade der übermäßige Normendruck ist nun ein auffallendes Variabel verschiede-

ner Gesellschaftssektoren und -typen. Die »totale« Gesellschaft, ob durch bewußten Herrschaftsdruck oder durch angebliche Unausweichlichkeit der Vorschriften, gibt wenig Raum für die eigene Gestaltung der Rolle. Wo weder äußere noch innere Emigration möglich ist, ist Distanzverlust und Entfremdung die Konsequenz. Das kann für bestimmte Gruppen durch Diskriminierung oder Verfolgung geschehen, durch Kontaktbeschränkung oder Stigmatisierung, durch starre Bürokratie und Überorganisation der Lebensbezüge in unüberschaubaren Verflechtungen.

3. – Ein anderer Begriff, der zur Bezeichnung der durch Gesellschaftsstrukturen verursachten Persönlichkeitsstörungen verwendet wird, wurde von Emile Durkheim in die Soziologie eingeführt; die **Anomie.** [5] Aus der Beobachtung, daß einzelne Gesellschaften und Gesellschaftssektoren ihre eigenen mehr oder wenig konstanten Selbstmordraten hatten, entwickelte Durkheim die These, daß einzelne Gesellschaftsstrukturen eine charakteristische Prädisposition zu der Art von Persönlichkeitsstörung hervorbringen, die zum Selbstmord führt. Vor allem sei die Schwächung des »Kollektivbewußtseins« eine Ursache des Selbstmords. Diese Schwächung, eine »echte soziale Tatsache«, nannte er die Anomie.
Im Gegensatz zur Entfremdung wurde der Anomie-Begriff nicht durch die allgemeine Kulturkritik zu einem Schlagwort gemacht. Der Begriff ist dennoch umstritten und schwierig. Auf jeden Fall bildet der Mangel an fester, stabiler Orientierung den Kern der verschiedenen Definitionen. Von den bisherigen Versuchen, den Begriff in einem theoretischen Rahmen zu fixieren, scheint wiederum derjenige Dreitzels am fruchtbarsten. Auch vom Rollenverhalten ausgehend sieht er die Anomie als eine Störung durch Mangel an Normensicherheit, durch Normenschwäche, häufige Vertauschung von Situationen, Distanz ohne Engagement. Unter Umständen werden zu viele »Ich-Leistungen« gefordert ohne einen festen Umriß der Rollenerwartungen. [6]
Zusammenfassend kann man sagen, daß die zum Normendruck führende Bürokratisierung und Komplexität der hochtechnisierten Gesellschaft sowie die lockere Verflechtung der sich rasch wandelnden Rollensysteme, die zur Orientierungslosigkeit führen kann, charakteristische Struktureigenschaften der modernen Gesellschaft sind. Sie verursachen wohl weitverbreitete Persönlichkeitskonflikte, die im gestörten Rollenverhalten ihren Ausdruck finden.

C) Die gesellschaftliche Definition des »Normalen«

Normen in der Gesellschaft sind offensichtlich aus den Werten abzuleiten. Aus der Relativität der kulturell festgelegten Werte ergibt sich eine Realtivität der Normen, und somit des »Normalen«. Darüberhinaus gibt es widersprüchliche Werte, besonders in komplexen, modernen Gesellschaften, und diese sind ebenso durch widersprüchliche Normen begleitet. Beide Gegebenheiten tragen viel zu Persönlichkeitsstörungen bei.

I. Abweichendes Verhalten und »Etikettierung«

1. – Eine rasch anwachsende Fachliteratur beschäftigt sich mit **abweichendem Verhalten,** d. h., mit Verhalten, das in einem allgemein herrschenden Sinne als nicht »normal« angesehen wird. Der Akzent in dieser Literatur liegt auf der **gesellschaftlich fixierten Definition** des »Normalen« und damit des »Abweichenden«. Die Aufmerksamkeit wird auf die Relativität bzw. die »Verkehrtheit« der Werte und der Normen der Gesellschaft gelenkt, eher als auf angebliche Eigenschaften der Person, die eine Abweichung zur Folge hat. Vor allem wird auf die Folgen der »selbst erfüllende Prophezeiung« hingewiesen, nachdem eine Instanz, die zu Sanktionen gegen abweichendes Verhalten ermächtigt und eingesetzt ist, ein Verhalten als »abweichend« förmlich definiert. Somit wird nicht nur ein Verhalten als anomal bezeichnet, sondern in der Tendenz wird eine Person abgewertet. Der Abwertung der Person folgt eine Änderung des Selbstbildes, ein Prozeß der Entwicklung einer »abweichenden Identität« wird in Gang gesetzt.
Dieser, in der Fachliteratur als »labelling« (etikettieren) bekannter Ansatz, liefert wichtige Einsichten in den Zusammenhang von Persönlichkeitsentwicklung und Gesellschaft. Er beschäftigt sich mit dem **Prozeßcharakter** der Abweichung. Der Straftäter z. B. kann nicht adäquat verstanden werden indem, von der Straftat ausgehend, nach Ursachen einer angenommenen »anomalen« Persönlichkeit geforscht wird. Eher ist es so, daß **alle** Menschen Taten begehen, die als abweichend in irgendeiner Kultur bezeichnet waren, einerseits, und andererseits verhalten sich bei Gelegenheit alle Menschen auf Weisen, die auch in ihrer eigenen Kultur und unter bestimmten Bedingungen als »anomal« gelten. Das soziale Problem entsteht dadurch, daß eine soziale Umwelt einen Tatbestand als Problem definiert.

2. – Die Einsicht in diese soziologischen Zusammenhänge kommt oft als ein »Aha«-Erlebnis und verführt dazu, unangemessene Schlußfolgerungen zu ziehen. Vor allem darf nicht gefolgert werden, daß ein bestimmtes **Verhalten** erst »objektiv existiert« nachdem es etikettiert wird. Die Aneignung von fremden Gütern, z. B. in einem Rechtssystem, wo dies nicht gestattet ist, bleibt Diebstahl, ungeachtet der offiziellen Benennung dieses Verhaltens durch die soziale Umwelt. Es geht in diesem Ansatz nicht um eine einmalige Handlung, die den Tatbestand »Abweichung« konstituiert, sondern um einen ganzen Komplex – einen Prozeß – von Umweltwahrnehmungen und -reaktionen, die wiederum modifizierte Wahrnehmungen und Reaktionen der bezeichneten Person herbeiführen. Dieser Prozeß fördert tendenziell eine »abweichende Identität«, d. h., eine Persönlichkeitsveränderung. Das Verhalten der veränderten Persönlichkeit ist unter einem anderen Blickwinkel zu betrachten als das – im Momentanaufnahme – gleiche Verhalten am Anfang des Prozesses. Diebstahl für den, der keine offizielle Konsequenzen davon erfährt, ist nicht derselbe Diebstahl wie für den, der in die Verstrickung von Etikettierung, Absonderung, Abwertung und Behandlungsfolgen gerät. Unter diesem Blickwinkel wird von »primärer« und »sekundärer« Abweichung gesprochen, wobei angenommen wird, daß »primäre« Abweichung so häufig vorkommt, daß die intensive Suche nach deren »Ursachen« relativ unfruchtbar ist. Das »Problem« konzentriert sich um die »sekundäre« Abweichung als einen Zusammenhang mit Reaktionsfolgen in der Gesellschaft.

3. – Der »labelling«-Ansatz ist einseitig insofern als er suggerieren mag, daß »primäre« Abweichung keine ernstzunehmende Angelegenheit ist. Biologische und organische Schäden, die ein für die Umwelt untragbares Verhalten verursachen, werden sicherlich vernachlässigt. Ebenso wird leicht vergessen, daß es prinzipiell Verhaltensformen gibt, die auf Dauer in keiner denkbaren Kollektivität als »normal« gelten können. Ein Reststück der Unterscheidung zwischen »normal« und »anomal« läßt sich nicht verkehrt oder beliebig definieren. Die Interdependenz der Menschen erfordert ein nicht reduzierbares Maß an (a) **Berechenbarkeit** und (b) **Achtung vor der Existenzgrundlage** der anderen Mitglieder des tragenden Kollektivs. Ein Geisteszustand, welcher im Sinne der tragenden Kollektivität Berechenbarkeit unmöglich macht, kann prinzipiell nicht als »normal« definiert werden. Zwar kann im Einzelfall die Gemeinschaft die betroffene Person mittragen, zum »Heiligen« erklären, oder versuchen, sie zu heilen. Der Regelfall – die Norm – kann sie nicht sein. So können Behauptungen, die psychisch Kranken seien die »Normalen«, und die sogenannten »Gesunden« die »Kranken«, nicht ohne sorgfältige Differenzierung zwischen Arten von psychischer Störung abkzeptiert werden.
Auf ähnliche Weise ist die Aussage, daß Mord nur durch Definition ein Verstoß gegen die Norm sei, nur bedingt richtig. Es läßt sich zwar nicht leugnen, daß die Tötung anderer Menschen nicht nur erlaubt, sondern oft verpflichtend ist bzw. geehrt wird. Gleichwohl kann undifferenzierte Tötung nirgends als normal gelten. Außerhalb des gesellschaftlich umschriebenen und sanktionierten Rahmens kann sie nicht erlaubt sein, es sei denn, daß der in jedes Kollektiv eingebettete Selbsterhaltungstrieb völlig verschwunden ist.
Ein mehrfach zitierter Satz von Howard Becker lautet: »Ich meine . . ., daß gesellschaftliche Gruppen abweichendes Verhalten dadurch schaffen, daß sie Regeln aufstellen, deren Verletzung abweichendes Verhalten konstituiert . . .« [7]
Dieser an sich richtige Satz kann den naiven Leser dazu verführen, zu meinen, die Beseitigung abweichenden Verhaltens sei im Grunde einfach: Man schaffe die Regeln ab. Das wäre natürlich unsoziologisch gedacht. Spezifische Regeln können wohl abgeschafft werden, nicht jedoch das Prinzip der Regelung des Verhaltens. An diesem Prinzip konstituiert sich Gesellschaft. Und anhand des Maßstabs solcher Regeln werden Personen gesehen, bezeichnet und bewertet, aus welcher Bewertung heraus eine Identität entsteht. Dies geschieht ab der Geburt, – in der Familie, der Nachbarschaft, der Schule, im Betrieb usw. Eine »abweichende Identität« kann lange vor einer »amtlichen Benennung« entstehen. Etikettierung durch offizielle Instanzen baut in der Regel auf frühere Identitäten auf.

4. – Abschließend ist festzustellen, daß die Suche nach den Ursachen des »primären« abweichenden Verhaltens nicht anders verfahren kann als die Suche nach den Ursachen eines spezifischen Verhaltens überhaupt. Sie muß die Totalität der biologischen und Umweltfaktoren berücksichtigen, die in die Entwicklung der Persönlichkeit hineinwirken. Insofern ist abweichendes Verhalten das »normale« Ergebnis eines kontinuierlichen Prozesses. Bei »sekundärer« Abweichung wird die Entwicklung unter dem Einfluß quasi offizieller Etikettierung eines bestimmten Verhaltens hervorgehoben.

II. Stigmatisierung

In einer naheverwandten Perspektive der Persönlichkeit, unter dem Aspekt der Wirkung gesellschaftlicher Wertungen betrachtet, wird von **Stigma** gesprochen. Im Gegensatz zur früheren Bestimmung dieses Begriffs – das Gezeichnet-Sein im Positiven Sinne – ist Stigma im heutigen sozialwissenschaftlichen Sprachgebrauch prinzipiell negativ. Die so bezeichnete Person hat einen Makel, wobei gesellschaftliche Werte und Normen bestimmen, was als Makel anzusehen ist. Wiederum wird der Makel, der an sich gesehen einen relativ kleinen Teil der Persönlichkeit ausmacht (z. B. Blindheit, Verkrüppelung, Homosexualität), zu einem alles bestimmenden Faktor aufgebauscht und wie ein Netz über die ganze Person geworfen. Alle denkbaren Eigenschaften stehen im Schatten des Makels. Unter jenem Netz wird tendenziell eine »stigmatisierte Identität« aufgebaut. Nicht nur die Reaktionen der sogenannten »Normalen« auf die stigmatisierte Person sind ungewöhnlich oder verkrampft, sondern die Gegenreaktionen scheinen oft die Begegnungsweisen der »Normalen« zu rechtfertigen. Auch hier ist die »sich-selbst erfüllende Prophezeiung« am Werk.

1. – Goffman schreibt über Stigma mit dem bezeichnenden Untertitel: »Über Techniken der Bewältigung beschädigter Identität«. [8] In seinen Ausführungen unterscheidet er zwischen dem »Stigmatisierten« und dem »Stigmatisierbaren«. Stigmatisiert ist ein Mensch, wenn er annehmen kann, ». . . daß man über sein Anderssein schon Bescheid weiß oder daß es unmittelbar evident ist . . .« [9] Dieser – so Goffman – kennt die »Misere des Diskreditierten«. Der Stigmatisierbare nimmt an, daß sein Anderssein ». . . weder den Anwesenden bekannt ist noch von ihnen unmittelbar wahrnehmbar (ist)«.[10]
Zu den **Stigmatisierten** zählen Menschen mit wahrnehmbaren physischen Deformationen. **Stigmatisierbar** sind Menschen, deren Anderssein nicht unmittelbar wahrnehmbar ist, wie z. B. Strafentlassene, Homosexuelle, u. U. Arbeitslose, diejenigen, die Selbstmordversuche gemacht haben, in Behandlung für psychische Krankheit waren oder sind, Uneheliche usf. Ihr Makel kann jedoch zu jeder Zeit entdeckt werden und die Beziehungssituation radikal verändern. Eine weitere Gruppe ist auch den Interaktionsstörungen durch Stigmatisierung ständig ausgesetzt, nämlich die Mitglieder diskriminierter rassischer, religiöser oder nationaler Minoritäten oder sonstiger Randgruppen. Sie sind stigmatisiert oder stigmatisierbar, je nach der unmittelbaren Wahrnehmbarkeit ihrer Mitgliedschaft. Hautfarbe, Kleider, Sprache, besondere Verhaltensweisen können ihr Anderssein kenntlich machen.
Das Alltagsverhalten stützt sich auf »normale«, »unproblematische«, vielfach standardisierte gegenseitige Forderungen. »Normale« menschliche Kontakte und Kommunikation – und somit die »normale« Wahrnehmung des eigenen Selbst – beruhen auf dem fließenden, meist unbewußten, durch Selbstverständlichkeiten vermittelten Verkehr. Beim Stigmatisierten – je nach Art und Ausmaß des Stigmas – **stockt der Verkehr.** Der nächste Schritt ist nicht mehr selbstverständlich. Das Stigma beherrscht nun die Situation. Bemühungen schwanken einerseits zwischen verkrampfter Ablenkung vom Stigma als ob es nicht existiert und andererseits einer peinlich betonten Thematisierung des Stigmas, als ob die Blockierung mit Gewalt beseitigt werden könnte.

Für den »Normalen« ist der Bruch in der Kommunikation eine kurze und zufällige Episode. Frustration und Peinlichkeit, sowie auch mögliche Infragestellung der eigenen Identität, lassen sich leicht dem anderen zuschreiben. Dieser sei am Bruch »offensichtlich« Schuld. Ihn lieber in der Zukunft meiden. Die Schwierigkeit ist auf jeden Fall schnell vorbei und vergessen.
Für den Stigmatisierten ist diese Situation das tägliche Brot. Jede neue Begegnung ist von vornherein belastet. Er sieht sich selbst mitunter als »normal«, – muß sich zum Großteil so sehen, um an seiner Fähigkeit, tragende Kontakte zu gewinnen und aufrecht zu erhalten, nicht zweifeln zu müssen. Doch muß er sich immer wieder als anomal ansehen, als einen, der Unsicherheit und Peinlichkeit verbreitet oder als den, der schlicht gemieden wird. Wer ist er? Seine Identität ist »beschädigt«. Es ist schwer, sich selbst anzunehmen. In ständig drohender Isolierung bleiben Argwohn, Unsicherheit, Depression, Feindseligkeit, Angst und Verworrenheit kaum endgültig überwindbare Versuchungen. In seinem privaten Ich ist der Stigmatisierte oft einfach preisgegeben, z. B. wenn Kinder – aber auch andere – ihn anstarren. Oder umgekehrt, wenn andere sich mit krankhafter Neugier für seinen Zustand interessieren, oder Hilfe anbieten, die er weder braucht noch haben will.
Der unkundige und unvorbereitete Nichtstigmatisierte, mit dieser Erfahrung wenig vertraut, findet den Stigmatisierten allzu oft entweder zu schüchtern oder zu aggressiv, er behandelt ihn mit unnatürlichen Forderungen oder unbedacht geringschätzig. Oder der Stigmatisierte wird behandelt, als ob er ein »Niemand« sei und überhaupt nicht jemand Gegenwärtiges.

2. – Es dürfte klar sein, daß eine eindeutige Trennung zwischen »Normalen« und »Stigmatisierten« von einer falschen Perspektive ausgeht. Genau gesehen sind die zwei eher Rollen, in denen jeder sich mehr oder weniger häufig befindet. Dennoch können dauerhafte Merkmale und Definitionen ein Individuum so festlegen, daß es sich mit der Rolle des Stigmatisierten völlig identifizieren und mit dessen Problemen fertig werden muß. Eine Lösung dieser Probleme ist teilweise durch Aufklärung der Menschen und Humanisierung der Strukturen möglich und notwendig. Die restlose Beseitigung des Problems des »verstockten Verkehrs« im sonstigen normalen Fluß der Kommunikation scheint aber insofern unmöglich zu sein, als es bestimmte Arten von »Anderssein« gibt, die den »Normalfall« nicht bilden können. Freilich sind wir weit davon entfernt, die Wirkung von Stigma nur auf solche Fälle zu beschränken.

D) Literatur

1. Becker, Howard S.: Außenseiter. Zur Soziologie abweichenden Verhaltens. Frankfurt 1973.
2. Dreitzel, Hans Peter: Die gesellschaftlichen Leiden und das Leiden an der Gesellschaft. Stuttgart: Enke 1972.
3. Erikson, Erik H.: Kindheit und Gesellschaft. Stuttgart: Klett 1961.
4. Erikson, Erik H.: Identität und Lebenszyklus. Frankfurt: Suhrkamp 1966.
5. Fromm, Erich: Die Furcht vor der Freiheit. Frankfurt: Europäische Verlagsanstalt 1966.

6. Goffman, Irving; Stigma. Über Techniken der Bewältigung beschädigter Identität. Frankfurt: Suhrkamp 1967.
7. Lüderssen, Klaus und Fritz Sack (Hrsg.): Seminar: Abweichendes Verhalten. Band I: Die gesellschaftliche Reaktion auf Kriminalität. Band II: Die selektive Normen der Gesellschaft. Frankfurt: Suhrkamp 1975.
8. Parsons, Talcott: Sozialstruktur und Persönlichkeit. Frankfurt: Europäische Verlagsanstalt 1968.
9. Wiswede, Günter: Soziologie abweichenden Verhaltens. Stuttgart: Kohlhammer 1973.

E) Anmerkungen

1 Erich Fromm »Der moderne Mensch und seine Zukunft«, Frankfurt/M.: Europäische Verlagsanstalt 1969.
2 Helmut Plessner »Diesseits der Utopie«, Köln: Diederichs 1966, S. 20.
3 Dreitzel, a.a.O., S. 212–225.
4 Dreitzel, a.a.O., S. 330–348.
5 Vgl. Emile Durkheim: »Le Suicide«, Paris 1930, und »De la division du travail«, Paris 1963.
6 Dreitzel, a.a.O., S. 348–365.
7 Howard S. Becker, »Außenseiter. Zur Soziologie abweichenden Verhaltens«, Frankfurt 1973, S. 8.
8 Erving Goffman, »Stigma. Über Techniken der Bewältigung beschädigter Identität«, Frankfurt 1967.
9 ebenda S. 12.
10 ebenda S. 12

Zweiter Teil
Einige besondere Gebiete der soziologischen Betrachtung

9. Kapitel
Die Familie

A) Die Familie als Institution der Gesellschaft

I. Institutionen als Funktionsbereiche

1. – Die Funktionsfähigkeit und die Kontinuität eines sozialen Systems fordern die Integration der Tätigkeiten auf verschiedenen grundlegenden Gebieten mit dem Ziel, die Bedingungen des Lebens als eines Gruppenunternehmens zu erhalten, und, nach der jeweiligen Interpretation des »gelungenen Lebens«, zu verbessern. Den Funktionsbereichen entsprechen grundsätzliche Anforderungen der Gruppenexistenz.

Die erste und wichtigste fundamentale Forderung ist die nach der **biologischen Erhaltung der Art.** Sie erfordert nicht nur die Vereinigung der Geschlechter und das Gebären der zukünftigen Mitglieder der Gruppe, sondern auch die Sorge für das psychische und physische Wohlergehen des Kindes während eines Stadiums völliger Hilflosigkeit, nicht nur das Einpflanzen elementarer Fertigkeiten und Verhaltensweisen in die heranwachsende Generation, um ihr zu ermöglichen, ihre Aufgaben für das Fortbestehen der Gruppenexistenz zu erfüllen, sondern auch die Organisation und die Kontrolle der Triebe nach bestimmten Richtlinien, die verhindern, daß andere notwendige Funktionen dadurch beeinträchtigt werden. Derjenige Bereich, dessen organisierte Tätigkeit im Dienst dieser fundamentalen Forderung steht, ist vor allem der Bereich der **Familie.**

Eine zweite fundamentale Forderung ist die **Sicherung der materiellen Existenz,** die Sorge für die Nahrung, für Schutz gegen Kälte, Hitze und alle anderen Widerstände, die die materielle Existenz bedrohen. Diese Anforderungen verlangen eine äußerste koordinierte Aktivität, die im Laufe der Geschichte den Menschen mehr Anstrengung gekostet hat als alles andere. Bereits zu einem sehr frühen historischen Zeitpunkt erwuchsen daraus erkennbare ökonomische Systeme.

Wir haben bereits früher festgestellt, daß es notwendig ist, bindende Sanktionen zu schaffen, um die Normen zu stützen, die das Gruppenleben erfordert, daß es eine **Autorität** geben muß, an welche Entscheidungs- und Ausführungszuständigkeiten delegiert werden, und der man die Beilegung interner Konflikte überträgt. Sowohl Gruppenentscheidungen als auch Krisensituationen erfordern eine Autorität, auf die sich die Mitglieder der Gruppe bei deren Verteidigung verlassen können. Diese Autoritätsstruktur mit allen ihren Verzweigungen kann man als **politische** oder **Regierungsinstitution** bezeichnen.

Ein viertes Tätigkeitsgebiet konzentriert sich um die **Symbole** dessen und die Auffassung davon, was die Gruppe als **»heilig«** oder **»geweiht«** empfindet. Es ist nicht von vornherein selbstverständlich, daß eine solche Tätigkeit zu den fundamentalen Forderungen der Gruppenexistenz gehört. Indessen zeigen alle anthropologischen Forschungen, daß solche Systeme allgemein vorhanden waren. Jeder Anhänger eines bestimmten religiösen Glaubensbekenntnisses wird seine eigene Erklärung haben für die fundamentale Notwendigkeit des Glaubens, aber eine solche Erklärung ist theologisch, nicht soziologisch. Unsere Beobachtungen hinsichtlich der Funktion der höheren Werte – die ihre Wurzeln außerhalb der unmittelbaren Welt der Sinneswahrnehmung haben – zeigen, daß ein solches System für die Gruppenexistenz absolut notwendig ist. Sowohl die persönliche als auch die soziale Integration scheinen einer unerschütterlichen Legitimierung zu bedürfen, die es dem Individuum möglich macht, sich mit einem Dasein auszusöhnen, in dem Enttäuschung und Tragik nicht ausbleiben. Diese Legitimierung bildet einen Brennpunkt in der Zusammenarbeit der Gruppe, die absolute Sanktion für die Gruppennormen und die Erklärung für das Unerforschliche im Dasein des Menschen.

Obwohl diese vier primären Institutionen – Familie, Wirtschaft, Regierung und Religion – unentwirrbar miteinander verknüpft sind, mag ihre getrennte Betrachtung zum Zwecke der Untersuchung und Analyse gestattet sein. Ihre theoretische Trennung beruht auf der Tatsache der reziproken Beschaffenheit aller sozialen Rollen, in die jedes Teilsystem zerfällt. In der Familie beispielsweise sind die Rollen des Vaters, der Mutter oder der Kinder allein undenkbar, sie sind abhängig von denen der sie ergänzenden Familienmitglieder, d. h. jede Rolle setzt das Bestehen der anderen voraus. Genauso sind Kanzler, Minister, Abgeordnete und Wähler miteinander verbunden, andererseits auch Bischof, Priester, Diakon und Gläubiger oder (in der wirtschaftlichen Sphäre) der Geschäftsmann, Handwerker, Verkäufer und Verbraucher. In diesem Sinne sind aber die theoretischen Positionen des Vaters (in der Familie), des Ministers (in der Politik), des Diakons (in der Religion) und des Geschäftsmannes (in der Wirtschaft) nicht direkt voneinander abhängig. Daher die voneinander getrennten Institutionen.

Wenn wir in diesem Gedankengang fortfahren, können wir sagen, daß eine Institution dann existiert, wenn ein System aufeinander bezogener Rollen sich klar von anderen abgesetzt hat. Es ist selbstverständlich, daß es in jeder höher entwickelten, komplexen Gesellschaft noch zusätzliche Institutionen gibt; so z. B. die der formalen Erziehung in den modernen Gesellschaftsformen, die der Medizin, Wissenschaft, Kunst, des Berufssports und der Wohlfahrtseinrichtungen. Zweifellos gibt es noch mehr. Aber im Vergleich zu den oben beschriebenen vier sind sie als abgetrennte Systeme miteinander verknüpfter Rollen verhältnismäßig neueren Datums. [1]

Wenn wir versuchen, die Spuren bis zur Entstehung der verschiedenen Rollen zurückzuverfolgen, wird uns klar, daß die Familienrollen die funadamentalen sind, da sie ihre Wurzeln in der biologischen Struktur des menschlichen Organismus haben. Seit dem Bestehen des homo sapiens hatten Mann, Frau und Kind verschiedene Rollen auf Grund ihrer unterschiedlichen biologischen Struktur. Eben diese biologischen Funktionen haben ihnen dann verschiedene Rollen im Wirtschaftsleben aufgezwungen, da die Mutter durch das kleine Kind verhältnismäßig gebunden und an den Haushalt gekettet ist, während der Vater freier ist, eine wirtschaftliche Aktivität auch entfernt von der Familie auszuüben. Die Entwicklung der politischen Autorität beruht vermutlich auf physischer Stärke (die beim Mann durchschnittlich größer ist), auf Erfahrung in der Ausübung einer kooperativen Tätigkeit (die schon frühzeitig beim Jagen und Fischen gefordert wurde) und auf der größeren Freiheit des Mannes, sich den Problemen der Zusammenarbeit in der Gruppe zu widmen. Diese drei Institutionen scheinen also direkte Wurzeln in der grundlegenden Verschiedenheit der Geschlechter zu haben, obwohl große Abweichungen in der Verteilung der Rollen auf politischem und wirtschaftlichem Gebiet bekannt sind. Die Verteilung der Rollen in der Religion ist zweifellos eng verwandt mit der Art der Rollenverteilung auf politischem und wirtschaftlichem Gebiet.

2. – Teilsysteme können auf verschiedenen Ebenen aufgezeichnet werden. Familie, Ökonomie usw. sind Bezeichnungen auf der **primären** Ebene. Der ausdifferenzierte Funktionsbereich wird nur genannt, ohne nähere Beschreibung. Auf der **sekundären** Ebene kann jede Institution eine Vielzahl von Formen annehmen: Wir denken dabei an die verschiedenen Typen der Familienformen, z. B. die monogame, die polygame, die patriarchalische, die Blutsverwandtschaft- oder die Kernfamilie; jede von ihnen funktioniert unter bestimmten geographischen, kulturellen und technischen Bedingungen und bietet die Voraussetzungen für die Forderung nach der Erhaltung der Art. Es ist nicht schwer, verschiedene Wirtschaftsformen aufzuzählen, z. B. die des Jägers und Fischers, die der Ackerbauern, die feudale, die Sklavenwirtschaft oder die industrielle Wirtschaftsform (kapitalistischer oder sozialistischer Art). Oder wir nennen verschiedene Regierungsformen: Monarchie, Republik, Demokratie, Diktatur, oder religiöse Formen: Pantheismus, Monotheismus, Sonnenverehrung, Schammanismus und andere. Die Bezeichnung einer institutionellen Form auf dieser Ebene gibt einen Hinweis auf eine technische Phase der Entwicklung, oder auf eine Sinndeutung der Wirklichkeit, in die der jeweilige Funktionsbereich eingebettet ist. Technische Mittel und Organisation zur Erledigung von Aufgaben in einem Funktionsbereich sind mit Sinndeutung der Wirklichkeit eng verwandt.
Auf einer **tertiären** Ebene der konkreten Gruppenbildung gibt es die Familie Braun, die Presbyterianische Kirche, Daimler-Benz und die Bundesrepublik Deutschland. Die Erscheinungsformen dieser Institutionen sind ein Teil der Kultur, zusammen stellen sie ein mehr oder weniger integriertes Ganzes dar. Die verschiedenen Formen der Institutionen entwickeln sich nicht nach voneinander unabhängigen Richtlinien; sie haben die integrierende Tendenz, sich einander anzugleichen. Eine Umwälzung innerhalb einer Institution beeinflußt alle anderen. Der Historiker nennt derartige Umwälzungen Revolutionen (im weiteren Sinne), z. B. die Neolithische, die naturwissenschaftliche, die industrielle Revolution. Die weitreichenden Folgen, welche Veränderungen auf technischem Gebiet – vor allem die wirtschaftliche Weiterentwicklung mit dem Zweck, die materielle Existenzgrundlage zu verbessern – für das Familienleben, für Politik und religiöses Leben haben, hat zu der Behauptung geführt, die ökonomischen Verhältnisse seien entscheidend, wenn nicht sogar allein verantwortlich für den Verlauf der historischen Entwicklung. Es gibt eine plausible Untermauerung für diese Behauptung, da gerade die technische Entwicklung charakterisiert wird durch eine geradlinige, kumulative, Schritt für Schritt fortschreitende Bewegung, wie sie bei anderen Institutionen fehlt. Wenn man sie nach ihren eigenen Maßstäben beurteilt, gibt es nur bei der Technik einen klar erkennbaren »Fortschritt«, d. h. alles baut sich auf Erkenntnissen auf, die in der Vergangenheit gewonnen wurden, es ist praktisch unmöglich, zu einem früheren Stadium zurückzukehren. Daher sind die anderen Institutionen gewissermaßen gezwungen, sich der technischen Stufe anzupassen. Andererseits ist es uns klar geworden, daß die blinde Verfolgung des technischen Fortschritts bald ein Ende finden muß. Nicht die Anpassung der Institutionen am technischen Fortschritt, sondern die Anpas-

sung der Technik an den Erfordernissen eines humanen Zusammenlebens, – dies wird uns zunehmend beschäftigen.

II. Funktionen und Formen der Familie

1. – Bis vor einem halben Jahrhundert hatte man wenig Versuche unternommen, die Familie wissenschaftlich zu erforschen. Andere Institutionen waren längst vorher Gegenstand wissenschaftlicher Untersuchungen, aber die Familie, so wie sie in den verschiedenen Gesellschaftsformen bestand, war als gegeben hingenommen worden. Man meinte – wenn man überhaupt einen Gedanken darauf verschwendete –, daß ihre bekannte Form so fundamental und unveränderlich sei, daß es unsinnig wäre, ihre unendliche Stabilität überhaupt in Frage zu stellen. Vorkommnisse innerhalb der letzten Generationen haben diese Annahme erschüttert. Anthropologische Untersuchungen haben ergeben, daß es eine ganze Reihe verschiedener Formen des Familienlebens gibt, die offensichtlich jeweils angemessen funktionieren. Genaue Statistiken haben gezeigt, daß hinsichtlich der Größe der Familieneinheiten, der Kinderzahl je Mutter, des Durchschnittsalters der Bevölkerung und der Häufigkeit der Ehescheidungen revolutionierende Veränderungen im Gange sind. Unser wissenschaftliches Zeitalter ist in die Familiensphäre und das Sexualleben eingedrungen und hat sie wie pflanzliches und tierisches Leben, wie physikalische und chemische Elemente mit dem Vergrößerungsglas betrachtet. Und schließlich ist die Aura des Geheiligten, die um die Familie lag und sie vor kritischer Prüfung schützte, weithin zerstört worden durch das Schwächerwerden der Einflüsse traditioneller Religionen auf den modernen Menschen.

Wie wir gesehen haben, bildet die Familie das erste und am tiefsten verwurzelte System einer Rollendifferenzierung auf Grund ihrer physischen Struktur und der Notwendigkeit, intensiv und für längere Zeit für die Heranwachsenden zu sorgen. Die Familie nimmt auch deshalb eine einzigartige Stellung ein, weil die meisten Individuen intensiver, dauernder und psychisch tiefer mit den Erfordernissen ihrer verschiedenen Rollen in der Familie verknüpft sind als mit ihren Rollen in irgendeiner anderen Institution.

Die Mehrheit aller Menschen befindet sich in einer Lage, in der sie täglich, fast stündlich, an die Forderungen ihrer jeweiligen Rolle in der Familie erinnert wird, und das von der frühesten Kindheit an bis ins hohe Alter. Fast sein ganzes Leben lang ist das Individuum, damit tiefe psychologische Bedürfnisse befriedigt werden können, abhängig von einem oder mehreren Individuen, welche diejenigen Familienrollen innehaben, die die seinen ergänzen. Die Befriedigung der Bedürfnisse des Kindes hängt von den Eltern ab, besonders von der Mutter. Dem Erwachsenen schenken ein Gefährte und im allgemeinen auch Kinder die Befriedigung tiefer Bedürfnisse. Und in den meisten historisch bekannten Gesellschaftsformen erleben die Großeltern die Erfüllung ihrer speziellen Bedürfnisse durch die Kinder und Enkel. Solche Abhängigkeiten bedeuten auch, daß die unmittelbaren Wurzeln gravierender Störungen in Familienbeziehungen zu finden sind.

Was Gesellschaft und Kultur betrifft, so ist es die Familie, die deren künftige Mitglieder in das System des Denkens und Handelns einführt, das den Fortbestand der Kultur gewährleistet. Die Grundlage menschlicher Kultur, die Sprache, wird in der Familie weitergegeben. Der größte Teil des Werte-Schemas, das der einzelne annimmt, das weitgehend den Charakter des Individuums und durch diese den Volkscharakter formt, ist in der Familie verwurzelt und erprobt.

2. – Was ist nun die Aufgabe der Familie? Was tut die Familie, was muß sie allem Anschein nach tun? – so lautet die Frage, wenn wir von den ausgedehnten Beobachtungen der Familienformen ausgehen, wie wir sie aus der bestehenden Welt und aus der Geschichte kennen. Der Kern der Familienfunktionen kann unter drei Leitgedanken zusammengefaßt werden: Schaffung neuer Mitglieder der Gesellschaft, Befriedigung fundamentaler emotionaler Bedürfnisse, Vermittlungsinstanz für gesellschaftliche Kontrolle.

a) Die Familie schafft neue Mitglieder der Gesellschaft: Die Bedeutung der Schaffung neuer Mitglieder der Gesellschaft geht weit hinaus über die sexuelle Vereinigung von Mann und Frau, deren Ergebnis die physiologische Geburt eines neuen Wesens ist. Der sexuelle Trieb würde theoretisch auch unabhängig von allen Institutionen oder Einrichtungen, die den uns bekannten Familienformen gleichen, seine Funktion der Fortpflanzung erfüllen. Oder wir können uns die Zeugung vorstellen in der Form der künstlichen Vereinigung von Sperma und Ei in der Retorte, wie sie Aldous Huxley in seinem berühmten utopischen Roman »Schöne neue Welt« darstellt. Tatsächlich jedoch existiert bis jetzt noch keine uns bekannte Gesellschaft auf der Basis unterschiedsloser oder nicht familiengebundener Fortpflanzung. Ganz allgemein herrscht die Vorstellung, daß Kinder biologisch (als Ersatz dafür: rechtlich) nicht nur zu einer Mutter gehören – das läßt sich leicht feststellen –, sondern auch zu einem Vater oder doch einem bestimmten männlichen Wesen aus einer anerkannten Familiengruppe. Die Unehelichkeit, obwohl auch sie allgemein verbreitet ist, findet gesellschaftlich nirgendwo vorbehaltlose Zustimmung. Das Kind **muß irgendwem zugehörig** sein, und zwar nicht deshalb, »weil« das Kind, das nirgends hingehört, das Resultat einer »unmoralischen« sexuellen Aktivität ist, sondern es ist eher umgekehrt so, daß eine solche sexuelle Aktivität unrecht ist, **weil sie die eindeutige Zugehörigkeit des Kindes in Frage stellt.** Es scheint eine allgemeine Erfahrung zu sein, daß der Mensch seinen Beitrag zur Gruppenexistenz am besten leisten kann, wenn er im Familienverband aufwuchs, dem er eindeutig zugehört, d. h. möglichst im biologischen Sinne, sonst aber formell durch einen von Traditionen oder Gesetz anerkannten Vorgang.

Von wenigen Ausnahmen abgesehen, bildet diese »Zugehörigkeit« auch die Voraussetzung für die Übernahme der **Verantwortlichkeit für die materielle Versorgung** des heranwachsenden Mitglieds der Gesellschaft, für sein Versorgung mit Nahrung, Kleidung und Behausung, für seinen Schutz von körperlichen Schäden und seine Pflege bei Krankheit. Die physische Sorge für das Kind bis zu dem Zeitpunkt seiner Unabhängigkeit ist ein unabdingbarer Bestandteil der Funktion, die wir Schaffung neuer Mitglieder der Gesellschaft nannten.

Ein dritter Bestandteil dieser Funktion ist die teilweise oder fast völlige **Verantwortlichkeit der Familie für die frühe Sozialisation** des neuen Individuums. Man erwartet, daß sie ihm Sprache, Gewohnheiten, Sitten, Überlieferungen und Moral einpflanzt, daß sie es erst befähigt, sich in die Gegenseitigkeit des Gruppenlebens einzufügen, und daß sie das entscheidende Stadium der Vermittlung des Normen- und Sanktionsgefüges einleitet und begleitet. Jede Familie wird überall nach ihren »so-

zialen Produkten«, d. h. nach ihren Kindern beurteilt. Diejenige Familie, die sie nicht richtig »sozialisiert«, schafft keine rechten »Mitglieder« der Gesellschaft.
Die Schaffung neuer Mitglieder der Gesellschaft schließt auch die Zuerteilung einer sozialen Identität ein. Ein wichtiger Bestandteil dessen ist die Namensgebung. In der überwältigenden Mehrheit aller Gesellschaften wird die Antwort auf die Frage: »Wer ist das?« mit einem Namen gegeben, der einer ganz bestimmten Familie beigelegt wurde. Dieser Name identifiziert also nicht nur den einzelnen persönlich, sondern auch die Familie, in der er aufwächst. Er enthüllt seinen Stammbaum, ob er nun hoch oder niedrig geboren wurde; er sagt der Gemeinschaft, ob dies der Sohn eines Arztes, eines Kaufmanns oder eines Bauern ist. Lange, bevor das neue Mitglied der Gesellschaft die Art seiner eigenen Fähigkeiten gezeigt hat, wird ihm ein bestimmter Status beigelegt, es formen sich Erwartungen hinsichtlich seiner zukünftigen Stellung, seines Verhaltens; der Beruf ebenso wie die Religion, seine Erziehung und sein Vermögen werden häufig dadurch bestimmt. Er ist geprägt durch die biologischen Merkmale seiner Vorfahren, seine Rassenzugehörigkeit ist festgelegt und wird ihm bleiben, selbst wenn er äußerlich nicht als Angehöriger seiner Rasse identifiziert werden kann. Und ein Gefühl der Pflicht, den Status der Familie zu erhalten oder zu verbessern, wird ihm eingeimpft. Solche Erfahrungen sind elementare Voraussetzungen für die Entstehung der Identität.
Fortpflanzung, Erhaltung, Sozialisation und Zuerteilung der sozialen Identität – technisch könnte es diese verschiedenen Bestandteile der einen Funktion, die wir Schaffung neuer Mitglieder der Gesellschaft nannten, auch außerhalb der Institution der Familie geben. In der Praxis jedoch wird nur ein geringer Prozentsatz von Individuen ohne die Unterstützung durch eine Familie »Mitglied« einer der vielen Gesellschaftsformen. Solche Fälle sind immer Ausnahmen gewesen, und man muß zumindest bezweifeln, ob die Gesellschaft weiterbestehen könnte, wenn die Mehrheit oder auch nur eine beträchtliche Minderheit ein Familienleben nicht kennen würde. Wir werden jedoch sehen, daß »Familie« ein dehnbarer Begriff ist.
b) Die Familie befriedigt fundamentale emotionale Bedürfnisse; das ist ihre dritte wesentliche Funktion. Die moderne Forschung hat klar bewiesen, daß schon das kleinste Kind zwingend emotionale Bedürfnisse hat, deren Mißachtung die Gesundheit von Gemüt und Körper oder gar das Leben des Kindes bedroht. In einer bekannten Untersuchung hat René Spitz hingewiesen auf eine Realität, die er »Hospitalismus« nennt. Unter »Hospitalismus« wird dabei die formelle, unpersönliche Atmosphäre eines Krankenhauses oder Entbindungsheimes verstanden, in welcher dem Kind in den ersten kritischen Wochen seines Daseins die persönliche Wärme des Körpers und des Gemüts der Mutter fehlt. Solche Häuser verzeichnen eine bemerkenswert hohe Säuglingssterblichkeit, die sich nicht durch konstitutionelle Schwächlichkeit der Kinder, verkehrte Ernährung oder falsche medizinische Behandlung erklären läßt.
Alle Autoritäten auf dem Gebiet der psychischen Bedürfnisse sind sich einig, wenn sie betonen, wie wichtig die **Liebe** für eine gesunde emotionale Entwicklung des Kleinkindes und des Kindes ist. Von Ausnahmen abgesehen, fehlt diese Liebe bei allen Institutionen, die Kinder außerhalb der Familie aufziehen. Sie ist in den meisten größeren Institutionen, die der Kinderpflege dienen, psychisch und physisch unmöglich, und den meisten Menschen wird sie von den natürlichen Eltern besser geboten als von irgendeiner anderen Seite. In der modernen Zivilisation haben gleich-

zeitig Industrialisierung und Technik die persönlichen, unmittelbaren Kontakte auf fast allen Gebieten des Verhaltens außerhalb der Familie verringert und gleichzeitig die Zeitspanne verkürzt, die noch innerhalb der Familie zugebracht wird. Daraus folgert, daß die Familie in einem sehr viel enger gewordenen Bereich intensivere emotionale Funktionen erfüllen muß. Die Familie ist zu einem letzten Zufluchtsort geworden, an welchem die Gefühle, die durch sekundäre und konventionelle Kontakte eingedämmt worden sind, sich frei entfalten können. Die Familie ist zu einer Art Engpaß geworden, den die emotionale Äußerung benutzen kann oder muß. So ist sie emotionellen Anstrengungen und Belastungen ausgesetzt, die in der Geschichte wohl einmalig sind.

Auch das fundamentale Bedürfnis nach Anerkennung und Echo wird auf ähnliche Weise in der normalen Familie gestillt. Die Art dieser Bedürfnisse – ebenso wie des Bedürfnisses nach Zuneigung – schließt ihre Erfüllung durch die größere, entpersönlichte und hochorganisierte Gruppe aus.

c) Die Familie ist eine wichtige wirkende Kraft bei der sozialen Kontrolle: Wir haben gesehen, daß eine Gesellschaft, die funktionieren soll, ihre Mitglieder kontrollieren muß, d. h. sie muß Sanktionen ausüben, um die Übereinstimmung mit den Normen zu sichern. Und wir haben behauptet, daß das Gewissen die wichtigste Sanktion innerhalb der sozialen Kontrolle sei. Die Tatsache wiederum, daß das Gewissen weithin während der Kindheit geformt wird, zu einer Zeit, während der Eltern und Kinder durch starke gefühlsmäßige Bande verknüpft sind, macht uns klar, daß die Gesellschaft mehr oder weniger auf der Institution der Familie beruht, soweit diese die für ein Zusammenleben wesentlichen Sanktionen ausübt. Um die Familie als wirkende Kraft für die soziale Kontrolle auszurüsten, errichtet jede Gesellschaft auf einer höheren Ebene ein System von Kontrollen über die Familie und stützt ihre Sanktionen notfalls durch Zwang. Sie schränkt die sexuelle Aktivität ein, schreibt vor, wann das Individuum heiraten darf, wen es heiraten kann und wen nicht, wer die Trauungszeremonie ausführen darf; sie bestimmt auch die Voraussetzungen für die Eheschließung (Gesundheitszustand, den zeitlichen Abstand zwischen Aufgebot und Eheschließung u. a. m.), die Pflichten der Partner gegeneinander und gegenüber den Kindern, ebenso die Pflichten der Kinder gegenüber den Eltern; sie setzt fest, unter welchen Bedingungen eine Ehe gelöst werden kann und wann nicht, sie erläßt gesetzliche Bestimmungen über die Vererbung des Eigentums. Dieses System von Verordnungen dient nicht dazu, die Familie zu behindern, im Gegenteil, es soll dazu beitragen, die Familie zu stützen und zu stärken in ihrer Stellung als wichtige wirkende Kraft für die Aufrechterhaltung einer sozialen Kontrolle, die eine Vorbedingung ist für ihr Weiterbestehen.

Daß die Familie in jedem Schema der sozialen Kontrolle eine Schlüsselstellung einnimmt, wird besonders deutlich in den radikalen Versuchen moderner totalitärer Staaten, die Fortdauer der traditionellen Familienstruktur zu durchbrechen und sie als prägende Kraft für kommende Generationen entweder zu unterminieren und durch staatliche Kontrollen zu ersetzen oder aber sie nach einem neuen Plan zu reformieren. Revolutionäre haben richtig erkannt, daß die Familie die konservativste Institution überhaupt ist, und daß auf Dauer bestimmte soziale Veränderungen eine Änderung der traditionellen Familienstruktur voraussetzen. Neuerliche Beobachtungen in der UdSSR haben gezeigt, daß die Aufhebung der überlieferten Religion beinahe unüberwindlichen Hindernissen begegnet in jenen ländlichen Bezirken, in

denen die traditionelle Form der Familie durch Auswirkungen der Industrialisierung noch nicht so stark in Mitleidenschaft gezogen wurde. Wir hatten andererseits auch bereits festgestellt, daß selbst dort, wo der Staat an einem Fortbestehen und Wirken der Familie in der traditionellen Form interessiert ist, er sich ernsten Schwierigkeiten gegenübersieht – einem gewissen Grad an Normenlosigkeit – als Folge der Auswirkungen von Industrialisierung und Technisierung auf die Stabilität der Familie.
Schließlich wäre das für das Fortbestehen der Gesellschaft notwendige Verantwortungsgefühl der Mitglieder zu erwähnen. Es ist ein charakteristisches Zeichen für die Reife einer Persönlichkeit, die ihre Rollen in der Gesellschaft erfolgreich trägt, daß sie ein Gefühl für persönliche und soziale Verantwortlichkeit besitzt und entwickelt. Es sei hier die Behauptung aufgestellt, daß besonders in hochentwickelten, komplexen Gesellschaftsformen, wo so viele Lebensgebiete bis ins kleinste organisiert und bürokratisch geordnet sind, keine Institution so wie die Familie geeignet ist, den Sinn für persönliche Verantwortlichkeit zu wecken und zu entwickeln, zu fordern, daß das Individuum persönliche Entscheidungen treffe, die sein Geschick unmittelbar bestimmen. In jeder Gesellschaft sind es jeweils nur wenige Persönlichkeiten, die schicksalsschwere Entscheidungen über Politik, Wirtschaft oder Religion fällen, die große Masse wird vom machtvollen Strom solcher Systeme getragen, der einzelne ist nur ein kleines Rad in einer großen Maschine. Nicht so in der Familie, die immer noch vom Stempel persönlicher Entscheidungen geprägt wird. Täglich und stündlich verlangt die Verantwortung für die Familie positive Entscheidungen, denen Handlungen folgen: die Miete muß bezahlt, der Haushalt versorgt werden. Pläne für Neuerwerbungen, für Ferien und Freizeitgestaltung werden gemacht, das kranke Familienmitglied muß gepflegt werden, die Kinder werden unter elterlicher Aufsicht erzogen und ausgebildet. Für Millionen Individuen, die nie die Bürde schicksalhafter politischer und wirtschaftlicher Entscheidungen für die Gemeinschaft zu tragen haben, ist die Familie immer noch die Sphäre, in welcher die private Entscheidung das Schicksal eines Kreises abhängiger Menschen bestimmt. In Sozialämtern weiß man z. B. nur zu gut, daß ihre schwierigsten täglichen Probleme von solchen Individuen geschaffen werden, die nicht gelernt haben, Verantwortung in der Familie tragen zu können.
Man kann zumindest annehmen, daß Gesellschaften, in denen dieser für alle Bürger bleibende Bereich fordernder Verantwortung lahmgelegt wurde, sich bald verarmt und gefährdet sehen werden. Sie berauben sich nicht nur einer Reserve an Individuen mit Initiative und Mut, die Bürde wichtiger Entscheidungen zu tragen, sondern zerstören auch die Grundlagen für das verantwortungsbewußte Handeln in den kleinen Dingen des Alltags, das die menschliche Gesellschaft über den Rang eines Ameisenhaufens hinaushebt.

III. Varianten der Familienstruktur

1. – Obwohl die Grundfunktionen der Familie überall relativ uniform zu sein scheinen, existiert doch eine Vielzahl an Strukturformen, innerhalb derer diese Funktionen und u. U. viele andere erfüllt werden.
Nicht reduzierbarer Kern der Struktur der Familie sind zwei Verhältnisse zwischen

biologisch unterschiedlichen Personenkategorien: [1] zwischen den Geschlechtern und [2] zwischen Generationen. Die Gesellschaft überträgt der Ehe oder einem der Ehepartner die Hauptverantwortung für die Erledigung der Funktionen der Familie. Solche Übertragung bedeutet einen besonderen Status, mit besonderen Rechten und Pflichten. So wacht die Gesellschaft über die Auswahl der Ehepartner; die Ehe wird mit einprägsamen Ritualen eingeführt, und Verletzung der Pflichten wird mit ernsthaften Sanktionen belegt. Zur vollständigen Familie gehört sodann die aus dieser Ehe hervorgehende Generation, für die die Ehe zu verantworten hat. Da das Kind einer Familie zugeordnet werden muß, ist die Unehelichkeit unerwünscht. Darum werden Barrieren gegen den beliebigen Wechsel von Partnern im Geschlechtsverkehr errichtet. Sexual-»Moral« ist somit der Ausdruck des gesellschaftlichen Interesses an der Eindeutigkeit der Verantwortung für Kinder.
Wie die Untersuchung »einfacherer« Gesellschaftsformen gezeigt hat, ist es im allgemeinen charakteristisch für sie, daß ihr Familienbewußtsein und ihre Satzungen in bezug auf Blutsverwandtschaft vielschichtiger sind, als wir das von einer »zivilisierten« Gesellschaft her kennen. Die Familienstruktur ist die soziale Struktur schlechthin. Religiöse, wirtschaftliche und politische Aktivität bewegen sich innerhalb des regulierenden Rahmens der Blutsbande. Ein einfaches Beispiel soll dies illustrieren: Für ein Individuum sind der Bruder des Vaters und der Bruder der Mutter nicht einfach gleichwertige Onkel, jeder hat vielmehr eine bestimmte Stellung und Verwandtschaftsbezeichnung. Das gleiche gilt für das Kind des Bruders der Mutter, das Kind des Bruders des Vaters usw., die nicht einfach Kusinen oder Vettern sind. Die Frau seines Bruders und die Schwester seiner Frau sind nicht einfach Schwägerinnen.
Neuerliche Forschungen bestärken die Meinung, daß die Vielschichtigkeit und Exaktheit, mit der diese Bezeichnungen festgelegt werden, die Funktion haben, die ganze Struktur der Autoritäts- und Besitzrechte und der Verpflichtungen dort genau zu klären, wo ein formaleres, aber auch abstrakteres Rechtssystem fehlt. So werden z. B., wenn ein Paar heiratet, die Autorität, die Pflichten und die Rechte der jeweiligen Eltern und ihrer Familien klar voneinander abgegrenzt.

2. – Eine ins einzelne gehende Untersuchung dieser verschiedenen Formen ist hier nicht erforderlich. [2]. Wir werden uns auf eine kurze Beschreibung der folgenden Aspekte der Variabilität der Familienstruktur beschränken.
a) Vorhandensein oder Erwünschtheit mehrerer Ehefrauen oder Ehemänner: **Monogamie** bezeichnet eine Familie, in der nur eine Ehefrau oder ein Ehemann (gleichzeitig) erlaubt sind. **Polygamie** ist der umfassende Ausdruck für Ehen mit mehreren Partnern; es gehören dazu **Polygynie** – ein Mann und zwei oder mehrere Frauen – und **Polyandrie** – eine Frau und zwei oder mehrere Ehemänner. Obwohl in der historischen Entwicklung die Mehrheit aller Familienstrukturen Polygynie zugelassen hat und sie als wünschenswerte Form der Ehe ansah, haben in der Praxis die zahlenmäßige Gleichheit der Geschlechter und das Fehlen finanzieller Mittel, mehr als eine Frau zu erwerben und zu unterhalten, gemeinsam dazu geführt, daß die Monogamie üblich wurde. Polyandrie ist selten, aber sie existiert. »Gruppen-Ehen« werden erwähnt – nicht nur in den radikalen Experimenten utopischer Gemeinschaften –, aber die Anthropologen sind sich nicht einig über die genauen Bedingungen solcher ehelichen Bindungen.

b) Die Größe der Familieneinheit in bezug auf die verschiedenen Generationen und Verwandten, die in einem Haushalt zusammenleben: Die Familie in der modernen Welt nennt man die **Kleinfamilie.** Sie ist meist begrenzt auf das Minimum für eine vollständige Familie, nämlich auf ein Elternpaar mit Kindern. Gegenwärtige Gesellschaften verzeichnen ein schnelleres Anwachsen der Familieneinheiten als der Bevölkerungszahl. Das rührt her von der zunehmenden Tendenz der Ehepaare, nach der Heirat einen getrennten, unabhängigen Haushalt zu führen. Nach der geschichtlichen Überlieferung war es ein Merkmal der meisten Gesellschaften, daß sie Verwandtschaftsgruppen aufzeigen, die drei oder mehr Generationen umschlossen und mehr als nur einen Nachkommen des ältesten Ehepaares der Familie, dazu noch die dazugehörigen Kinder dieser Nachkommen, andere entferntere Verwandte und Hauspersonal. Die Formen, die solche **erweiterten** Familien annehmen, hängen ab von verschiedenen veränderlichen Faktoren, die noch erwähnt werden sollen.

c) Autorität und Besitzvorrechte der männlichen und weiblichen Familienangehörigen nach der Eheschließung: Wenn Autorität und Erbe sich auf das älteste weibliche Mitglied der Familie konzentrieren, sprechen wir von der **matriarchalischen** im Gegensatz zur **patriarchalischen** Familie. Die ergänzenden Begriffe **matrilineal** und **patrilineal** beziehen sich auf die jeweiligen spezifischen Vorrechte in bezug auf Erbe und Namengebung.

d) Regeln für die Bestimmung des Wohnsitzes nach der Heirat: Wenn der Sohn nach der Eheschließung seinen Wohnsitz nach dem Zuhause der Frau verlegt, sprechen wir von der **matrilokalen** Form, deren Gegenteil die **patrilokale** ist.

e) Die Bestimmung der Familienzugehörigkeit der jeweiligen Partner nach der Heirat: In einer Reihe von sogenannten »primitiven« Gesellschaften ändert sich die fundamentale Familienzugehörigkeit nicht mit der Eheschließung; jeder Partner bleibt ein Glied seiner ursprünglichen Familie. Da die Mutter die Kinder behält, stehen Töchter in hohem Ansehen (natürliche Kinder der Söhne sind kein Familien-»Zuwachs«), und der Bruder der Mutter spielt größtenteils die Rolle des »sozialen« Vaters für die Kinder seiner Schwester. Eine solche Familienform wird **»Blutsverwandtschaftsfamilie«** genannt (die Mitgliedschaft wird mehr durch das Blut als durch Heirat bestimmt). Charakteristisch für Gesellschaften mit dieser Form ist häufig eine Teilung in zwei »Familien« oder Hälften, die als »Moities« bekannt sind. Ein Ehepartner muß immer von der anderen Hälfte stammen, aber jeder bleibt ein Glied seiner ursprünglichen Familie.

f) Die Grenzen des Personenkreises, außerhalb dessen (und eines anderen Kreises, innerhalb dessen) ein Individuum ein möglicher Ehepartner ist: Jede Gesellschaft schreibt den Personenkreis vor, außerhalb dessen ein Ehepartner gewählt werden muß; Heirat innerhalb dieses Kreises gilt als Inzest und ist tabu. Dieses Prinzip nennen wir **Exogamie.**

Kultur-Anthropologen sind sich weithin darüber einig, daß das Verbot des Inzest nicht in erster Linie – oder vielleicht überhaupt nicht – wegen der möglichen biologisch negativen Auswirkungen einer Verbindung im Inzest besteht, sondern weil 1) das Tauschgeld wegfiel, wenn man einen Nachkommen mit einem anderen aus derselben Familie vermählte, weil 2) dadurch eine heillose Verwirrung in Verwandtschaftsbeziehungen, in Rechten und Pflichten entsteht – durch eine Vater-Tochter-Ehe z. B. wird die Tochter die Stiefmutter ihres eigenen Bruders, Großmutter ih-

res Neffen usw. – und weil 3) die zerstörerischen Auswirkungen sexueller Eifersucht innerhalb der Familie dadurch vermieden wurden.
Das Prinzip der Exogamie wird ergänzt durch das der **Endogamie,** d. h. durch die Festlegung eines weiteren Kreises, außerhalb dessen ein Ehepartner nicht gewählt werden soll. Das ist ein weniger klar definierter Grundsatz, der sich jedoch gegen die Eheschließung von Individuen wendet, die sich durch Kultur, Rasse, Besitz, Ansehen, Schicht, Beruf, Religion oder Nationalität weitgehend unterscheiden. In extremen Fällen endet ein Überschreiten dieser Grenzen mit der offiziellen »Totsagung« des von der Vorschrift abweichenden Mitgliedes (bei den orthodoxen Juden, in bezug auf Religion), in anderen Fällen bedeutet es soziale Ächtung, Enterbung, sozialen Abstieg oder lediglich milde Mißbilligung oder Mißtrauen.

3. – Beim Überblicken dieser strukturellen Verschiedenheiten erkennen wir, daß sie, in welcher Form auch immer, bei den einfacheren Gesellschaftsformen dahin zielen, unzweideutig die Autoritäts- und Besitzrechte ebenso wie die jeweiligen Verpflichtungen zu klären und festzulegen, ohne eine lästige und abstrakte Gesetzesphilosophie zu bemühen. In der modernen Familie beispielsweise wird es immer schwieriger zu entscheiden, welches nun die genauen Pflichten und Rechte eines Individuums sind, z. B. im Hinblick auf seinen Vater im Vergleich zu seiner Mutter, in bezug auf die Schwester im Vergleich zum Bruder, gegenüber Frau und Schwester, gegen die eigenen Eltern und die des Ehegatten, gegen die Kinder des Bruders und die des Schwagers oder die der Schwägerin. Andererseits läßt die moderne Familie jedoch mehr Spielraum für eine differenzierte persönliche Entscheidung in diesen Dingen.
Es muß festgehalten werden, daß bis zu einem gewissen Grade diese Formen voneinander unabhängig sind, d. h. es ist durchaus denkbar, daß eine Gesellschaft zugleich patrilokal und matrilineal ist. Oder eine patrarchalische Familie kann sowohl monogam als auch polygam sein.
Eine Anzahl älterer Wissenschaftler, die sich mit der Erforschung der Familienstruktur beschäftigten, war der Meinung, daß die Familienformen eine evolutionäre Entwicklung durchlaufen hätten über die Promiskuität zur »Gruppen-Ehe«, weiter zur Polygamie und schließlich zur »höchsten« vorkommenden Form, zur Monogamie. Oder sie meinen, daß das Matriarchat der Vorgänger des Patriarchats im evolutionären Aufstieg gewesen sei. Diese Evolutionstheorie findet bei den heutigen Forschern wenig Zustimmung; es gibt kaum Beweise für eine solche geradlinige Entwicklung, weder in einer Gesellschaft im Verlauf der Jahrhunderte noch innerhalb einer größeren Zahl von Gesellschaften, die einen höheren Stand der Differenzierung und der Kultur erreicht haben.

4. – Aus unseren bisherigen Beobachtungen geht hervor, daß die Familie der Grundstein der Gesellschaftsstruktur ist. Es erheben sich nun unausweichlich folgende Fragen: Kann oder muß sich die Familie unbegrenzt den Veränderungen innerhalb der bestehenden institutionellen Struktur der Gesellschaft anpassen, hinkt sie hintennach und findet auf passive Weise eine Form, die sich mit den anderen Institutionen vereinbaren läßt? Oder hat sie ihre eigenen dynamischen Gesetze, deren Verletzung das Todesurteil für die Gesellschaft oder die Zivilisation bedeutet? Oder besitzt die Familie eine solche Zählebigkeit, daß sie schließlich die Gesellschaft zu-

rückzwingt zu Verhaltensweisen, die in Einklang stehen mit ihrem und der Gesellschaft Fortbestehen?
Einen Beweis für die letzte These erblickt man in dem Ausgang des sozialistischen Experiments nach der russischen Revolution. Da die Führer der Revolution die Familie für eine wichtige Stütze der bürgerlichen Gesellschaft hielten, verkündeten sie, daß die Belange der Ehe und Familie Privatangelegenheiten seien, und daß Liebe, Ehe und Ehescheidung den Staat nichts angingen. Bemühung um Stabilisierung der Ordnung führte zu einer allmählichen Änderung dieser Auffassung; die UdSSR übernahm eine immer stärkere Kontrolle über die Familie bis zu einem Grad, der heute über die entsprechenden Maßnahmen vieler wesentlicher Staaten hinausgeht. Eine so bürgerliche Auffassung wie die von der ehelichen Treue, der Pflicht, Kinder zu haben und die Verantwortung für sie zu übernehmen, und von der Unerwünschtheit der Ehescheidung wurden von der Sowjetunion übernommen und noch verschärft. [3]
Einen weiteren Beweis für die Beständigkeit der Familie hat man darin erblickt, daß sie in unerwarteter Stärke z. B. die Austreibungen der Deutschen aus Osteuropa überdauerte. In der Krise schien die Familie unerschütterlicher als alles andere in einer Welt, deren Fundamente einstürzten.
Amerikanische Soziologen haben die Dauerhaftigkeit der Familie nach ihren Forschungen über die Sklaverei konstatiert. Die rechtlichen und wirtschaftlichen Verhältnisse zerstörten völlig die Familienbande, die dem schon aus seiner heimischen Kultur herausgerissenen Sklaven noch blieben, oder sie machten doch ihre Aufrechterhaltung äußerst schwierig. Aber neue Familieneinheiten entstanden, meist monogame; sie waren ohne Hoffnung für die Zukunft und blieben doch bestehen und trotzten der Ausrottung. Obwohl die schwarze Familie unter den gegebenen Bedingungen eine veränderte Form annahm, wurden ihre Grundlagen durch die extrem ungünstigen äußeren Verhältnisse nicht erschüttert.
Welcher Art ist nun die angebliche Krise der Familie? Ist sie echt oder existiert sie nur in der Meinung konservativer Kritiker? Im folgenden Abschnitt werden wir einige der Veränderungen aufzeigen, denen die Familie in jüngster Zeit unterworfen war, und einige Interpretationen über die Bedeutung dieser Veränderungen für die Zukunft bringen.

B) Die Familie in einer sich ändernden Welt

I. Die historischen Wurzeln der westlichen Familie

Ein gründliches Verständnis der gegenwärtigen Familienstruktur in der westlichen Welt würde eine ins einzelne gehende Prüfung ihrer historischen Wurzeln voraussetzen, die über den Rahmen dieser Abhandlung hinausginge. Immerhin wollen wir versuchen, wenigstens einige dieser Wurzeln zurückzuverfolgen, da sich aus ihnen die bis heute bestehende Auffassung von der Familie nährt.

1. – Die vier wesentlichsten Ahnen der westlichen Familie sind die hebräische, die griechische, die römische und die germanische Familie, die alle vorwiegend patriarchalische waren. Die **hebräischen Familienideale,** die im mosaischen Gesetz, in den Psalmen und Sprüchen klar zum Ausdruck kommen, sind ein lebendiger Bestandteil der westlichen Kultur; sie werden von zahlreichen Menschen, die durch das Christentum eine Bindung an das Alte Testament haben, deutlich empfunden. Die Familienrollen sind immer noch durchtränkt mit diesen Auffassungen. Das **griechische** Patriarchat enthielt noch viel weniger als das hebräische ein Element der romantischen Zuneigung, es wurde erwartet, daß Männer Geliebte außerhalb der Ehe fanden, häufig als Mätressen von hoher intellektueller Stufe. Die **römische** Familie, anfänglich ein Beispiel der patriarchalischen Monogamie in ihrer extremsten Form, erfuhr im Laufe der Jahrhunderte einen großen Wandel, welcher nach der Meinung einiger Historiker seinen Beitrag zum Zerfall des römischen Reiches leistete. Aber einiges in der juristischen Grundlage der römischen Familie blieb, um vom Christentum aufgenommen und geprägt zu werden.

Die Familie in der **Frühzeit des Christentums** muß verstanden werden im Lichte der Reaktion gegen die in der spätrömischen Republik sich verbreitenden Auflösung der traditionellen Moral und der Familiensitten. Diese Reaktion wurde durch das Christentum bereitwillig gefördert und durch seine eschatologische Einstellung verstärkt. Die scharfe Trennung zwischen »Fleisch« und »Geist«, die in weiten Kreisen der Christenheit vorherrschte und bis heute noch lebt, war eine der wesentlichsten Erscheinungsformen dieser Reaktion. Eine feindliche Einstellung zum Geschlechtlichen, die Vorstellung, daß die Ehe ein »kleineres Übel« sei, [4] die Meinung, daß Frauen Verführerinnen seien, die vom geistlichen Leben ablenkten, und der Vorrang des Zölibats sind das unmittelbare Erbe aus dieser historischen Situation.

Gleichzeitig brachte das Christentum neue Impulse zur Bejahung der Würde aller Personen, ungeachtet des Alters und Geschechts. Es wurde immer wieder gefordert und verkündet, daß die Männer ihre Frauen lieben und ehren sollten, daß Ehebruch auch für Männer eine Sünde sei; das Christentum verurteilte Abtreibung und Kindestötung, die Worte Jesu förderten die Liebe zu den Kindern. Schließlich wurden auch die Familienrollen zu Symbolen der Beziehung zwischen Mensch und Gott: Von Anfang an nannte die Christenheit Gott ihren »Vater«, die Menschen sind seine »Kinder«, die er liebt und züchtigt, wie ein liebender Vater seine eigenen Nachkommen. Die Beziehung von Mensch zu Mensch soll sein wie zwischen »Brüdern«. Die Kirche ist die »Braut« Christi, die sich auf sein Kommen vorbereitet, so wie die Braut den Bräutigam erwartet. Mit der Jungfräulichkeit von Jesu Mutter wird die Keuschheit auf den Thron erhoben; Marias Tugenden dienten als Vorbild für das weibliche Geschlecht.

All dies läßt erkennen, daß Familie und Christentum einander weitgehend ergänzten. Manche Bestandteile der christlichen Familienethik wären z. B. in der »schönen neuen Welt« der Retorten-Kinder völlig unverständlich. Die Familie, wie sie bis heute in der westlichen Welt besteht, hat durch den Familiensymbolismus des Christentums unschätzbare Unterstützung erhalten.

Mit der Ausbreitung des Christentums überall in Europa wurden auch germanische Elemente übernommen und eng mit hineinverwoben in das Bild der Familie. Von besonderer Bedeutung war die Achtung der Germanen vor der Frau – die u. a. bedingt war durch den Wert, den die Töchter als Tauschobjekte, in ihrem Wirtschaftssystem besaßen – und die traditionelle Beschützerrolle, die ihre Sippe übernahm,

um sie vor Unterdrückung in der Ehe zu bewahren. Viele unserer Sitten, die sich auf Verlobung und Mitgift beziehen, lassen sich direkt zurückführen auf Praktiken der germanischen Stämme.
Die **Renaissance** und die **Revolutionierung des Handels** eröffneten eine Periode, die Zeuge war vom raschen Aufstieg einer Anzahl von Frauen, die zu Macht und Bedeutung gelangten. Mütter – und Geliebte – von Königen übten häufig große Macht aus. Andere Frauen wurden tüchtige Geschäftspartner, Mitglieder der Berufsstände und Aufsichtspersonen in der Kleinindustrie.

2. – In der Zwischenzeit hatte sich eine **Familienpolitik der Kirche** herauskristallisiert, die eine vollständige Kontrolle ausübte darüber, unter welchen Voraussetzungen Paare heiraten durften, und die auch den Vollzug der Zeremonien überwachte. Diese Praxis war verankert in der Theorie von der Ehe als Sakrament. In der Auseinandersetzung mit dem Protestantismus wurde dieses Sakrament neu bestätigt und in der römisch-katholischen Theologie noch fester begründet. Die Protestanten andererseits bestanden darauf, sie als eine zivile Angelegenheit zu betrachten, was gleichzeitig die Möglichkeit der Ehescheidung offenließ. Dies war, allgemein gesprochen, die Situation der westlichen Familie am Vorabend der Industriellen Revolution. Obwohl einige Frauen der oberen Gesellschaftsschichten beträchtliche Macht ausüben konnten, blieb für den Großteil der Bevölkerung die vom Mann beherrschte Familie noch so fest in der Tradition und im Gesetz verankert, daß niemand vorhersehen konnte, wie innerhalb weniger Generationen das Patriarchat zusammenbrechen würde. Vor dem Gesetz existierte die gewöhnliche verheiratete Frau ohne ihren Mann überhaupt nicht. Das englische Common Law aus dem 17. Jahrhundert drückt ihre Stellung überspitzt, aber grundsätzlich folgendermaßen aus: »Wenn ein Mann und eine Frau heiraten, werden sie eins, und dieses Eine ist der Mann.«

II. Die Industrielle Revolution

Bei dem Versuch, den Einfluß der Industriellen Revolution auf die Familie zu analysieren, wird uns von neuem klar, daß die Kultur ein »unteilbares Ganzes« ist. Beeinflussung und Anpassung waren gegenseitig. Was an unserer Kultur von der Technik verändert wurde, hatte in der Folge Auswirkungen auf die Familie, und jede Veränderung der Familie wirkte zurück auf die Bestandteile der Kultur. Beispiele hierfür drängen sich auf: Die Revolution der Naturwissenschaften hat die unkritische Übernahme religiöser Traditionen erschüttert und damit eine der Hauptstützen der Familie geschwächt. Die derart geschwächte Familie wiederum kann ein religiöses Erbe nicht mehr überzeugend weitergeben. Das industrialisierte Wirtschaftssystem hat die Familienmitglieder auseinandergerissen, die Auswirkungen dieser Tatsache beeinflussen ihrerseits dieses Wirtschaftssystem ebenso wie das religiöse und politische Leben usw.

1. – Wir werden nun einige spezifische Gebiete betrachten, auf denen die Industrielle Revolution von besonders tiefem Einfluß auf die Familienstruktur und ihre Funktionen war.

a) Als wesentliches Merkmal der Veränderungen im Gefolge der Industrialisierung sollten wir zuerst die **Verstädterung** betrachten. Die Konzentration eines steigenden Prozentsatzes der Bevölkerung in den Städten brachte die Familie in eine völlig neue Situation, indem sie die relative Größe jenes Personenkreises einschränkte, innerhalb dessen jeder seine persönlichen, primären Anliegen mit den anderen teilen konnte. Andererseits vermehrten sich die sekundären, nur Teile der Persönlichkeit erfassenden Beziehungen. Obwohl diese sekundären Kontakte einer Regulierung bedurften, reichten die in der Familie üblichen überlieferten Bräuche dazu nicht aus und sie wurden ersetzt durch formale Gesetze und Konventionen. Diese gleichen jedoch eher gut geölten Zahnrädern einer Maschine als organisch zusammenwirkenden Zellen. So blieb die Familie beinahe der einzige Zufluchtsort, wo die persönlichen Werte noch ihr Übergewicht behielten, und mehr und mehr wurde die Befriedigung derjenigen psychologischen Bedürfnisse, die auf persönlichen Kontakten beruhen, dem Schoß der Familie anvertraut. Zur selben Zeit zerriß die Wohnungsnot die Großfamilie in kleinere Einheiten, von denen jede gezwungen war, ihre internen Probleme allein zu lösen, ohne Zuflucht nehmen zu können bei einem weiteren Kreise von Verwandten oder teilnehmenden Nachbarn.
b) Hand in Hand mit der Verstädterung kamen neue ökonomische Verhältnisse, die von Geld und Lohnabhängigkeit zunehmend beherrscht wurden.
Die Familie als kooperatives Unternehmen, in dem jedes Glied seinen individuellen Fähigkeiten entsprechend zum Unterhalt beitrug, war nicht mehr länger die hauptsächlichste wirtschaftliche Einheit; die praktische, produktive Zusammenarbeit innerhalb der Familie bildete nicht mehr die Voraussetzung für die materielle Existenz. Die Fabrik oder ein anderes geschäftliches Unternehmen wurde die wirtschaftliche Einheit, in der einzelne Familienmitglieder ihre Kraft oder ihre Geschicklichkeit als Individuum gegen Entlohnung eintauschten. Mit diesem Lohn mußte die materielle Existenz erkauft werden. Immer mehr Familienmitglieder wurden zu Randfiguren, die wenig zur materiellen Sicherung beitragen konnten und vom Hauptverdiener unterhalten werden mußten. Dies wurde zu einem neuen Faktor bei der Reduzierung der Größe der Familie. Und dadurch wurden die Familienmitglieder in wachsendem Maße vereinzelt, nicht nur räumlich (Fabrik – Wohnung – Büro), sondern auch psychologisch; die Arbeit an der Maschine in der Fabrik hatte keine organische Verbindung zum Leben daheim. Es entstand die typische moderne Ambivalenz der Eltern gegenüber Kindern und Großeltern. Sie werden psychologisch »gebraucht« und einerseits auch wirklich geliebt. Aber andererseits bedeuten sie eine zusätzliche Ausgabe in einer Welt des Wettbewerbs, sie stören bei der Jagd nach »Erfolg« und sind ein Hindernis für die geographische und soziale Mobilität. Diese Ambivalenz, mit ihren Schuldgefühlen als Begleiterscheinung, führt häufig zu einer Überkompensation in der Form, daß die Kinder einerseits verwöhnt, z. B. mit Vitaminen vollgestopft werden, andererseits aber einen unmäßigen und nicht mehr zeitgemäßen Autoritätsanspruch ausgeliefert sind.
Vor allem war es die **Geldwirtschaft,** die das traditionelle Autoritätssystem unterminierte. Autorität und Gehorsam in der Familie sind nur schwer aufrechtzuerhalten, wenn der Sinnzusammenhang wegfällt. Wenn Vater heimkommt, nach einem Arbeitstag in der Fabrik und verlangt, Hans solle ruhig sein, damit er die Abendzeitung lesen kann, dann ruht seine Autorität nur auf zerbrechlicher Grundlage. Den entgegengesetzten Fall haben wir, wenn der Vater den Sohn auffordert, die Schweine zu

füttern oder mitzuhelfen, das Heu einzubringen. Ein System der Autorität kann leichter aufgebaut werden auf solchen funktionalen Zusammenhängen, aus denen heraus der Vater vernünftigerweise erwarten kann, daß sein Sohn dem Befehl gehorcht, sich am Abend ruhig zu verhalten. Hinzu kommt noch, daß die Unabhängigkeit, die mit den frühzeitigen Verdienstmöglichkeiten für die Kinder einhergeht – besonders zu Zeiten der Vollbeschäftigung –, es den Eltern außerordentlich erschwert, die althergebrachte Autorität über ihre Nachkommen auszuüben.

Im selben Maße, wie die Mütter die Lücken ausfüllen mußten, die dadurch entstanden, daß die Väter fort waren zur Arbeit, haben sie auch einen Teil der Vaterrolle übernommen. Da die Frau gezwungen ist, zu überwachen, was die Familie verbraucht, gewinnt ihre Entscheidung immer mehr an Bedeutung. Es zeigt sich, daß in einigen Ländern der westlichen Welt die Frauen die Verwendung des größeren Teils des Familieneinkommens beaufsichtigen. Dazu sind sie Gesprächspartner, Berater und Vertrauensperson für die Kinder in verstärktem Maße bis zum Erwachsenenalter. Ein entschieden matriarchalisches Element ist in die moderne Familie eingedrungen, sehr zur Bestürzung vieler Männer, deren Ich dadurch bedroht wird. Die traditionelle patriarchalische Rolle des Mannes als Ernährer, Beschützer und Vertreter der Familie nach außen ist durcheinandergebracht worden. Die Reaktionen auf diese Veränderung reichen von männlicher Resignation und einem Sichzurückziehen von der Verantwortung für die Familie bis zum verkrampften Versuch, eine schlecht fundierte Autorität aufrecht zu erhalten.

In einem Wirtschaftssystem auf der Grundlage der Fabrikarbeit war es unvermeidlich, daß die Frau aus der rechtlichen Bedeutungslosigkeit der vorindustriellen Gesellschaft heraustrat. Da die Existenz der Familie im neuentstehenden Lohnsystem darauf beruhte, daß Löhne heimgebracht wurden, blieb es nicht aus, daß auch die Frau in die Welt der Fabrik einbezogen wurde. Eine ausschließlich männliche Kontrolle über Löhne und Finanzen konnte nicht länger aufrechterhalten werden, und das Vermögen gehörte schließlich Mann und Frau zugleich. Die Erkenntnis, daß die Frau Vermögen besitzen und verwalten konnte, hatte zur natürlichen Folge, daß praktisch alle anderen Gebiete der Unternehmerschaft, die früher ein Monopol des Mannes gewesen waren, ihr nun offenstanden, einschließlich einer höheren und höchsten Erziehung und Ausbildung. Damit war das Rückgrat des Patriarchats gebrochen.

Für das unmittelbare Funktionieren der Institution der Familie war kaum eine andere Veränderung so einschneidend wie die Verwendung der Frau in der Industrie. Der Prozentsatz aller Frauen insgesamt und der Prozentsatz der verheirateten Frauen, die erwerbstätig sind, ist in allen Ländern mit dem Prozeß der Industrialisierung gestiegen bis zu dem Punkt, daß z. B. in der Sowjetunion mehr als die Hälfte aller Arbeitskräfte weiblich ist. Die beiden Weltkriege haben lediglich eine Entwicklung beschleunigt, die bereits fest begründet war. Es bedarf keiner großen Erklärungen, daß dadurch die Familie revolutionären Veränderungen unterworfen wurde.

Unter den mancherlei Folgeerscheinungen, welche die Lohnarbeit der Frau nach sich zog, verdient eine besondere Beachtung die Neuverteilung der Lasten, wenn sich Nachkommenschaft einstellt. Früher mußte die Familie keine notwendigen Löhne opfern, wenn die Mutter ein Kind bekam. Im Gegenteil, die Kinder waren bald ein Plus für das Wirtschaftssystem der Familie. Aber in einer industrialisierten Gesellschaft, in der die Frauen auch Lohnverdiener sind, bedeuten Kinder nicht nur eine Ausgabe, die aufgebracht werden muß, sondern Schwangerschaft und Aufzucht der Kinder verringern oder beenden auch die Möglichkeiten der Mutter zu verdienen. So sind kinderreiche Familien, die der kommenden Generation den größten Tribut leisten, gezwungen, die größten finanziellen Opfer zu bringen. Und diejenigen, die gar nichts für sie tun, können in materiellem Luxus leben. Das Sozialprodukt von morgen, mit dem die Alten unterstützt werden sollen – ob nun in einem Familien-Wirtschaftssystem oder in einem System staatlicher sozialer Sicherheit –, ruht auf den Kindern von heute. Dieser Widerspruch in der Verteilung der Lasten bei der Sorge für die Zukunft ist in allen Industrieländern erkannt worden und wird, wenigstens teilweise, ausgeglichen durch Ermäßigung der Einkommensteuer, durch Kinderzulagen, Kindergeld usw. Die Tendenz, nicht nur die Fortpflanzung, sondern auch die Sozialisation der Kinder mehr und mehr unter politischen Gesichtspunkten zu regeln, bedeutet einen radikalen Wandel im Selbstverständnis der Familie.

c) Durch die Ausgliederung von Teilfunktionen der Familie in quasi-autonome Systeme verlor sie einen wesentlichen Teil ihrer überlieferten Funktionen. Ein immer größerer Anteil an der Erziehung, von der Kinderstube an bis zur Berufsausbildung, ist der Familie entzogen worden; das gilt auch für die religiöse Erziehung, die von der Schule und von den verschiedenen Religionsgemeinschaften übernommen wurde. Erholung und Freizeitbeschäftigung stehen entweder unter dem Schutz organisierter Vereine oder sie werden durch kommerzielle Interessengruppen gefördert. Vorbeugungsmaßnahmen zur Erhaltung der Gesundheit stehen ebenso wie die Sorge für die Kranken entweder unter staatlicher Verwaltung oder sie werden von anderen Institutionen außerhalb der Familie durchgeführt; die Polizei hat den Schutz unserer leiblichen Sicherheit übernommen. Das Heim ist nicht länger die wichtigste Arena, in der die Frau Anerkennung und Respekt zu erringen hofft. Es ist ein Zeichen der Minderwertigkeit und eine Verlegenheit für die Frau geworden, wenn sie sich nur noch der Tätigkeit im Haus widmet, eine Verlegenheit, die zum Ausdruck kommt, wenn sie z. B. auf die Frage nach ihrer Beschäftigung antwortet: »Oh, ich bin nur eine Hausfrau!« Obwohl die Hausfrau eine Arbeit leistet, die schon in bezug auf ihren Haushalt Tausende von Mark wert ist und außerdem von unschätzbarer Bedeutung für Staat und Gesellschaft, erhält sie nicht die Anerkennung, die dem Standard entspräche, an welchem jede Dienstleistung und Produktivität gemessen wird in einer Zeit der Geldwirtschaft: sie erhält keinen Lohn und genießt im Hinblick auf ihre Leistung keinen entsprechenden Arbeits- und Mutterschutz.

Die Bedeutung der Familie als Gefüge, innerhalb dessen Besitz weitergegeben wird, der ihren Fortbestand und ihre strukturelle Festigkeit stützt, ist im Zeichen der Lohnwirtschaft auf ein Minimum reduziert worden. Eine industrialisierte Gesellschaft kann nicht unbehindert funktionieren, wenn Familienbesitz als totes Gewicht die soziale und geographische Mobilität behindert. Der Stand wird bewertet nach Einkommen und individuellem Erfolg, nicht nach ererbten Haus- und Grundbesitz oder Mobilar. In einer Wettbewerbsgesellschaft wird all dies leicht aufgegeben.

2. – In Anbetracht dieser Liste von Funktionen, die der Familie und dem Heim entzogen worden sind, kann man berechtigterweise fragen: Hat die Familie noch genug »zu tun«, um zusammenzuhalten? Es bedeutet keine Herabsetzung der gefühlsmä-

ßigen Bande innerhalb der familiären Beziehungen, wenn wir behaupten, daß die zwangsmäßig gegebene Zusammenarbeit bei praktischen wirtschaftlichen Aufgaben ein Eckstein der Stabilität der Familie ist. Nicht zufällig gibt man häufig der Familie den Rat, sie solle »etwas gemeinsam tun«. Anscheinend kommt es nicht einmal darauf an, was. Das Künstliche an einer solchen Situation ist augenfällig, es ist eine Verzögerungstaktik der im Rückzug befindlichen Familie. Und doch scheint es immer noch besser als nichts.
Während die wirtschaftlichen und sonstigen Funktionen der Familie weithin an andere Institutionen abgetreten wurden, haben ihre psychologischen und emotionalen Funktionen an Gewicht gewonnen. Funktionen dieser Art ruhen aber bei jeder Institution auf zerbrechlichen Fundamenten, denn es ist nicht möglich, sie in einer rechtlichen Überlieferung zu verankern. Es gibt kein Gesetz, das Familienmitglieder zwingen könnte, sich gegenseitig vor der Außenwelt emotionalen Schutz zu gewähren. Dennoch darf man sagen, daß es ein nicht mehr reduzierbares Minimum an Familienfunktionen gibt und daß deren Durchführung in der Familie einen neuen psychologischen und emotionalen Inhalt bekommen hat, der die greifbaren Hilfen ersetzen könnte, die früher von der Institution der Familie geleistet wurden. Einen Beweis für diese These sieht man in der ungebrochenen Popularität der Ehe und des Willens zum Kind – in bestimmten Ländern haben sie sogar eine Art »Renaissance« erlebt –, in der statistisch belegten Beobachtung, daß junge Menschen ihr Glück für die Zukunft hauptsächlich in einer Ehe und in der Aufzucht von Kindern erblicken. Wo sonst als in der Familie werden wir als volle Persönlichkeit anerkannt? Sicherlich nicht in der weiteren Gesellschaft, in der die sekundären Kontakte vorherrschen und in der nur ein Teil unseres Selbst anerkannt wird. Zwar können emotionale Grundlagen die »Stabilität« im alten Sinne nicht garantieren; aber es scheint doch sicher, daß die Familie für das Individuum eine »Notwendigkeit« ist; daß sie es für die Gesellschaft ist, hatten wir hier als feststehend angenommen. Solcherlei Erwägungen bilden die Basis der These von E. W. Burgess, [5] nach der die Familie sich ändert, indem aus einer Institution eine Partnerschaft wird.

3. Wir müssen in diesem Zusammenhang einen bedeutsamen Aspekt der naturwissenschaftlichen Revolution erwähnen, die die Industrialisation einleitet und begleitet. Wir könnten es biologische Revolution nennen. Sie trat zuerst in Erscheinung mit einer drastischen Reduktion der Sterblichkeitsquote, die es unnötig machte und gleichzeitg nicht ratsam scheinen ließ, daß Eltern weiterhin eine große Anzahl von Kindern hatten. Dies um so mehr, als wir gesehen haben, daß Kinder auch hohe finanzielle Verpflichtungen mit sich brachten. Das Ergebnis war die Vervollkommnung und weite Verbreitung empfängnisverhütender Techniken. Es wäre natürlich falsch, die Perfektion der Geburtenkontrolle als primäre »Ursache« für die Beschränkung der Größe der Familie anzusehen. Aber die naturwissenschaftlich orientierte Gesellschaft wünschte so stark, die Kinderzahl zu verringern, daß sie die kontrazeptiven Mittel vervollkommnete, um dieses Ziel zu erreichen. Natürlicherweise wurde die Erleichterung der Empfängnisverhütung für die einzelnen Ehepaare zu einem »Vehikel« für die Begrenzung der Familiengröße. Aber diese Verminderung der Familiengröße hatte bereits auf andere Weise begonnen, z. B. durch die nicht mehr so häufige Anwesenheit der Großeltern, der entfernteren Verwandten und anderer Personen im einzelnen Haushalt. Die Folgerungen, die sich für die Fa-

milie aus einer geringeren Kinderzahl ergeben, haben wir bereits in dem Abschnitt, der sich mit der Persönlichkeitsentwicklung befaßte, betrachtet (S. 97). Wir sollten noch hinzufügen, daß der Verlust eines Kindes dort, wo nur eines (oder zwei) vorhanden ist, zu einer größeren Tragödie für die Familie wird. »Alles auf eine Karte zu setzen« führt auch vom Standpunkt der Kindererziehung aus zu einer neuen und oft ungesunden Einstellung, sowohl bei den Eltern als auch bei den Kindern.
In bezug auf die Kontrazeption stehen wir wahrscheinlich erst am Anfang der Entwicklung. Die Dringlichkeit der Bevölkerungsbeschränkung in einigen Teilen der Welt führt zu wirkungsvolleren und billigeren Mitteln der Empfängnisverhütung, die in einigen Fällen bereits vom Staat kostenlos verteilt werden. Die neue Situation ist wohl eine historische Wendung, welche die Einstellung der Frau zur Sexualität grundlegend verändern könnte. Die bisher als naturgegeben betrachtete Passivität ist nicht mehr selbstverständlich. Diesem Wandel entspricht die veränderte Lage des Mannes, dem die Kontrolle über ein wesentliches Mittel zur Selbstbestätigung entnommen wird. »Pillen« für den Mann werden das veränderte Verständnis weiter beeinflussen. Das überlieferte Verständnis der Sexualität, befreit von der Bindung an die Reproduktion, wird neue, unvorhersehbare Formen annehmen. Eine ähnliche Wandlung ist auch dadurch im Werden, daß die Bedrohung durch Geschlechtskrankheiten geringer wird.
Ein weiteres Ergebnis der biologischen Revolution ist die künstliche Befruchtung, deren Begleiterscheinungen legale, psychologische und moralische Probleme sind, die man nur ungenau voraussehen kann. Der nächste Schritt könnte die Geschlechtsbestimmung bei der Empfängnis sein; sie liegt gewiß in Reichweite einer Lösung durch die Wissenschaft. Und die Möglichkeit, »Kinder aus der Retorte« zu züchten, zeigt sich, zumindest technisch, bereits am Horizont.

III. Der neue Status der Frau

1. – Praktisch konzentrieren sich wesentliche Veränderungen innerhalb der Familie, die im Gefolge der Industriellen Revolution kamen, auf die **Befreiung der Frau von ihrem früheren Status der Unterwerfung unter den Mann.** Vom demokratischen und humanitären Standpunkt aus gesehen ist die Emanzipation ein entschiedener Schritt vorwärts, aber wie alle revolutionären Entwicklungen hat auch sie neue und noch ungelöste Probleme geschaffen. Früher waren die Autoritätsbereiche von Vater und Mutter genau abgegrenzt, allgemein anerkannt und in Überlieferung und Gesetz verankert. Im Gegensatz dazu ist die Autoritätsstruktur in der modernen Familie vernebelt von angenommenen »gleichen« Rechten und Pflichten. Wie wir in einem früheren Kapitel festgestellt haben, führt Gleichheit ebenso schnell – wenn nicht schneller – zu Wettbewerb und Konflikten als zur Zusammenarbeit. Es gibt »zu viele Köche in der Küche«. Die Familie ist eines der wenigen kooperativen Unternehmen, in dem die Zuständigkeiten nicht klar abgegrenzt sind. Die persönlichen Konflikte, die sich leicht aus dieser Situation ergeben, sind von geringerer Bedeutung als deren Auswirkungen auf die Erziehung der Kinder. Kinder nützen sehr schnell eine Autoritätsverwirrung aus, indem sie sich an den Elternteil wenden, der weniger fordert oder ganz nachgibt. Wir können als sicher annehmen, daß eine harmonische Zusammenarbeit der Eltern unter dem Zeichen der »Gleichberechtigung« größere ehtische und emotionale Anforderungen stellt als die Ergebung in ein System aus Herrschaft und Unterwerfung. Wenn diese Anforderungen richtig verstanden werden, besteht kein Grund zu bezweifeln, daß diese Entwicklung einen Fortschritt darstellt. Zu behaupten, daß der Fortschritt bereits bestehe, ist indessen mehr ein frommer Wunsch als eine nüchterne Beobachtung, solange wir noch keine schlüssigen Resultate kennen.

Das Eindringen der Frau in fast alle Gebiete, die früher ein Monopol des Mannes waren, erschütterte den durch die Zeit geheiligten Glauben, daß Mann und Frau ererbtermaßen »verschieden« seien, was Intelligenz, Fähigkeiten und Neigungen betrifft. Mit dem Aufkommen der Theorie von der Bedeutung des Milieus für die Persönlichkeitsentwicklung entstand auch die weitverbreitete Annahme, daß Mann und Frau in erster Linie deshalb verschieden seien, weil sie in einer Umgebung aufwüchsen, die voraussetzte, daß sie verschieden sein müßten, d. h. die den Mädchen Puppen in die Hand gab und den Knaben Bälle. Eine Unzahl psychologischer Probleme, die aus dieser Annahme entstanden, veranlaßte die Überprüfung der vorerwähnten Punkte, mit dem Ergebnis, daß das Pendel zurückschwang zu einer Betonung der grundlegenden sexuellen Verschiedenheit, die viel tiefer reicht als nur zur körperlichen Erscheinung und der Rolle des Geschlechts bei der Zeugung.

Es ist uns bewußt geworden, daß man unterscheiden muß zwischen »gleich« und »identisch«. Während früher das Gesetz im allgemeinen bestimmte Privilegien des Mannes garantierte, machen heute die Gesetze einen Unterschied zwischen Mann und Frau, und zwar vor allem um des notwendigen Schutzes willen, dessen die Frau bedarf, um ihre Rolle als Gebärerin und Mutter erfüllen zu können. Es hat sich als falsch erwiesen, daß die Frau gleich gut geeignet sei für die gleichen Aufgaben. Einiges kann sie besser auf Grund ihrer Gewandtheit, ihrer Körpergröße oder ihres besseren Urteilsvermögens auf bestimmten Gebieten. In anderen Dingen wieder ist sie aus den gleichen Gründen weniger geschickt oder aus Gründen der Konstitution weniger geeignet für bestimmte Arbeiten. Schwangerschaft und physische Behinderung während der Menstruationsperiode ebenso wie das jederzeit mögliche Ausscheiden bisher lediger Angestellter nach der Verheiratung sind wichtige Faktoren bei der Beschäftigung von Frauen. Sogar so triviale Dinge wie die Art der Kleidung, die Länge des Haares, die Frisur und der Schmuck erfordern manchmal spezielle Aufmerksamkeit oder kostspielige Umstellungen bei der Beschäftigung von Frauen in der Industrie. Ob ein neuerlicher Trend zur Angleichung der Geschlechter mehr ist als eine kurzfristige Mode, läßt sich nicht sagen.

Von der Industrie her gesehen ist es auch ein bedeutender Faktor bei der Einstellung von Frauen, daß bei ihnen der Zwang, um Lohn arbeiten zu gehen, geringer ist als beim Mann. Unverheiratete Töchter müssen seltener »auf eigenen Füßen stehen« als Söhne und können deshalb ihre Beschäftigung leichter beenden. In einer Zeit weitverbreiteten Wohlstandes sind die Löhne der Frauen noch nur ein Zuschuß, keine fundamentale Notwendigkeit. Wenn einer der Partner nicht mehr arbeiten möchte oder nicht mehr zu arbeiten braucht oder aufhören muß zu arbeiten, ist das meist die Frau.

2. – Wichtiger – vom Standpunkt der Gesellschaft und der Funktion der Familie aus gesehen – sind aber die Fragen, die sich im Zusammenhang mit der **Mutterschaft** ergeben. Die Frau, die Geschmack gefunden hat an der persönlichen Erfüllung oder

der finanziellen Unabhängigkeit durch ihren Beruf, trifft schwerwiegende Entscheidungen für ihre Ehe. Wenn sie ihren Beruf aufgibt, bis die Kinder über das Alter hinaus sind, in dem sie ihre Zeit ausschließlich in Anspruch nehmen, wird sie dann noch die nötigen Kontakte und Fähigkeiten haben, um auf ihrem Gebiet wieder anzufangen? Wenn sie noch einige Jahre berufstätig bleibt, ehe sie die Pflichten der Mutterschaft auf sich nimmt, wird sie dann körperlich noch so fähig sein, Kinder zu bekommen, und wird sich der psychologische Abstand zwischen den Generationen ungünstig auswirken? Könnte nicht eine fortgesetzte Empfängnisverhütung die ehelichen Beziehungen oder den Willen zum Kind überhaupt beeinträchtigen? Ist es möglich, gleichzeitig zu arbeiten und Kinder zu haben? Die Gefahren der letzteren Entscheidung können nicht außer acht gelassen werden. Wer kann die natürliche Mutter vollkommen ersetzen? Kinderpflegerinnen sind teuer und im allgemeinen kein vollwertiger Ersatz; auch im günstigsten Falle überläßt man seinen kostbaren Besitz ungern fremden Händen. Was geschieht, wenn dem Kind ein Unfall zustößt, was bei Krankheit oder wenn das Kind Unfug treibt oder gar kriminell wird? Die Familie wird durch die Abwesenheit der Mutter auseinandergerissen, und wenn sie gereizt und überarbeitet heimkommt oder wenn ihr das Heim nicht mehr anziehend genug erscheint, ist es wahrscheinlich, daß Mann und Kinder sich ihr entfremden.

In diesem Dilemma befindet sich das moderne Mädchen, das intelligent und gebildet ist, das seine Fähigkeiten nutzen möchte in der aufregenden Welt der Arbeit mit ihren verlockenden Kontakten, das aber auch noch Ideale besitzt in bezug auf Heim, Ehe und Kinder. Es ist keine zufriedenstellende Antwort, wenn man dogmatisch feststellt, »der Platz der Frau ist im Heim«. Die Ergebnisse verläßlicher Meinungsbefragungen geben dieses Dilemma wieder, indem sie zeigen, daß viele Frauen mit ihrem Geschlecht unzufrieden sind.

Die Gesellschaft ist nicht nur abhängig von den Leistungen der modernen Frau im Beruf und in der Industrie, sie hat auch ungezählte Millionen investiert in ihre Erziehung und in ihre Ausbildung zur qualifizierten Arbeit; es wäre eine Katastrophe, wenn dieses enorme Kapital verlorenginge. Außerdem endet die Zeit, in der die Frau aktiv mit dem Aufziehen der Kinder und der Schaffung eines Heimes beschäftigt ist, früher als zu vergangenen Zeiten; die Frau, die unzufrieden ist in ihrer Beschränkung auf häusliche Pflichten, kann die Harmonie der Familie ebenso gefährden wie eine andere, die von der Berufsarbeit erschöpft ist.

3. – Einige Beobachter neigen zu der Deutung, daß Mann und Frau auf Grund ihrer geschlechtsspezifischen biologischen Rollen für gleiche Aufgaben in der sozialen und ökonomischen Welt grundsätzlich ungeeignet sind. [7]

Der Mann, so wird behauptet, steht unter dem psychischen Zwang, seine Männlichkeit, seinen Wert, seine Funktion in einer Welt des Wettbewerbs und der nach außen gerichteten Aktivität zu beweisen. Seine Befriedigung muß erwachsen aus dem Erfolg im weiteren gesellschaftlichen und kulturellen Sinne. Die schöpferische Kraft der Frau andererseits liegt in der biologischen und persönlichen Sphäre, sie offenbart sich vollkommen und unbestreitbar in der Geburt eines Kindes – die des Mannes niemals. Von seiner zeugerischen »Leistung« erfährt man nur durch eine Schlußfolgerung. Dadurch leidet er unter einer Art »uranfänglichem Minderwertigkeitskomplex«, den er kompensiert durch Anstrengung, Aktivität, Angriffslust und

Erfolg. Er »wird« nur selten ein voller Erfolg. Aber die Frau hat ihre Funktion als Mensch ohne den Schatten eines Zweifels »erfüllt«, wenn sie ein Kind gebiert. Wenn deshalb Frauen eindringen in diese männliche Welt der Unsicherheit in bezug auf den Erfolg, die einem Wettrennen konkurrierender Ratten oder einer Tretmühle gleicht, bedeutet diese Welt für sie eine Falle, eine Schlinge, ein Wahn. Alles in allem genommen wird sie nie davon befriedigt sein.
Diese These läßt sich vorerst kaum überprüfen, denn die Frauenemanzipation verstand sich bisher weitgehend als eine einseitige Angleichung der Frau an die Welt des Mannes. Ob seine bisherige Welt für ihre **oder seine** Emanzipation geeignet ist, muß bezweifelt werden. Im Hinblick auf Gleichberechtigung müssen wohl beide befreit werden. Der Ansatz zum neuen, gleichberechtigten Verständnis von Autoritäts- und Arbeitsteilung bei vielen jungen Ehepaaren ist jedoch empirisch feststellbar.

IV. Liebe, Ehescheidung und die Zukunft der Ehe

1. – Im ausgehenden Mittelalter war die romantische Liebe ein wichtiges Element in den Beziehungen zwischen Rittern und Damen. Die spätere Auflösung des institutionellen Rahmens der Ehe und die dem entgegengesetzte wachsende Bedeutung der individuellen Persönlichkeitsentwicklung im westlichen Werteschema haben die romantische Liebe als Grundlage einer modernen Ehe zu hohem Rang erhoben. Die bedeutende Rolle, welche die romantische Liebe in unseren zeitgenössischen Ehenormen spielt, spiegelt sich in der volkstümlichen Literatur, in Filmen und Hörspielen wider. Romantische Zuneigung gab es natürlich schon vor unserer Zeit, aber sie spielte entweder nur eine untergeordnete Rolle oder wurde als Voraussetzung für die Partnerschaft in der Ehe überhaupt nicht in Betracht gezogen. Erwägungen hinsichtlich der Stammes- oder Blutzugehörigkeit, über Besitz und Ansehen rangierten weit vor dem Liebesrausch, den man häufig für eine Krankheit oder ein Unglück hielt.
In den Kulturen, in denen die Familie das hauptsächlichste institutionelle Bollwerk der formalen Gesellschaftsstruktur ist, tritt die Instabilität romantischer Liebe klar zutage; sie wird deshalb durch soziale Normen auf Distanz gehalten. Aber in der industrialisierten Welt ist längst nicht mehr die Familie das Sinnbild für Gesellschaft und Kosmos, sondern die Einzelpersönlichkeit und ihre Leistung. Der heutige Mensch sucht in erster Linie einen Partner, der die persönlichen Ansprüche befriedigt, und nicht einen, der die Familientradition und das Ansehen stärkt oder die Ansprüche der Erben erfüllt. Das hat natürlich zu zahlreichen Ehescheidungen geführt. Da die »persönlichen Bedürfnisse« eine Angelegenheit der subjektiven und emotionalen Beurteilung und somit häufigen Veränderungen unterworfen sind, wechselt auch leicht der Partner, von dem man annimmt, er könne diese Bedürfnisse am besten befriedigen. Romantische Liebe ist berüchtigt für ihre Instabilität. Familiensoziologen beklagen immer wieder, daß sie in der modernen Familie eine solche Rolle spielt. Daß sie in ihrer Anfälligkeit kein solides Fundament für einen dauerhaften institutionellen Rahmen darstellt, bedarf keiner weiteren Ausführungen.
Ohne die Auffassung zu strapazieren, daß jedes Element der Kultur auch positive Funktionen annehmen kann, möchten wir doch auf zwei positive Züge hinweisen,

welche die romantische Liebe für die moderne Familie besitzt. Wir haben bereits festgestellt, daß die institutionellen Funktionen der Familie sich verringern, und daß dafür ihre psychische Funktion an Bedeutung gewinnt, indem sie ein Refugium emotionaler Sicherheit ist, das im Gegensatz steht zu der kalten Unpersönlichkeit einer Welt, in der sekundäre, konventionelle Kontakte vorherrschen. Möglicherweise braucht die moderne Ehe stärkere emotionelle Bindungen, wenn sie ihre notwendige Aufgabe in der modernen Gesellschaft erfüllen soll. Die erregende romantische Liebe ist der natürlichste, ursprünglichste Ausdruck intensiver persönlicher Beziehungen. Obwohl sich in einer Ehe die Art der Zuneigung später ändert, wird doch unter günstigen Bedingungen die Leidenschaft ersetzt durch Vertrauen, Zufriedenheit und emotionale Geborgenheit, die normalerweise der Unsicherheit vorgezogen werden, die ein neuer Partner, sei er auch noch so leidenschaftlich, mit sich bringt. So kann also doch ein solides Bauwerk auf persönlicher Befriedigung errichtet werden, auch wenn dessen Grundlage romantische Liebe ist und nicht der Druck einer Institution.

Diese Auffassung führt uns zu dem zweiten positiven Aspekt romantischer Zuneigung. Wir haben die Tendenz moderner verheirateter Paare erwähnt, sich nach der Eheschließung von ihren Eltern zu trennen und einen unabhängigen Haushalt aufzubauen. Eine industrialisierte Gesellschaft unterstützt – und fordert sogar – eine derartige Unabhängigkeit und Beweglichkeit. Wenn nun der Druck der Institution und die Stütze der großen Familie und Gemeinde fehlen, was soll dann das Paar zusammenhalten in einer neuen Umgebung, die nur wenig Druck ausübt, um es zur Gründung einer dauerhaften Beziehung zu zwingen? Hier springt die romantische Liebe in die Bresche, bis gesellschaftliche und berufliche Verantwortung zusammen mit Elternschaft und dem Heranreifen der dauerhafteren »ehelichen« Liebe die Familie und Gemeinde ersetzen und deren Aufgabe, Stützpfeiler der jungen Institution zu sein, übernehmen. Es wird sogar weitgehend ein gesellschaftlicher Druck auf junge Paare ausgeübt (das läßt sich besonders in den USA feststellen), »einander zu lieben«, d. h. es widerspricht den gesellschaftlichen Regeln, daß Partner ihre Differenzen verraten, besonders vor der Außenwelt. Und man kann die äußeren Anzeichen romantischer Liebe und einen Glauben an ihre dauernde Notwendigkeit noch häufig dort wahrnehmen, wo sie selbst längst nicht mehr existiert.

2. – Es wird immer wichtiger, daß die psychischen Bedürfnisse in der Familie befriedigt werden können, und daraus ergibt sich die Forderung, daß die Partner auch Persönlichkeiten sind, die einander tatsächlich ergänzen. Der »Heiratsmarkt« hat sich jedoch ständig erweitert, d. h. die **Exogamie** schließt weniger Personen im Verwandtenkreis als mögliche Partner aus, und der Druck, innerhalb des Standes, der Rasse, Religion oder Nation einen Partner zu suchen **(Endogamie),** wurde wesentlich schwächer. Damit ist die Wahrscheinlichkeit, daß ein Partner gewählt wird, der den Anforderungen einer dauernden Bindung nicht gewachsen ist, viel größer geworden. Aus diesem Dilemma heraus ergibt sich die Empfehlung, daß jeder einen möglichst großen Kreis eventueller Partner kennenlernen sollte, ehe er eine endgültige Wahl trifft.

Eine derartige funktionale Anpassung an die Situation der modernen Familie hat offenbare Schwächen, sie birgt sicherlich Gefahren. Aber man darf sie nicht verurteilen oder als Verwirrung abtun. Eher ist diese Anpassung ein Zeichen für eine dyna-

mische Entwicklung, die immer wieder notwendig ist für eine integrierte Gesellschaftsstruktur.
Ehescheidungen sind das unvermeidliche Ergebnis einer solchen Entwicklung. Scheidungsstatistiken, die sich über das vergangene Jahrhundert erstrecken, zeigen mit zeitlichen Schwankungen anläßlich ökonomischer und politischer Veränderungen eine wachsende Tendenz. Diese Tendenz wird mit der gebührenden Besorgnis betrachtet, aber es wäre zu einfach, wollte man sie einem sinkenden Moralbewußtsein zuschreiben. Sie ist vielmehr das Reultat der Entwicklung, daß die Familie ihre früheren Fundamente als Institution aufgegeben hat und neue sucht, die auf persönlicher Befriedigung basieren. Der Versuch, die Ehescheidung zu verbieten, böte nur wenig Hoffnung für eine dauerhafte Festigung der Familie. Weit notwendiger sind Maßnahmen, die sicherstellen, daß die Heiratskandidaten auch die richtigen persönlichen Fähigkeiten besitzen für eine dauernde Partnerschaft unter den bestehenden schwierigen Verhältnissen; daß sie einen Partner finden können – und auch emotional darauf vorbereitet sind, ihn zu erkennen –, der wirklich der passende ist. Wenn die »Hintertür« der Ehe, durch die man ihr entfliehen kann, eng sein soll, darf auch der »Haupteingang«, durch den man eintritt, nicht zu breit sein. Die Häufigkeit der Ehescheidungen bewirkt ihrerseits, daß sich die Beziehungen in der Ehe ändern. Die Möglichkeit einer Scheidung ist zu einer Art »unsichtbarem Gast« in jedem Heim geworden. Je leichter sie zu erreichen ist, desto mehr werden jedes Wort und jede Handlung belastet damit, daß» die Scheidungsgründe sein könnten. Daraus können aber Befangenheit und Unsicherheit entstehen, die an der Stabilität und dem gegenseitigen Vertrauen zehren, die für eine dauernde Partnerschaft nötig sind.
Der wichtigste soziale Grund, weswegen die Ehescheidung mit Besorgnis betrachtet wird, liegt in ihren Folgen für die Kinder, die zweifellos die Hauptleidtragenden sind. Die Kinder werden nicht nur gefährdet durch den Tod eines oder beider Elternteile, sondern auch durch deren Scheidung. Statistiken aus den USA zeigen, daß die Wahrscheinlichkeit, einen Elternteil durch Scheidung oder Verlassen zu verlieren, für den Jugendlichen unter 17 Jahren ebenso groß oder größer ist als ein Verlust durch Tod. In vielen Fällen sind die psychischen Auswirkungen des Todesfalles günstiger als diejenigen, die sich aus einer Scheidung ergeben. Bei einem Todesfall ist es für den zurückbleibenden Elternteil leichter, dem Kinde den Verlust verständlich zu machen, und es ist leichter für ein Kind, sich ein günstiges Bild von dem Verstorbenen zu bewahren, wie es auch einfacher für das Kind ist, seinen Spielkameraden das Fehlen eines Elternteils zu erklären.
Die Gesellschaft zeigt offenbar weniger Teilnahme an den Leiden der Millionen Kinder aus geschiedenen Ehen als an denen der Tausende, die an Kinderlähmung erkrankt sind. Eingehende Studien über die Folgen einer Scheidung für die Kinder sind dringend notwendig. Wir können hier nur kurz einige der möglichen Konsequenzen streifen.
Eine Scheidung bedeutet zweifellos einen Schock für das Sicherheitsgefühl des Kindes. Wenn ein Elternteil es verlassen konnte, könnte der andere das ja auch tun. Es ergeben sich außerdem Konflikte in bezug auf die Anhänglichkeit. Die Eltern empfinden den Verlust der Liebe eines Kindes als Bedrohung des Ich und treten u. U. in eine Art Wettbewerb um seine Zuneigung, der bis zur Bestechung reichen kann; sie halten es zum Spionieren an oder verzerren das Bild des anderen Eltern-

teils in der Vorstellung des Kindes. Der abwesende Elternteil kann u. U. sein eigenes Bild durch Geschenke idealisieren, kann liebevolle Assoziationen hervorrufen oder durch das Fehlenlassen der notwendigen disziplinarischen Maßnahmen das Kind für sich einnehmen. Ebensogut kann das Kind sich in seinem Konflikt zwischen Anhänglichkeit an beide auch gegen beide Eltern wenden oder gegen die Ehe im allgemeinen, weil es sie nach seinen Erfahrungen für schlecht hält.
Das Gleichgewicht der Geschlechter bei der Erziehung des Kindes ist gestört. Wenn der zurückbleibende Elternteil verbittert ist, kann er bewußt oder unbewußt das Kind gegen das andere Geschlecht aufbringen. Das Kind kann das Vertrauen zu anderen verlieren und sich abkapseln. Die ganze Verwandtschaftsstruktur ist erschüttert; Tanten, Onkel und Großeltern können aus der sozialen Umgebung des Kindes herausgerissen werden.
Trotz der Unterhaltsbeiträge haben eine große Anzahl geschiedener Frauen ernsthafte finanzielle Schwierigkeiten; die Gesellschaft wird belastet durch direkte Unterstützung oder damit, daß sie den pflichtvergessenen Vater verfolgen muß.
Diese Erfahrungen dürfen uns jedoch nicht blind machen dafür, wie teuer es oft bezahlt werden muß, wenn ein Partner die Trennung der Ehe verweigert oder wenn beide sich dagegen entscheiden. Möglicherweise ergeben sich daraus endloses Elend, die Entwicklung von Neurosen oder die Flucht in Hypochondrie, in den Alkoholismus oder in andere Süchte, in religiöse Kulte oder in oberflächliche Affären, oder es entsteht ein tiefgreifendes Gefühl von der Sinnlosigkeit des Lebens. Man überträgt möglicherweise die eigenen emotionalen Komplexe auf andere oder wird zu einer inneren Verachtung der ehelichen Beziehungen getrieben. Der Verdacht liegt nahe, daß viele Karikaturen und Witze über die Ehe aus solchen Wurzeln stammen.

3. – Es fehlt nicht an neuen Vorschlägen zur Ehe- und Familiengestaltung. Gerade die monogame Ehe wird als unzeitgemäße »Zwangsjacke« häufig kritisiert. Die Tatsache allein, daß die Lebenserwartung der Partner nach der Eheschließung heute 30–50 Jahre beträgt gegenüber einer früheren von 10–15 Jahren, erhöht die Wahrscheinlichkeit einer empfundenen Monotonie.
Unter den meistdiskutierten Vorschlägen ist der einer »konsekutiven Polygamie«. Dabei denkt man an eine erste Ehe, die nur Bestand haben soll, bis die Kinder aus dem Hause sind. Danach bekommen die Partner völlige Freiheit, neue Partner zu suchen, und – angenommen, daß keine weiteren Kinder geboren werden – mit jedem Anlauf von Langeweile die Freiheit, den Partner zu wechseln.
Manches spricht für eine solche Lösung: die Freiheit von dauernder Langeweile oder ständiger Gereiztheit oder Unfrieden in vielen Ehen, die Möglichkeit zu neuer Regulierung der Eheverhältnisse. Zu bedenken wäre das starke Bedürfnis vieler erwachsener Kinder, »richtige« Eltern für sich selbst und Großeltern für ihre Kinder zu haben. Noch bedenklicher ist die Schwierigkeit für älter werdende Menschen, überhaupt einen Partner zu finden. Wenn die Ehe keinen verbindlichen Charakter trägt, werden viele ältere Menschen von ihren Partnern sicher einfach verlassen; das unbefriedigte Bedürfnis nach emotionaler Sicherheit und Geborgenheit wird sie in neues Elend stürzen. Die verlängerte Lebenserwartung könnte dieses Problem akut werden lassen.
Ähnliche Probleme stellen sich dem Vorschlag der konsequenten Trennung zwi-

schen Familientreue und sexueller Treue. Die »soziale« Verpflichtung sollte die gesellschaftlichen Aufgaben sichern, aber die sexuelle Treue wäre davon ausgespart. Es erhebt sich dabei die noch nicht geklärte Frage nach dem Verhältnis zwischen emotionaler Bindung und Sozialisation, Sexualität und Geborgenheit.
Eine andere Form der Familiengestaltung wird bereits an einigen Orten praktiziert: die sogenannte »Großfamilie« oder »Gruppenehe«. Hier geht es um Befreiung von der Enge der Kleinfamilie und um Flexibilität in der Betreuung der Kinder und der Besorgung sonstiger Familienaufgaben. Die Eltern-Kind-Beziehung sollte weniger gezwungen sein; eine »Bezugsperson« sei zu finden ohne Rücksicht auf biologische Verwandtschaft. Das Muster einer solchen Großfamilie soll größere Freiheit und gemeinsames Eigentum mit einschließen.
Obwohl eine interessante Möglichkeit, dürften die Schwierigkeiten in einer solchen Lebensgemeinschaft nicht geringer als in der Kleinfamilie, sondern größer sein. Daß 6–12 Erwachsene im individualistischen, mobilen Zeitalter sich in Harmonie zusammenfinden und -bleiben, ist höchst unwahrscheinlich, wenn auch möglich. Experimente mit solchen Lebensgemeinschaften in der Vergangenheit erwecken wenig Hoffnung, daß sie von Dauer sein könnten.
Vorerst scheint es unsere Aufgabe zu sein, neue Wege zu finden, um größere Chancen für gleichwertige Partnerschaft und dauerhafte Geborgenheit in der monogamen Ehe zu schaffen. Die Veränderungen sind noch keineswegs eingetreten, welche sie als überholt erscheinen lassen könnten.

V. Motivierung der Elternschaft

Die heutige Einstellung zur Geburtenkontrolle betont immer stärker die »freiwillige Elternschaft«, nicht die Geburtenverhütung. Wenn wir berücksichtigen, welche Verpflichtungen es heutzutage mit sich bringt, Kinder zu haben, könnte man annehmen, daß mit dieser fortschreitenden Weiterentwicklung kontrazeptiver Techniken die Paare überhaupt keine Kinder mehr bekämen. Das scheint jedoch nicht der Fall zu sein. Wenn aber weiterhin Kinder geboren werden, dann geschieht das nicht mehr in erster Linie aus dem Grunde, den wir aus der Geschichte als den fundamentalen kennen, es geschieht nicht mehr aus sexuellem Trieb, sondern aus dem bewußten Wunsch, Kinder zu haben. Das führt möglicherweise zu tiefgreifenden Folgen in bezug auf die Auslese der Nachkommen. Immer mehr Kinder werden die Nachkommen von solchen Eltern sein, die den stärkeren Willen (und gleichzeitig die Befähigung) zur Elternschaft haben, und sie werden – sowohl biologisch als auch sozial – die Charaktereigenschaften dieser Eltern erben. Der »Wille« zur Elternschaft wird ein stärkeres selektives Moment werden, während die sexuelle Kapazität allein zurücktritt. Die sich daraus ergebenden sozialen und moralischen Erwägungen sind vielversprechend. In den Anfängen der Verbreitung der Geburtenkontrolle hatten Eltern mit Bildung, ernstem Verantwortungsgefühl und Intelligenz oftmals nur wenige Kinder, während solche, die nur ein unzureichendes soziales und kulturelles Erbe weiterzugeben hatten, eine größere Zahl von Nachkommen hervorbrachten. Das hatte schwerwiegende Folgen für das soziale und geistige Niveau. Aber es gibt Beweise dafür, daß diese Erscheinung sich ausgleicht oder sogar umkehrt, wenn erst alle Gesellschaftsschichten leichteren Zugang zu kontrazeptiven

Techniken haben. Auf jeden Fall hat das Ansteigen der Geburtenziffer bei den höheren Gesellschaftsschichten in den USA und in Frankreich nach dem Zweiten Weltkrieg die Befürchtungen früherer Beobachter zerstreut.
In der Praxis wird es niemals eine bloße Angelegenheit des Wollens oder Nichtwollens sein, ob man Kinder bekommt. Die Wünsche der Menschen sind widersprüchlich, verworren und unentschieden. In den meisten Fällen möchten Ehepaare Kinder, **wenn** der Preis, den sie dafür bezahlen müssen, nicht zu hoch ist. Und der Preis hängt ab von persönlichen und sozialen Erwägungen. Manche wünschen sich Kinder, so dringend, daß sie sich schmerzhaften Behandlungen unterziehen, künstliche Befruchtung in Kauf nehmen, jahrelang geduldig warten oder sogar Kinder entführen. Andere riskieren Abtreibungen, verlangen nach Sterilisation, handeln religiösen Grundsätzen zuwider oder töten sogar ihr Kind, um der Verantwortung für Schwangerschaft und Aufzucht des Kindes zu entgehen. Die Unterströmungen für alle diese Motive ruhen als Möglichkeiten nebeneinander in jedem Elternteil. Wahrscheinlich ist das wirksamste Motiv für eine Elternschaft eine echte soziale Anerkennung und, wo geburtenverhütende Methoden frei zugänglich sind, die Sicherung finanzieller Mittel, die ausreichen, um die Kinder so zu erziehen, wie es dem jeweiligen Elternpaar wünschenswert scheint.

VI. Familie und Gesellschaftsstruktur

Da die tiefsten Wurzeln der Sozialisation in der Familie liegen, ist die Struktur der Familie mit ihrer überlieferten Erziehungspraxis von größter Bedeutung für die Gesellschaftsstruktur. Vertrauen, Kontinuität und Zuverlässigkeit der äußeren Fürsorge und der sorgenden Personen scheinen Voraussetzungen für die erfolgreiche Sozialisation des Kindes zu sein, d. h. für die Bildung von »Ich-Stärke« und Identität und der Fähigkeit, mit eigenen Triebimpulsen fertig zu werden. Das Vertrauen des Kindes setzt wiederum ein Vertrauen der Eltern in die Zuverlässigkeit und Vorhersehbarkeit der Umwelt voraus; in die Gültigkeit einer normativen Ordnung. Obwohl die jeweils bestehende Gesellschaft oft genug nicht vollbefriedigend und zuverlässig war, sorgte der Glaube an eine absolute, unverrückbare, höhere Weltordnung für den endgültigen Sieg – u. U. nach dem Tode – der »richtigen« moralischen Ordnung. Auf den Heranwachsenden in traditionellen hierarchischen Ordnungen wurden die von den Eltern dargestellte Autorität und Sicherheit, Kontinuität der Bindung und die Legitimierung der Normenstruktur an die weitere Gesellschaft und ihre Ordnung ohne wesentlichen Bruch übertragen.
Die heutige Krise im jugendlichen Reifungsprozeß kommt, wenn der in der Pubertät Stehende entdeckt – und entdecken muß –, daß die bisherigen Kontinuitäten und Zuverlässigkeiten durch die geschlechtliche Reifung und schwierige Aufgaben in der Umwelt erneut in Frage gestellt werden. Zudem entdeckt er, daß seine Eltern das Ideal der Ich-stärkenden, absoluten Autorität verfehlen. Wurde durch elterliche Einstellung und Erziehungspraxis ein Tabu in das Kind eingepflanzt, das jeden Zweifel an der elterlichen Autorität verbietet, so wird das Kind gezwungen, seine Ich-Schwäche und Ambivalenz zu leugnen und zu kompensieren, indem es sich mit einer fraglos »allmächtigen« Persönlichkeit oder Autorität ohne Schwächen und Fehler zu identifizieren sucht. [8]

Für die traditionelle Gemeinschaft, ob autoritärer Staat oder Religionsgemeinschaft, ist dieser Vorgang »funktional«, sogar ideal, insofern als es ihr gelingt, sich selbst als selbstverständlichen Nachfolger der elterlichen Autorität zu etablieren. Für die offene, nach Freiheit strebende Demokratie bildet er jedoch – auf staatspolitische Ebene übertragen – die Grundlage für gefährliche Absolutheitsdoktrinen. Der Zerfall der traditionellen Glaubensinhalte und der überlieferten Ordnungen hat zu einer weitverbreiteten Sozialisationskrise geführt, deren Ende noch nicht abzusehen ist. Die Offenheit der Zukunft und die Relativität aller Ordnungen bieten einen unsicheren Halt für Eltern bei ihrer Suche nach Kontinuität und Zuverlässigkeit. Die Unsicherheit überträgt sich auf die junge Generation und äußert sich in einer Krise der Identitätsfindung, in Mißtrauen gegen die bestehende Ordnung und die ältere Generation. Eltern, die auf die Unsicherheit mit angeblich fraglosen Autoritätsansprüchen reagieren, laufen Gefahr, ihre Kinder in eine autoritäre Haltung geradezu hineinzustoßen.

Es werden also neue Forderungen an die Erziehungspraxis gestellt, wenn diese einer offenen, demokratischen Gesellschaftsstruktur gerecht werden soll. Es kann nun weder auf elterliche Autorität verzichtet werden, noch können, als generelles Prinzip, Mehrheitsentscheidungen in der Familie gelten. Wie kann sichere Autorität entstehen unter einer Relativität aller Autoritäten? Und wie können die Fundamente einer offenen Gesellschaft in einer mit notwendiger Autorität ausgestatteten Familienstruktur gelegt werden? Die Pädagogik hat erst begonnen, an diese Probleme heranzugehen. Wir vermuten vorläufig, daß für moderne Eltern zweierlei notwendig ist: 1) eine feste, in eine Gemeinschaft eingebettete »symbolische Sinnwelt« unter Verzicht auf Glaubenszwang für Andersdenkende, und 2) das Ausharren in dieser Spannung zwischen faktischer Autorität und der Bereitwilligkeit, diese Autorität – auch von dem Kinde – in Frage stellen zu lassen. [9]

VII. Zusammenfassung

Zusammenfassend können wir sagen, daß die moderne Familie ebenso tiefgreifenden Wandlungen unterworfen ist, wie dies auch bei anderen Teilsystemen der gesellschaftlichen Struktur der Fall ist, daß diese Veränderungen ihrerseits wieder Auswirkungen haben auf das Verhalten auf allen anderen Gebieten, und daß die schnellen Veränderungen und neuen Lebensbedingungen sich spiegeln in einer gewissen Unsicherheit, gemessen am Standard früherer Zeiten. Obwohl das Problem ernst und seine Lösung dringend erforderlich ist, scheint Verzweiflung nicht am Platze. Es gibt kaum einen Beweis dafür, daß die Familie als die intimste Einheit von Personen heute weniger notwendig wäre für das Bestehen der Gesellschaft oder für die persönliche Integration und Zufriedenheit, als sie es in der Vergangenheit war. Sie kann sich an die veränderte Welt anpassen, aber sie wird wahrscheinlich auch andere Institutionen zwingen, sich anzupassen im Interesse der Familie und der Gesellschaft.

C) Literatur

1. Beer, Ulrich: Familien- und Jugendsoziologie. Berlin/Neuwied: Luchterhand 1964, 2. Aufl.
2. Claessens, Dieter: Familie und Wertsystem. Berlin: Duncker und Humblot 1962.
3. Goode, William J.: Die Struktur der Familie. Köln-Opladen: Westdeutscher Verlag 1960.
4. Herrmann, Ferdinand (Hrsg.): Krise der Ehe. München: Piper 1966.
5. Hess, Robert und Gerald Handel: Familienwelten. Düsseldorf: Schwann 1975.
6. Lüschen, Günther und Eugen Lupri (Hrsg.): Soziologie der Familie. Sonderheft 14 der Kölner Zeitschrift für Soziologie und Sozialpsychologie. Opladen: Westdeutscher Verlag 1970.
7. Mayntz, Renate: Die moderne Familie. Stuttgart: Enke 1955.
8. Mead, Margaret: Mann und Weib. Hamburg: Rowohlt 1958.
9. Myrdal, Alva und Viola Klein: Die Doppelrolle der Frau in Familie und Beruf. Köln-Berlin: Kiepenheuer und Witsch 1960.
10. Neidhardt, Friedhelm: Die Familie in Deutschland. Opladen: Leske/Westdeutscher Verlag 1966.
11. Pfeil, Elisabeth: Die Berufstätigkeit von Müttern. Tübingen: Mohr 1961.
12. Pfeil, Elisabeth: die 23jährigen. Tübingen: Mohr 1969.
13. Rosenbaum, Heidi: Familie als Gegenstruktur zur Gesellschaft. Stuttgart: Enke 1973.
14. Schelsky, Helmut: Wandlungen der deutschen Familie in der Gegenwart. Stuttgart: Enke 1955.
15. Schwägler, Georg: Soziologie der Familie. Tübingen: J. C. B. Mohr 1970.

D) Anmerkungen

1 Die These ist plausibel, daß »gesellschaftliche Evolution« in Richtung einer zunehmenden Ausdifferenzierung spezialisierter Teilsysteme (Funktionsbereiche) geht. Vgl. Niklas Luhmann »Soziologische Aufklärung«, Opladen: Westdeutscher Verlag 1971.

2 George P. Murdock »Social Structure«, New York: MacMillan 1949. Der Titel dieses Buches, das die Familienstruktur behandelt, enthüllt die wesentliche Übereinstimmung von Familienstruktur und sozialer Struktur in »primitiven« Gesellschaften.

3 Die Ehescheidung wurde jedoch 1968 wesentlich leichter gemacht, ohne auf die frühere Begründung zurückzugehen.

4 Paulus in 1. Kor. 7, 9: »Es ist besser zu heiraten, als sich in Begierde zu verzehren.«

5 E. W. Burgess and Harvey Lockle »The Family – from Institution to Companionship« New York: American Book Co. 1950.

6 Eine ausführliche Auseinandersetzung mit dem Problem der Frau im Heim und Beruf enthält das Buch von Alva Myrdal und Viola Klein »Die Doppelrolle der Frau in Familie und Beruf«, Köln-Berlin, Kiepenheuer und Witsch 1960.

7 Margaret Mead »Mann und Weib«, Hamburg: Rowohlt 1958.

8 Vgl. Alexander und Margarete Mitscherlich »Die Unfähigkeit zu trauern«, München: Piper 1967, S. 346–347.

9 Berger und Luckmann bezeichnen die überdeckende »theoretische« Legitimierung einer normativen Ordnung in der Gemeinschaft als »symbolische Sinnwelt«, sei sie Religion oder Sozialphilosophie, Weltanschauung oder Idee. (»Die Gesellschaftliche Konstruktion der Wirklichkeit«, Frankfurt/M.: S. Fischer 1966.) In einer pluralistischen Demokratie gibt es mehrere; keine einzelne darf mit der zwangsmäßigen Autorität des Staates identisch sein.

10. Kapitel
Arbeitsteilung, Technik und Organisation

Der weltumspannende Siegeszug der Technik ist eine Revolution, die sowohl eine ungeheure Problematik als auch eine neue Umwelt und ein neues Selbstverständnis des Menschen mit sich brachte. Daß die Technik vom Abendland ausging, haben wir vermutlich der griechischen Logik und Philosophie zu verdanken. Diese wurden erst in der Renaissance erneut aufgegriffen und in den Dienst der diesseitigen Lebensgestaltung gestellt. Nach einer gegenwärtigen These spielte auch das jüdische Erbe der »Entzauberung« der Natur von magischen Elementen (die Natur als **Schöpfung** Gottes, und nicht Gott selbst; »machet die Erde untertan«.) eine Schlüsselrolle. [1]

Technologie ist das Produkt des konsequenten zweckrationalen Denkens. Mit Beginn der Renaissance richtete sich das Denken mehr und mehr auf weltliche statt auf theologische Dinge, besonders bei der Kontrolle und der Nutzbarmachung der Natur. Die Hinwendung zum »Diesseits« förderte das Bemühen, die Annehmlichkeiten und Bequemlichkeiten des irdischen Lebens zu erhöhen und gleichzeitig seine Schmerzen, Enttäuschungen und Härten zu mildern. Die Natur kontrollieren bedeutet in erster Linie, die Gesetze der physikalischen und materiellen Welt zu beherrschen. Man vergaß oder ignorierte zeitweilig, daß seelische Pein und Enttäuschungen, die mit den physikalischen Kräften in der äußeren Umwelt wenig oder nichts zu tun haben, subjektiv ebenso als Qual empfunden werden können, die ebenso schwer oder schwerer zu ertragen ist als die, welche uns die materielle Welt bereitet. Das 20. Jahrhundert hat diese Tatsache wiederentdeckt und ist sich ihrer schmerzlich bewußt.

Die Zweckrationalität wurde mit unvorhergesehenem Erfolg auf die materielle Welt angewandt. Die beherrschende Frage war: Wie können maximale materielle Resultate erzielt werden mit einem Minimum an Energie und Hilfsmitteln? Man stellte diese Frage im Hinblick auf größte und kleinste Aufgaben, und die Antwort darauf, die für das Gebiet der Wirtschaft tiefe unmittelbare Folgen hatte, hieß **Technik und zunehmende Arbeitsteilung.** Dadurch wurden das Wesen der Arbeit, ihre Bedeutung für das Leben des einzelnen und der Aufbau der Gesellschaft radikal verändert. Der historische Name für diese Veränderung lautet »Industrielle Revolution«.

In Zusammenhang mit Normen (S. 26–27) haben wir eine Zweiteilung erläutert, nach der es technische und institutionelle Regeln gibt. Institutionelle Regeln weisen auf Gruppen- und gesellschaftliche Werte hin, technische Regeln auf Erfolg in der Beherrschung und Manipulierung von Objekten bei gegebenem Zweck. Habermas nennt diese zwei Handlungsweisen **Interaktion und Arbeit.** [2] Nach seiner These zeigt die Geschichte eine Entwicklung von überwiegender institutioneller Beherrschung über kleine und relativ unbedeutende technische Bereiche zu einer zunehmenden Vergrößerung des Technischen, d. h. das Denken richtet sich mehr und mehr auf die Frage »Wie« anstatt »Wozu«. [3]

Die Entwicklung geht in rasendem Tempo weiter, nicht nur in Ländern an der Schwelle der Industrialisierung, sondern auch und ganz besonders in solchen mit hochentwickelter Industrie. Wir wollen uns mit einigen Aspekten befassen.

A) Die Arbeitsteilung und die Stellung der Arbeit innerhalb der sozialen Beziehungen

I. Arbeitsteilung – Maschine – mechanische Antriebskraft

Die Anwendung der Zweckrationalität auf die produktive Arbeit führte als erstes unvermeidlich zu einer zunehmenden **Arbeitsteilung.** Unmittelbares Zweckdenken ebenso wie die praktische Erfahrung veranlaßten den Menschen, ein altes, aber selten gründlich angewandtes Prinzip wiederzuentdecken. Komplexe Arbeitsgänge können aufgelöst werden in eine Reihe von einfacheren; ein Individuum, das einen einfachen Arbeitsvorgang ständig wiederholt, anstatt verschiedene Aufgaben nacheinander zu erfüllen und dabei Werkzeuge und Arbeitsplatz zu wechseln, kann ein größeres Maß an Routine und Schnelligkeit erwerben. Dabei erhöht sich seine Arbeitsleistung beträchtlich, während gleichzeitig das erforderliche Maß an körperlicher Arbeit reduziert wird. Wenn beispielsweise die Herstellung von Schuhen in zehn einzelne Arbeitsgänge unterteilt werden konnte, wobei von zehn Männern jeder jeweils nur einen ausführte, konnten diese Männer eine viel größere Anzahl von Schuhen herstellen als zehn andere Männer, von denen jeder jeweils alle zehn Arbeitsgänge ausführte.
Der zweite Schritt in der Anwendung der Zweckrationalität auf den Produktionsprozeß war das Erkennen der Möglichkeit, Maschinen zu konstruieren, welche diese »einfachen« Arbeitsgänge ausführten. Einfache Arbeitsvorgänge regten wohl eher zu der Überlegung an, ob sie nicht durch Maschinen ausgeführt werden könnten. Zunehmender wirtschaftlicher Wettbewerb, die neu aufkommende Wissenschaft der Physik und die menschliche Erfindungskraft taten dann das ihre.
Der dritte Schritt innerhalb dieses Prozesses war die Entwicklung einer **Energiequelle** großen Ausmaßes, die eine Reihe von Maschinen in einem Raum antreiben und die Hand- und Fußarbeit der Menschen an diesen Maschinen überflüssig machen konnte. Mit der Erfindung der Dampfmaschine wurde dieses Problem gelöst, mit ihrer Perfektionierung begann das Fabrikzeitalter. Die weitere Entwicklung bestand und besteht im wesentlichen in einer Verfeinerung des einen oder des anderen dieser drei Prinzipien: Arbeitsteilung, Konstruktion von Maschinen, die einfache Arbeiten ausführen, und die Verbindung dieser Maschinen mit einer gewaltigen Energiequelle. Die automatische Steuerung dieser Vorgänge – die Automation – könnte als weiterer Schritt betrachtet werden.

II. Die Fabrik als Symbol revolutionärer Veränderungen

Für die Mehrheit aller arbeitenden Menschen ersetzte die Fabrik bald die Werkstatt und den Bauernhof, die vorher ihre Arbeitsstätten gewesen waren; die Fabrik wurde zum Symbol revolutionärer Veränderungen der verschiedenen Bezüge innerhalb der Arbeit. Wir wollen kurz einige dieser Bezüge oder Beziehungen analysieren.

1. – Arbeiter – Werkzeug

Der Handwerker besaß seine eigenen Werkzeuge; in vielen Fällen verfertigte er sie selbst, so daß sie den verschiedenen Anforderungen seines Körperbaus und seiner Arbeitsweise entsprachen. Er konnte sie nach Belieben aufnehmen und weglegen, abgesehen von einigen Einschränkungen durch die Zünfte. Die Werkzeuge waren sozusagen eine Verlängerung seiner Arme; seine Kraft bewegte sie, seine Geschicklichkeit führte sie. Normalerweise waren sie nicht sehr teuer, so daß der Wert des Produktes seiner Kunstfertigkeit von den Materialkosten des Gegenstandes und von der Zeit, Kraft und Geschicklichkeit, die er persönlich dafür aufwandte, abhing.
Im Gegensatz dazu besitzt der Industriearbeiter in der Regel keine eigenen Werkzeuge; die Maschinen gehören nicht ihm. Sie wurden konstruiert, um den organisatorischen und technischen Anforderungen zu genügen, nicht aber denen des einzelnen Arbeiters, der jederzeit durch einen anderen ersetzt werden kann. Er kann weder anordnen, wann sie in Bewegung gesetzt, noch kann er bestimmen, wann ihr Lauf angehalten werden soll; sie werden von einer Energiequelle angetrieben, über die er keine Kontrolle hat. Er kann nicht bestimmen, wann sie benützt werden sollen, sondern die Maschinen – d. h. der Arbeitgeber, der entscheidet, wann sie in Bewegung gesetzt werden sollen – befinden darüber, wann er arbeiten muß. Wenn sie abgestellt werden, muß er feiern, nicht nur während der Nacht, sondern oft tage-, wochen- oder monatelang, und wenn der Produktionsprozeß einmal zusammenbricht, so lange, bis die Maschinen wieder in Gang gesetzt werden. Sie sind nicht etwa die Verlängerung seiner Arme, sondern seine Arme werden zu zusätzlichen Hebeln und Teilchen der Maschine. Es ist nicht seine Kraft, die sie bewegt, und seine Geschicklichkeit spielt nur eine geringe oder gar keine Rolle dabei. Und schließlich sind sie so teuer, daß die Kosten des Endprodukts weit mehr durch die Kosten der Maschine bestimmt werden als durch den Aufwand an Zeit, Kraft und Geschicklichkeit des Arbeiters. Das Symbol der Maschine ist die Uhr, die selbst eine Maschine ist, die Zeit in abstrakte Einheiten zerteilt und dem Arbeiter befiehlt, wann er mit seiner Arbeit beginnen und wann er aufhören muß. Darin liegt die – allerdings nur halbe – Wahrheit, daß der Mensch der Sklave der Maschine geworden ist.

2. – Arbeiter – Arbeitsprodukt

Die fertige Arbeit war ein Ausdruck der Persönlichkeit des Handwerkers. Sie war das Ergebnis seiner Kunstfertigkeit und seiner Liebe zur Arbeit oder u. U. auch des Fehlens beider. Er war stolz darauf als seine individuelle Schöpfung, so wie der Künstler stolz ist auf ein Kunstwerk. Tatsächlich war auch die Kunst bis vor verhältnismäßig kurzer Zeit nicht die Arbeit selbstbewußter professioneller Künstler, sondern das Werk begabter Handwerker. Ihre Befriedigung beruhte zum größten Teil auf der Erkenntnis, daß sie etwas Gutes geleistet hatten und daß zwischen ihrer Kraft und Geschicklichkeit einerseits und dem Ergebnis ihrer Mühen andererseits eine direkte Beziehung bestand. Die Schuhe, die der Schuhmacher anfertigte, waren ganz sein Werk, in der vollen Bedeutung des Wortes.
Das Produkt aus der Fabrik ist in erster Linie abhängig von der Konstruktion und der technischen Vollkommenheit der Maschine und von der Qualität des verwendeten

Materials; beides unterliegt nicht der Kontrolle des einzelnen Arbeiters. Wenn er stolz ist auf die Produkte seiner Fabrik, dann gilt dieser Stolz nicht seiner Geschicklichkeit und dem geschaffenen Werk als Ausdruck seiner Persönlichkeit, sondern er erwächst aus einem Gefühl der Loyalität gegenüber dem Betrieb als Ganzes, bei dem er seinen Lebensunterhalt verdient und der der Rahmen ist, innerhalb dessen sich ein wesentlicher Teil seines Lebens abspielt. Wenn er nicht vorhat, dort lange Zeit zu arbeiten, ist ihm u. U. der Wert seiner Arbeit völlig gleichgültig. Auf jeden Fall hängt seine Zufriedenheit mehr von anderen Faktoren ab – z. B. vom Betriebsklima und von den Arbeitskollegen, von Löhnen und Arbeitszeit, Urlaub und Altersversorgung – als von einer inneren Befriedigung durch das Wissen darum, daß er etwas gefertigt hat, dessen Qualität Ausdruck seiner Geschicklichkeit ist. Der Arbeiter, der den Hebel stellt an einer der Pressen, die den vorderen linken Kotflügel für tausend Volkswagen je Tag ausstanzen, kann höchstens im Scherz behaupten: »Das ist ein Produkt meiner Hände!« Der Handwerker hingegen ist jeweils voll verantwortlich für jedes einzelne Werkstück, der Industriearbeiter ist lediglich technisch »notwendig« und das Produkt ist nicht seine Schöpfung.

3. – Arbeiter – Vorgesetzter

Vor dem Industriezeitalter war der Arbeiter entweder unabhängig in seiner eigenen kleinen Produktionseinheit oder er war Teil eines kleinen Betriebes, der selten größer war als eine große Familie. Seine Beziehungen zu seinem Vorgesetzten waren auf jeden Fall persönlicher Art, auch wenn sie nicht immer harmonisch waren. Sein Vorgesetzter kannte ihn nicht nur als Mitwirkenden an einem Produktionsvorgang, sondern auch als Mensch, als Angehörigen einer Familie, die er ebenfalls kannte, als Familienvater oder als Bürger, der das Geschick der gemeinsamen Gemeinde teilte. Zumindest war der Weg frei für ein individuelles Eingehen auf die Nöte des Arbeiters, wenn der Vorgesetzte willens war, seine Anliegen anzuhören.
Je größer die Industriebetriebe wurden, desto dürftiger wurden die Beziehungen zwischen dem Arbeiter und dem Betriebsleiter der Fabrik. In den ganz großen Betrieben sieht der Arbeiter nie die Vorgesetzten – und erwartet auch nicht, sie zu sehen –, die über sein berufliches Schicksal entscheiden. Soweit er doch mit ihnen zu tun hat, ist er mit Recht skeptisch in bezug auf das Interesse, das sie seinem persönlichen Leben entgegenbringen, soweit es außerhalb des Sektors vor sich geht, der direkten Einfluß hat auf die Erfüllung des Produktionsplans. Sie können sich gar nicht persönlich um ihn kümmern, da sie viel zu viele Arbeiter unter sich haben. Seine familiären Probleme und erst recht seine Freizeitbeschäftigung liegen außerhalb der Interessensphäre der Besitzer des Unternehmens. Der Weg zum »Boß« ist ein langer, steiler Pfad, der durch viele »Kanäle« führt, über Vorarbeiter, Abteilungsleiter, Personalabteilung und Sekretärinnen. Oftmals kann er nur zur Spitze vordringen, indem er mit einer Anzahl anderer Arbeiter übereinkommt, daß sie ihre Anliegen aufeinander abstimmen mit dem Ziel, einen Druck auszuüben, der ihnen Gehör verschafft. Die Unmöglichkeit, seine Berufssorgen mit irgend jemand zu besprechen, der etwas daran ändern könnte, ist eine Quelle der Unzufriedenheit für den Industriearbeiter. Nicht nur seine beruflichen Sorgen, sondern viel mehr noch seine persönlichen und seine Familienangelegenheiten haben anscheinend mit dem Beschäftigungsschema nichts zu tun. So wird die »Arbeit« in seinem Bewußt-

sein immer mehr vom übrigen »Leben«, von der Familie, der Religion und der kulturellen Betätigung getrennt. Einsicht in die tatsächlichen Zusammenhänge aller dieser Lebensbereiche erfordert eine Denkart, für deren Entwicklung er weder Übung noch Zeit haben konnte.

4. – Arbeiter – Kunde

Der Ausdruck »Kunde« bezieht sich hier auf denjenigen, der das Produkt des Arbeiters verbraucht. Auch hier war es so, daß der Handwerker gewöhnlich eine persönliche Beziehung zum Verbraucher hatte. Diese Beziehung wurde natürlich stark beeinflußt von der Qualität der Ware, aber sie erstreckte sich auch auf die vielseitigen gemeinsamen Interessen, die für eine Zugehörigkeit zur gleichen Gemeinde charakteristisch sind, in der alle Menschen einander kennen. Das Produkt seiner Geschicklichkeit war ein Bindeglied zwischen seiner beruflichen und seiner bürgerlichen Existenz.
Diese Verbindung zwischen Beruf und bürgerlichem Leben existiert für den Industriearbeiter kaum noch. Seine Beziehung zu den anderen Angehörigen der gleichen Gemeinde hat wenig zu tun mit der Arbeit, die er leistet, ausgenommen den Fall, daß einige seiner Nachbarn im selben Betrieb beschäftigt sind. Die Qualität seiner Arbeit beeinflußt diese Beziehungen nicht; keiner weiß, ob er das Produkt der Arbeit seines Nachbarn benützt. Wenn er es weiß, ist ihm gleichzeitig bekannt, daß irgendein anderer aus Hunderten von Arbeitern es nicht anders hätte herstellen können. Auch diese Tatsache errichtet eine trennende Mauer zwischen dem beruflichen Dasein und den menschlichen Beziehungen innerhalb einer Gemeinde.

III. Die Industrielle Revolution als Fortschritt

Diese Betrachtungen genügen, um den in der Arbeitswelt revolutionären Unterschied zwischen der Industriegesellschaft und der vor der Industrialisierung bestehenden aufzuzeigen. Berufstätigkeit ist mehr und mehr zu einer Angelegenheit geworden, die vom übrigen Leben getrennt ist. Es gibt zweierlei Arten menschlicher Beziehungen, und zwar solche innerhalb des Berufslebens und solche außerhalb; sie können praktisch ohne organischen Kontakt miteinander sein. Die Integration der beiden ist zerstört worden. Die beiden »Abteilungen« des Lebens können miteinander im Wettstreit liegen, und der Mensch, den seine Arbeit wenig befriedigt, kann ihr »entfliehen« und in seiner Gemeinde und Familie »leben«. Andererseits kann Unzufriedenheit in der Familie und im persönlichen Leben zu einer Flucht in die Welt der Arbeit führen.
Man gerät leicht in Versuchung, die Welt des Handwerkers vor dem Aufkommen der Fabriken romantisch zu idealisieren. Wir dürfen aber nicht vergessen, daß – seit die krassesten Übelstände der ersten Zeit der Industrialisierung abgestellt wurden – dem Arbeiter eine ganze Anzahl ausgleichender Faktoren zugute kommen, die in der vorindustriellen Ära nicht denkbar waren. Er hat nicht nur teil an der viel größeren Menge und Vielfalt der Produkte, die ein Ergebnis dieser Revolution sind, sondern auch an vielen Errungenschaften auf anderen Gebieten, z. B. an Erziehung und Bildung, an ärztlicher Fürsorge, an Reisen, Literatur, Film, Radio, Fernsehen, die

alle erst möglich wurden dadurch, daß eine große Zahl von Menschen befreit wurde von der schieren Notwendigkeit, allein nur für ein Existenzminimum zu arbeiten. Und wenn auch seine Arbeit wenig zu tun hat mit dem Rest seines Lebens, so ist doch die Arbeitszeit kurz und schenkt ihm immer Zeit, die er der Familie oder anderen Interessen widmen kann. Allerdings ist es oft genug so, daß der Mangel an schöpferischer Arbeit im Beruf zu einer Lahmlegung der Phantasie für lebenserfüllende Tätigkeit führt. Man zieht sich in der Freizeit entweder stumm zurück oder läßt sich von kommerziellen »Freizeitindustrien« passiv tragen. Dennoch sind die Möglichkeiten zur günstigen Ausnützung der Freizeit groß (Bildung, Erholung, Hobbys) und können ihn theoretisch wohl entschädigen für die negativen Seiten dieses Lebens. Wir wissen auch noch nicht genau, was die Zukunft an echten beruflichen Aufgaben stellen wird. Wenn immer mehr einfache Routinearbeit und Schwerarbeit von Maschinen übernommen werden kann, wird auch immer mehr menschliche Energie frei, die sich befriedigenderen geistigen und komplizierten technischen Aufgaben zuwenden kann, die den schöpferischen Drang des Menschen herausfordern.

B) Bürokratische Organisation

I. Zu Begriff, Voraussetzungen und Auswirkungen der Bürokratie

1. – Die vermutlich weitestgreifenden Auswirkungen der Anwendung zweckrationalen Denkens haben wir bis jetzt noch nicht erwähnt. Die Rationalität konnte nicht enden bei der Unterteilung des Produktionsvorgangs in einfache Arbeitsgänge, bei der Erfindung von Maschinen, die sie ausführen, und bei dem Antrieb **vieler** Maschinen durch **eine** Kraftquelle. Solange Menschen beteiligt sind an diesem sonst anscheinend technisch perfekten Arrangement, kommen Individualismus und Unberechenbarkeit als menschliche Elemente hinzu und hindern den glatten Ablauf dieser Arbeitsvorgänge. Wenn rationales Denken angewandt wird auf die Organisation einer sozialen Struktur, die es erforderlich macht, daß die vielen Komponenten der großen Einheit koordiniert werden, dann entsteht die Bürokratie. Im engeren Sinne bezeichnet Bürokratie den organisatorischen Apparat, dem die Ausführung von größeren Staatsaufgaben anvertraut ist. Ihre Prinzipien, die sie zum effektiven Instrument zur kontrollierten Durchführung von umfangreichen Projekten machen, werden in praktisch jeder größeren Organisation angewandt.
Bürokratie ist also die notwendige strukturelle Organisierung von Menschen in einem Unternehmen, das zu groß geworden ist, um durch die persönlichen Anweisungen eines planenden Organisators allein geleitet werden zu können. In einem kleinen Betrieb können individuelle Eigenheiten und Unvorhersehbarkeiten von der leitenden Persönlichkeit einkalkuliert werden. Bei jeder größeren Organisation ist das unmöglich. Die individuellen persönlichen Beziehungen werden ersetzt durch allgemeingültige Regeln und Einschränkungen im Hinblick auf die Rechte, Pflichten und Verantwortlichkeiten des jeweiligen Amtes und nicht im Hinblick auf die Persönlichkeit, die das Amt innehat. [4] Problem Nummer eins für jede große Organisation ist die Koordinierung der verschiedenen Ämter und Ebenen, und je größer

die Organisation ist, desto schwieriger wird dieses Problem. Da jedes Amt auf andere Ämter abgestimmt werden muß, gilt das erste Anliegen nicht dem Individuum und seinen Bedürfnissen, sondern dem technischen Problem, zahlreiche Einzelvorgänge zu koordinieren. Voraussetzung dafür ist Berechenbarkeit – Tätigkeitskontrolle – im Sinne des Organisationsziels, welches wiederum für die darin Tätigen Legitimation erforderlich macht. Wenn die Aufmerksamkeit jedoch nicht mehr dem einzelnen gilt, dann wird die menschliche Persönlichkeit zum standardisierten »Inhaber« eines Amtes, sie wird zum Objekt, zum Mittel, zur Ware.
Bürokratie ist keineswegs ein neues Phänomen. Sie war schon immer ein mehr oder weniger auffallender Zug an allen größeren politischen Gebilden und ein klassisches Charakteristikum jeder Armee.
Neu ist, daß seit der Industriellen Revolution die Bürokratie nicht mehr auf Verwaltungsdienst und Armee beschränkt ist. Sie ist der Normalzustand für viele, wahrscheinlich für die Mehrheit der Bürger moderner Staaten. Mit dem Eindringen der Bürokratie in das Wirtschaftsleben wird praktisch jeder einzelne von ihr betroffen. Die Bürokratie ist das Modell jeder modernen sozialen Organisation geworden; wir finden sie im Erziehungssystem, in der Kirche, in den Wohlfahrtsorganisationen und bei der wissenschaftlichen Forschungsarbeit, ebenso auch bei der Industrieproduktion, im Bankverkehr, in der politischen Verwaltung und in der Armee. Der Geist der Bürokratie streckt seine Fühler in alle Bereiche der Gesellschaft. Allein schon die Größe der Bevölkerung und der dementsprechende Umfang einzelner Institutionen machen diese Entwicklung unvermeidlich. Wir brauchen nur die Unterrichtsministerien moderner Staaten zu erwähnen oder die Universitäten, von denen viele zehn- bis vierzigtausend Studenten haben, die enorme Mitgliederzahl kirchlicher Organisationen mit ihren vielerlei Abteilungen und Richtungen sozialer, erzieherischer und theologischer Art, die privaten und staatlichen Wohlfahrtsprogramme, die fast die ganze Bevölkerung erfassen, und das Konglomerat aus Institutsdirektoren, Abteilungsleitern, Sekretärinnen und Wissenschaftlern in Forschungszentren. Jede dieser Organisationen würde ebenso wie die Armee arbeitsunfähig, wenn es darin nicht die stattliche Zahl funktionaler Ämter mit ihren genau begrenzten und präzis definierten Verantwortlichkeiten gäbe, welche die Koordinierung sichern und die persönlichen Exzentrizitäten, die zu Spannungen führen, auf ein Minimum beschränken. Der Zwang der Bürokratie führt immer zur Unpersönlichkeit; individuelle Launen passen nicht in ein Schema, das gut geölte Rädchen erfordert.

2. – Die Auswirkungen der Bürokratie auf das moderne Leben reichen außerordentlich tief. Die Maschine ist nicht nur das Wesentliche an der Fabrik, sie ist gleichzeitig auch der Prototyp der Bürokratie; wie jene besteht auch diese aus einer großen Zahl unveränderlicher Bestandteile, die eben wegen ihrer Unveränderlichkeit in hohem Maße vorherschaubar funktionieren. Es ist kein Zufall, daß man viele Organisationen mit »Maschinen« vergleicht, und daß man sich selbst spöttisch als »Rädchen in einer Maschine« bezeichnet. Das Rädchen ist absolut notwendig, aber es darf seinen angestammten Platz nicht verlassen, sonst bricht die Maschine zusammen. So kann der Bürokrat kaum die Verantwortung übernehmen für Vorgänge außerhalb des engen Rahmens der Vorschriften, die mit seiner Stellung verbunden sind. Er ist nicht »zuständig« für die Erledigung der Angelegenheiten eines einzelnen Klienten, der meint, er verdiene eine individuelle Behandlung. Weil die Bürokratie dazu da ist,

sich nur mit festgelegten Kategorien von Möglichkeiten zu befassen, kommt es häufig vor, daß der einzelne, der eine Behandlung seines Falles durch die Organisation wünscht, nicht zufriedengestellt werden kann; er empfindet, oft mit Recht, der seine sei ein Einzelfall, der nicht auf der Basis allgemeiner Katagorien behandelt werden könne. So wird verständlich, daß die Begriffe »Bürokrat« und »Bürokratie« zu weitverbreiteten Schimpfworten geworden sind.
Sehr wahrscheinlich formt die Bürokratie einen ganz bestimmten Typus der Persönlichkeit. Stabilität und Vorherschaubarkeit machen ein langes Verbleiben im selben Dienst wünschenswert, und das lange Verbleiben im gleichen Dienst wird am besten garantiert durch eine Sicherung im Beruf. Diese Sicherheit, die man am ehesten erreicht, indem man sich an die funktionellen Gesetze und Regeln hält, wird deshalb gefördert und der Persönlichkeit eingeprägt, man gibt ihr den Vorrang vor Unternehmungsgeist und Initiative, vor jedem »Über die Stränge schlagen«. Die Beförderung hängt von der Länge der Dienstzeit ab, das Alter ist wichtiger als schöpferische Ideen. Aus der langen Dienstzeit zusammen mit anderen in einer gut funktionierenden Organisation (die tatsächlich zu einer bestimmten Art von Gruppenzusammenarbeit und Teamwork führt, wie man es bei Individualisten wie Handwerkern und Bauern selten findet) wächst eine Solidarität der Interessen, die sich in einer gemeinsamen Abwehrhaltung gegen Einmischung von außen zeigt und sich vor allem gegen jeden Versuch der Auflösung wendet. Jeder solcher Versuch trifft auf massiven Widerstand. Darum widersetzt sich jede Bürokratie hartnäckig einer Verkleinerung ihres Apparates, und das ist ein Grund für ihre Stabilität. Wie wir bereits sagten, genießt Sicherheit den Vorrang vor Freiheit. Das »Rädchen« hat kein Interesse an Unabhängigkeit, ein selbständig arbeitendes Rädchen (oder Rad) wäre widersinnig. Das »Rädchen« möchte ein »Rädchen« sein und bleiben. Im allgemeinen hat unsere Gesellschaft dieser Forderung entsprochen, indem sie berufliche und finanzielle Sicherheit in bisher unerhörtem Maße garantiert.
Gleichwohl hat die Bürokratie ausgesprochene Nachteile für den »Menschen«, d. h. für ein Wesen, das nach individueller Bestätigung drängt. Zuallererst ist wichtig, daß man reibungslos »funktioniert«. Dazu braucht es natürlich eine große Anzahl von »Funktionären«, und je größer die Organisation ist, desto größer ist nicht nur die Zahl, sondern auch der Prozentsatz der Funktionäre. Das Wort selbst deutet bereits darauf hin, daß die Hauptpflicht des Funktionärs nicht darin besteht, individuelle Entscheidungen zu treffen oder »produktive« Arbeit zu leisten, sondern darin, Entscheidungen weiterzuleiten und dafür zu sorgen, daß die »Maschine« funktioniert. Das kann man sehr deutlich erkennen an der wahrscheinlich massivsten bürokratischen Struktur unserer Zeit, an dem System der umfassenden Planung und Produktion in der UdSSR.

II. Organisationstheorie im Wandel

1. – Im Bemühen um größere Effektivität der Organisation ist man zu der Erkenntnis gekommen, daß die zwischenmenschlichen Beziehungen als solche, relativ unabhängig von den äußeren, »technischen« Faktoren, eine bedeutende Rolle spielen. Eine daraus entstehende Bewegung wurde als die »Human-Relations« Schule der Organisationsgestaltung bekannt. Leistung, so wurde entdeckt, hängt ebenso vom

»sozialen Ansporn« ab als vom Bestreben nach ökonomischem Gewinn oder von der Angst vor materiellem Verlust. Informelle Beziehungen in der Organisation sind ebenso wichtig als formale Struktur. In der Folge widmete man der Frage der Persönlichkeit viel Aufmerksamkeit, besonders in Funktionärsschichten der Organisation. Umgangston und Informationsfluß wurden hervorgehoben, um eine Steigerung des sozialen Ansporns zu bewirken.
Erst in letzter Zeit finden weithin bekannte Versuche statt, einen weiteren Schritt des »Human Relations« in Organisationen zu gehen, nämlich die Errichtung von teilautonomen Gruppen. Solchen Gruppen werden komplexe Aufgaben übertragen, wobei die Mitglieder über die interne Organisation der Durchführung autonom entscheiden.

2. – Die überlieferte Vorstellung, daß Hierarchie mit vorwiegend vertikalen Anweisungs- und Informationslinien das effektivste Instrument zur Durchführung organisatorischer Aufgaben sei, ist ins Wanken geraten. Drei Strömungen dieser Entwicklung seien hier erwähnt:
a) Organisationsgröße, technische Komplexität und Spezialisierung machen eine Übersicht von der Spitze her unmöglich. In zunehmendem Maße müssen Entscheidungen auf der Ebene, wo unmittelbare Sachkenntnis vorhanden ist, getroffen werden.
b) Die Arbeiter scheinen immer weniger bereit zu sein, sich monotonen und phantasielosen Aufgaben hinzugeben. D. h., Identifikation mit dem Betrieb und mit der Qualität des Produkts leiden, und somit auch dessen Wettbewerbsfähigkeit. Besonders in Zeiten der Hochkonjunktur zwingen Fluktuation, das »Krankfeiern« und allgemeine Unlust die Arbeitgeber und Manager zu Überlegungen über neue Möglichkeiten zur Hebung des Interesses an der Arbeit.
c) Mit der Infragestellung des unbegrenzten Wachstums machen sich Menschen in Industrieländern mehr und mehr Gedanken über »Lebensqualität« und »Humanisierung der Arbeit« – auch unter dem Aspekt der Erhaltung von lebenswürdigen Bedingungen auf unserem Planeten für künftige Generationen. Das bedeutet, daß die »Effektivität« der Organisation nicht allein am meßbaren Ausstoß des Produkts abzulesen ist. Der Begriff »Effektivität« ist im Wandel. Neue Daten werden in die »Aufwand«-Seite eingetragen, wie z. B. »soziale Kosten«, Kosten der Reinigung des verschmutzten Wassers und der Luft, Aufwand zur Dämpfung von Lärm, Verwendung von unersetzbaren Fossilenergien.
Somit ist die Frage der »effektivsten« Organisationsstruktur aus neuen Perspektiven zu betrachten. Die These ist plausibel, daß vertikaler Befehl und vertikale Zuleitung von Information immer mehr durch horizontale Kommunikation ersetzt wird.

C) Die Massengesellschaft

In den letzten Jahrzehnten hat kaum ein anderes Problem soviel Aufmerksamkeit erregt wie das der »Masse« und der »Massengesellschaft«. Der Begriff »Massengesellschaft« wird oft und so unterschiedlich verwendet, daß es Schwierigkeit bereitet, eine allgemeingültige Basis für die Diskussion darüber zu finden. Dennoch haben alle Definitionen des Begriffs eines gemeinsam: die Erkenntnis, daß die sozialen

Wechselbeziehungen sich fundamental und weitgehend verändert haben. Uralte Denkweisen und Traditionen sind überholt worden. Seit Anfang der Industrialisierung gibt es skeptische Stimmen und düstere Prophezeiungen, meistens über nur geahnte Veränderungen des Gesellschaftsgefüges. Häufig drückte die Kritik die Sehnsucht nach einer Wiederkehr der ständischen Gesellschaftsgliederung aus; andere Kritiker sahen den Untergang der »höheren« Kultur. Von »Gemeinschaft« zur »Gesellschaft«, »Vermassung«, »Atomisierung«, »sekundäre Systeme«, »Entfremdung«, der »außengelenkte Sozialcharakter« – solche Formulierungen versuchen, das Phänomen in den Griff zu bekommen.
Alle diese Symptom-Beschreibungen kreisen um zwei Haupttendenzen: einmal um die Nivellierung des Lebenszuschnitts, wie sie eine ständig wachsende Zahl von Menschen betrifft, zum zweiten um die ständige Erweiterung von zwischenmenschlichen Beziehungen, die als oberflächlich, anteilnahmslos und von mangelhaftem Verantwortungsgefühl empfunden werden. Der Begriff »Massengesellschaft« bezeichnet den Zustand der breiten Massen, die eingespannt sind in Organisationen, eingeengt von Strömungen, Entwicklungsprozessen und dynamischen Vorgängen, die sie nicht mehr überschauen können, sowenig wie sie die kontrollieren oder ihre spezifische Rolle im Ganzen darin erkennen können. Eine persönliche Verantwortung für Probleme oder Katastrophen, welche die gesamte Gesellschaft betreffen (z. B. Arbeitslosigkeit, Rassenverfolgungen, Massenbombardements), gibt es für den einzelnen nicht, auch wenn er erkennt, daß Menschen oder von Menschen geschaffene Systeme diese Probleme geschaffen haben. Die Masse ist auch hier »nivelliert«, alle »sitzen im selben Boot«.

I. Masse als Abbau der hierarchischen Ordnung

1. – Bis vor wenigen hundert Jahren lebte die überwiegende Mehrzahl aller Menschen in einzelnen überschaubaren Kreisen, in denen sich die Positionsfelder im Hinblick auf Personenkreise weitgehend deckten. Der Wechsel von einer Rolle zu einer anderen bedeutete keine wesentliche Änderung im Personenkreis. Wirtschaftliche Rolle, Familienrolle, Rolle in der Kirchengemeinde und in der politischen Gemeinde waren im großen und ganzen »kongruent«. Die Erwartungen, die von verschiedenen Positionsfeldern her, sowie diejenigen, die von verschiedenen Positionssegmenten her gestellt wurden, waren einheitlich und wenig widersprüchlich. Daraus ergaben sich nicht viele verschiedene Rollen für den einzelnen, sondern praktisch nur eine »Wesens«-Rolle, und dies wurde in einer Standes- oder Kastenhierarchie fixiert. Der Mensch konnte kaum als »Rollenträger« gedacht werden; seine ganze Identität verschmolz in diese »Wesens«-Rolle: der Fürst, der Sklave, der Adlige, der Bauer, der Priester, der Handwerker.
Durch die Industrielle Revolution sind diese Strukturverhältnisse anders geworden. Vielfach erwähnt ist die Trennung zwischen Familie und Beruf. Diese ist nur charakteristisch für den größten Teil unserer Positionsfelder. Wir wechseln rasch von einem Personenkreis zum anderen: am Fließband, in der Familie, in der Straßenbahn, auf der Post, in der Kirche, im Sportklub. Jeder Bereich umfaßt einen anderen Personenkreis; die Erwartungen haben wenig gemeinsam, denn sie sind nicht in einem einheitlichen moralischen Weltbild verankert, sondern in zweckrationalen Organi-

sationsgebilden. Verschiedene Positionssegmente wie auch Positionsfelder stellen uneinheitliche Erwartungen an den Rollenträger. Er kann nicht mehr an einer Stelle in einer gültigen Hierarchie lokalisiert werden. Er ist oben in der einen, unten in der zweiten und in der Mitte in der dritten. Hierarchien verlieren allmählich ihre Bedeutung für eine Wertung – eine Bestimmung – des Mensch-Seins des einzelnen; sie sind zweckrationale Strukturen von Weisungsbefugnissen und bedeuten für die rangmäßige Bewertung weiter nichts.
Daraus kann erst der Begriff des Rollenträgers sichtbar werden. Aber noch wichtiger: Da man »Träger« verschiedener Rollen ist, wird man offenbar durch keine ganz erfaßt. Mit dieser Einsicht kann der Gedanke der fundamentalen **Gleichheit** der Menschheit erst durchbrechen. Wenn man den »Menschen« abstrahiert von seinen in ein Rangsystem eingeordneten Rollen denken kann, dann kann auch an seine Gleichheit gedacht werden. Als Konsequenz wurde es möglich, daß Rousseau die Frage der Ungleichheit als ein öffentliches Problem zur Sprache bringen konnte und daß Thomas Jefferson eine Liste von allgemeinen »Menschenrechten« in die Verfassung von Virginia einfügen konnte.
Das Aufgehen des Bewußtseins einer Ebene des Menschen, der allgemeine Rechte zustehen – ungeachtet seines Alters und seines Standes, seines Berufs und seines Geschlechts, seiner Rasse, Religion oder Nationalität –, in einer Welt der zunehmenden Zweckrationalität und des abnehmenden Glaubens an die Transzendenz ist wohl eine der tiefsten Wirkungen der modernen Entwicklung. [5]
Die »Emanzipationen« unseres Zeitalters sind das Ergebnis: die Lösung der Frau aus der Unterwerfung unter den Mann, die Befreiung des gemeinen Mannes von der Vorherrschaft des Adels, des Farbigen von der Herrschaft des Weißen, der Kolonialvölker von der Ausbeutung durch imperialistische Staaten, der Arbeiter von der machtlosen Abhängigkeit vom Arbeitgeber. Gleichheit hat, wie die Bürokratie, nun auch einen unpersönlichen Zug; Gleichheit vor dem Gesetz besteht darin, daß jeder »unpersönlich« beurteilt wird. Und »Gleichheit vor Gott« heißt, er »siehet nicht die Person an«. Wenn also in der organisierten Struktur unsere Persönlichkeit oft unberücksichtigt bleibt, so weist das auch auf unsere Gleichheit hin. »Austauschbare« Menschen sind, im guten wie im schlechten Sinne, gleiche Menschen. Daß Gleichheitsbestrebungen für obere Schichten nicht ohne weiteres angenehm sind, ist verständlich; ihre automatische Erhebung über die »Masse« wird in Frage gestellt. Sie sind es auch in erster Linie, welche sich über die Massengesellschaft beklagen.

2. – Wenn wir sagen, daß die bürokratische Struktur uns »sekundär« beansprucht, wird zugleich zum Ausdruck gebracht, daß ein »privater« Raum frei gelassen wird. Das bedeutet wiederum, daß moderne Strukturen ein Bewußtsein der eigenen Freiheit bzw. Unfreiheit in bisher unbekannter Weise hervorrufen. In der pluralistischen Gesellschaft sind Menschen weit weniger unter institutionelle Kontrolle gestellt als in geschlossenen Gemeinschaften, die nicht einmal ein Bewußtsein ihrer Ketten zulassen.
Wenn Kritiker vielfach über die heutige Unfreiheit klagen, legen sie der Ordnung einen Freiheitsmaßstab auf, der in früheren Zeiten völlig unverständlich war. Konformität war selbstverständlich; der seltene Non-Konformist stellte sich selbst außerhalb der Gemeinschaft.

3. – Die politische, ökonomische und technische Verflochtenheit der modernen Welt mag bedrückend sein und ein Gefühl der eigenen Ohnmacht hervorrufen; aber das Bewußtsein, daß Menschen letzten Endes vor ähnliche Probleme und Aufgaben gestellt sind, daß sie »Brüder« sind, läßt sich nicht unterdrücken. Was in Jerusalem und Johannesburg, in Peking, Moskau und Buenos Aires geschieht, geht auch uns an. Ganz unbeteiligte Distanz von Nachbarn, ja von fernsten Völkern ist nicht länger möglich.
Der größte Teil früherer Generationen konnte nur die abstrakteste Ahnung davon haben, was die konkrete Brüderlichkeit aller Menschen bedeuten könnte. Heute wird sie als Tatsache vor Augen geführt, oft genug gegen unseren Willen. Der Verlust für den anderen kann nicht länger als unser Gewinn angesehen werden; Ketten für ihn verringern unsere eigene Freiheit.
Die Interdependenz unbekannter Menschen erfahren wir täglich auf den Autostraßen: Wir begegnen zahllosen Autofahrern – meistens bei hoher Geschwindigkeit –, und in jeder Begegnung hängt das weitere Leben, das des anderen und das eigene, davon ab, ob wir in gegenseitiger Rücksicht die Fahrregeln einhalten und fahrtüchtig sind, obwohl keiner in das Gesicht des anderen schaut oder ihn jemals wiedersehen wird. Wir sind unmerklich »unseres Bruders Hüter« geworden, und das ohne moralische Predigt.
Gleiches gilt für moderne Systeme der Sozialversicherung. Obwohl unpersönlich organisiert, scheint eine »Brüderlichkeit« in ihnen eher verwirklicht als in der Almosenpraxis, bei welcher der Geber allzuoft sich selbst in seiner Überlegenheit bestätigt sieht oder Gewissensbisse unterdrückt, anstatt daß er Solidarität mit dem Bruder bekundet. Die Ansicht verbreitet sich unaufhaltsam, daß menschliche Würde und Wohlstand allgemeine Rechte sind anstatt Vorrechte der wenigen, die, je nach Laune oder Gnade, ihre Vorteile mit den weniger Begünstigten teilen.
Als soziales Wesen sind Menschen in der Tat nur lebensfähig, wenn gegenseitigen Interessen gedient wird, und gegenseitiges Interesse besteht aus Selbstinteresse der Beteiligten. Moraltugenden erwachsen aus solchen Interessen, nicht umgekehrt.
Wir sehen also, daß das moderne Selbstverständnis im Hinblick auf Gleichheit, Freiheit und Brüderlichkeit vom Abbau der hierarchischen Gesellschaftsordnung unlösbar ist; die Wurzeln dieses Abbaus sind gleichzeitig die Wurzeln der Massengesellschaft.

II. Massenverbrauch und Massenproduktion

Durch die Arbeitsteilung und durch den Einsatz von Maschinen anstelle von Menschen werden die Kosten des Endproduktes immer mehr abhängig vom Preis der Maschinen anstatt vom Preis der Arbeit. Ausschlaggebend ist der Preis, der für Entwurf, Konstruktion und Anschaffung der Maschinen bezahlt werden muß. Hinzu kommen noch die enormen Ausgaben für Gelände, Gebäude und andere Einrichtungen, die vorhanden sein müssen, ehe die Produktion beginnen kann. In der Wirtschaftstheorie bezeichnet man das als fixe Kosten, als Kosten, die unabhängig sind von der Anzahl der einzelnen produzierten Gegenstände, Kosten, die bezahlt werden müssen, ganz gleich, ob man später eines oder tausend Exemplare vom selben

Gegenstand herstellt. Die anderen Kosten, die sich ergeben aus der Anzahl der hergestellten Produkte, aus dem erforderlichen Material und aus der unmittelbaren Arbeitsleistung für das Endprodukt, nennt man variable Kosten.
Durch das Größerwerden der Produktionsfirmen und besonders durch die Automation sind die fixen Kosten im Verhältnis zu den variablen Kosten stark angestiegen. Mit anderen Worten: Auf fast allen Gebieten der Produktion bereitet es verhältnismäßig geringe Mehrkosten, tausend oder zehntausend standardisierte Artikel herzustellen statt nur eines einzigen. (Dies gilt jedoch nur bis zu einer gewissen Stückzahl, nach deren Überschreiten die Kosten pro Stück wieder steigen.)
Die Folgeerscheinungen dieser Entwicklung sind eindeutig: Der wirtschaftliche und rationale Schwerpunkt bei der Industrieproduktion liegt auf der Vergrößerung der Anzahl der standardisierten »Massenartikel«, und diese Artikel müssen verkauft werden, wenn die Arbeitskräfte ständig Beschäftigung haben sollen. Die Herausgabe jedes neuen Markenartikels ist mit einem großen Risiko verbunden, da man ein so kostspieliges Produktionsprogramm nicht erst starten und dann an einigen wenigen Artikeln ausprobieren kann, ob sie sich auf dem Markt gut verkaufen. Wenn sich das Unternehmen bezahlt machen soll, muß gleich mit einer »Massenauflage« begonnen werden. Deshalb werden Himmel und Hölle in Bewegung gesetzt, um durch ein massives Verkaufsprogramm – das ebenfalls teuer ist und von vornherein fixe Kosten verursacht – zu garantieren, daß der Artikel ankommt.
Der Zwang zur Massenproduktion und zum Verbrauch standardisierter Artikel ist in einer Welt der großen Organisationen nicht auf Autos, Waschmaschinen und Radios beschränkt. Er greift auch auf das intellektuelle Leben, auf die Künste und auf die persönlichen Dienstleistungen über. Ein nationales Gesundheitssystem führt mehr oder weniger zur standardisierten, fünf Minuten dauernden Untersuchung des Patienten, Bücher und Zeitschriften sind am einträglichsten, wenn sie in Auflagen zu 50 000 oder mehr verkauft werden, standardisierte Gesellschaftsfahrten sind die billigste Art des Reisens; die Filmproduzenten müssen in erster Linie auf die Kassen schauen, wenn sie im Geschäft bleiben wollen. Auch die Universitäten stehen im Verdacht, daß sie standardisierte Produkte »herausbringen«, anstatt individuelle Persönlichkeiten heranzubilden.
Wenn man eine maximale Zahl von Menschen ansprechen will, muß man einen gemeinsamen Nenner finden, und dieser liegt unweigerlich unterhalb des Besten, des Hervorragendsten, des Seltensten und des Individuellsten. Mehr oder weniger wird damit der mittelmäßige oder sogar ausgesprochen schlechte Geschmack angesprochen (s. die große Masse der Filme, der Comic Books und der Sensationszeitungen). Jeder Produzent, der intellektuelle, geistige oder materielle Güter herausbringt, verzichtet in der Regel von vornherein auf ein Massenpublikum, auf höchsten materiellen Gewinn aus seinem Unternehmen, sobald er sich strikt an einen hohen Standard und an individuellen Geschmack hält.
Das ist eine Seite der Massengesellschaft, die das überlieferte elitäre Gefühl verletzen muß. Große Organisationen erstreben aus rationalen Gründen die Standardisierung des Geschmacks und die Massenverteilung von Gebrauchsartikeln. Es steht außer Zweifel, daß sie damit Erfolg haben. Wohlstand für die Masse kann nichts anderes bedeuten, als einen relativ gleichartigen Geschmack und die Verwendung ähnlicher Artikel.

III. Die Masse als Kalkulationsfaktor

1. – Ein anderes Kennzeichen der Massengesellschaft ist, daß in ihr die »Menschen« immer stärker als »Massen«, als »Zahl«, als »Manpower«, als »Arbeitskräfte« angesehen werden, als eine unpersönliche, amorphe Anhäufung von Dingen oder Objekten, als »Menschenmaterial«, das zur Erreichung eines bestimmten Zwecks eingesetzt wird. Die entgegengesetzte Haltung wäre, die Menschen als Individuen anzusehen, als einmalige, fühlende Persönlichkeiten, die nicht in ein Schema gepreßt werden können und dürfen.
Die Zunahme der Organisationen an Zahl und Umfang hat das ihre beigetragen zu der unpersönlichen, berechnenden Einstellung gegenüber den Menschen als »Rohmaterial«. Anzeigen, Programme, Gesetze, Direktiven wenden sich an eine große Zahl von Menschen, die man nicht mit demselben Erfolg als Individualisten behandeln könnte. (Auch die Soziologie mit ihren Verallgemeinerungen bildet hier keine Ausnahme.) Praktisch stellt sich jede Organisation, sei sie nun wirtschaftlicher, religiöser oder militärischer Natur, die Frage: Wie kann ich die Massen erreichen? (Werbung, bakteriologische Kriegführung.) Wir fühlen uns als »Objekte«, als »Zielscheibe« all dieser Organisationen, und wir müssen kämpfen, um uns ein Gefühl der Individualität und der individuellen Werte zu erhalten. Dieses subjektive Gefühl wird objektiv bestätigt und gestützt durch die Art unserer Arbeit als »Rädchen in der Maschine« und durch die Vielschichtigkeit einer hochorganisierten Gesellschaft, die dem Individuum keine entscheidende Stimme geben kann bei den großen Entscheidungen gigantischer Organisationen, über die der einzelne keinen Überblick haben kann.

2. – Noch in einem weiteren Sinne spielt die Masse eine führende Rolle im modernen Bewußtsein: Sie muß einkalkuliert werden bei jeder Berechnung und bei jeder Entscheidung, die getroffen wird. Die moderne Staatstheorie, nach der die Autorität vom »Volk« herstammt und nicht durch ein Amt, durch Gott oder durch ein außerhalb liegendes Prinzip gegeben wird, ist vermutlich eine wesentliche Wurzel für das Empfinden, daß das moderne Leben von der Masse beherrscht wird. Einem absolutistischen König käme es kaum in den Sinn zu fragen, ob seine Handlungen von der Majorität seiner Untertanen gebilligt werden; er würde nicht versuchen, andere (und vielleicht auch sich selbst) durch eine Volksabstimmung, in der die Zustimmung öffentlich zum Ausdruck kommt, davon zu überzeugen, daß seine Herrschaft dem Willen der Mehrheit entspricht. Heute suchen nicht nur demokratische Politiker, sondern ebenso Diktatoren die Zustimmung der großen Masse zu erhalten. (Im Notfall wird die Zustimmung durch Einschüchterung und Terror erreicht. Wer täuscht hier wen?) Warum all das Getue um die Meinung einer Menge »unwichtiger« Leute, die, selbst wenn sie wollten, nicht die Information hätten, um Entscheidungen zu treffen, die für das Funktionieren von Mammut-Organisationen notwendig sind? Nicht nur in den Entscheidungen des Staates, sondern auch in denen aller großen Organisationen spielen die angeblichen Wünsche, die Forderungen und die tatsächlichen oder angenommenen Bedürfnisse der großen Masse »kleiner Leute« eine dominierende Rolle. Nur wenige Organisationen wenden sich ausschließlich an die dünne Schicht der »Elite«. Und wenn sie sich demonstrativ an die Elite wenden, dann häufig in der stillen Hoffnung, der »kleine Mann« könne sich geschmeichelt fühlen und

glauben, er gehöre auch zu dieser Elite. Ein moderner Analytiker hat sich über diese Tendenz ausgelassen und darauf hingewiesen, daß die Politiker ängstlich darauf bedacht sind, den »kleinen Mann« zufriedenzustellen [6]. Der »kleine Mann«, wenn er in großer Zahl auftritt, kann nicht mehr außer acht gelassen werden. Der »kleine Mann« ist groß an Zahl und Bedeutung. Vom humanen Standpunkt aus ist die Beachtung der Bedürfnisse aller Gesellschaftsschichten zu begrüßen. Aber es liegt in der Natur der Sache, daß diejenigen, die sich über die Situation Gedanken machen, zu einer Minorität gehören, die soziale Anliegen ernst nimmt, und sie fühlen sich nicht wohl bei der Vorstellung, daß die große Masse (von der man annimmt, sie denke nicht, und die ihrer Zahl wegen nicht zur Elite gehören kann) so zuvorkommend gehört wird, während die Elite bei wichtigen Entscheidungen nicht besonders ins Gewicht fällt. Es ist wahrscheinlich, daß die Klagen über die »Massen« und die offenen oder versteckten Versuche, sich von ihr abzusetzen, ihre Ursache in eben diesen Gefühlen des Unbehagens haben. Es ist zweifellos logisch und sinnvoll, wenn man feststellt, daß eine Elite irgendwelcher Art nur dann zu Recht besteht, wenn die Elite auch gehört wird, und zwar mit Respekt, und wenn ihren Entscheidungen größeres Gewicht beigemessen wird als denen der »kleinen Leute«.
Wir haben es hier wiederum mit einem Verschwinden der traditionellen Hierarchie zu tun. Elite bedeutet nicht mehr die ererbte Zugehörigkeit zu einem »höheren« Stand; sie gründet in funktionaler Leistung oder eroberter Machtstellung. Das Schimpfen auf die Masse weckt in dem wachsamen Beobachter den Verdacht, die sich Beklagenden verdrieße die Tatsache, daß ihr sozialer Status allein nicht ausreicht, um ihre Meinung über die von Personen zu stellen, die überlieferungsgemäß eine untergeordnete Stellung einnehmen.

IV. Masse als Schicksal

1. – Die Massengesellschaft ist auch insofern eine neue Realität, als eine große Zahl von Menschen – ganze Nationen, Kontinente und Hemisphären – miteinander durch unsichtbare Bande, durch ein gleiches Geschick verknüpft sind in einem allumfassenden Prozeß, den sie nicht überblicken und auf den sie persönlich keinen entscheidenden Einfluß ausüben können. Man ist nicht nur ein »Rädchen« in einer Maschine, die Menschen und Maschinen der Millionen zählenden Bevölkerung werden mitgerissen in einem Mahlstrom politischer und wirtschaftlicher Kräfte, die jenseits des Verständnisses und der Kontrolle durch den einzelnen stehen. Als bekannte Beispiele hierfür seien die weltweiten Auswirkungen der wirtschaftlichen Depression und der Arbeitslosigkeit erwähnt, die geplante Strategie massiver Vergeltungsmaßnahmen, Massenumsiedlungen, Verfolgungen und Austreibungen der Bevölkerung in den letzten Jahrzehnten.
In einem früheren »einfacheren« Zeitalter konnte der Mensch zumindest die menschlichen Bindungen und sozialen Beziehungen überschauen, die sein persönliches Geschick bestimmten. Die anderen Geschehnisse, die außerhalb seiner Einsicht lagen, waren zum großen Teil Naturerscheinungen – Sturm, Flut, Hungersnot –, die er als unergründliches Wirken der Götter hinnahm. Was übernatürlich war, konnte er mit einem gewissen Gleichmut ertragen. Dabei spielte seine Religion eine wesentliche Rolle; sie versöhnte ihn mit den Wechselfällen seines Schicksals. In

gewissem Sinne war der Mensch doch Herr seines Geschicks: Wenn er sich bei der Jagd mehr Mühe gab, konnte er größere Beute erwarten. Sogar wenn er nur ein Sklave war, konnte er seinen Herrn um Gnade bitten oder an seinem Bedrücker persönliche Rache üben. Er konnte »etwas unternehmen« – auch wenn es oft wirkungslos blieb – gegen die Dinge, die seine Existenz bedrohten. Die Ereignisse, gegen die er nichts unternehmen konnte, gingen von einer »höheren Gewalt« aus, die jedoch u. U. durch ein angemessenes Opfer versöhnt werden konnte.
Sehen wir dieses Bild im Gegensatz zur modernen Gesellschaft: Wie kann man »etwas unternehmen«, um sich seine Beschäftigung zu sichern, wenn Millionen arbeitslos sind? Wie kann man Widerstand leisten gegen tausend Bomber oder gegen eine Atomexplosion oder gegen einen nationalen Massenwahn, der sich die Ausrottung der eigenen Rasse zum Ziel gesetzt hat? Wie kann man »etwas unternehmen« gegen eine Inflation der Preise, gegen Erhöhung der Steuern oder gegen die drohenden Anzeichen eines internationalen Rassenkonflikts, die am Horizont sichtbar werden? Und doch sind alle diese Ereignisse nicht »höhere Gewalt«, sondern ganz offenbar das Ergebnis menschlicher Handlungen, und als solche müssen sie auch der Kontrolle durch Menschen unterworfen sein. Der rationalistisch gewordene Mensch ist nicht mehr fähig, durch Gebete die Erlösung von bösen Geistern zu erflehen; er macht für sein Scheitern ein soziales System verantwortlich oder die Männer, die es planen, die »Kapitalisten«, die »Kommunisten«, die »Militaristen«, das »internationale Judentum«, die Gewerkschaften oder die »gelbe Rasse«. Da wir annehmen, daß unsere Leiden von Menschen verursacht werden, meinen wir, ein volles, glückliches Menschenleben dadurch erreichen zu können, daß wir diese bösen Menschen zwingen, von der Bildfläche zu verschwinden, und indem wir ein »gutes System« aufstellen. An die Stelle der »bösen Geister« ist das »schlechte System« getreten oder die Verschwörung einer Gruppe von Menschen, die den normalen »Fortschritt« hindern.

2. – Damit wird der Boden bereitet für immanente Heilslehren. Um die Veränderungen zu begreifen, die zu der weiten Verbreitung von solchen Lehren geführt haben, müssen wir ein Bild von Freyer benützen, der von einem »Kreislaufsystem« spricht (gleich dem System des Blutkreislaufs im Körper) [7]. In der einfacheren Gesellschaft waren diese Kreislaufsysteme klein und übersichtlich; die Kette aus voneinander abhängigen Menschen und aufeinander bezogenen Handlungen, innerhalb deren sich das Leben des einzelnen entfaltete und durch die sein Geschick bestimmt wurde – soweit nicht unkontrollierbare Kräfte eingriffen –, war so begrenzt in ihrer Größe, daß der Mensch das, was ihm geschah, persönlich sehen, erkennen und geistig erfassen konnte. Man konnte begreifen, wo und warum man in das Gesamtschema der Vorgänge paßte, welche die eigene Existenz möglich machten. Wenn dieses Schema versagte, durch menschliche Schwäche oder Widerspenstigkeit, war das Versagen direkt erklärbar und man konnte sein Verhalten der Situation anpassen, d. h. man konnte den Schuldigen dulden oder belehren, bestrafen oder absetzen.
Für die meisten Menschen unserer Zeit bestehen diese Möglichkeiten direkter und angemessener Gegenmaßnahmen nicht mehr, wenn das Existenzschema versagt. Die unmittelbaren Ursachen hierfür liegen auf wirtschaftlichem Gebiet. Anstelle der kleinen Gemeinschaft oder des Familien-Wirtschaftssystems, die vom einzelnen

leicht erfaßt werden konnten, haben wir jetzt eine Weltwirtschaft, die das Individuum nicht begreifen, geschweige denn kontrollieren kann. Das Kreislaufsystem ist zu groß für jedes Begreifen.
Politik, Mode, Wirtschaft – alle sind einbezogen in das gewaltige Kreislaufsystem, das sein lebenspendendes Blut an alle Menschen verteilt. Obwohl dies einerseits bedeuten kann, daß die Rohstoffquellen und Möglichkeiten der ganzen Welt allen Menschen zur Verfügung stehen, kann es andererseits auch bedeuten, daß eine Behinderung des freien Flusses dieses Lebensblutes die nackte Existenz von Millionen bedroht. Tatsächlich gibt es Schlüsselstellungen in diesem Kreislaufsystem, an denen ein paar Menschen seinen freien Fluß abstoppen und damit das Schicksal ganzer Nationen in der Hand halten können.
Wir möchten nur erwähnen, welche Macht in den Händen der Menschen ruht, die zu einem Transportarbeiterstreik aufrufen. In der Stadt New York mit ihren acht Millionen Einwohnern kann ein Streik der Milchmänner das Leben von Hunderttausenden von Kleinkindern bedrohen. Durch eine Hebeldrehung kann das Wasser und das Gas zum Kochen und zum Heizen abgestellt werden, durch eine andere kann die Versorgung mit elektrischem Strom für Beleuchtung, Heizung und für die riesigen Industrien, die das Leben in der Stadt überhaupt erst ermöglichen, zum Erliegen kommen.
Wenn das Existenzschema versagt, liegt die Schuld bei einem Fehler in den menschlichen Beziehungen, bei machthungrigen Menschen oder beim »System«. Man kennt diese Menschen nicht – kann sie gar nicht persönlich kennen – und das ganze System ist zu vielschichtig, als daß man es verstehen und überwachen könnte. Aber die Schwierigkeiten stammen von Menschen, man kann sie nicht einer »höheren Gewalt« zuschreiben. Das Paradies ist zwar in Sicht, es kann »durch eine menschliche Großtat verwirklicht werden«, aber es entzieht sich dem letzten Zugriff.
Über weite Strecken stellt das vergrößerte Kreislaufsystem unseren herkömmlichen Begriff von Verantwortung und »sinnvoller Tätigkeit« in Frage. Eindeutige Folgen von Handlungen, deren Sinn und Zweck in die Motivation des einzelnen integriert sind, sind vielfach unsichtbar geworden. Verantwortung und Schuld werden verschleiert. »Sinnvolle Tätigkeit« stellt sich erst am Ende eines längeren Prozesses, in dem eine unbekannte Zahl von Mitmenschen auch tätig ist, heraus. Wie verteilt sich die Verantwortung für die Herstellung von Kernwaffen, für die Fahrt zum Mond? Kann man von individueller »Schuld« sprechen in einem durch Armut, Krieg, Ausbeutung und Rassendiskriminierung gekennzeichneten gesamtgesellschaftlichen System? Was ist der moralische Standort des einzelnen, der nur seine kleine Funktion erfüllt in einer unübersehbaren, dem Völkermord dienenden Maschinerie? Das Ungenügen der überlieferten Begriffsbestimmungen spiegelt sich z. B. in den Schwierigkeiten einer Justiz wider, die über Schuld und Verantwortung für Kriegsverbrechen und Völkermord zu urteilen hat.

V. Massengesellschaft als Verlust der Gliederung und der Gemeinschaft

Manche Gesellschaftsanalytiker bezeichnen die Massengesellschaft als »atomisiert«, die Atomisierung als hauptverantwortlich für die Anfälligkeit gegenüber totalitären Herrschaftsansprüchen. Mit Atomisierung meint Hannah Arendt vor allem

den Zerfall früherer Gesellschaftsstrukturen, vor allem des Klassengefüges, das vormals die Kräfte politisch aktiver Menschen beanspruchte, das als Puffer diente zwischen den Herrschaftstätigkeiten des Staates und dem einzelnen Staatsbürger und letzteren zwang, mit den Füßen auf dem Boden der Wirklichkeit zu bleiben [8]. Die Zerstörung dieser Struktur hinterließ ein Vakuum, in das totalitäre politische Ideologien eindringen konnten (Pan-Nationalismus, Rassismus, Kommunismus). Es sei für jede demokratische Struktur von größter Bedeutung, daß Gruppen vorhanden seien, deren Ziele begrenzt, konkret und realisierbar sind. Solche Gruppen bringen durch ihren Pluralismus die totalitären Tendenzen des Staates von vornherein zum Scheitern. So wie diese Gruppen in der Masse aufgelöst seien, verlieren demokratische Institutionen als Mittler zwischen den Bürgern und dem Staat ihre Bedeutung und ihre Wirksamkeit. Wenn die Masse nur noch den abstrakten Zeitgeist verkörpert, wird sie anfällig für die abgegriffensten phantastischsten Schlagworte, die in keinem praktischen Zusammenhang mehr stehen zur tatsächlichen politischen Situation. Als Ersatz für reale Gruppeninteressen werden dann nur noch vage ideologische Prinzipien angeboten, z. B. die »Herrenrasse« oder die »klassenlose Gesellschaft«, »eine weltweite Bewegung«, »das Tausendjährige Reich«.
Kornhauser greift das gleiche Thema auf. Er setzt Massengesellschaft gleich mit »Verlust der Gemeinschaft«. Die Massengesellschaft ist demnach objektiv die atomisierte Gesellschaft, subjektiv eine sich entfremdete Bevölkerung [9]. Er glaubt Beweise dafür erbracht zu haben, daß totalitäre Ideologien ihren stärksten Widerhall nicht dort finden, wo Menschen in ständischen Organisationen und im Klassenkampf sich engagieren; Anhänger finden diese Ideologien im Gegenteil bei Menschen, die kaum eine Bindung an eine ständische Organisation oder irgendeine andere Gruppe haben. Die kleinen Unternehmer werden zu Randerscheinungen, seit die Großunternehmen sich ausbreiten, die Kleinbauern stehen abseits der großen sozialen Ordnung und werden ihr entfremdet. Arbeiter in Industriebetrieben, die entweder isoliert oder wenig differenziert sind, zeigen starke Tendenzen zu emotionalen Massenaktionen. Kornhauser untermauert seine Argumente durch mehrere Studien über das Wahlverhalten in Frankreich, Deutschland, Italien und den USA.
C. Wright Mills beurteilt die Massengesellschaft nach anderen Aspekten. Er sieht sie als eine Gesellschaft, in der die **Kommunikation** einseitig geworden ist: »Das eine Extrem der Skala (die demokratische Öffentlichkeit) liegt da, wo zwei Menschen persönlich miteinander sprechen. Das andere Extrem (die Masse) finden wir, wo ein Sprecher über ein Funk- oder Fernsehnetz unpersönlich Millionen von Hörern oder Zuschauern anspricht [10].« Voraussetzung für diese Entwicklung zur Einseitigkeit in der Kommunikation waren die technischen Kommunikationsmittel (mit ihrer eingeschränkten Möglichkeit des »Rückfragens« und »-antwortens«), hierarchisch-autoritäre Traditionen und die Notwendigkeit der Kontrolle und Regulierung der neuen Massenmedien. In der demokratischen Öffentlichkeit haben normalerweise ebenso viele Menschen die Möglichkeit, ihre Meinung zu sagen wie die anderer anzuhören. In der Masse ist der Prozentsatz der ersteren weit geringer. Aus der Pluralität der Gemeinschaften ist ein abstraktes Kollektiv von Individuen geworden, das seine Eindrücke von den Massenmedien bezieht. Verlust der Bedeutung der kleineren, mit konkreten Interessen beschäftigten Gemeinschaften für die Entscheidungen großer Staaten spielt bei Mills eine Hauptrolle.
Es läßt sich keine eindeutige »Bilanz« ziehen aus dieser Aufzeichnung der Positiva

und Negativa der Technik, Bürokratie und Massengesellschaft. Die Reaktion fällt je nach kulturellem und individuellem Wertschema aus. Die Soziologie kennt keinen Maßstab und keine Teleologie, nach welchen der Fortschritt zum »wahren« Menschen gemessen werden könnte. Ohne Zweifel befinden wir uns in einer Zeit des raschen Wandels, nicht nur in den Bedingungen der objektiven Umwelt, sondern auch in der Definition des Selbst und des Menschen. Alte Interpretationen haben ihre Geltung verloren. Das Bedürfnis nach neuer Interpretation aller Aspekte der inneren und der äußeren Welt in eine integrierende »symbolische Sinnwelt« wird vermutlich unsere geistigen Bemühungen auf längere Sicht bestimmen.

D) Literatur

1. Arendt, Hannah: Elemente und Ursprünge totaler Herrschaft. Frankfurt/M.: Europäische Verlagsanstalt 1962.
2. Berger, Peter L., Brigitte Berger und Hansfried Kellner: Das Unbehagen in der Modernität. Frankfurt: Campus-Verlag 1975.
3. Cox, Harvey: Stadt ohne Gott. Berlin: Kreuz-Verlag 1966.
4. Dahrendorf, Ralf: Gesellschaft und Freiheit. München: Piper 1965.
5. Eick, Jürgen: Das Jahrhundert des kleinen Mannes. Düsseldorf: Droste 1960.
6. Etzioni, Amitai: Soziologie der Organisation. München: Juventa 1967.
7. Freyer, Hans: Theorie des gegenwärtigen Zeitalters. Stuttgart: Deutsche Verlagsanstalt 1955.
8. Galbraith, John K.: Gesellschaft im Überfluß. München: 1959.
9. Kaltenbrunner, Gerd-Klaus (Hrsg.): Überleben und Ethik. Freiburg: Herder 1976.
10. – (Hrsg.): Der Apparatschik. Freiburg: Herder 1976.
11. Manstein, Bodo: Im Würgegriff des Fortschritts. Frankfurt/M.: Europäische Verlagsanstalt 1964.
12. Mayntz, Renate: Soziologie der Organisationen. Reinbek b. Hamburg: Rowohlt 1963.
13. Mills, C. Wright: Menschen im Büro. Köln-Deutz: Bund-Verlag 1951.
14. Presthus, Robert: Individuum und Organisation. Frankfurt/M.: S. Fischer 1966.
15. Schluchter, Wolfgang: Aspekte bürokratischer Herrschaft. München: List 1972.
16. Stammer, Otto und Peter Weingart: Politische Soziologie. München: Juventa 1972.
17. Whyte, William H.: Herr und Opfer der Organisation. Düsseldorf: Econ-Verlag 1958.

E) Anmerkungen

1 S. Harvey Cox »Stadt ohne Gott«, Berlin: Kreuz-Verlag 1966.

2 S. Jürgen Habermas »Technik und Wissenschaft als Ideologie«, Frankfurt/M.: Suhrkamp 1968, S. 60–70.

3 Es wird z. B. nicht ernsthaft debattiert, ob und wozu ein bemanntes Raumschiff zum Planeten Mars geschickt werden soll, sondern die Frage ist nur »wie«. Diese Einseitigkeit der Fragestellung bildet den Kern der »Eindimensionalität« bei Marcuse; s. »Der eindimensionale Mensch«, Neuwied: Luchterhand 1967.

4 Max Webers Abhandlung über Bürokratie in »Wirtschaft und Gesellschaft« ist bis zum heutigen Tage die Grundlage für alle Analysen der Bürokratie.

5 Der Begriff »Seele« in der Religion drückte wahrscheinlich das Empfinden für eine solche Ebene aus. Seelen waren auch in vieler Hinsicht »gleich«, besonders im Christentum.

6 Jürgen Eick »Das Jahrhundert des kleinen Mannes«, Düsseldorf: Droste 1960.

7 S. Hans Freyer »Theorie des gegenwärtigen Zeitalters«, Stuttgart: Deutsche Verlagsanstalt 1955, bes. S. 107–132.

8 Hannah Arendt »Elemente und Ursprünge totaler Herrschaft«, Frankfurt/M.: Europäische Verlagsanstalt 1962, bes. S. 463 f.

9 William Kornhauser »The Politics of Mass Society«, New York: The Free Press 1959, S. 33–49.

10 C. Wright Mills »Power, Politics and People«, New York: Ballantine Books (o. J.), S. 577–585.

11. Kapitel
Bevölkerungsphänomene: Einige soziale Gesichtspunkte

A) Die Hauptbegriffe

I. Vorbemerkungen

Früher nahm man allgemein an, daß die Entwicklung der Bevölkerung eine esoterische Angelegenheit für Biologen und Statistiker sei, daß sie wenig Bedeutung habe für das tägliche Leben des Durchschnittsmenschen. Erst in jüngerer Zeit lenken Publizisten immer wieder unsere Aufmerksamkeit auf die, wie sie es sehen, welterschütternden Verschiebungen, die sich in bezug auf Zahl und Verteilung der Weltbevölkerung vollziehen. Ihre Sorge über deren rapides Anwachsen im letzten Jahrhundert dringt langsam auch in das Bewußtsein der Völker mit dem Ergebnis, daß das Interesse an diesem Sachgebiet, das die Spezialisten **Demographie** nennen, sich weiter verbreitet.

Die Leute, die derartige Warnrufe ertönen lassen, nennt man häufig Malthusianer, nach dem Engländer Thomas Malthus. Er machte sich vor bald zweihundert Jahren einen Namen dadurch, daß er in verbreiteten Essays behauptete, der Druck der wachsenden Bevölkerungszahl auf die vorhandenen Möglichkeiten für Ernährung und Unterhalt sei die Wurzel aller Laster und Verbrechen, des Krieges und des Elends [1]. Er behauptete, die Menschheit wachse nach dem Prinzip der geometrischen Reihe: 2–4–8–16–32, während die Mittel zu ihrem Unterhalt nur nach dem Prinzip der arithmetischen Reihe vermehrt werden können: 2–4–6–8–10. So belaste also eine dauernd zunehmende Bevölkerung die Nahrungsmittelquellen analog dem Druck kochenden Wassers auf den Deckel des Kessels; was »überläuft«, äußere sich in Form von Laster und Elend. In seinen frühen Essays unternimmt Malthus kaum einen Versuch, eine Lösung für dieses Dilemma zu finden, obwohl er der Meinung war, daß die Elisabethanischen Armengesetze die Lage nur schwieriger machten, da sie die Armen ermutigten, mehr Kinder zu haben. Später empfahl er späte Eheschließung und Abstinenz als Teillösungen für dieses Problem.

Dem »Fortschritt«-Gedanken des 19. und 20. Jahrhunderts schien Malthus' Pessimismus unbegründet. Wir haben uns erst wieder ernstlich der Malthusianischen These zugewandt, seit die modernen Mittel zur Krankheitsbekämpfung und zur Verlängerung der Lebensspanne uns die Erkenntnis aufgezwungen haben, daß die Weltbevölkerung sich wirklich in erstaunlichem Maße vermehrt. Inzwischen hat man fast überall auf der Welt die primitiven statistischen Berechnungen des 18. Jahrhunderts durch verläßliche Volkszählungen und verbesserte statistische Methoden ersetzt, die keinen Zweifel daran lassen, daß die Bevölkerungsvermehrung revolutionäre Ausmaße angenommen hat.

Wir wollen uns hier nicht mit einer Analyse der Zahlen befassen, es genügt festzustellen, daß sich die Weltbevölkerung in den letzten hundert Jahren mehr als verdoppelt hat. Mit anderen Worten: Es dauerte Jahrmillionen, bis die Bevölkerung der Erde im Jahre 1850 auf schätzungsweise 1,25 Milliarden angewachsen war, während sich diese Zahl bis heute mehr als verdreifacht hat. Man kann mit ziemlicher Si-

cherheit sagen, daß in diesem Zeitraum mehr Menschen die Erde bevölkert haben, als, alles in allem, während der vorhergehenden Jahrtausende der Menschheitsgeschichte gelebt haben und gestorben sind.
Wir wollen uns hier auch nicht mit Vorhersagen für die Zukunft befassen oder mit dem Problem, ob die Produktion an Nahrungsmitteln durch den Menschen mit diesem rapiden Anwachsen Schritt halten könne. Uns interessiert lediglich die wechselseitige Beziehung zwischen der Gesellschaft mit ihren Normen und Strukturen einerseits und den Veränderungen (oder der Stabilität) der Zahl und Struktur der Bevölkerung andererseits. Zuerst aber befassen wir uns kurz mit der Frage der Zahlen selbst.

II. Demographische Aufgaben

Die erste Aufgabe des Demographen ist es, die Personenzahl eines bestimmten Gebietes festzustellen; danach interessiert er sich für das Ausmaß und die Art und Weise der Veränderung ihrer Zahl. Auf den ersten Blick scheint dies nur ein sehr begrenztes Gebiet für eine Untersuchung zu sein, wir werden aber bei einiger Überlegung erkennen, daß dies bereits ein sehr weites Feld ist. Es sind jedoch nur einige wenige und offenkundige Faktoren, welche die Bevölkerungszahl eines gegebenen Gebietes bestimmen: die Geburten- und die Sterbequote und das Ausmaß der Zu- und Abwanderung.

1. – Bei weiterer Betrachtung zeigt es sich, daß die Feststellung der **Geburtenquote** recht kompliziert ist. Die gröbste Art der Berechnung stützt sich auf die **rohen Geburtenziffern,** d. h. auf die Anzahl der Lebendgeburten je Tausend der Bevölkerung in einem bestimmten Jahr (indem man eine durchschnittliche Bevölkerungszahl für dieses Jahr annimmt). Diese Quote liegt zwischen 10 und 15 in den Gebieten des Westens mit niedriger Geburtenziffer und zwischen 50 und 60 in Gebieten mit hoher Geburtenziffer bei einer nicht industrialisierten Bevölkerung. Aber diese rohe Geburtenquote kann als Maßstab für die Fortpflanzung nur begrenzte Bedeutung haben, da sie sich weitgehend verändern kann je nach dem Alter und der Verteilung der Geschlechter innerhalb der Bevölkerung.
In einem Gebiet mit vielen jungen Einwanderern z. B. ist die Geburtenzahl je Tausend im Jahr wahrscheinlich hoch, sie sagt dabei jedoch nichts aus über die Anzahl der Geburten je Mutter, die tatsächlich sehr niedrig sein kann. (Die Konzentration der Gastarbeiter in der BRD in jüngeren Altersgruppen z. B. bedingt eine hohe Geburtenziffer, die wenig über langfristige Reproduktionstendenzen aussagt.) Andererseits wird bei einem Überwiegen der alten Menschen und der Kinder die Geburtenquote je Tausend der Gesamtbevölkerung niedrig sein, ohne dabei etwas zu verraten über die frühere Zeugungstätigkeit der älteren Generation oder über die Fähigkeiten der Kinder in bezug auf ihre Fortpflanzung, wenn sie erwachsen sind. Ein Überschuß an Männern ergibt normalerweise ebenfalls eine niedrige Geburtenquote.
Ein wesentliches Korrektiv zur rohen Geburtenquote bildet die **spezifische Geburtenquote,** welche die Fortpflanzungstendenzen einer Bevölkerung genauer wiedergibt. Diese Quote erhält man, indem man eine spezifische Gruppe von Frauen

auswählt, die im fortpflanzungsfähigen Alter stehen, z. B. zwischen 19 und 45 Jahren oder zwischen 25 und 29 Jahren oder 21 Jahre alt sind. Oder man nimmt irgendeine andere spezifische Altersgruppe und berechnet die Zahl der Lebensgeburten je Tausend Personen dieser Gruppe. Eine solche Quote ist der rohen Geburtenquote vorzuziehen, aber sie sagt noch nichts aus über schnelle Veränderungen der Heiratsquote und des Heiratsalters und wenig über die sich über einen längeren Zeitraum erstreckenden Tendenzen hinsichtlich der Gesamtkinderzahl je Mutter. Moderne Demographen sind der Meinung, daß die Fortpflanzungstätigkeit am besten festgestellt werden kann, wenn man die Gesamtzahl der Lebendgeburten je Mutter während der ganzen Fruchtbarkeitsperiode berechnet, also bis zu ungefähr 45 Jahren. Es kann sein, daß z. B. Mütter zwischen 20 und 25 Jahren mehr Kinder haben als früher, daß sie aber gegen Ende der Fruchtbarkeitsperiode nicht mehr so viele Kinder zur Welt bringen, wie dies bei früheren Generationen der Fall war.

2. – Bei der Berechnung von **Sterbeziffern** ergeben sich ähnliche Probleme. Die rohe Quote wird hier ebenso gewonnen wie die rohe Geburtenquote: Man zählt die Sterbefälle je Tausend der Bevölkerung innerhalb eines Jahres. Die Sterbeziffer bewegt sich ebenfalls zwischen 7 und 12 in Ländern mit niedriger Sterbequote, d. h. in solchen, die einen hohen Standard der Kontrolle über Krankheiten erreicht haben, sie beträgt zwischen 45 und 50 in Ländern mit primitiver Gesundheitskontrolle. Aber die Sterbeziffer steht in engem Zusammenhang mit der Altersverteilung. Wenn der Anteil alter Menschen groß ist, wird die Sterbeziffer höher sein; das gleiche gilt, wenn der Anteil sehr junger Kinder hoch ist. Spezifische Sterbequoten errechnen sich auf der Basis spezifischer Altersgruppen oder spezifischer Todesursachen. Die Gesamttendenzen der Sterbequote werden allgemein durch den Begriff der **Lebenserwartung** ausgedrückt. Wenn die Geburt z. B. 1970 stattgefunden hat, errechnet sich die Lebenserwartung wie folgt: Von 1000 lebendgeborenen Babys, die (innerhalb einer gegebenen Bevölkerung) 1970 zur Welt kamen, werden soundso viele mit Wahrscheinlichkeit während des ersten Lebensjahres sterben, wobei man die spezifische Sterbequote der Säuglinge zwischen 0 und einem Jahr zugrunde legt. Von denen, die übrigbleiben, werden vermutlich soundso viele im zweiten Lebensjahr sterben, wiederum berechnet auf Grund der Sterbequote des Jahres 1970 für Kinder zwischen einem und zwei Jahren. Von den dann übrigbleibenden wird voraussichtlich wieder eine bestimmte Anzahl im dritten Lebensjahr sterben, usw. Wenn wir diese Berechnung weiterführen bis zu einem hohen Alter – 90 oder mehr Lebensjahre – erhalten wir die Gesamtziffer der »Lebensjahre«, die von den ursprünglich gegebenen Individuen gelebt werden. Diese Gesamtzahl der »Lebensjahre«, dividiert durch 1000, ergibt dann den Durchschnitt der »Lebensjahre« für jedes Individuum, d. h. die Lebenserwartung bei der Geburt für die Bevölkerung unter Zugrundelegung des Jahres 1970. **Das ist keine Prophezeiung**, es ist vielmehr eine Feststellung, wie und wann die Todesfälle eintreten, **falls die Bedingungen für jede Altersgruppe so bleiben, wie sie 1970 waren.** Tatsächlich wird dort die Sterbeziffer ständig reduziert, wo Fortschritte in der Kontrolle über die Krankheiten gemacht werden; daraus ergibt sich de facto eine höhere Lebenserwartung, als die statistische Berechnung ergab, wobei etwaige Kriege, Hungersnöte oder andere Katastrophen nicht in Betracht gezogen werden. Das heißt, die tatsächliche Lebenserwartung des Jahrgangs 1900 z. B. ist erheblich länger als die Angabe der damaligen Berechnung. Die Verläßlichkeit einer derartigen Berechnung der Lebenserwartung erweist sich in der gesunden Finanzierung der Lebensversicherungsgesellschaften. Übrigens würde eine rückläufige Tendenz entgegengesetzte Folgen haben; die Lebenserwartung wäre kürzer als die Kalkulation.

Die Lebenserwartung bei der Geburt bewegt sich zwischen 25 und 30 Jahren in unterentwickelten Gebieten, zwischen 65 und 75 Jahren in technisch fortgeschrittenen Ländern. Die Lebenserwartung wird aber auch auf der Grundlage eines bestimmten Alters errechnet. Wenn die Lebenserwartung z. B. bei der Geburt 65 Jahre beträgt, wird sie im Alter von zehn Jahren bereits beträchtlich über weitere 55 Jahre hinausgehen, da die Quote der Kindersterblichkeit höher ist (es werden bei der Berechnung nur noch die in Betracht gezogen, welche die »gefährliche« Periode der frühen Kindheit bereits überschritten haben). Personen im Alter von 85 Jahren können immer noch eine Lebenserwartung von einigen Jahren haben, obwohl die »Lebenserwartung« 70 Jahre beträgt.

Es ist interessant zu beobachten, daß bei technisch zurückgebliebenen Völkern die Lebenserwartung nach dem 80. Lebensjahr größer ist als bei der gleichen Altersgruppe in technisch fortschrittlichen Ländern. Der Grund hierfür liegt wahrscheinlich darin, daß in unterentwickelten Gebieten die »schwächeren« Individuen in einem früheren Alter wegsterben und nur die »zähen« ein Alter von 80 Jahren erreichen. Ebenso ist es eine Tatsache, daß die Lebenserwartung in einer nichtindustrialisierten Gesellschaft bei der Geburt (ca. 30 Jahre) tatsächlich geringer sein kann als im Alter von 10 Jahren (ca. 45 Jahre) auf Grund der ungewöhnlich hohen Quote der Kindersterblichkeit.

3. – Von besonderem Interesse für den Demographen ist die **Quote des natürlichen Bevölkerungszuwachses,** eine Zahl, die sich zusammensetzt aus den Geburts- und Sterbequoten und eine umfassende Quote ergibt. Wenn z. B. die rohe Geburten-

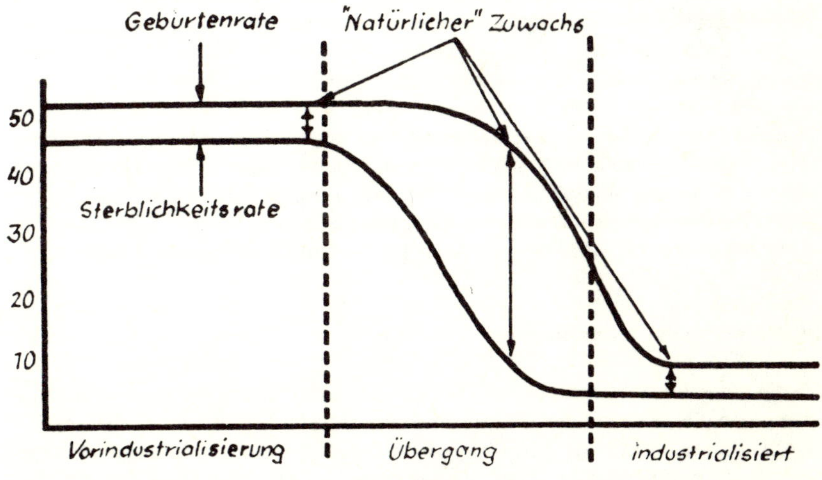

quote 25 beträgt und die rohe Sterbequote 15, dann ist die Quote des natürlichen Bevölkerungszuwachses 10 (25 minus 15); d. h. daß je 1000 Individuen einer be-

stimmten Bevölkerung in einem ebenfalls bestimmten Jahr der Bevölkerungszuwachs gegenüber dem vorhergehenden Jahr 10 Personen (1 %) beträgt. Da bei einer Agrarbevölkerung sowohl die Geburten- als auch die Sterbequote hoch sind, ist die Quote des natürlichen Zuwachses, die sich aus der Differenz ergibt, entsprechend niedrig. Ebenso steht es bei einer hochentwickelten industrialisierten Gesellschaft, in der sowohl die Geburten- als auch die Sterbequote niedriger sind; die Quote des natürlichen Zuwachses ist ebenfalls niedrig. Man hat beobachtet, daß während der Übergangszeit zum Industrialismus die natürliche Zuwachsquote am höchsten war, da seither zuerst die Sterbequote reduziert wurde, während in der Folge die Geburtenquote gradweise zurückging. Seit dem 2. Weltkrieg sind die Fortschritte in der Krankheitskontrolle in Epidemiegebieten so groß, daß in mehreren Ländern die Sterblichkeitsquote auf 10–20 reduziert wurde, während die Geburtenquote weiter bei 40–50 bleibt. Daraus ergibt sich die »Explosion« in diesen Ländern.
Ein verbessertes System, den Zuwachs zu berechnen, kennen wir unter dem Begriff der reinen **Fortpflanzungsquote.** Diese wird erzielt, indem wir z. B. 1000 weibliche Kinder von 1970 nehmen (als Grundjahr) und auf der Grundlage der Quoten dieses Jahres berechnen, wie viele davon die Jahre der Fruchtbarkeit erreichen und durchleben, von wie vielen man erwarten kann, daß sie heiraten, und wie viele weibliche Kinder sie erwartungsgemäß haben werden. Wenn man erwarten kann, daß die ursprünglich gegebenen 1000 weiblichen Kinder sich selbst ersetzen (indem man die Geburts-, Heirats- und Sterbequoten des Grundjahres annimmt), indem sie wieder 1000 weibliche Kinder zur Welt bringen, dann ist die reine Fortpflanzungsquote 1,00 (1000 Töchter geteilt durch 1000 Mütter). Wenn die Quote kleiner ist als 1,00, dann genügt sie nicht, um die Bevölkerung zu »ersetzen«. Das Gegenteil gilt, wenn die Quote höher ist als 1,00 (manchmal wird diese Zahl auch mit 100 oder 1000 wiedergegeben).
In den dreißiger Jahren waren die Fortpflanzungsquoten bei den meisten Völkern des Westens geringer als 1,00. Für Schweden und Frankreich stand sie auf weniger als 0,90, und sogar in den USA betrug sie eine Zeitlang nur etwa 0,95. Extrem niedrige Quoten wurden für Großstädte wie Berlin, Paris und Wien festgestellt, wo sie auf weniger als 0,70 absanken. Diese Quoten waren in vielen Ländern ein Signal für gesetzliche Maßnahmen aller Art, von einschneidenden Gesetzen gegen die Abtreibung bis zu Kinderzulagen, um die Fortpflanzung der Nation wieder auf eine Höhe zu bringen, auf der die Bevölkerung zumindest ersetzt wurde. Die Nachkriegsquoten für die Ersetzung der Bevölkerung hielten sich allgemein über 1,00, die letzten Jahre zeigen jedoch eine rasch fallende Tendenz in entwickelten Ländern.

III. Die Frage der Vorhersagen

Da die Industrialisierung mit ihren starken Auswirkungen auf die Bevölkerungsbewegungen eine verhältnismäßig junge Erscheinung ist, können wir nicht vorhersagen, was die Zukunft birgt. Vorhersagen in den USA aus den dreißiger Jahren sahen eine Spitzenbevölkerung von 150 Millionen voraus, die in der Mitte der sechziger Jahre erreicht werden sollte, während dann wieder ein allmähliches Absinken dieser Zahl erfolgen sollte. Im Widerspruch zu diesen Vorhersagen wuchs die Bevölkerung bis 1968 auf 200 Millionen und verspricht weiter anzuwachsen. Das soll nicht heißen, daß die Weltbevölkerung schneller als erwartet anwachsen wird, aber es ist ein schlagendes Beispiel dafür, wie schnell manche zeitgenössische Tendenzen ihre Richtung ändern können. Japan z. B. zeigte 1900–1940 ein explosionsartiges Wachstum; durch drastische Maßnahmen seit dem Kriege wurde gegen alle Erwartungen erreicht, daß die Zunahme fast zum Stillstand kam. Das bedeutet, daß volkstümliche Aussagen mit alarmierenden Vorhersagen für 1990, 2000 oder 2020 (ganz zu schweigen von 2050) zumindest voreilig sind. Ernsthafte Demographen scheuen sich vor festen Vorhersagen für die Zukunft.

B) Normstruktur und Bevölkerungsphänomene

I. Vorbemerkungen

Wir haben hier nur einige grundlegende Betrachtungen erwähnt, die auf die Bedeutung und Vielseitigkeit dieses weiten Feldes hinweisen. Diese primären Quoten sind für den Soziologen nur der Ausgangspunkt für weitere, ins einzelne gehende Analysen. Er wird die Verteilung der Geschlechter, der Altersgruppen, der Gesellschaftsschichten und der Berufsgruppen, der Stadt- und Landbevölkerung sowie die Tendenzen in bezug auf das Heiratsalter, die Scheidungsziffern, die Verteilung der Rassen und der religiösen Gruppen untersuchen.

Sobald wir uns auf diese Gebiete begeben, wird die Verbindung zwischen Gesellschaftsstruktur und kulturellen Normen einerseits und den Bevölkerungsphänomenen andererseits klarer. Es ist viel weniger offenkundig, daß auch Geburts- und Sterbequoten in engem Zusammenhang mit der Kultur stehen. In den folgenden Abschnitten werden wir versuchen, diese Zusammenhänge deutlicher zu machen.

Auf den ersten Blick scheinen Geburts- und Sterbequoten weithin nur biologische Statistiken zu sein. Auch die Argumente von Malthus beruhen auf der Annahme, daß es eine Art biologischer Tendenz sei, nach der der Bevölkerungszuwachs in geometrischer Reihe erfolgt [2]. Spätere Theoretiker erforschten die Zuwachsrate von Insekten oder anderen Tieren eines geschlossenen Gebietes und hofften, so ein Gesetz des natürlichen Zuwachses zu finden, das man auch auf Menschen eines abgegrenzten Gebietes anwenden könne. Andere verglichen den natürlichen Zuwachs eines Volkes mit den Entwicklungsstadien eines Organismus: schneller Zuwachs während der Jugend und der Reifezeit einer Kultur, danach abnehmende Fruchtbarkeit im Alter und darauffolgender Zerfall.

Heute weiß man, daß das Zu- oder Abnehmen einer Bevölkerung unlösbar mit der Kultur verbunden ist, daß es allgemeine soziale Faktoren gibt, die die Geburts- und Sterbequote beeinflussen, sie eher »künstlich« als biologisch werden lassen, indem sie die Befolgung »natürlicher« biologischer Tendenzen verhindern. Direkt oder indirekt ist jede Gesellschaft an der Zuwachsrate interessiert und tut etwas dafür, entweder individuell oder kollektiv. Wie die Ehe und die sexuelle Aktivität nicht dem biologischen Trieb überlassen werden, so überläßt man auch Geburt und Tod nicht ihrem »natürlichen« biologischen Schicksal. Die modernen Anthropologen behaupten übereinstimmend, daß jede Gesellschaft (mit mehr oder weniger Erfolg) empfängnisverhütende Mittel, Abtreibung und Kindestötung benützt hat, um den Bevölkerungszuwachs einzuschränken. Kein Gesellschaftssystem hat jemals das biologische Maximum der Fortpflanzung gestattet.

II. Den Bevölkerungszuwachs beeinflussende Normen

Die einzelnen Normen, die den Bevölkerungszuwachs beeinflußt haben, sind sehr verschieden; seine Beschränkung war nicht immer das bewußt oder unbewußt angesteuerte Ziel, jedenfalls aber war eine Beschränkung das funktionelle Ergebnis. Einige solcher Normen seien genannt.

1. – Fertilitätsnormen

a) Tabus gegen die uneingeschränkte Verbindung zwischen den Geschlechtern sind weit verbreitet. In vielen Fällen wurden die Frauen isoliert oder es wurde den Männern verboten, Frauen anzusehen, wie dies z. B. bei den Orthodoxen Moslems der Fall ist. Im Orient wurden verschiedene Formen der Absonderung der Frauen durchgeführt. Auch das Zölibat spielte eine Rolle bei der Einschränkung der Verbindungen zwischen den Geschlechtern; ganze Berufsstände verpflichteten sich, ledig zu bleiben, und zogen sich mit anderen Geschlechtsgenossen in Klöster zurück. Darüber hinaus haben auch die Vorschriften über die Endogamie den Kreis der Personen anderen Geschlechts, mit dem eine Verbindung möglich war, eingeengt.

Beschränkungen auf bestimmte Zeiten oder Partner für Geschlechtsbeziehungen sind allgemein üblich. Die auffallendsten sind das Verbot des Inzest und Gesetze gegen Ehebruch. Viele Gesellschaften haben die sexuelle Vereinigung der Ehepartner für längere Zeit nach der Geburt eines Kindes untersagt oder sie für bestimmte Mondphasen, vor wichtigen Unternehmungen – z. B. vor einem Krieg oder einer gefährlichen Jagd – oder für eine bestimmte Zeit vor oder nach der Menstruation verboten. In Verbindung mit religiösen Verpflichtungen sind auch andere Abstinenzzeiten nicht ungewöhnlich. Eine große Zahl von Gesellschaften hat das Mindestalter für die Ehe festgesetzt, manchmal hat die Sitte dieses Alter bis zu einem Zeitpunkt hinausgeschoben, von dem an ein hoher Prozentsatz der möglichen Geburten bereits unmöglich geworden ist. Das rapide Ansteigen des Heiratsalters, das in Irland auf die katastrophale Hungersnot von 1846–48 folgte, ist so auffallend, daß es wie vorbedacht erscheint. Wenn es üblich wird, das Heiratsalter der Frauen bis zu 25 Jahren oder darüber hinauszuschieben, fällt die fruchtbarste Lebensperiode bereits aus. In Indien war es Tradition, daß Witwen sich nicht wieder verheiraten konnten, wodurch eine beträchtliche Anzahl möglicher späterer Geburten wegfiel.

Alle Gesellschaften haben sich »**künstlicher**« Mittel bedient, um die Fruchtbarkeit auch bei erlaubten sexuellen Verbindungen einzuschränken. Neuere Untersuchungen haben ergeben, daß auch bei »primitiven« Gesellschaften kontrazeptive Methoden allgemein angewandt worden sind. Vereinzelte frühere Behauptungen, daß einige Völker den Zusammenhang zwischen sexueller Aktivität und Geburt nicht gekannt hätten, wurden durch spätere Untersuchungen nicht bestätigt. Die Kastration und andere Mittel, welche die Fruchtbarkeit reduzierten oder ganz zerstörten,

sind sehr alt und weit verbreitet. Die modernen Methoden der Empfängnisverhütung und Sterilisation erscheinen nur als technische Verfeinerung alter Praktiken.
Die **Abtreibung** ist zweifellos so alt wie die Menschheit und in allen bekannten Gesellschaften vorgenommen worden, obwohl sie natürlich unter primitiven Bedingungen eine größere Gefahr für die Frau darstellt. Wir können nicht bezweifeln, daß der natürliche Bevölkerungszuwachs durch Abtreibung oft drastisch reduziert worden ist. Schätzungen (deren Untermauerung durch Tatsachen praktisch unmöglich ist) haben für einige moderne Städte ergeben, daß die Zahl der Abtreibungen so groß ist wie die der Lebendgeburten. Der Bevölkerungszuwachs wird damit nicht nur um die ausfallenden Lebendgeburten verringert, sondern auch dadurch, daß viele Frauen durch den Eingriff vorzeitig sterben oder unfruchtbar werden.
Die **Kindestötung** ist wie die Abtreibung eine sehr alte Sitte. In einigen Gesellschaften wurde sie ohne weiteres akzeptiert, ja sogar erwartet bei allen Mehrlingsgeburten, bei Geburten zu ungünstigen Zeiten oder aus anderen Gründen. Andere Gesellschaften gaben dem einen Elternteil die Vollmacht zu entscheiden, ob das neugeborene Kind leben oder sterben sollte. Das »Aussetzen« ist historisch beurkundet; der Kindesmord ist bei den meisten zivilisierten Kulturvölkern, einschließlich des unseren, keineswegs ausgerottet. Illegitime, unerwünschte Kinder oder solche mit körperlichen Mißbildungen waren häufig die Opfer solcher Kindestötungen.
b) Man darf aber nicht annehmen, daß alle »künstlichen« Geburtsnormen der Gesellschaft dahin zielen, den Bevölkerungszuwachs zu reduzieren; im Gegenteil. Im allgemeinen hatten die Gesellschaften genau entgegengesetzte Normen, welche die Geburt von Kindern begünstigen. Es wird allgemein erwartet, daß der erwachsene Mensch heiratet und Kinder hat; wenn dies nicht der Fall ist, wird er oft lächerlich gemacht oder sogar irgendwie bestraft. Gesellschaftliche, berufliche, politische und religiöse Vorteile werden denen geboten, die Kinder haben. Für viele hängt die praktische Sicherung ihres Alters davon ab, daß sie Kinder haben. Einige Religionen lehren, daß ein glückliches Leben nach dem Tode nur dann gewährleistet ist, wenn Nachkommen vorhanden sind, die die Ahnen verehren. Zahlreiche Gesellschaften sehen vor, daß eine zweite oder dritte Ehefrau genommen werden kann, wenn die erste sich als unfruchtbar erweist, während bei anderen Unfruchtbarkeit ein Scheidungsgrund ist. Es gibt auch Sanktionen gegen Empfängnisverhütung, Abtreibung, Sterilisation und Kindestötung.
Entscheidend ist hier nicht, daß die Gesellschaften vereinbarte und dauernde Anstrengungen unternehmen, durch eine Vielfalt von Normen, zu denen die Geburt gehört, die Bevölkerungszahl entweder zu erhöhen oder zu begrenzen. Unsere Auseinandersetzung mit diesem Faktum soll zeigen, daß die Geburt eines Kindes nirgends nur das natürliche Ergebnis des Geschlechtstriebes und der biologischen Fruchtbarkeit ist [3].
Wir können nicht annehmen, daß sogenannte »primitive« Völker den Bevölkerungszuwachs der »Natur« überlassen, wahrscheinlich aber hatten die meisten von ihnen ein umfassendes System sozialer Normen, die einer hohen Fruchtbarkeit (Fertilität) günstiger waren, als es das System der sozialen Normen in der industrialisierten Welt ist.

2. – Sterbenormen

Die andere Seite des Bildes, das wir hier zeichnen, zeigt den Tod. Auch wenn jeder einen natürlichen (biologisch bedingten) Selbsterhaltungstrieb besitzt, so ist doch das Sterben – abgesehen von Mord, Krieg usw. – biologisch bedingt. Geburten können verhindert oder gefördert werden, aber den Tod kann man nicht durch soziale Gebräuche oder gesetzliche Maßnahmen »verhindern«.
Es ist natürlich richtig, daß, wer einmal geboren ist, auch einmal sterben muß. Ebenso richtig ist aber, daß, obwohl der biologische Zerfall und der Selbsterhaltungstrieb wirken wie eh und je, die Sterbe-**Quote** durch soziale und gesetzliche Maßnahmen reduziert und die Lebenserwartung erhöht werden konnte. Mit anderen Worten: Soziale Kräfte haben die Sterbefälle im Verhältnis zu den »gelebten« Jahren verringert. Wenn ein Indivduum im ersten Lebensjahr stirbt und das andere im achtzigsten, dann ist es, demographisch gesehen, unrealistisch, sie gleichzusetzen, indem man sagt, »jeder muß einmal sterben«. Der Achtzigjährige war nicht nur achtzig Jahre lang ein lebendiges Glied der Bevölkerung, er hat auch normalerweise Nachfolger hinterlassen, die ihn und andere, die jung sterben, ersetzen. Anders ausgedrückt heißt das: Der Tod kann durch soziale Bedingungen hinausgeschoben bzw. herbeigeführt werden; und eben dies ergibt den Unterschied zwischen einer schnell und einer langsam anwachsenden (oder abnehmenden) Bevölkerung.
Die Kulturen unterscheiden sich stark durch den Wert, den sie dem Leben und seiner Erhaltung beimessen. Das Leben kann als eine niedrige Stufe angesehen werden, als notwendiges Durchgangsstadium; man verachtet es oder nimmt es als »Schicksal« hin. Andere halten es für gut und für wert, lang und voll ausgelebt zu werden; der Tod bedeutet dann das unglückliche Ende von etwas Wertvollem. Diese grundsätzliche Einstellung spiegelt sich in sozialen Maßnahmen zur Verbesserung der Gesundheit, zur Erhaltung des Lebens und zur Ausmerzung von Krankheiten, wie z. B. in der Förderung der medizinischen Wissenschaft und der Krankenhauspflege, der Überwachung von Nahrungsmitteln und Drogen, in Quarantäne, Propaganda für eine gesündere Diät, besserer Säuglings- und Kinderpflege usw. wider.
In zahlreichen Fällen ist der Tod durch die Gesellschaftsnormen vorgeschrieben. Wir brauchen nur daran zu erinnern, daß in manchen Kulturen die alten Menschen getötet oder ihrem Schicksal hilflos überlassen werden. Hierher gehören auch Euthanasie, religiöse Menschenopfer, Kannibalismus, Harakiri und die Sitte, daß die Witwe sich auf den brennenden Scheiterhaufen ihres verstorbenen Gemahls wirft. Es gab Todesstrafe und Hexen- und Ketzerverbrennungen, Märtyrer aller Art, ganz zu schweigen von den Massenausrottungen des 20. Jahrhunderts.
Indirekte Ergebnisse sozialer Verhältnisse sind die Schwankungen bei der Zahl der Morde und Selbstmorde, der Kriege, Unfälle und blutigen Revolutionen. Es gibt durch die Sitte bestimmte Diätvorschriften, die eine Verkürzung des Lebens zur Folge haben, und die industrialisierte Gesellschaft, so sagt man, fördert den Herztod.

3. – Zu- und Abwanderung

a) Für den Betrachter offenkundiger ist die Tatsache, daß soziale Verhältnisse und kulturelle Normen sich direkt in einer Veränderung der Bevölkerung auswirken durch Zu- und Abwanderung. Wahrscheinlich hat es in der Geschichte selten so tiefgreifende Verschiebungen in der Zahl der Bevölkerung gegeben wie in unserer Zeit. Diese Verschiebungen lassen sich in drei Kategorien einordnen.

Zwangsweise Verschiebungen umfassen u. a. das Mitnehmen von Kriegsgefangenen, die Deportation in Strafkolonien, die Bindung der nordamerikanischen Indianer an ihre Reservate, Umsiedlungen von Teilen der Bevölkerung Europas zwischen den Kriegen und zu Beginn des 2. Weltkrieges, die Austreibung von Deutschen aus Osteuropa nach dem 2. Weltkrieg, die Einweisung in Zwangsarbeitslager, Deportation und Evakuierung aus kriegsgefährdeten Gebieten, um nur wenige bekannte Beispiele zu erwähnen. Und zu Beginn der Neuzeit wurden Millionen von Sklaven aus Afrika nach Amerika gebracht.

Bevölkerungsbewegungen auf Grund von Unrast und Flucht haben in unserem Jahrhundert große Veränderungen der Bevölkerung verursacht. Die Flucht vor den vorstoßenden Armeen und vor den Besatzungsmächten oder aus bombengefährdeten Gebieten war ein Charakteristikum des 2. Weltkrieges. Der Nahe Osten, Indien und China waren neuerdings die Schauplätze riesiger Bevölkerungsverschiebungen. Als langanhaltende Bewegung dieser Art war der stetige Strom von Flüchtlingen aus der sowjetischen Besatzungszone nach Westdeutschland anzusehen. In früheren Jahrhunderten verursachten Hunnen- und Mongoleneinfälle Massenwanderungen europäischer Völker.

Die **freiwillige Wanderung** ohne den Druck einer Krisensituation war stets ein bedeutender Faktor der Bevölkerungsverschiebungen. Die Leute wandern auf der Suche nach Abenteuern oder besseren wirtschaftlichen Möglichkeiten oder um anhaltender Behinderung zu entgehen und das führen zu können, was sie für ein besseres Leben halten. Zwei wichtige Bewegungen dieser Art waren die Massenabwanderungen aus ländlichen in städtische Gebiete während der letzten 200 Jahre und die große Anzahl von Einwanderungen nach Amerika im 19. und zu Anfang des 20. Jahrhunderts. In Verbindung mit solchen freiwilligen Bewegungen müssen wir die politischen Maßnahmen erwähnen, durch die solche Bewegungen unterbunden oder kontrolliert werden sollen. Die meisten modernen Staaten haben ein ganzes Arsenal von Vorschriften für Personen, die sich innerhalb ihrer Grenzen aufhalten wollen. Gewöhnlich werden politische, berufliche, gesundheitliche und finanzielle Bedingungen gestellt. Es werden Garantien verlangt, damit der Betreffende nicht zu einer Bürde für das Gastland wird; für die Einbürgerung muß in der Regel eine beträchtliche Geldsumme entrichtet werden; eine Arbeitserlaubnis wird verlangt. In vielen Ländern bestehen rassische, politische oder religiöse Beschränkungen. Andere Länder wiederum verbieten ihren eigenen Bürgern das Auswandern.

b) Es gibt in der Welt eine unbekannte Anzahl von Menschen, die gerne wandern möchten und nicht können, und von anderen, die bleiben möchten, wo sie sind, aber zum Wandern gezwungen werden. Das Bevölkerungsbild wird wie das Wetter von Hoch- und Tiefdruckgebieten bestimmt. Das führt zweifellos zu starker Spannung und Unruhe. Wenn künstliche Beschränkungen und Zwangsmaßnahmen wegfielen, gäbe es theoretisch eine Bewegung der Weltbevölkerung aus den »Hochdruckzonen« in die »Tiefdruckzonen«, und die Spannungen würden vermutlich abnehmen. Aber solche Spekulationen in bezug auf »natürliche« Bevölkerungsbewegungen sind müßig. Solange die Gesellschaften Normen haben, werden sie auch Gesetze hinsichtlich der Bewegungen ihrer Mitglieder erlassen. »Absolute« Freiheit der Bewegung würde in der Praxis wahrscheinlich ebenso zu Ungerechtigkeiten führen wie »absolute« Freiheit bei wirtschaftlichen Unternehmungen. Wir sollten nicht einer »unkontrollierten«, »natürlichen« Bewegung der Völker zustreben, sondern eher einem Höchstmaß an Bewegungsfreiheit, soweit sie sich mit der Kontrolle, die zur Erhaltung und Hebung der »Lebensqualität« nötig ist, vereinbaren läßt. Dieses Höchstmaß kann so wenig wie andere menschliche Kompromißlösungen genau im voraus definiert werden.

C) Soziale Normen als Ergebnis der Bevölkerungsstruktur

Nach dem bisher Gesagten könnte der Eindruck entstehen, als ob Bevölkerungsphänomene und soziale Normen nur insofern aufeinander bezogen seien, als die ersteren Folgeerscheinungen der letzteren sind. Das ist aber nur die halbe Wahrheit. Es ist eine **gegenseitige** Beziehung; beide beeinflussen einander. Ein aktuelles Beispiel hierfür aus der westlichen Welt ist die wachsende Beachtung, die man den Bedürfnissen und Problemen der alternden Menschen schenkt [4]. Keine der historisch bekannten Gesellschaften hatte jemals einen so hohen Prozentsatz an Menschen über 65 Jahre wie die heutige Gesellschaft. Das hat bestimmte Auswirkungen auf unsere Freizeit und unsere Verbrauchergewohnheiten, auf die politischen Wünsche der Wählerschaft, auf die Maßnahmen zur Versorgung dieses bedeutenden Bevölkerungsanteils in einer Gesellschaft mit kleinen Familien und kleinen Wohnungen und auf die Entwicklung besonderer Formen der Religiosität und Religionsausübung, die auf die Bedürfnisse dieser Altersgruppe abgestimmt sind. Während der großen Depression in den USA hatte die wachsende Zahl der alten Menschen besonderes politisches Gewicht, das zu einem bestimmenden Faktor bei der Durchführung der Gesetze über die Sozialversicherung wurde.

Am sichtbarsten werden die Auswirkungen der Verteilung von Alter und Geschlecht innerhalb der Bevölkerung im Wirtschaftsleben eines Staates. Wir brauchen nur den Zustrom an Frauen in die Reihen der Arbeiter- und Angestelltenschaft zu erwähnen, der eine Folge des Krieges war, oder den Männermangel bei den Arbeitskräften nach dem Kriege; oder wir denken an die ungenügende Anzahl von Jugendlichen während mehrerer Jahre, die nicht ausreichte, um die offenen Lehrstellen zu besetzen, gefolgt durch ein umgekehrtes Verhältnis. Die Reaktion darauf und die Anpassung an diese Erscheinungen werden zu einem festen Bestandteil eines neuartigen Denkens und Handelns. Wir erinnern an die tiefgreifenden Veränderungen, welche die Familien der Nachkriegsgeneration erlebten, weil die erwachsenen Männer fehlten.

Die Industrieproduktion hat bei ihrer Planung die Entwicklung und die Verschiebungen innerhalb der Altersgruppen und der Verteilung der Geschlechter im Auge und paßt sich diesen an. Der langanhaltende »Baby-Boom« in den USA nach dem 2. Weltkrieg bedeutet praktisch eine Hochkonjunktur für diejenigen Industriezweige, die Säuglings- und Kinderkleidung, Säuglingsnahrung und Kinderwagen, Spielzeug, Kinderbücher, Schulhäuser und Lehr- und Lernmittel herstellen. Wenn diese Gruppe ins Heiratsalter kommt und Hausstände gründet, bedeutet das wieder Hochkonjunktur für das Bauhandwerk, für die Herstellung von Möbeln und Einrich-

tungsgegenständen und Autos, und es bedeutet wahrscheinlich: noch mehr Babys.
Tatsächlich ist die Wirtschaft eines Landes direkt abhängig von dem Prozentsatz der Bevölkerung, der im arbeitsfähigen Alter steht. Da sich gegenwärtig die Zahl der älteren Menschen dauernd vergrößert, würde ein schnelles Zunehmen der Geburtenziffer bedeuten, daß im Verhältnis zur Arbeitskraft die von ihr abhängigen Altersgruppen immer größer werden, bis die Kinder das arbeitsfähige Alter erreicht haben. Das Vertrauen in die wirtschaftliche Zukunft und die Bereitschaft der Unternehmer, ihren Betrieb auszuweiten, sind Fakten, die in einem System der privaten Unternehmerschaft eine wichtige Rolle spielen, die aber weitgehend abhängen von der Erwartung, daß die Bevölkerungszahl ansteigt. A priori möchte man annehmen, daß eine stagnierende Bevölkerung für das freie Unternehmertum ungünstig ist. Die Erfahrungen in den Industrieländern bestätigen diese Annahme. Selbstverständlich ist die Beobachtung der Bevölkerungsbewegung in einem System der Planwirtschaft äußerst wichtig.
In der internationalen Politik hat man ein Abnehmen der Bevölkerung schon immer gefürchtet als gefährliches Anzeichen des Zerfalls und als eine Bedrohung der zukünftigen militärischen Stärke und des wirtschaftlichen Potentials. Die meisten Programme für die Zuteilung von Kinderzuschüssen in den westlichen Ländern stammen aus den dreißiger Jahren, in denen die Geburtenquoten am niedrigsten waren.
Aus der engen Beziehung zwischen Bevölkerungszahl und wirtschaftlichem Wohlstand erwuchs die Auffassung von der »optimalen« Bevölkerungszahl. Es ist einleuchtend, daß eine Familie die Gegebenheiten eines isolierten Bezirks nicht so vollkommen ausschöpfen kann wie 100 Familien. Andererseits können aber 10 000 Familien bereits zuviel sein für dieses Gebiet. Es gibt einen Punkt, an welchem bei einem bestimmten Stand der technischen Entwicklung ein maximaler Lebensstandard erreicht wird. Dieser Punkt bestimmt die »optimale« Bevölkerungszahl. Die Experten sind sich nicht einig darüber, ob dieser Punkt in verschiedenen Gebieten schon erreicht ist. Das rasche Anwachsen des materiellen Lebensstandards, das in Westdeutschland nach dem 2. Weltkrieg begann, hat viele veranlaßt, ihre Schätzung betreffend der optimalen Bevölkerungszahl zu revidieren. Offensichtlich wird die optimale Bevölkerungszahl um so größer, je höher der Stand der technischen Entwicklung ist. Der technische Fortschritt erlaubt nicht nur eine Zunahme der Bevölkerung, sondern umgekehrt ermutigt oder erfordert ein Anwachsen der Zahl auch die Maßnahmen zur Beschleunigung der technischen Entwicklung. Eine Entwicklung der Technik ist also besonders dringlich in unterentwickelten Ländern. Nach dem Unterschied im Stande der Technik der verschiedenen Länder ist zu vermuten, daß gegenwärtig für die Erde als Ganzes die Bevölkerungszahl für einen optimalen Lebensstandard zu groß ist. Es ist fraglich, ob der angenommene Zuwachs um 75 Millionen jährlich ausgeglichen werden kann durch eine entsprechende Hebung der Produktion. Die Schwierigkeiten liegen nicht in erster Linie darin, daß man »nicht wüßte, wie«, sondern sie liegen bei den Menschen, die nur zögernd ihre gewohnte Denk- und Lebensweise aufgeben. Und wenn die alten Kulturen so schnell beseitigt würden, wie es eine rasche Umstellung auf modernste Produktion verlangte, entstünden nicht nur unüberwindliche Rohstoff- und Energieprobleme, sondern auch menschliche Probleme, die ebenso ernst wären wie der Hunger.

D) Die differentiale (unterscheidende) Geburtenquote

1. – Bedeutende Folgen für die Zukunft hat auch die differentiale Geburtenquote, d. h. die Tatsache, daß die verschiedenen Bevölkerungsschichten verschiedene Fortpflanzungsquoten haben. Es war in den letzten Generationen eine besondere Sorge für Demographen und Biologen, daß die sozial und vermutlich auch biologisch begünstigten Schichten der westlichen Völker eine beträchtlich geringere Zahl von Kindern hatten als die weniger begabten und begünstigten Gruppen. Es läßt sich leicht zeigen, daß der allgemeine Stand der Qualität einer Bevölkerung drastisch absinken würde, wenn dem so wäre und falls die soziale und intellektuelle Führerschaft in erster Linie eine Sache des biologischen Erbes wäre. Wenn wir uns vorstellen, daß die Bevölkerung zu einem bestimmten Zeitpunkt gleichmäßig in eine »besser begabte« und eine »weniger begabte« Hälfte geteilt wäre, und daß das durchschnittlich »besser begabte« Paar zwei Kinder hätte, während das »weniger begabte« vier Kinder bekäme, würde sich die Verteilung, die ursprünglich 1 : 1 stand, innerhalb von vier weiteren Generationen auf 1 : 16 zugunsten der »weniger begabten« verschieben.

	1. Gen.	2. Gen.	3. Gen.	4. Gen.	5. Gen.
weniger begabt	2	4	8	16	32
besser begabt	2	2	2	2	2

Wenn alle diese Annahmen stimmten, käme es zu einer katastrophalen Degeneration. Den Beweis dafür, daß es differentiale Geburtenquoten gibt, lieferte eine Untersuchungskommission der Royal Commission on Population in England [5]. Von den befragten Paaren, die in den Jahren 1920 bis 1934 heirateten, erhielt man folgende Zahlen:

Schulbildung	Durchschnittliche Kinderzahl Nichthandwerker	Handarbeiter
Beide Partner nur Volksschulbildung	2,29	2,80
einer oder beide Partner mit höherer Schulbildung	1,75	2,23

Bei oberflächlicher Betrachtung könnte es scheinen, als würde diese Tendenz verstärkt durch die immer weitere Verbreitung einer angemessenen Ernährung und ärztlichen Fürsorge auf alle Bevölkerungsschichten. Ein Pessimist könnte behaupten, daß wir die weniger begünstigten Gruppen künstlich »erhalten« entgegen unseren ureigensten Interessen, während doch ein höheres Maß an »natürlicher Auslese« dazu beitragen würde, durch die höheren Sterbequoten unter den weniger begünstigten Gruppen das Gleichgewicht wiederherzustellen.

2. – Bevor wir aber vorschnelle Schlüsse ziehen über die Notwendigkeit von Zwangsmaßnahmen, um die hohe Fruchtbarkeit der »niedrigeren« Gruppen einzudämmen, sollten wir folgendes beachten.

Die Sterbequoten bei den sozial benachteiligten Gruppen sind immer noch beträchtlich höher als bei den begünstigten.

Höherer Stand und höhere Bildung sind längst nicht gleichbedeutend mit einem besseren biologischen Erbe. Oft, wenn nicht meistens, beruht der höhere Stand auf dem größeren Vermögen, auf Glück und auf dem allgemeinen sozialen Milieu solcher Menschen. Wir haben häufig beobachtet, daß überlegene Begabungen den »niedrigsten« sozialen Schichten entsprangen, wie auch umgekehrt mancher aus hohem Stande nicht als biologisch besonders begabt angesehen werden kann. Der logische Schluß hieraus ergibt einerseits, daß wir unsere Energie darauf richten sollten, die sozialen Verhältnisse der weniger begünstigten Bevölkerungsschichten zu verbessern, andererseits aber, daß wir auch Talente unter den weniger begünstigten Gruppen suchen und fördern sollten.

Worin besteht eigentlich die biologische Überlegenheit und wem sollte man die Entscheidungsgewalt darüber einräumen, die »Schafe« von den »Böcken« zu trennen? Warren Thompson sagte einmal:

»Ich bin nicht bereit, ein ausgedehntes Sterilisations- oder Absonderungsprogramm zu befürworten, das sich darauf stützt, ob die Leute eine Reihe von unbedeutenden Fragen beantworten können, die irgendein erfinderisches Indivduum ausgearbeitet hat, das zu wissen meint, was andere Leute wissen müßten, damit man sie normal intelligent nennen kann.« [6]

Das Argument, die sozial Erfolgreichen seien in irgendeinem endgültigen Sinne »überlegen«, ist nicht besonders überzeugend. »Erfolg« bedeutet nur eine bessere Anpassung an die Bedingungen, die in einer bestimmten Gesellschaft zu einer bestimmten Zeit an den höheren Stand gestellt werden. »Erfolg« in der kapitalistischen Wettbewerbsgesellschaft kann bedeuten, daß der Erfolgsmensch ein dickeres Fell hat und sich weniger um das Wohlergehen der anderen kümmert. Unter dem kommunistischen System kann »Erfolg« bedeuten, daß man willens ist, seine Urteilsfreiheit zu verkaufen, um in der Parteihierarchie aufzusteigen. Um Thompson noch einmal zu zitieren:

»Ein beträchtlicher Teil der sozial Erfolgreichen verdankt seinen Erfolg seinem abgestumpften Sinn für Moral, der nichts dabei findet, den Mitmenschen auszubeuten, solange das keine unangenehmen gesetzlichen Konflikte nach sich zieht.« [7]

Es mag stimmen, daß die Armen mehr Kinder haben als die mittleren und oberen Gesellschaftsschichten. Aber die körperlich oder geistig ernstlich Geschädigten haben wenige oder keine Kinder. Daß sie in Anstalten und Krankenhäusern – auch manchmal bei ihren Familien – am Leben erhalten werden, bedeutet nicht, daß sie viele Kinder haben.

3. – In dem Kapitel über die moderne Familie haben wir festgestellt, daß sich bei den oberen Gesellschaftsschichten mehrerer westlicher Länder eine ausgesprochene Tendenz zur größeren Familie zeigt, daß die Größe der Familie bei den Armen jedoch laufend zurückgeht. Es kann also sein, daß die differentiale Geburtenkontrolle, die auf viele alarmierend wirkte, nur eine zeitlich begrenzte Erscheinung war, und daß

bei der allgemeinen Verbreitung empfängnisverhütender Methoden eine umgekehrte Differentiale mit positiven Folgen entstehen wird.
Wir schließen daraus, daß wir zwar wohl daran tun, uns um günstigere Umweltbedingungen und Bildungsmöglichkeiten für alle Bevölkerungsschichten zu bemühen und Menschen mit Sinn für moralische Verantwortlichkeit in ihrem Willen zum Kind zu bestärken, daß aber wenig Grund dafür besteht, sich über die differentiale Geburtenquote bei Arm und Reich unnötig aufzuregen.

4. – Diese kurze Darstellung hat, wie wir hoffen, gezeigt, daß die Bevölkerungsphänomene keine trockene Statistik sind, sondern äußerst dynamische Bewegungen, die mit allen möglichen Erscheinungsformen der Kultur eng verknüpft sind. Auch wenn sie nicht unmittelbar ins Auge springen, sind sie doch die Hintergründe des sozialen Dramas. Oder, um ein anderes Bild zu gebrauchen, sie stellen eine Grundströmung dar unter den Wellen der sozialen Normen und des sozialen Handelns.

E) Literatur

1. Bolte, K. M. und D. Kappe: Struktur und Entwicklung der Bevölkerung. Opladen: Westdeutscher Verlag 1964.
2. Freudenberg, Karl: Methodik und Ergebnisse der Fruchtbarkeitsstatistik. Schmollers Jahrbuch, 75 Jahrg. 6. Heft 1955.
3. Gehlen, Arnold und Helmut Schelsky (Hrsg.): Soziologie: Ein Lehr- und Handbuch zur modernen Gesellschaftskunde. Düsseldorf: Diederichs 1955.
4. Mackenroth, Gerhard: Bevölkerungslehre. Berlin 1953.
5. Netzer, H. J. (Hrsg.): Die Gesellschaft der nächsten Generation. München 1966.
6. Ungern-Sternberg, Roderich v. und Hermann Schubnell: Grundriß der Bevölkerungswissenschaft. Stuttgart 1951.

F) Anmerkungen

1 Thomas Malthus »An Essay on the Principle of Population« London: Reeves and Turner 1878.
2 Das stimmt nur in sehr begrenztem Sinne, und dort, wo es zutrifft, trifft genauso zu, daß eine durch Rückgang der Geburten abnehmende Bevölkerung ebenfalls in geometrischer Reihe abnimmt.
3 Die Demographen unterscheiden zwischen Fekundität, d. h. der biologischen Fähigkeit, Kinder zu gebären, und Fertilität, d. h. dem tatsächlichen Ausmaß, in dem diese Fähigkeit durch Geburten zum Ausdruck kommt. Die Frauen heute sind wahrscheinlich nicht weniger fekund als die des 19. Jahrhunderts, die Fertilität aber hat beträchtlich abgenommen. Die Fertilität steht in engem Zusammenhang mit sozialen Normen; Fekundität ist hauptsächlich biologisch bedingt, obwohl auch sie durch soziale Bedingungen beeinflußt sein kann und ist.
4 Vgl. hierzu als jüngstes Beispiel aus der Gesetzgebung § 75 des bundesrepublikanischen Sozialhilfegesetzes.
5 Royal Commission on Population Report, London 1953, S. 153.
6 Warren Thompson »Population Problems«, New York 1930, First Edition, S. 343.
7 A.a.O. S. 356.

12. Kapitel
Sozialer Wandel

Zahlreiche Beobachter unserer Zeit stimmen darin überein, daß eines ihrer hervorstechendsten Kennzeichen der schnelle Wandel ist, ein Wandel, der in verwirrendem, oft sogar furchterregendem Tempo vor sich geht. Innerhalb der kurzen Spanne unseres Lebens waren wir Zeuge von Veränderungen auf wirtschaftlichem und politischem Gebiet, in der Struktur der Familie und in der moralischen Haltung, die derartige Ausmaße angenommen haben, daß sie die Fundamente erschüttern, auf denen wir stehen, und uns mit Furcht erfüllen. Es scheint, als müßten wir jedesmal, wenn wir ein Problem aufgreifen wollen, das sich aus der neuen Entwicklung ergibt, entdecken, daß es über Nacht unkontrollierbare Dimensionen angenommen hat und eine Kette neuer Probleme nach sich zieht, noch ehe wir für einen umfassenden Angriff gerüstet sind. Nehmen wir als Beispiel den rapiden Fortschritt in der Herstellung von Kernwaffen; er läßt die traditionellen Formen der Verhandlungen über internationale Konflikte veraltet erscheinen. Oder erwähnen wir als weiteres Beispiel den Angriff auf den Weltraum und seine »Besitzergreifung«. Oder: In den sogenannten unterentwickelten Gebieten, besonders in Afrika, gehen in einer Zeitspanne von Jahrzehnten Veränderungen vor sich, mit deren »Verarbeitung« Europa seinerzeit jahrhundertelang – und nicht immer erfolgreich – beschäftigt war. Wir könnten die Regelung des Luftverkehrs erwähnen oder die Anpassung der Universitäten an den ungeheuren Zustrom von Studenten, die Computer-Technik oder die Automation.

Aus den bisherigen Kapiteln ist ersichtlich geworden, daß sozialer Wandel aus soziologischer Sicht wesentlich mehr bedeutet als eine Reise durch abwechslungsreiche Landschaft. Der soziale Wandel ist ein Wandel des Menschen selbst. Wenn wir den Menschen im Hinblick auf seine Untrennbarkeit von der Sozialisation in einer bestimmten, geschichtlich konstruierten Wirklichkeit definieren, so ist ein Wandel dieser Wirklichkeit zugleich ein Wandel des Menschen. Wesentlich beim Menschen ist, daß er sich zu seinem eigenen Verhalten »verhält«. Einmal wandelt sich sein Verhalten als jeweils »richtig« vorgestelltes Handeln und Denken in der gegebenen, überlieferten sozialen Wirklichkeit, und zum zweiten begegnet er sich selbst und seinem Handeln und Denken im Hinblick auf die Sehnsucht nach dem »gelungenen Leben«. Auf beiden Ebenen wandelt sich ständig seine Wirklichkeit, sie wird aus neuen Perspektiven gesehen und beurteilt. Als konkreter, objektiver Ausdruck dieses Wandels ändern sich Normen und Rollenerwartungen, Sanktionen und Institutionen, die Macht- und Elitekonstellationen.

Aus dieser Sicht ergeben sich zwei wichtige Fragestellungen: (a) Welches sind die näheren Ursachen dieser sich wandelnden Wirklichkeit, und (b) Geht dieser Wandel in eine bestimmte, feststellbare Richtung?

A) Die Ursachen der sozialen Veränderungen

In ihrer einseitigen Beschäftigung mit den Rätseln, die der Zusammenhalt und die Fortdauer der Gesellschaft aufgeben, erlagen die Soziologen eine Zeitlang der Versuchung, die Gegenkräfte, die einer sozialen Stabilität entgegenarbeiten, außer acht zu lassen. Nachdem sie entdeckt hatten, der Mensch akzeptiere Normen mindestens soweit innerlich, daß die Gruppenexistenz anscheinend halb automatisch funktioniert, nahmen sie allzu leicht an, daß soziales Gleichgewicht etwas »Normales« sei, und fehlende Stabilität sei lediglich auf die Unvollkommenheit bestimmter Teile des sozialen Apparats zurückzuführen. Aus dieser Einstellung ergab sich die Annahme, daß die Menschen sich im wesentlichen nach einer einzigen Richtung hin entwickeln: zur »Anpassung«, zur Verinnerlichung bestehender Verhältnisse. Der tatsächliche Mangel an Anpassung sei nur eine Art Schönheitsfehler.
Diese Ansicht ist selbst im schnellen Wandel begriffen. Die allgemein bestehende Spannung zwischen dem Individuum und der Gesellschaft wird durch solche Gleichgewichtstheorien kaum erklärt. Der einzelne ist nicht nur ein totes Gewicht, das durch seine Trägheit dem allgemeinen Zug zur Anpassung widerstrebt, er wird auch von inneren Impulsen in die entgegengesetzte oder zumindest in eine abweichende Richtung gedrängt. Nur so läßt sich ein individuelles schöpferisches oder abweichendes Verhalten richtig erklären. Im anderen Falle könnte man sich in Kultur und Zivilisation tatsächlich nur ein gerades zielbewußtes Streben nach Integration vorstellen. Sigmund Freud hat durch seine Konzeption des »Es« und des »Über-Ich« viel zu der neuen Erkenntnis vom Dualismus der Kräfte beigetragen.
Wir behalten diese Erkenntnis im Sinn, wenn wir uns nun der Frage des sozialen Wandels zuwenden. Die Ursachen der Veränderungen lassen sich zunächst einteilen in solche, die aus dem Inneren stammen (innerhalb des Kulturbereichs), und in solche äußeren Ursprungs.

I. Interne Ursachen

Die inneren Veränderungen lassen sich ihrerseits noch einmal unterteilen, und zwar in solche, die in individuellen Impulsen und Reaktionen auf die Gesellschaftsstruktur und -bedingungen ihren Ursprung haben, und in solche, die als Reaktionen auf Veränderungen der natürlichen Umwelt zu betrachten sind.

1. – Wie wir bereits erwähnt haben, paßt der einzelne sich nicht nur an die sozialen Normen an, **er weicht auch davon ab.** Diese Abweichungen sind eine Quelle des sozialen Wandels. Man gerät leicht in Versuchung, diese Abweichungen in positive und negative, in schöpferische und zerstörerische einzuteilen. Damit jedoch würden wir uns auf ein Gebiet der widersprechenden Meinungen begeben, für das eine Wissenschaft, die auf empirischer Beobachtung aufgebaut ist, nicht zuständig ist. Wir können feststellen, daß beispielsweise Abweichungen wie die von Marx, von Sokrates, Galilei, Einstein oder Schönberg sehr verschieden beurteilt worden sind, einmal als schöpferisch, das andere Mal als zerstörerisch. Es gibt die verschiedensten Arten abweichenden Verhaltens. Über solche Abweichungen, die zu Erfindungen führten, existiert eine reichhaltige Literatur.

a) Besondere Aufmerksamkeit haben die Soziologen den **technischen** Erfindungen zugewandt; fraglos führten so fundamentale Erfindungen wie die des Rades, des Feuers, der Null, der Dampfmaschine, des Verbrennungsmotors, der Elektrizität, des Teleskops, der Atomspaltung usw. zu drastischen Veränderungen in der Gesellschaft. Abweichendes Verhalten dieser Art geht auf eine besondere Art der Intelligenz zurück und ist das Ergebnis einer Hinwendung zu dem Problem, wie man die natürliche Umwelt des Menschen begreifen und kontrollieren könnte. Wie wir aber in unserer Abhandlung über die verschiedenen Institutionen bereits feststellten, sind derartige Erfindungen immer kumulativ, d. h. jede Neuentdeckung eröffnet neue Bereiche der technischen Entwicklung durch eine Kombination des Neuen mit dem Alten – diese Kombination ist ebenfalls eine Abweichung – und bereitet den Weg für weitere überraschende Erfindungen. Diese sind dann für jeden Menschen objektiv verbindlich und unabhängig von seiner subjektiven Meinung über ihre Brauchbarkeit.
Die einzelnen Gesellschaften unterscheiden sich sehr stark in ihrer Neigung, solche neuen Erfindungen zu schaffen und zu akzeptieren. Wir wissen verhältnismäßig wenig darüber, welche Voraussetzungen neuen Erfindungen förderlich sind. Abgesehen vom Prozentsatz der Individuen mit großer Intelligenz in den verschiedenen Gesellschaften spielt auch eine Rolle, daß manche Gesellschaften das »Neue« bereitwilliger akzeptieren als andere. Eine Voraussetzung – wenn allein auch nicht ausreichend – ist, daß die Gesellschaft eine gewisse »Reserve« an materiellen Gütern hat, welche das Risiko des »Experimentierens« mit neuen Gedanken und Dingen ermöglicht. Ein wesentlicher Faktor ist dabei wahrscheinlich, daß eine »säkulare« (weltliche) Gesellschaft – in der nur verhältnismäßig wenige Seiten der Kultur von einer Aura der Heiligkeit oder Unberührbarkeit umgeben sind – erfinderischer ist als eine »sakrale« und traditionsgebundene. Was indes eine Gesellschaft säkular werden läßt, ist noch nicht ausreichend geklärt.
b) Ein weiteres Gebiet der »Erfindungen« umfaßt die **philosophischen, ideologischen oder religiösen** Schöpfungen. Einzelne Individuen »weichen ab«, indem sie neue Ideen schaffen, die tiefreichende Wirkungen haben auf die Auffassung der Gesellschaft von den höchsten Werten und Wahrheiten, von der Natur und vom Sinn des Lebens, von dem, was hinter der materiellen Welt steht, die wir unmittelbar wahrnehmen. Obwohl die Veränderungen, die auf derartige »Erfindungen« zurückgehen, nicht so plötzlich vor sich gehen und nicht so ins Auge fallen wie die technischen, darf man sie nicht für weniger wichtig halten. Max Weber beleuchtete den Zusammenhang zwischen der protestantischen Ethik und dem Kapitalismus, als ein Beispiel einer solchen Wirkung von Ideen [1]. Unter anderem haben sie großen Einfluß gerade auf die Geneigtheit einer Gesellschaft, Erfindungen **aller** Art zu akzeptieren. Und sie bilden die Grundlage für die Interpretation der Kultur (wir merkten bereits, daß Kultur ihrem Wesen nach grundsätzlich etwas Geistiges ist). Objekte – auch technische – erhalten ihren Sinn durch eine geistige, philosophische, religiöse und ideologische Interpretation, die sie erfahren.
Derartige Ideen scheinen jedoch nicht kumulativ zu sein in demselben Sinn wie bei der Technik. Es gibt bei den verschiedenen Philosophien oder Religionen kaum wahrnehmbare geradlinige Entwicklungen. Das liegt wohl daran, daß ihre Aussagen nicht zwingend übertragbar sind.
c) Ein dritter Typ der Abweichung kommt in den schönen Künsten zum Ausdruck, in

Literatur, Malerei, Musik, Bildhauerkunst und Architektur. Die Entwicklung bei den Künsten ist ebenso wie bei religiösen und philosophischen Ideen nicht im gleichen Sinne kumulativ wie bei der Technik. Aufstieg und Niedergang sind bei den schöpferischen Künsten anscheinend unabhängig von einem vorhandenen Fundus an Wissen und Erfahrung. Dennoch wäre es falsch zu behaupten, der künstlerische Ausdruck habe keinen Einfluß auf spätere Ausrichtung der Gesellschaft. Die weitverbreitete Auffassung ist die, daß die Kunst in erster Linie ein Symptom sei, ein Ausdruck des sozialen und geistigen Klimas der Epoche. Diese Auffassung ist sicher einseitig; sie übersieht die abweichenden Aspekte der Kunst und ihre formende und neue Bedingungen schaffende Natur. Kunst ist nicht nur die Spiegelung des vorhandenen geistigen Klimas, sie führt auch ein neues herbei.
Wir wissen wenig darüber, unter welchen Bedingungen eine schöpferische Kunstepoche gedeiht und unter welchen nicht. Von den vielen Theorien, die es dazu gibt, klingt keine besonders überzeugend. Man nimmt vielfach an, und möglicherweise trifft es zu, daß künstlerisch schöpferische Individuen – mehr als Erfinder und philosophische Größen – »geboren« und nicht »gemacht« werden (Phidias, Leonardo da Vinci, Mozart). Gleichzeitig steht außer Frage, daß unter bestimmten kulturellen und geistigen Klimata (5. Jahrh. v. Chr. in Griechenland, 15. und 18. Jahrhundert in Europa) mehr künstlerisch geniale Menschen »geboren« werden als unter anderen. Wenn die Behauptung, die schöpferischen Künstler würden »geboren«, bedeutet, daß günstige biologische Faktoren in der Bevölkerung häufig vorkommen, dann erhebt sich folgerichtig die Frage: Wohin verschwinden diese Faktoren, wenn die künstlerische Schöpferkraft abnimmt, oder woher kommen sie, wenn eine neue Welle schöpferischen Schaffens sich zeigt? Ist das jeweils bloßer Zufall? Man muß annehmen, daß das künstlerische Genie sowohl »gemacht« (durch ein günstiges kulturelles Klima) als »geboren« wird; unser Wissen hierüber jedoch ist äußerst begrenzt.
d) Im allgemeinen werden die Abweichungen, wie wir sie unter a bis c aufgezählt haben, positiv beurteilt. Darüber dürfen wir nicht vergessen, daß auf allen Gebieten viele Abweichungen zuerst negativ beurteilt oder sogar verurteilt wurden. Andere bleiben Generationen hindurch verloren und vergessen und werden später erst wiederentdeckt oder »rehabilitiert«. Eine unbekannte Anzahl solcher »Abweicher« kommt nie zu Ruhm und Ehren. Sicher aber schaffen einige spezifische kulturelle Klimata eine »Öffentlichkeit«, die sich Abweichern gegenüber aufgeschlossen zeigt und ihnen gestattet, bei ihrer Abweichung zu beharren, bis ihre Werke für die weitere Kultur Bedeutung gewinnen.
e) Schließlich sind auch die großen **»Akteure« der Geschichte** Urheber sozialer Veränderungen. Gestalten wie Alexander, Cäsar, Attila, Karl der Große, Friedrich der Zweite von Preußen, Napoleon, Bismarck, Lenin, Churchill und Hitler war alle Abweicher. Ihr größter Einfluß auf die Gesellschaft lag auf den Gebieten der Politik, der organisatorischen oder militärischen Führerschaft, also nicht unbedingt in einem Reich der Ideen, obwohl diese Männer alle auch Ideen von größerem oder geringerem Einfluß entwickelten. Wenn wir hier sagen, sie alle bewirkten Veränderungen in der Gesellschaft, stellen wir sie keineswegs in irgendeinem anderen Sinne gleich. Wenn wir die Rolle einzelner bei den sozialen Veränderungen erwähnen, wollen wir damit durchaus nicht die Theorie vom »Großen Mann« in der Geschichte verteidigen. Auch sollte gleichzeitig klargeworden sein, daß wir nicht glauben, »große

Männer« seien **nur** die Produkte bestimmter sozialer und kultureller Verhältnisse. Es ist eher so, daß beides in gegenseitiger Abhängigkeit voneinander steht: »Große Männer« hätten unter anderen sozialen Bedingungen einen anderen oder geringeren Einfluß ausgeübt, aber auch die sozialen Verhältnisse wären anders, hätte es nicht in der Vergangenheit »große Männer« gegeben. Mit dieser Auffassung unterstreichen wir noch einmal unsere Überzeugung, daß die Menschen sich nicht nur anpassen, sondern daß sie stärkere oder schwächere Impulse haben, die zu neuen und folgenschweren Entwicklungen führen können. Die Impulse der »großen Männer« sind außergewöhnlich stark, die sozialen Verhältnisse bereiten den Boden für ihre praktische Realisierung. Beides zusammen – der starke Impuls und der vorbereitete Boden – führt dann zu Veränderungen.

f) Wir müssen noch hervorheben, daß auch die **Impulse einer großen Zahl von Individuen,** deren Name die Geschichte nicht kennt, ein integraler Faktor des sozialen Wandels sind. Erfindungen, Ideen und die Produkte schöpferischer Kunst bringen neue Richtungen und Probleme mit sich, Gruppen von Individuen suchen nach neuen Lösungen, und es finden sich Menschen, die richtungweisend und führend bei diesen Lösungen sind. Derartige Erscheinungen werden als soziale Bewegungen bezeichnet. Der Gegenstand solcher sozialer Bewegungen – wir denken hier an Erscheinungen wie den Sozialismus, die Frauenbewegung, den Kampf um die Sklavenbefreiung, an die Gewerkschaftsbewegung, den Faschismus, die Prohibition (in USA), die Friedensbewegung usw. – würde eine Einzeluntersuchung rechtfertigen, die u. a. die vorherrschenden Orientierungspunkte solcher Bewegungen überprüfen (Macht, neue Werte, die Befriedigung des Bedürfnisses, »dabei zu sein«, bei wichtigen Ereignissen mitzuwirken) und gründlich studieren müßte, welche Persönlichkeitstypen sich zur aktiven oder passiven Teilnahme an solchen Bewegungen getrieben fühlen. Außerdem müßte untersucht werden, unter welchen kulturellen Bedingungen solche Persönlichkeiten, die immer »dabei sein« wollen, besonders häufig vorkommen [2].

Der Wandel kann also vielfach gesteuert werden (wie z. B. bei »großen« Staatsmännern), oder er erfolgt mehr oder weniger ungeplant, »von selbst«. Steuerung und Planung des Wandels ist in erster Linie eine Frage der Macht, der Integration und der gesellschaftlichen Kontrolle, und auch der Fähigkeit zur Bildung von Konsensus über gesellschaftliche Ziele durch Information. Die Entwicklung einer Theorie und eines analytischen Instrumentariums für diesen Problembereich ist eine dringende Aufgabe der Sozialwissenschaften. Etzioni schlägt vor, eine spezielle Soziologie dafür zu gründen, die er »Makrosoziologie« nennt [3]. Obwohl nicht bewiesen, ist es wahrscheinlich, daß die technische, auf zweckrationale Kontrolle gerichtete Welt mehr und mehr durch bewußte und gesteuerte Planung verändert wird und weniger durch »Bewegungen« nach dem Muster des 15. bis 19. Jahrhunderts.

2. – Sozialer Wandel, der seinen Ursprung innerhalb des Kulturbereichs hat, kann das Ergebnis von **Veränderungen in der natürlichen Umwelt** sein. Solcher Wandel kann plötzlich vor sich gehen, z. B. im Falle von Erdbeben, Vulkanausbrüchen, Überschwemmungen oder anderen Katastrophen, die neue Probleme schaffen und neue Lösungen erforderlich machen. Oder es können langsame Veränderungen im Klima oder in der Niederschlagsmenge, in der Fruchtbarkeit des Bodens, in der Erschöpfung der natürlichen Rohstoffquellen eine Rolle spielen. Die Anpassung an veränderte natürliche Umweltbedingungen ist selbstverständlich auch eine Spielart menschlicher Reaktionen. Wir möchten nur darauf hinweisen, daß der Impuls, nach Überschwemmungen oder nach einer Dürrezeit neue Techniken des Ackerbaus anzuwenden, etwas anderes ist als der Impuls, der zur Erfindung der Atombombe in Kriegszeiten führt.

3. – Als einen Grenzfaktor, der zwischen individueller Abweichung und Veränderungen in den natürlichen Umweltbedingungen liegt, sollten wir noch die **Veränderungen in der Bevölkerungszahl und -struktur** erwähnen, die ebenfalls teilweise interne Ursachen haben.

II. Externe Ursachen

Von gleicher Bedeutung sind die Veränderungen, die durch außerhalb der Kultur wirkende Impulse verursacht werden. Der Sozialwissenschaftler nennt den Vorgang des Austausches und der wechselseitigen Befruchtung von Ideen gewöhnlich **Diffusion.** Es ist wahrscheinlich, daß eine solche Diffusion stärkere soziale Veränderungen auslöst – besonders in unserer Zeit –, als es neue Ideen von innen her tun. Selbstverständlich wirkt beides eng zusammen. Aber in einer Zeit wie der unseren, mit ihren unmittelbaren weltweiten Verbindungen, ihrem internationalen Verkehr, ihren Handelsbeziehungen und ineinandergreifenden politischen Übereinkünften ist es unvermeidlich, daß Veränderungen, die in irgendeiner Gesellschaft vor sich gehen, sich bald auch in anderen fühlbar machen. Theoretiker haben Spekulationen darüber angestellt, welches die ausschlaggebenden Faktoren für eine Diffusion sind. Einige betrachten den Krieg als wesentlichen Faktor, während andere den Handelsverkehr für wichtiger halten. Um das Ausmaß der sozialen Veränderungen aufzuzeigen, brauchen wir z. B. nur auf die Ausbreitung des Islams im 7. und 8. Jahrhundert hinzuweisen mit seinen Auswirkungen auf Europa, oder auf die Kreuzzüge, den europäischen Imperialismus des 19. Jahrhunderts oder die Ausbreitung des Kommunismus. Auf einer niedrigeren Ebene vollzieht sich gleichzeitig eine »Diffusion« so prosaischer Dinge wie z. B. Spaghetti, Tabak, Kartoffeln oder Kaffee. Wie dringend nötig es ist, daß wir unsere Kenntnis von den Gründen und der Dynamik des sozialen Wandels erweitern, wurde in den letzten Jahren überdeutlich offenbar bei den mühsamen Anstrengungen der Länder des Westens, die revolutionären Veränderungen in den Entwicklungsländern zu beeinflussen. Es zeigte sich, daß diese Veränderungen in Richtungen zielen können, die mit unserem Wertschema unvereinbar sind. Wie kann das vermieden werden? Hier müssen wir unsere Unfähigkeit bekennen; jede Bemühung erscheint als ein Glücksspiel. In den Entwicklungsländern ist das Tempo der Veränderungen in der Technik ebenso wie in Philosophie und Ideologie völlig verschieden von dem Europas in den gleichen Entwicklungsphasen; es ist daher außerordentlich schwierig, wenn nicht gar unmöglich, eine Garantie dafür zu übernehmen, daß die schließlich entstehende Kultur für die europäische Zivilisation je begreiflich oder mit ihr vereinbar sein wird. Bis jetzt haben wir bei der Lösung dieser Probleme »improvisiert«. Aber durch die Perfektion der Waffen, welche die Menschheit innerhalb weniger Stunden vernichten können, wird es ein gefährliches Spiel, sich auf solche Improvisationen zu verlassen [4].

B) Sozialer Wandel als zielgerichtete Evolution

1. – Eine zweite Frage, die die Sozialwissenschaft wie die Sozialphilosophie im größeren Rahmen beschäftigt, ist die der langfristigen Entwicklung von Gesellschaftsformen und Kulturen. Der zeitweilige Rückzug der Soziologie auf statische Querschnittsbetrachtungen ließ diese Frage weitgehend unberührt. Neuerlich ist der Drang nach Veränderung der Gesellschaftsstruktur sowie auch die Infragestellung einer technologischen Zivilisation jedoch so groß geworden, daß die Frage des »Wohin?« unausweichlich wird. Steht das »Wohin« durch eine »geschichtliche Vernunft« oder einen »notwendigen Fortschritt« in Richtung »Humanisierung« und »Emanzipation« schon von vornherein fest?
In den letzten Jahren können wir eine intensivierte Auseinandersetzung mit früheren Theoretikern der evolutionären Entwicklung der Menschheit, z. B. mit Comte, Spencer und Marx, beobachten. Parsons z. B. sieht in der Geschichte universale Forderungen, die in universalen religiösen, technologischen, politischen und schichtungsmäßigen Strukturen Veränderungen stufenweise durchmachen müssen, wenn die Gesellschaft ihre Anpassungsfähigkeit und Vitalität erhalten soll. »Rückständige« Gesellschaften geraten notwendigerweise in ein Abhängigkeitsverhältnis zu »fortschrittlicheren« [5].

2. – Am einflußreichsten sind Theorien, die einen Widerspruch sehen zwischen einerseits den technischen und produktiven Möglichkeiten der Befriedigung menschlicher Bedürfnisse und andererseits den nachhinkenden strukturellen Regelungen, die diese Möglichkeiten unzureichend organisieren. Der evolutionäre bzw. revolutionäre Prozeß besteht darin, daß eine zunehmende Spannung die nachhinkende Organisation immer wieder dazu zwingt, sich an die neuen Möglichkeiten anzupassen. Diese These ist ein Kernelement des Marxismus, z. B. Einige Annahmen, die dieser Denkweise vorausgesetzt sind, sind allerdings fraglich geworden:

a) daß Bedürfnisse von der Befriedigung einzuholen seien – also, daß auf längere Sicht eine Übereinstimmung von Bedürfnissen und Befriedigung erzielt werden könnte, daß Verzicht grundsätzlich gegen den Fortschritt sei,
b) daß eine Neuorganisation der Strukturen von allen begrüßt und somit relativ leicht durchführbar sei,
c) daß die neuen und notwendigen Strukturen im wesentlichen schon theoretisch ausgearbeitet seien.

Zu a): Die Schattenseiten einer zunehmenden Produktion sind sichtbar geworden. Umweltverschmutzung, Langeweile, Lebensleere, Wirtschaftskriminalität, Süchte und andere Probleme verdrängen Produktionsprobleme. Die Vermutung wird immer stärker, daß zunehmende Verfügung über Güter unweigerlich eine zunehmende Verfügung über Menschen mit sich bringt und somit »unmenschlich« ist.
Zu b): Der Versuch, Strukturen radikal zu verändern hat gezeigt, wie tief überlieferte und bestehende Bewußtseinsformen verwurzelt sind, und wieviel Gewalt angewendet werden muß, um neu zu organisieren. Andererseits sind Regime, die die notwendige, rigorose Gewalt ausüben müssen, weder geistig noch technisch in einer günstigen Lage, auf weitere Notwendigkeiten von Veränderungen mit Flexibilität und rücksichtsvollen Methoden zu reagieren.

Zu c): Die bisherigen radikalen Revolutionen, um Strukturregelungen in Einklang mit den Möglichkeiten der Produktion zu bringen, haben weder die faktischen Möglichkeiten auf befriedigende Weise von ihren »menschlichen« Hemmungen befreit, noch ist Fortschritt auf anderen Bereichen der Kultur eindeutig feststellbar.
Der Fehler von »schon ausgearbeiteten Theorien« scheint darin zu liegen, daß eine fixierte Theorie der »notwendigen« Zukunft von vornherein aus der Perspektive des **heutigen** Menschen entwickelt wird. Wird diese Theorie Wirklichkeit, so wird sie – dann – aus der Perspektive des **veränderten** Menschen, d. h. mit veränderten Bedürfnissen und unter veränderten Bedingungen, neu beurteilt. Sozialer Wandel, als Wandel der sozialen Bedingungen **und des Menschen** verstanden, läßt die Schlußfolgerung aufstellen: Könnte eine »objektive Theorie« die evolutionäre Entwicklung des Menschen konkret erfassen, so wäre er nicht mehr ein offenes, ein wandelbares Wesen. Er wäre total verobjektiviert, verdinglicht. Von Freiheit oder Befreiung könnte nicht mehr die Rede sein.
Die Frage einer zwangsmäßigen Evolution der Gesellschaft kann also nur mit vorläufigen und undogmatischen Begriffen beantwortet werden. Möglich ist, daß die Phase der Menschheitsgeschichte, in der die technische Bewältigung der Natur eine fast alles überschattende Rolle spielte, zu Ende geht, daß ein ganz anderes Verständnis des Verhältnisses zwischen Menschen und zwischen Mensch und Natur aufkommen wird. Dabei wird Evolution – »Fortschritt« – von ganz anderen Kriterien her beurteilt werden.

C) Soziale Probleme

1. – Sozialer Wandel und soziale Probleme sind unlösbar miteinander verknüpft. Wir könnten sagen, soziale Probleme sind das Ergebnis sozialen Wandels in dem Sinne, daß sie unsere Haltung gegenüber den neugeschaffenen Verhältnissen, die mit einer erwünschten Ordnung der Gesellschaft noch nicht in Einklang gebracht werden konnten, ausdrücken. Entweder sind die Verhältnisse oder ist die Einstellung ihnen gegenüber (die Auffassung von einer besseren sozialen Ordnung) neu. »Neuheit« drückt die Tatsache des Wandels aus. Andererseits führen aber auch soziale Probleme zu sozialen Veränderungen. Probleme zeitigen Spannungen, die Energie freimachen für die Suche nach neuen Lösungen, oder sie machen die Menschen bereit, abweichende Ideen und Techniken zu akzeptieren.
Um klarzustellen, was wir hier unter »sozialen Problemen« verstehen, müssen wir die beiden Worte analysieren. Das Wort **»Problem«** bedeutet nicht nur Hindernis beim Streben nach einem Ziel oder Spannung und Zwang, eine Lösung zu suchen, es bezieht sich auch ganz einfach auf eine soziale Struktur, ein Schema der Wechselbeziehungen, auf soziale Verhältnisse, die, sieht man von einer »problematischen« Einstellung zu ihnen ab, sich im wesentlichen von anderen sozialen Schemata nicht unterscheiden. Vieles bedroht die menschliche Existenz oder die Erreichung menschlicher Ziele, aber nur das wird als »Problem« bezeichnet, was in plötzlicher oder in augenfälliger Weise als Drohung erkannt wird. Es liegt kaum jemals in der Natur der Verhältnisse selbst, ob ein Schema oder eine bestimmte Gegebenheit zum Problem wird oder nicht; bestimmend ist unsere Einstellung dazu. Unsere verschiedenartigen Einstellungen sind ihrerseits das Ergebnis unserer Wertsy-

steme, die einen wesentlichen Teil der Kultur darstellen. Deshalb sind soziale Probleme jeweils Ausdruck einer bestimmten Kultur und auf diese bezogen. Krieg, Alkoholismus, Krankheit, Sklaverei und Armut waren immer soziale Gegebenheiten, aber nicht alle waren soziale Probleme. (Es könnte sein, daß mehr Sterbefälle auf Überfütterung als auf Krebs zurückzuführen sind. Die Überfütterung wird jedoch erst allmählich als »soziales Problem« betrachtet.)

Was bedeutet nun der Begriff **»sozial«** in diesem Zusammenhang? Das Wort »sozial« bezeichnet den Unterschied, der zwischen den erwähnten Schemata und unserer Einstellung dazu einerseits und den »individuellen« Problemen andererseits besteht. (Krankheit des einzelnen, finanzielle Schwierigkeiten, ein unausgeglichenes Temperament, ungehorsame Kinder, Alkoholismus usw.) Das individuelle Problem kann, je nach der Einstellung des einzelnen, sich mit dem entsprechenden sozialen Problem decken, muß es aber nicht.

Zwei Dinge machen ein Problem zu einem **sozialen** Problem:

a) Es müssen die entsprechenden Gegebenheiten oder Schemata weit verbreitet sein; wie weit läßt sich nicht genau definieren. Auf jeden Fall müssen die gegebenen Verhältnisse die Aufmerksamkeit eines Großteils der Bevölkerung erregen. Selbst wenn dann das konkrete Ereignis nur verhältnismäßig wenige betrifft (Kinderlähmung, Pocken, Flugzeugunfälle), so erscheint doch die mögliche Bedrohung des Gruppen-Wohlergehens groß, sie wird allgemein erkannt.

b) Es kann jedoch sein, daß auch weitverbreitete Gegebenheiten – Sklaverei oder Armut – nur als individuelles, nicht aber als soziales Problem angesehen werden (wenn überhaupt als Problem betrachtet werden!). Zur »sozialen« Einstellung einem Problem gegenüber gehört dann zum mindesten dreierlei:
   1) Die Gegebenheit wird bewußt als sozial schlecht oder schädlich empfunden, d. h. sie behindert die Verfolgung allgemeiner Gruppenziele; z. B. wurden ab einem bestimmten Zeitpunkt in der Geschichte die Sklaverei und die Ungleichheit der Geschlechter als Hindernisse für das Erreichen der sozialen Ideale betrachtet.
   2) Es wird allgemein für möglich gehalten, die bestehenden Verhältnisse durch rationale Bemühungen der Menschen zu verbessern.
   3) Es herrscht allgemein die Auffassung, daß diese Bemühungen unter die Verantwortlichkeit der ganzen Gesellschaft bzw. der Regierung fallen und daß sie nicht voneinander unabhängigen Einzelaktionen überlassen bleiben dürfen.

Wahrscheinlich wurden Armut, Unfälle und Arbeitslosigkeit schon immer als Hindernisse bei der Schaffung einer idealen Gesellschaft angesehen, aber entweder betrachtete man sie als individuelle Probleme, mit denen jeder einzelne allein fertig werden mußte (Fürsorge für die Alten, Wohnraumbeschaffung), oder man kam zu der Auffassung, daß sie durch rationale Bemühungen nicht geändert werden könnten (Überschwemmungen, Epidemien, hohe Kindersterblichkeit).

Entsprechend dieser Analyse könnten wir die Definition folgendermaßen formulieren: **Ein soziales Problem ist eine soziale Gegebenheit, die von einem bedeutenden Prozentsatz der Bevölkerung in einer Gesellschaft als schädlich angesehen wird für die Verwirklichung der Gruppenziele und die man durch gemeinsames rationales Handeln glaubt ändern zu können.**

2. – Es wird nun klar, warum alles, was wir für »Fortschritt« halten, nicht nur unsere Probleme nicht ein für allemal löst, sondern im Gegenteil in vieler Hinsicht neue schafft (damit soll nicht geleugnet werden, daß frühere Probleme gelöst wurden oder der Lösung nahe sind). Einmal werden durch den »Fortschritt« neue Gegebenheiten geschaffen (Industrialismus, Straßen- und Luftverkehr, Anwachsen der Bevölkerungszahl), die Spannungen mit sich bringen, welche nach Lösung verlangen. Zum zweiten, und das ist von größerer Bedeutung, werden solche neuen Gegebenheiten in unserer Zeit bewußt im Lichte ihrer Beziehungen zu den sozialen Idealen betrachtet. Diese Ideale werden, das haben wir in unserer Betrachtung über die technisch orientierte Gesellschaft bereits gesehen, für mit menschlichen Mitteln erreichbar gehalten, d. h. die Gegebenheiten werden nicht als »gottgegebenes Schicksal« angesehen, das man stoisch ertragen müßte. Durch die modernen Möglichkeiten der Nachrichtenübermittlung sind die sozialen Ziele allen Menschen bewußt, ebenso wie die angeblichen Hindernisse bei ihrer Verwirklichung. Die moderne Rationalität führt zu der Überzeugung, daß wir die Ziele durch einen systematischen rationalen Angriff und entsprechende Kontrolle erreichen können. Schließlich führt auch die Machtlosigkeit des einzelnen (die Mentalität des »Rädchens in der Maschine«) zu der Annahme, daß die Probleme durch eine gemeinsame soziale oder politische Aktion gelöst werden müssen statt durch Einzelaktionen. Die sozialen Probleme gleichen dem vielköpfigen Drachen der Sage: Wenn wir ihm ein Haupt abschlagen, wachsen andere an seiner Stelle nach.
Hier liegt ein Schlüssel zur Erklärung für die rasche Ausweitung der Sozialwissenschaften in den letzten Jahrzehnten. Wir erwarten von ihnen Antwort auf unsere sozialen Fragen, Hilfe bei der Lösung der sozialen Probleme. Der Rat der Sozialwissenschaften wird in verstärktem Maße eingeholt von der Industrie; sie sollen Schiedsrichter sein bei Streitfragen, welche die Kriminalität oder Rassenfragen, Familienschwierigkeiten oder die Beziehungen zu anderen Völkern usw. betreffen. Sie sind die »Experten« auf sozialem Gebiet.

D) Soziale Auflösungserscheinungen

1. – Die schnell aufeinanderfolgenden Veränderungen und die Anhäufung von sozialen Problemen haben zahlreiche Beobachter in unserer Zeit zu der Frage veranlaßt, ob unsere Gesellschaft nicht in Auflösung begriffen oder desorganisiert sei, ob sie nicht bereits »an den Rändern auseinanderfalle«. Besonders seit dem 1. Weltkrieg hört man immer wieder Kassandrarufe, die auf die zahlreichen Kriege hinweisen, auf die zunehmende Kriminalität, auf das Anwachsen der Scheidungsziffern, auf die sexuelle Zügellosigkeit, auf die wachsende Häufigkeit von Geisteskrankheiten und auf das Abnehmen der Autonomie zugunsten eines allgemeinen Konformismus. Andere Beobachter halten die chaotischen Zustände bei den schönen Künsten für ein Menetekel unserer Kultur. Ein bekannter Wissenschaftler stellt die Frage, ob man die Gesellschaften als krank oder gesund, geistig intakt oder geistig gestört bezeichnen könne, wie man einen Menschen beurteilt. Er kommt zu dem Schluß, daß die westliche Gesellschaft in ihrem Wesen »geistig krank« sei, was in den hohen Quoten von Selbstmord, Mord und Alkoholismus zum Ausdruck komme [6]. Ein anderer stellt die kategorische Behauptung auf: »In allen Gesellschafts-

schichten ist der Mann von heute . . . in der privaten Sphäre emotional unbeherrschter, seelisch fluktuierender und sittlich formloser als jede geschichtliche Männergeneration vor ihm, ja selbst als der Primitive . . . [7].« Dabei sind in diesem pessimistischen Katalog noch nicht einmal die sorgfältigen Vorbereitungen erwähnt, die unsere Gesellschaft trifft, um »im Notfall« alles menschliche Leben auf unserem Planeten auszulöschen.

Diesem düsteren Bild halten andere entgegen, daß es in unserer Gesellschaft weniger Analphabeten gibt als je zuvor, daß wir die meisten epidemischen Krankheiten besiegt haben, daß Kinderarbeit und Grausamkeit gegen Kinder praktisch kaum noch existieren, daß wir die Gleichberechtigung der Frau erkämpft haben, daß es die Furcht vor Arbeitslosigkeit und Armut als Folge von Krankheit und Alter kaum noch gibt, daß der Durchschnittsbürger sich eines Lebensstandards erfreut, wie ihn früher noch nicht einmal ein Aristokrat kannte. Die Unterschiede an Lebenschancen, die zwischen den Schichten mit niedrigem und denen mit hohem Verdienst bestanden, wurden reduziert, indem man die letzteren systematisch besteuerte, um den ersteren einen Mindeststandard zu garantieren. Alle Erwachsenen können die Besetzung der gesetzgebenden und regierenden Stellen mitbestimmen. Wir sind uns einig in der moralischen Verdammung des Terrors und der Brutalität, wir reagieren spontan auf den Appell, freiwillig für hungernde Völker zu spenden, die wir nicht kennen – sogar für sogenannte Feinde –, und wir haben die Todesstrafe entweder abgeschafft oder wenden sie nur noch bei besonders schweren Verbrechen an. Wir dürfen wohl behaupten, daß unsere Gesellschaft zumindest nicht mehr Zeichen des Zerfalls und der Desorganisation zeigt als andere geschichtlich bekannte; sie beweist sogar größere Widerstandskraft gegen zerstörerische Faktoren, als andere das tun, z. B. haben wir längst nicht so rücksichtslos mit unserer Vergangenheit gebrochen, wie es das kommunistische China tut oder zahlreiche andere »junge« Nationen, die gerade erst mit der Industrialisierung begonnen oder ihre Unabhängigkeit errungen haben.

Diese Überlegungen zeigen, daß der Begriff des sozialen Zerfalls sehr vielschichtig ist und daß es auf diese Probleme keine »einfachen« Antworten gibt. Diejenigen, die den Untergang prophezeien, sehen die Lage offenbar von einem Standpunkt aus, dem ein besonderes Wertschema zugrunde liegt, das sie bedroht glauben. Aber das allein genügt nicht als soziologischer Beweis für einen Verfall der Gesellschaft.

2. – Vom soziologischen Standpunkt aus gesehen, können wir Auflösungserscheinungen nennen, die sowohl zeitlich als auch örtlich begrenzt sind [8]. Wir können es Desorganisation nennen, wenn anerkannte soziale Normen sich plötzlich als unzureichend oder veraltet erweisen und wenn sie zeitweilig durch individuelle Initiative ersetzt werden müssen; wir meinen hiermit Zustände, wie sie sich nach Katastrophen ergeben, z. B. nach der Explosion der Atombomben über Hiroshima und Nagasaki, nach der Zerstörung Dresdens, nach Sturmfluten oder Erdbeben, Katastrophen also, die für die Zeitspanne bestimmte durchorganisierte Gemeinwesen von der Bildfläche verschwinden lassen. Zu ähnlichen Auflösungserscheinungen kommt es in Zeiten gewalttätiger Revolutionen, die von großen Volksmassen getragen werden. Die Rollen stimmen plötzlich nicht mehr. Aus Herrschern werden Beherrschte, die Zustände werden radikal verändert (z. B. in der französischen und in der russischen Revolution oder auch bei einer Meuterei Gefangener, die ihre Wärter

gefangensetzen). Eine besondere Art teilweiser und zeitweiliger Auflösung ereignet sich bei bestimmten traditionellen Feiern, wenn man vom üblichen Verhalten abweicht und wenn eine Art Verrücktheit herrscht (z. B. bei sportlichen Ereignissen, bei »Siegesfeiern«, im Karneval usw.). Es scheint bewiesen, daß eine gelegentliche Befreiung von dem psychologischen Zwang, sich an soziale Normen zu halten, notwendig ist, daß daher zahlreiche Gesellschaften diese auch gewähren in Form institutionalisierter »Feiertage« oder Festlichkeiten oder die Befreiung dulden in anderer, mehr oder weniger anerkannter Form.
In allen diesen Fällen wird ein Rahmen sozialer Normen – manchmal in stark veränderter Form – bald wieder errichtet. Die Menschen haben, wenn auch oft unbewußt, erkannt, daß ihre Existenz auf die Dauer von einer Orientierung am voraussehbaren Handeln anderer Menschen abhängt, weil nur eine solche die notwendige Zusammenarbeit gewährleistet. Und dazu bedarf es sozialer Normen, die entweder spontan entstehen oder von einem einzelnen aufgestellt werden oder von einer Gruppe, die in der Lage ist, Macht auszuüben. Die erwähnten Fälle geben aber keinen Aufschluß über die Art der allmählichen Auflösung der Gesellschaft.
Schwerer wiegend sind die Folgerungen, welche die Gesellschaft aus Zerfallserscheinungen ziehen muß, wie sie z. B. einige Indianerstämme in Nordamerika aufweisen. Vor ihrer Einweisung in die Reservationen besaßen sie eine lebendige und schöpferische Kultur. Ihrer Freiheit beraubt, zur Trägheit veranlaßt durch das Existenzminimum, das ihnen die staatliche Unterstützung gewährleistet, geschwächt durch die Krankheiten des weißen Mannes, gegen die sie keine natürliche Immunität entwickeln konnten, und demoralisiert vom Alkohol zeigen einige dieser Stämme unverkennbare Zeichen des Zerfalls. Nicht als ob sie keine Normen mehr hätten oder keine Zusammenarbeit; aber die Vitalität, die Initiative, die Schöpferkraft sind verschwunden oder bestenfalls überdeckt. Wird unsere Gesellschaft von ähnlichen Erscheinungen bedroht? Auf diese Frage wissen wir keine zuverlässige Antwort.

3. – Die Sozialwissenschaftler waren fleißig auf der Suche nach einem festen Maßstab, mit dessen Hilfe man das Ausmaß der sozialen Auflösung feststellen könnte.
a) Man könnte die **statistisch erfaßbare Größe bestimmter Probleme** zum Maßstab machen: das Zahlenmaterial über Prostitution und Kriminalität z. B. oder über die Verbreitung der Geisteskrankheiten, über Ehescheidungen und Verlassen des Ehepartners, über Analphabetentum, Arbeitslosigkeit, über die Häufigkeit von Kriegen und die Verluste an Menschenleben in diesen Kriegen. Abgesehen davon, daß es keine zuverlässige Methode gibt, mit der man die Bedeutung dieser Probleme in unserer Gesellschaft vergleichen könnte mit der Bedeutung, die sie für frühere und andersartige Gesellschaften hatten, muß man auch festhalten, daß die Probleme in ihrer Bedeutung nicht alle gleichzeitig zu- oder abnehmen. Einige nehmen zu, während andere abnehmen. Während des 2. Weltkrieges z. B. nahmen die üblichen Verbrechen der Erwachsenen ab, ebenso die Arbeitslosigkeit, während geistige Zusammenbrüche und Hinrichtungen aus politischen Gründen zunahmen. Seit dem Krieg gibt es wieder weniger Armut, während viele Arten von Verbrechen häufiger geworden sind. Als allgemeine Regel läßt sich heute eher feststellen, daß Scheidungen, Verbrechen und Süchte einen Höhepunkt erreichen, wenn Armut und Arbeitslosigkeit einen Tiefstand erreicht haben. Es ist unmöglich, an der statistischen Frequenz einer Reihe sozialer Probleme eine gültige Tendenz abzulesen.

b) Eine weitere Hypothese besagt, daß **schneller Wandel** eine Ursache von Auflösungserscheinungen sei und daß er gleichzeitig ein Symptom sei für den nachlassenden Widerstand gegen diejenigen Faktoren, die eine Auflösung bewirken. Tatsächlich haben wir selbst innerhalb einer kurzen Zeitspanne umwälzende Veränderungen erlebt. Aber aus der Geschichte wissen wir, daß viele tiefgreifende Veränderungen Perioden ganz besonderer Vitalität eingeleitet haben. Man kann objektiv nicht behaupten, daß der Vitalität des 18. Jahrhunderts eine Periode politischer, wirtschaftlicher, wissenschaftlicher oder sozialer Stabilität vorausgegangen wäre. Die großen Veränderungen, die in der Zeit zwischen 1488 und 1560 vor sich gingen, kann man wohl vergleichen mit den Veränderungen in unserer Zeit: der Beweis von der kugelförmigen Gestalt der Erde wurde erbracht, die Theorie vom Heliozentrismus wurde verbreitet, die Buchdruckerkunst breitete sich aus, die Christenheit spaltete sich in verschiedene Glaubensrichtungen auf, darauf folgte die Gegenreform der katholischen Kirche, die habsburgisch-spanische Hegemonie wuchs und zerfiel, Karl der Fünfte führte Kriege gegen die Türken, die Protestanten und gegen Frankreich. Aber keine dieser umwälzenden Veränderungen wirkte ausgesprochen zersetzend auf unsere Kultur; rückblickend kann man wohl kaum behaupten, daß sich in ihrer Folge Auflösungserscheinungen bei der europäischen Gesellschaft gezeigt hätten.
Die Schnelligkeit, mit der der Wandel vor sich geht, läßt sich äußerst schwer messen. Und obwohl schnelle Veränderungen sich tatsächlich vollziehen, ist es doch nicht sicher, daß gerade sie einen größeren Einfluß auf unsere Kultur haben als die langsameren Veränderungen in früheren Zeiten. Und ob diese Einflüsse positiv oder negativ sind, können wir ebenfalls nicht mit Bestimmtheit behaupten. In einer Gesellschaft, der durch Tradition und Sitte strenge Grenzen gesetzt sind, kann eine kleine Veränderung tiefere Wirkungen haben als die viel größeren Veränderungen in unserer modernen Gesellschaft. Wenn Kultur im wesentlichen etwas Geistiges ist, dann ist die wichtigste Überlegung die, in welchem Ausmaß wir durch Veränderungen verstört oder unsicher werden, wie wir innerlich auf diese Veränderungen reagieren. Können wir die Bestürzung, die uns ergriff, als wir von der vernichtenden Gewalt der Atombombe erfuhren, vergleichen mit der Bestürzung der Menschen im 17. Jahrhundert, die erfahren mußten, daß der Mond nicht lediglich ein Schmuckstück an Gottes Firmament ist? Wie können wir ihre Reaktionen mit der unseren vergleichen? Hatte die Erhöhung der Reisegeschwindigkeit von 10 auf 50 km in der Stunde größere oder geringere Bedeutung als die Erhöhung der Schnelligkeit von 50 auf 1000 Stundenkilometer?
c) Eine dritte Methode, das Ausmaß an sozialer Auflösung zu bestimmen, nimmt den **»Konsensus«** als Schlüsselfaktor. Es heißt dann, eine gesunde schöpferische Gesellschaft zeige ein hohes Maß an Einigkeit und Übereinstimmung in lebenswichtigen Fragen. Der Grad der Übereinstimmung bestimmt das Ausmaß der Kräfte, die bewirken, daß alle Elemente einer Gesellschaft sich auf einen Punkt konzentrieren. Ohne Übereinstimmung herrschen die zentrifugalen Kräfte vor, die Gesellschaft ist dann schlecht organisiert oder in Auflösung begriffen.
Völlige Übereinstimmung kann es nie geben. Man muß sich überhaupt fragen: Auf welchem Gebiet sollte Übereinstimmung herrschen? Brauchen wir Übereinstimmung in den endgültigen oder den nächstliegenden Zielen? Ist Übereinstimmung nötig über die Mittel, mit denen man die Ziele zu erreichen sucht? Sowohl Christen

als auch Atheisten betonen die Notwendigkeit eines ethischen Verhaltens, aber ihre Ansichten über die Ziele und die Mittel, es zu bewirken, gehen weit auseinander, wie auch ihre Meinungen über den Sinn der menschlichen Existenz. Der wirtschaftliche Liberalismus und der Kommunismus sehen beide den nationalen Wohlstand als wünschenswertes Ziel an, aber bereits in diesem Punkt endet die Übereinstimmung. Pazifisten und Militaristen sehen im Frieden das Ziel ihrer Anstrengungen. Aber wie soll es erreicht werden?

Wenn wir Übereinstimmung für das Wichtigste halten, dann sollten wir z. B. Kriegszeiten bejahen, in denen erfahrungsgemäß die Übereinstimmung innerhalb eines Staates am größten ist. Aber auch Übereinstimmung in verschiedenen und fast entgegengesetzten Richtungen kann sich schnell einstellen: Aus gemeinsamen Anstrengungen zur Vernichtung des Feindes im Kriege kann ein Nachkriegspazifismus werden oder eine Wiederbewaffnung in Zusammenarbeit mit dem früheren Feind. Ist eine solche Aufeinanderfolge veränderter Standpunkte, von denen jeder beinahe einstimmig gebilligt wird, wirklich ein Zeichen der Harmonie und ein Gradmesser für ein hohes Maß an sozialer Integration? Es kann weiter absolute Übereinstimmung darüber herrschen, daß mehr Schulen, Straßen und eine bessere Verteidigung aufgebaut werden und daß die Entwicklungsländer in Asien und Afrika vermehrte Unterstützung empfangen sollten, zur gleichen Zeit herrscht aber auch Übereinstimmung darüber, daß die Steuern gesenkt werden sollten.

Schließlich ist es überhaupt fraglich, ob Übereinstimmung wünschenswert ist. Ein Höchstmaß an Übereinstimmung wird nämlich durch Fanatismus, durch strenge Kontrolle oder durch völlige Apathie erreicht. Sollen die Sozialdemokraten wirklich mit den Christdemokraten übereinstimmen oder die Protestanten mit den Katholiken, die Arbeitgeber mit den Arbeitnehmern, die Vegetarier mit den Nichtvegetariern, die Pazifisten mit den Militaristen? Oder sollten wir lediglich darin einer Meinung sein, daß wir nicht einer Meinung sein dürfen? An diesem Punkt erkennen wir, daß Übereinstimmung nicht unbedingt als Erklärung für soziale Integration in Frage kommt.

d) Eine vierte, sehr reizvolle Theorie besagt, daß **Phasenverschiebungen in der Kultur** (cultural lag) die Ursache der sozialen Desorganisation sei. Diese Theorie wurde von W. F. Ogburn begründet und entwickelt; sie betrachtet die Kultur als ein Kompositum aus zwei wesentlichen Bestandteilen: technisch-materielle Entwicklungen und unsere institutionelle Anpassung an diese [9]. Die materielle Komponente – besonders die Technik – führt zu Veränderungen, die meist sehr viel schneller akzeptiert werden als der daraus resultierende Wandel in Tradition, Sitte, Gesetz und Weltanschauung. Die Änderung der letzteren tritt meist mit großer Verzögerung ein; dafür können zahlreiche Beispiele angeführt werden: Lange noch, nachdem die Industrielle Revolution die Beziehungen zwischen Arbeitgeber und Arbeitnehmer verändert hatte, bestanden Überlieferungen und Gesetze aus dem Zeitalter der Bauern und Handwerker weiter und verursachten Härten, Ungleichheit und Chaos im sozialen Gefüge. Ebenso eilt die Entwicklung und der Verkauf von Autos um Jahre und Jahrzehnte der Entwicklung der rechtlichen und moralischen Grundlagen voraus, die den neuen Verhältnissen entsprächen. Flugzeuge und Satelliten erforschen dauernd neue Bereiche des Weltraums, während die Gesetzbücher den Weltraum noch als spezielles Eigentum der jeweils »darunter liegenden« Nationen betrachten. Ein immer höherer Prozentsatz unserer Bevölkerung erfreut sich noch

Jahrzehnte nach dem traditionellen Pensionsalter einer verhältnismäßig guten Gesundheit, wir aber fahren fort, diese Menschen zur Untätigkeit zu verdammen und uns damit der Mitarbeit derjenigen zu berauben, die über die größte Erfahrung verfügen. Wir haben die technischen Voraussetzungen zur Vernichtung unseres Planeten entwickelt und betrachten dennoch den Krieg als mögliches Mittel zur Erreichung nationaler Ziele.

Diese Auffassung von der Kultur, die sich nicht schnell genug den neuen technischen Verhältnissen anpassen kann, klingt provozierend, aber sie zeigt auch große Schwächen. Es stimmt, daß Ideen, Ideale, Sitte und Glaube noch jahre- oder jahrhundertelang weiterbestehen, während die Technik sich ändert. Glaube und Moralgesetze, ethische Prinzipien, Gesetze und Regeln bestanden lange vor der Erfindung des Autos. Möchte jemand im Ernst den Vorschlag machen, daß wir diese Prinzipien aufgeben oder sie ändern sollten wegen der Erfindung des Autos? Und wenn wir dem zustimmen würden: Welche Prinzipien sollten wir ändern und in welchem Maße sollten sie geändert werden? Wenn die Fluggeschwindigkeit hundertmal größer geworden ist, könnten wir dann die entsprechenden Gesetze um das Hundertfache »steigern«, um das Nachhinken der kulturellen Entwicklung zu vermeiden? Hier wird die Schwierigkeit des Unterfangens deutlich. Es gibt keinen gemeinsamen Nenner für die materiellen und die nichtmateriellen Komponenten der Kultur, der es uns ermöglichen würde, Veränderungen auf beiden Gebieten miteinander zu vergleichen. Wir können nicht Raketen und Moralgesetze addieren oder voneinander subtrahieren.

Eine weitere Schwierigkeit liegt darin, daß der Wandel in der Technik meist hochdramatisch und deutlich sichtbar vor sich geht, so daß wir leicht zu der Annahme kommen, er sei tiefergreifend oder erfolge rascher als der Wandel auf der nichtmateriellen Seite der Kultur. Wenn wir jedoch bedenken, wie sehr sich in den letzten 50 Jahren unsere Einstellung zu den Dingen gewandelt hat – z. B. unsere Ansicht über passende Bekleidung (bzw. Nacktheit), unsere Einstellung zur Ehe und zur Geschlechtsmoral, zu Kunst und Musik, zu Autoritätsfragen in der Familie und zur berufstätigen Frau, zur Tatsache, daß man junge Mädchen ohne Begleitung ausgehen läßt, unsere Haltung gegenüber Trinken und Rauchen –, dann sind wir nicht mehr so sicher, daß die Sitten sich langsam ändern. Wer möchte behaupten, auf technischem Gebiet seien die Veränderungen schneller vor sich gegangen?

Es mag sein, daß in manchen Bereichen das Beharren auf altmodischen Ansichten zu Härten für den einzelnen führt und zu teilweisen sozialen Desorganisationen. Aber es gibt keinen Beweis dafür, daß dieses Beharren etwas grundsätzlich Zersetzendes in sich trage. Im Gegenteil, gerade das Beharren bei festverwurzelten Normen ist wesentlich für eine soziale Kontrolle. Wenn das Aufgeben der traditionellen Normen im selben Tempo vor sich ginge wie das Aufgeben der alten Formen in der Produktion und im Verkehr, könnte uns das in ein völliges Chaos führen oder uns einer Kontrolle durch nackte Gewalt ausliefern. Glauben wir wirklich, daß Plato, Christus und der heilige Franziskus deshalb, weil sie uns in bezug auf Mathematik, Physik und Medizin nichts zu sagen haben, keine Relevanz mehr hätten für moderne – auch technische – Probleme?

Schließlich scheint es auch sehr fraglich, ob es wissenschaftlich fruchtbar ist, die Kultur in einen materiellen und einen nichtmateriellen Bestandteil zu zergliedern. Unserer Ansicht nach sind alle Ausdrucksformen der Kultur nichtmateriell in dem

Sinne, daß sie alle sinnlos wären ohne die subjektive Bedeutung, die wir ihnen beilegen; und diese Interpretation ist nichtmateriell. Wenn wir die Kultur in verschiedene Komponenten unterteilen wollten, gäbe es dazu andere Möglichkeiten, wie z. B. nach integrierten Teilsystemen von Rollen und Verhaltensweisen, eine Unterteilung also nach Familie, Politik, Religion, Wirtschaft, Wissenschaft, Erziehung, Kunst, Sozialhilfe, Sprache. Die Koordinierung – die Anpassung – dieser Bestandteile der Kultur ist gewiß ein Problem, das dauernd nach Lösungen verlangt. Wenn wir also von einer Phasenverschiebung in der Kultur sprechen, ist das lediglich ein anderer Ausdruck – ein faszinierender, aber kein präziserer – für die Feststellung, daß die Gesellschaft sich dauernd ungelösten Problemen und noch nicht koordinierten Lebensbezirken gegenübersieht. Aber das bedeutet noch nicht, daß die Gesellschaft dadurch von Auflösung bedroht würde.

4. – Zum Abschluß sei festgestellt: Ein Charakteristikum unserer Gesellschaft ist der hohe Grad moralischer Unsicherheit beim einzelnen. Für uns ist die Vergangenheit keine so zuverlässige Richtschnur wie für viele andere Gesellschaften. Wir zweifeln am Vorhandensein einer individuellen moralischen Verantwortlichkeit und berauben uns dadurch einer der Hauptstützen der sozialen Kontrolle. Wir arbeiten mit einer Technik des Hinhaltens, des Rationalisierens; wir versuchen, unsere Abweichungen durch Erklärungen aus der Welt zu schaffen, sogar für einen Mord machen wir unterbewußte und unkontrollierbare Mächte verantwortlich. Wir sagen: Alles verstehen heißt alles verzeihen! Ein moralischer Relativismus ist weit verbreitet. Die Tatsache jedoch, daß unsere dringenden Probleme öffentlich angesprochen werden, daß unterschiedliche Meinungen darüber geäußert werden, weist darauf hin, daß der Wille im allgemeinen vorhanden ist, sie nicht zu verdrängen. Bemühungen um Problemlösungen sind zweifellos vielfältiger und weiter verbreitet als in den meisten historischen Gesellschaften, die dem Fatalismus eher zuneigten. Das Vorhandensein von Problemen ist nicht unbedingt ein Zeichen der Auflösung, sozialer Zerfall muß nicht eine Folge davon sein. Auch eine Gesellschaft ohne Probleme ist vor der Auflösung nicht geschützt. Trotz weitverbreitetem Pessimismus kann von einem objektiven Rückschritt in der kollektiven Bewältigung existentieller Probleme nicht die Rede sein.

E) Literatur

1. Aron, Raymond: Die industrielle Gesellschaft. Frankfurt/M.: S. Fischer 1964.
2. Aron, Raymond: Frieden und Krieg. Frankfurt/M.: S. Fischer 1963.
3. Behrendt, Richard: Soziale Strategie für Entwicklungsländer. Frankfurt/M.: S. Fischer 1965.
4. Dreitzel, Hans Peter: Sozialer Wandel. Neuwied: Luchterhand 1966.
5. Elias, Norbert: Über den Prozeß der Zivilisation. 2 Bände. Bern 1969.
6. Fourastie, J.: Die große Metamorphose des 20. Jahrhunderts. Düsseldorf: Econ 1954.
7. Fritsch, B.: Entwicklungsländer. Köln: Kiepenheuer und Witsch 1968.
8. Krippendorff, E.: Friedensforschung. Köln: Kiepenheuer und Witsch 1968.

9. Krockow, C. Graf von: Soziologie des Friedens. Gütersloh: Bertelsmann 1962.
10. Ribeiro, Darcy: Der zivilisatorische Prozeß, Frankfurt/M.: Suhrkamp 1971.
11. Riesman, David: Die einsame Masse. Berlin und Neuwied: Luchterhand 1956.
12. Zapf, Wolfgang (Hrsg.): Theorien des sozialen Wandels. Köln: Kiepenheuer und Witsch 1969.
13. Zijderveld, Anton C.: Die abstrakte Gesellschaft. Frankfurt: S. Fischer 1972.
14. Zimmermann, G.: Sozialer Wandel und ökonomische Entwicklung. Stuttgart: Enke 1969.

F) Anmerkungen

1 Max Weber »Die protestantische Ethik und der Geist des Kapitalismus«, München und Hamburg 1965.

2 Hier möchten wir auf die Arbeit hinweisen, die Ralph Turner und Lewis Killian in »Collective Behavior« zu diesem Thema geleistet haben. Erschienen bei Prentice-Hall, Englewood Cliffs, New Jersey 1957, S. 307 bis 511.

3 Amitai Etzioni »Elemente einer Makrosoziologie«, in Zapf (Hrsg.) »Theorien des sozialen Wandels«, Köln: Kiepenheuer und Witsch 1969, S. 147–176.

4 Dieses Problem hat tatsächlich zu einer sich schnell ausdehnenden wissenschaftlichen Tätigkeit geführt. Eine gute Einführung in die Literatur gibt die oben angeführte Sammlung, eingeleitet und herausgegeben von Wolfgang Zapf. Auch zu empfehlen ist Richard Behrendt »Soziale Strategie für Entwicklungsländer«, Frankfurt/M.: S. Fischer 1965.

5 s. Talcott Parsons »Evolutionäre Universalien der Gesellschaft« in Theorien des sozialen Wandels, Hrsg. Wolfgang Zapf, Köln: Kiepenheuer und Witsch 1969, S. 55–74. Mehrere Verfasser in dieser Sammlung implizieren eine unvermeidbare Evolution der Gesellschaft. Eine neuere Variante dieser These wird dargestellt in Darcy Ribeiro »Der zivilisatorische Prozeß«, Frankfurt/M: Suhrkamp 1971.

6 Erich Fromm »Der moderne Mensch und seine Zukunft«, Frankfurt/M.: Europäische Verlagsanstalt 1969.

7 Joachim Bodamer »Der Mann von heute«, Stuttgart: Schwab 1956.

8 Im folgenden sind wir A. Hobbs zu besonderem Dank verpflichtet für das gehaltvolle Kapitel in dem Buch von Wallace Weaver »Social Problems«, New York: Dryden 1951.

9 William F. Ogburn »Kultur und sozialer Wandel«, Neuwied: Luchterhand 1970.

13. Kapitel
Soziologie und Weltanschauung

Obwohl der Begriff »Gesellschaft« in aller Mund ist – als ob dieser als Objekt der Betrachtung selbstverständlich wäre –, und obwohl sich ein eifriger Wissenschaftsbetrieb mit diesem Gegenstand beschäftigt, bleiben die Ansätze und Perspektiven über das Wesen des Gegenstandes äußerst vielfältig. Dieser Sachverhalt läßt vermuten, daß die Definition von Gesellschaft sehr tief in philosophische und ideologische, wenn nicht religiöse, mindestens quasi-religiöse (meist als antireligiös verstandene) Weltbilder eingebettet ist. Eine längere Beschäftigung mit diesem Thema bestätigt jene Vermutung.
Im folgenden wird versucht, einige Grundzüge der Prämisse zu beleuchten, die für die Hauptströmungen soziologischen Denkens leitend sind. Anschließend soll offen dargelegt werden, welche Annahmen den Ausführungen der vorangegangenen Kapitel zugrunde liegen. Ob die angeführten Argumente überzeugend sind, wird letzten Endes eher von den Lebenserfahrungen des Lesers abhängen als von empirisch nachweisbaren »Fakten«. Darin zeigt sich wiederum die Schwierigkeit, eine Wissenschaft der Gesellschaft von ihrem weltanschaulichen Boden zu trennen. Dies wird nur von denjenigen negativ bewertet werden, die das »Unendliche« in den Griff einer endlichen Sprache und eines endlichen Verstandesapparates zu bekommen trachten. Um es vorweg zu sagen, ist es u. E. eine solche wissenschaftsgläubige Haltung, die unsere Zivilisation – trotz des »wissenschaftlichen Zeitalters« – in die Sackgasse der zunehmenden Unwissenheit (über das »Wozu« und »Wofür«) hineingeführt hat.

A) Das Subjekt des geschichtlichen, gesellschaftlichen Wandels

Im Abschnitt »Kommunikation« (S. 23–24) haben wir behauptet, daß nur individuelle Subjekte objektiven Dingen und Sachverhalten Sinndeutung zuordnen können, bzw. entscheiden können, **welche** Deutung den Dingen zukommen soll. Teils explizit und teils implizit wird das Individuum als der einzig empirisch wahrnehmbare »Sitz« des gesellschaftlichen Subjekts angesehen. Um Mißverständnissen vorzubeugen: Man kann sich selbstverständlich ein Individuum, das losgelöst von Geschichte und Gesellschaft ist, nicht denken. Dies bedeutet jedoch nicht, daß es selbst nicht Träger der Geschichte wäre. Losgelöst von seiner natürlichen Umwelt – von Luft und Wasser, Temperatur, Erde und Sonne – kann man sich ein Individuum auch nicht denken. Daraus wird der Schluß nicht gezogen, daß die Eigenständigkeit des Individuums in dieser Umwelt aufgeht. Und dennoch ist das Verhältnis zu seiner sozialen Welt etwas anders als sein Verhältnis zur nichtmenschlichen Umwelt. Individuum wird hier als Einzelmensch in »geformten Beziehungen« verstanden – eine jeweils einmalige Erscheinung.
Diese Sichtweise können wir in einem begrenzten Sinne einen »methodischen Individualismus« in der Soziologie nennen; d. h. die Konstrukteure, Träger und Beweger der Gesellschaft – und somit ihres geschichtlichen Wandels – sind Individuen – in Kommunikation und Austausch mit anderen Individuen. Nur den Individuen

kommen Intentionen, Motivationen, Bedürfnisse zu, und nur sie können Werte postulieren und bewerten. Nur Individuen sind das »Subjekt der Geschichte und des Wandels«. (Eine Abgrenzung zur sonstigen »individualistischen« Tradition in der Soziologie wird später verzeichnet.)

Im Gegensatz zu dieser Auffassung steht die Vorstellung von Emile Durkheim, z. B., daß die Gesellschaft ein »Wesen« für sich ist, in einem gewissen Sinne unabhängig von der Subjektivität der einzelnen Individuen. Viele andere Soziologen schließen sich seiner Behauptung an, daß das Spezifikum der Soziologie die Erklärung des sozialen Handelns durch »Soziales« sei. Damit wird dem »Sozialen« – dem Kollektiv – ein primärer, unabhängiger Charakter zugeschrieben. Seine Strukturen sind vorgegeben, als Übergeordnetes bestimmen sie auf vielfältige, verborgene Weise das Verhalten des Individuums. Ihr Wandel muß durch andere Kräfte beschrieben und gedeutet werden als durch die intentionalen Zielvorstellungen von Individuen. Sollte die Geschichte ein »Ziel« haben – wofür Durkheim kein erhebliches Interesse zeigte –, so fällt dieses Ziel mit dem Ziel der Gesellschaft zusammen. Individuelle Ziele fügen sich, wenn auch unbewußt, in dieses Ziel ein.

Das Problem einer Trennung zwischen den subjektiven Intentionen von Individuen und der geschichtlichen Richtung des »objektiven« gesellschaftlichen Wandels wurzelt in der Erfahrung, daß der Wandel der Strukturen sich in der Tat mit den Intentionen von Individuen nicht deckt. Beispiele lassen sich beliebig anführen, von den nicht beabsichtigten Folgen individuellen Handelns im Alltag wie auch den mißlungenen Programmen von verschiedenen Gruppierungen, zu den großen Zielsetzungen einer ganzen Kultur und einer Epoche. Die Gründer des Liberalismus haben eine rasche Beseitigung von Elend und Unfreiheit anvisiert, die Folgen waren aber neue Formen von Machtanhäufung und Ausbeutung. Die Sozialisten meinten, daß die Überführung von Privateigentum in Kollektiveigentum das Ende der »Ausbeutung des Menschen durch den Menschen« herbeiführen würde. Es kam anders. Die Enthusiasten der Technik in allen Lagern beabsichtigen eine Befreiung von aller Plackerei der Arbeit, aber die Folgen sind die zunehmende Zerstörung der materiellen Quellen sowie auch des sozialen Gefüges der menschlichen Existenz. Die wissenschaftliche Medizin wollte die Beseitigung von Krankheit, die Ernte ist Hunger in einem bisher unbekannten Ausmaß. Atomenergie sollte . . . usw. Kurz, vernachlässigte oder unvorhergesehene Nebenwirkungen von Handlungen werden häufig zu Hauptdeterminanten der Geschichte.

Offensichtlich geht die Geschichte ungeklärte Wege, die regelmäßig nicht die beabsichtigten Wege individueller Subjekte sind. Es liegt nahe, einen übergeordneten, von Individuen getrennten Beweger dieser Geschichte zu postulieren – ein Subjekt mit individuellen Merkmalen –, obwohl eine solche Schlußfolgerung nicht logisch zwingend ist und ihr der Verdacht der Projektion anhaftet.

I. Philosophische Voraussetzungen für Lösungen

Als Wissenschaft von der Gesellschaft ist die Soziologie angetreten, dieses Rätsel zu untersuchen und möglicherweise zu lösen. Zwei philosophische Traditionen in fundamentalen Ausnahmen bestimmen die Ansätze zur Lösung des Problems:

1. – In der »individualistischen« Tradition im engeren Sinne wird angenommen, daß ein Sinn weder der Gesellschaft noch der Geschichte zugeschrieben werden kann. Gesellschaft ist nur das strukturelle Ergebnis unzähliger individueller Handlungen mit unterschiedlichen Intentionen. Allerdings haben alle Handlungen, subjektiv gesehen, die allgemeine Absicht, das Leben zu maximieren, was jedoch zu sehr verschiedenen, auch gegensätzlichem praktischem Verhalten führt. Es ist die Aufgabe der Soziologie – in dieser Tradition – die Verborgenheit des Glieds zwischen individueller Intention und kollektiven Folgen wissenschaftlich zu erforschen, um auf diese Weise zu einer Überwindung der Kluft zu gelangen. Das Ergebnis sollte eine »sinnvolle« Lenkung von Gesellschaft und Geschichte ermöglichen.

a) Verschiedene Forschungsrichtungen bieten Teilerklärungen an und versprechen, noch mehr leisten zu können. Einmal sind überlieferte Strukturelemente – Werte, Rollen, Normen, Institutionen – so früh und so tief in das Individuum verinnerlicht, daß ihre tatsächlichen Einflüsse auf die Strukturfolgen unbewußt bleiben. Zur Durchleuchtung der Wirkungsweise des Unbewußten leistet die Psychoanalyse einen wichtigen Beitrag und somit, so wird angenommen, zur Schließung der problematischen Lücke. Zum zweiten ist festzustellen, daß die Intentionen der Individuen auf Bedürfnisse zurückzuführen sind, die in gegenwärtigen Strukturen selbst verankert sind. Mit dem Wandel der Strukturen findet ein Wandel der Bedürfnisse statt, so daß eine Kluft zwischen vorherigen Intentionen und zeitlich verzögerter Beurteilung der Folgen – im Hinblick auf die neuentstandenen Bedürfnisse – entsteht. Eine verfeinerte Psychologie der Bedürfnisse, gekoppelt mit wissenschaftlicher Futurologie, sollte den Wandel der Bedürfnisse vorhersagen und frühzeitig berücksichtigen können, Nebenwirkungen voraussehen und mit einplanen. Die Ursachen des bisherigen Widerspruchs sollten auf diese Weise erklärt werden. Drittens ist die Verhaltenstheorie hilfreich, indem sie die Lerngeschichte des Individuums, mit seinen Dispositionen Strukturen gegenüber, in Verbindung setzt. Die individuelle Lebensgeschichte der Verstärkung und der Löschung von Verhaltensmustern kann erklären, warum sich Normen, Rollen und Institutionen halten bzw. ändern.

Die vielen speziellen Soziologen erforschen die Beziehung zwischen Individuen und bestimmten institutionellen Bereichen, wie z. B. Familie, Politik, Organisationen, Schule, Betrieb usw. in der Hoffnung, Teilbereiche der Gesellschaft aus dem Verhalten der einzelnen in komplexen Zusammenhängen zu erklären. Der weitere Schritt ist die Planung und Koordinierung von individuellen Verhalten in Übereinstimmung mit überprüfbaren Theorien.

b) Für die Soziologie haben engere »individualistische« Ansätze den vermeintlichen Nachteil, daß sie sich ausschließlich auf die Psychologie stützen. Eine eigenständige soziologische Theorie ist nicht sichtbar. Ob dies zulässig ist, hängt weitgehend davon ab, wie umfassend der Bereich der Psychologie gesehen wird. Aber davon abgesehen: Ist »Begegnung« mit anderen Menschen grundsätzlich in individualpsychologischen Kategorien von Reaktionen zu erfassen wie bei Reaktionen auf »Objekte« – leblose Dinge? Kann eine Individualpsychologie bzw. psychologisch erklärbare Soziologie solche Probleme in den Blick bekommen wie z. B.: Was bedingt die Möglichkeit, daß ein Individuum ein anderes Individuum überhaupt »verstehen« kann – sich in das andere »hineinprojizieren«? Daß zwei Individuen sich »einigen« können? [1]

Diese erste Tradition in der Lösung des Problems Individuum – Gesellschaft bewegt sich auf der Ebene der »Technologie«, die für das Denken, sofern es philosophisch-historische Wurzeln hat, unbefriedigend bleibt. Angesichts der uralten Erfahrung des Menschen mit Scheitern und Unzuverlässigkeit, mit »Sünden« und mit dem »Bösen« erhebt sich die Frage, ob nicht eine solche Sicht (das seien lediglich »Betriebsunfälle«) nur einen banalen Fortschrittsglauben widerspiegelt. Kann die Welt als Ganzes am Gelingen des Lebens völlig »uninteressiert« sein, oder gibt es »Etwas«, das die unausrottbare Hoffnung auf eine bessere Zukunft begründen könnte? Wenn ja, wie ist dieses »Etwas« zu deuten?

2. – Diese Fragen bewegen die zweite Tradition in der Soziologie. In dieser Tradition gibt es einige grobe Denkrichtungen.
a) Ohne eine notwendige Differenzierung vorzunehmen, kann man sagen, daß die eine Richtung durch die meisten Religionen untermauert wird. Das »Etwas« hat »jenseitigen« Charakter, das eigentliche Gelingen ist erst nach dem Tode zu erwarten, oder in einem Zustand, der die Hindernisse der konkreten Welt auf gänzlich neue Weise überwindet. Die Rettung kommt unweigerlich von »Außen« – entweder von einer Gottheit oder von Bedingungen, die außerhalb des Alltags der körperlichen Bemühungen und der Zwänge kollektiver Strukturen liegen. Diese sind, wenn auch notwendig, vorläufig und sekundär. Von ihnen ist das Heil nicht zu erwarten. Eine alte Volksfrömmigkeit hat dafür die Kurzformel geprägt: **»Der Mensch denkt; Gott lenkt«.**
Mit dieser Lösung können sich die meisten Soziologen nicht abfinden. Die Soziologie ist nicht nur ein Kind der modernen Wissenschaft, die eine weitgehende Machbarkeit der Welt proklamiert – was schon zu einer Ablehnung des »Jenseits« führt. Sie ist auch überzeugt, daß eine solche »Konstruktion« der »Welt«, einschließlich religiöser Gebäude, von den objektiven Strukturen der Gesellschaft selbst nicht zu trennen ist.
b) Eine weitere Denkrichtung ist in der traditionellen abendländischen Metaphysik zu verfolgen. Nur auf der einsamen Höhe der philosophischen Reflexion ist das »objektive« Wesen der Welt und der Dinge, im Gegensatz zu ihren »Erscheinungen«, durchschaubar. Gewöhnliche Menschen sehen »Schatten« (nach Platon) und halten sie fälschlicherweise für das Wesen der Welt. Nur wenn Könige Philosophen wären, könnten die Bemühungen der Menschen z. B. nach Gerechtigkeit der Strukturen erfolgreich sein.
Auch diese Denkrichtung ist dem aufgeklärten Bewußtsein des Soziologen wenig attraktiv. Sie sehen wenig Grund zur Annahme, daß die philosophische Spekulation in der Lage wäre, sich über das Weltgeschehen zu versetzen, um dadurch einen »objektiven« Blick auf das Ganze bekommen zu können. Auch die Spekulation kann sich von ihrer Einbettung in geschichtlich gewordene Strukturen nicht befreien.
c) Eine geniale Lösung des Problems brachte Karl Marx, wobei die politisch wirksamen Träger seiner Lehre in der Nachfolge rasch in eine dogmatische Orthodoxie gerieten, die von einer platten Planungsideologie, ohne tiefere Fragestellung zur Situation des Menschen, kaum zu unterscheiden ist. Aus verschiedenen Strömungen schöpfend, teils metaphysisch (Platon bis Hegel) und teils religiös (jüdisch-christlich) gelangt Marx zu einer dem modernen Bewußtsein eher überzeugenden Auffassung. Diese versprach, eine Trennung zwischen der Subjektivität einzelner Menschen und der Hoffnung verheißenden Richtung der Gesellschaft zu vermeiden,

ohne ein konstruiertes »Etwas« einführen zu müssen. Sie stützte sich auf Aufklärung und Wissenschaft, ohne in eine banale Technologie zu verfallen. Die Bewegung der Geschichte, nach Marx, ist weder durch ein objektives, von Menschen getrenntes »Außen«, noch durch eine technologische Schließung der Lücke zwischen subjektivem Wunsch und objektiven Folgen zu bestimmen. Die Bewegung der Geschichte ist **identisch** mit einer in der praktischen Welt verankerten Entwicklung des Bewußtseins. Das wachsende Bewußtsein des Menschen seiner selbst und seines »wahren Wesens« (als gesellschaftliches Wesen) ist kein Erkenntnismittel, um technische Probleme zu lösen, sondern das wachsende Bewußtsein, in erkennbaren, vorwiegend ökonomischen Prozessen der Reproduktion des Lebens verankert, **ist** die Geschichte der Versöhnung des entfremdeten individuellen Subjekts mit dem objektiven Verlauf der Geschichte. Am Ende steht keine bessere technische Kontrolle über Handlungsabläufe und ihre Folgen, sondern ein »neuer Mensch«, dessen eigentliche Geschichte erst anfängt.

Marx' Denken zeigt erhebliche Spuren der metaphysischen Tradition. Die Unterscheidung zwischen »Wesen« und »Erscheinung« verrät die Spekulation, die sich über dem »falschen Bewußtsein« der im »Schatten« Lebenden wähnt. Die Dialektik der Bewegung vom »entfremdeten« zum »wahren« Menschen entspricht der spekulativen Dialektik Hegels zwischen dem »entäußerten« und dem »zu sich gekommenen« Absoluten Geist. Die Leistung des Marxschen Denkens läßt sich orten in einer spezifischen Kultur und in einer geschichtlichen Epoche. Eine »Idee«, nicht weniger als in anderen philosophischen Richtungen, wird vertreten. Somit bleiben viele Soziologen skeptisch über die soziologische Aussagekraft von Marxens Analysen, wobei seine Impulse zum Verständnis des Menschen als eines gesellschaftlichen Wesens unbestritten bleiben, sowie auch die Grundzüge seiner ökonomischen Analysen des Kapitalismus.

Auch lassen sich Parallelen zur jüdisch-christlichen Tradition aufzeigen. Nach der Auffassung von Fachleuten für das Alte Testament zieht eine unverkennbare Linie durch die Geschichte des Verhältnisses des jüdischen Volkes zu seinem Gott: die Geschichte Gottes und die Geschichte des jüdischen Volkes sind, wenn auch auf verborgene Weise, **identisch**, und werden zur konkreten Identität nach dem Kommen des Messias. [2] Beide schmelzen zusammen in eine künftige Epoche des »neuen Menschen«. Subjektive Treue zu Gott und praktische Handlungen in Harmonie mit der Geschichte sind prinzipiell untrennbar. Im Neuen Testament wird diese Linie verdeutlicht indem Gott, der mindestens im früheren Weltbild ein Herrscher quasi von »Außen« blieb, sich in der Gestalt eines konkreten – auch leidenden und sterbenden – Menschen verkörpert. Gottes »objektive« Geschichte wird mit dem menschlichen Subjekt vereint. Der erneuerte Bund garantiert ein gutes Ende der Geschichte.

Die Theologen können sich nicht einigen, ob dieser Anfang des neuen Menschen ein diesseitiger oder ein jenseitiger ist. Auf jeden Fall markiert sein Eintritt einen eschatologischen Bruch, dem die Radikalität von Marx' »Anfang der wirklichen Geschichte« fast genau entspricht. Ebenso entspricht der kirchlichen Dogmatisierung zur Erreichung des Heils die Erstarrung der Marxschen Lehre in eine Planungsideologie zur Herstellung des neuen Menschen.

d) Ein Beweis für die »Wahrheit« von Marx' Lehre ist ebensowenig in ihrer geschichtlichen und gesellschaftlichen Wirkung zu erblicken wie in der gesellschaftli-

chen Wirkung des frühchristlichen Glaubens, des Calvinismus, des Liberalismus oder sonstiger Weltauffassungen und Religionen.
Geschichtliche Wirkung hängt offensichtlich vom gemeinsamen Glauben ab, daß die Welt »so ist«, und nicht anders. Die gegenseitigen Erwartungshaltungen und die darauf abgestellten praktischen Handlungen bewirken eine soziale Realität, die anders ist als bei anderen Erwartungshaltungen (vgl. die »sich selbst erfüllende Prophezeiung«, S. 7–8). Aber die faktische Wirkung, wenn Realität, muß nicht der in der Haltung explizierten oder implizierten Prognose entsprechen. Doch der »Gläubige«, um seine sozialen Wurzeln zu erhalten und etwaige Zweifel zu verdrängen, hält fest daran, daß es sich um eine zeitliche Verzögerung handelt, daß das richtige Bewußtsein nicht genügend verfestigt ist (Glaubens- bzw. ideologische Treue), oder von genügend Menschen vertreten ist usw. Der Glaube ist zweifellos geschichtlich-gesellschaftlich wirksam, indessen gibt die formale Wahrheit dieser Feststellung keine Kriterien ab für die Beurteilung der Wahrheitsfähigkeit eines spezifischen Glaubensinhalts.
Was bleibt? Ist die Soziologie lediglich eine Technologie, die für eine kurzfristige Manipulation von Menschen geeignet ist, jedoch nicht für eine weitreichende, Hoffnung begründende Erkenntnis? Oder produziert sie lediglich einen Glauben, der wohl wirksam ist, jedoch letztlich eine Projektion unserer Sehnsüchte in eine von außen hergeholte »geschichtliche Vernunft« darstellt?
Nach unserem Ansatz bedienen sich alle »Kollektiv-Soziologien« dieser zweiten Denktradition der Projektionen, die eine Brücke zwischen Handlungsintention von Subjekten und der objektiven Richtung gesellschaftlichen Wandels schlagen sollen. [3] Ein kollektives »Subjekt der Geschichte« wird postuliert, ein anthropomorphisiertes Wesen, beschrieben in Sprachbildern einer bestimmten kulturhistorischen Epoche, geleitet durch Bedürfnisse und Perspektiven, die eindeutig den Strukturen und Selbstverständlichkeiten dieser Epoche entsprechen. Ein mehr oder weniger plausibler Zusammenhang zwischen individuellem und kollektivem Subjekt wird gesucht, um dieses Wesen nicht ganz »außerhalb« ansiedeln zu müssen, wie es ein diesseitiger Zeitgeist verlangt. Die Dialektik bedient sich einer besonderen attraktiven, weil prinzipiell unwiderlegbaren, Methode, um diesen Zusammenhang herzustellen.
Doch das Ergebnis, so scheint es uns, ist eine säkularisierte Gottheit, phänomenologisch von den verschmähten Religionen kaum zu trennen. Gerade im Falle von Marx nimmt der Drang zur Feststellung der Notwendigkeit des menschlichen Heils einen solch herausragenden Platz ein, daß mit Recht von einer »Heilslehre« gesprochen werden muß. Der Garant des Heils ist das »Gesetz der Geschichte«, wenn auch dieses Gesetz, nach der eschatologischen Wende, mit den intentionalen Handlungen individueller Subjekte zusammenfällt. Die Kurzformel »Der Mensch denkt; Gott lenkt« wird wissenschaftlich umformuliert, aber unwesentlich verändert! »Aber desto praktischer hat die Naturwissenschaft vermittels der Industrie in das menschliche Leben eingegriffen, und es umgestaltet und die menschliche Emanzipation vorbereitet, so sehr sie unmittelbar **die Entmenschung vervollständigen mußte.**« [4]
Mithin bieten beide Formulierungen eine leichte Handhabe für diejenigen, die den Anspruch erheben, in die Geheimnisse Gottes bzw. der Geschichtsnotwendigkeit eingeweiht zu sein. Aufgrund ihres Wissens können sie dem Absoluten »helfen«, in

dem sie sein Werk beschleunigen, Feinde beseitigen und die »richtige« Ordnung mit besonderem Eifer verteidigen.

II. Subjekt: Eine nichtobjektivierbare Dimension

Solche Feststellungen sind nicht so formuliert, um sie als widerlegt abzutun. Für uns sind daraus ausschlaggebende Schlüsse zu ziehen. Zum einen kann die motivierende Kraft der Lehre von der »geschichtlichen Notwendigkeit« bzw. des kommenden »Milleniums« darauf hinweisen, daß der Schlüssel zum Spezifikum des Subjekts in der Tat nicht in logischen, dingfest zu machenden Kategorien zu suchen ist. Die Wirksamkeit jener Lehren hängt vermutlich mit der Tatsache zusammen, daß sie eben **nicht** logisch geschlossen (erst am »Ende« ist eine solche Lehre bestätigungs- bzw. widerlegungsfähig) und objektiv überprüfbar sind. Zweitens läßt sich daraus schließen, daß »Heil« nicht mit einer objektivierbaren, dem Zugriff der Ratio unterworfenen »Wahrheit« zusammenfällt. Dagegen ist »Wahrheit«, sofern sie sich nicht bloß auf ein technologisches Mittel-Zweck-Verhältnis bezieht, mit der »Antizipation des gelungenen Lebens« identisch. [5] An der Interpretation von »Antizipation« und »gelungenem Leben« hängt die Möglichkeit einer plausiblen Auslegung des Subjektbegriffes.
Von den vorerwähnten Schlußfolgerungen geht unser Ansatz aus. Wir meinen, daß »Subjekt« weder in der materiellen Erscheinung des Individuums noch in den scheinbar von individuellen Intentionen unabhängigen, sich wandelnden Strukturen der Gesellschaft, aber auch nicht in einer jenseitigen Gottheit zu erfassen ist. Subjekt, nach unserer Auffassung, ist eine Dimension des Weltprozesses, die mit dem Begriff »Leben« (ungenügend) anzudeuten wäre.

1. – Mehrere Beobachtungen und Erfahrungen untermauern die Vorstellung, daß »Subjekt« **die** Bedingung der **Möglichkeit** des Schöpferischen (des In-die-Naturgesetze-Eingreifenkönnens), der Kommunikation, des Werten-Könnens, der »Entscheidung«, der lebendigen Freiheit überhaupt ist. Diese Bedingung ist durch die Suche nach Gesetzmäßigkeiten und fixierbaren Formulierungen nicht in den Griff zu bekommen. Was dagegen gesetzmäßig erfaßt und begrifflich festgehalten werden kann, ist prinzipiell der »Objektdimension« des Weltprozesses zuzuordnen.
a) »Gelungenes Leben« eignet sich zunächst als Bezeichnung für den Zustand eines »vollkommenen Subjekts«, d. h., ein Zustand in dem der Mensch **nicht als Objekt** begegnet, behandelt, manipuliert wird. Dem Menschen **nicht** als Objekt zu begegnen, heißt Zuwendung, aber gleichzeitig **Verzicht** auf Verfügung über ihn, auf einseitige Bestimmung seiner Bewegungen; es ist eine Negation der objektiven Festlegung, es läßt ihn »frei«, läßt ihn ein »Subjekt« sein. Solcher Verzicht kann in der Natur der Sache dem Handelnden **nicht** von einer dritten Partei aufgezwungen werden, es sei denn, der Verzicht wird durch zusätzliche Objektverfügung über andere Menschen erkauft. Somit paßt die Subjektdimension nirgends in unsere Vorstellungen von Naturgesetz, von notwendigen Kausalzusammenhängen, von objektiver Festlegung oder Determination.
b) Kenntnisse der Sozialisationsprozesse deuten darauf hin, daß ein solcher Verzicht das Fundament einer gelungenen Sozialisation ist – Verzicht auf Manipulation

des Kindes, auf Kalkulation der künftigen Leistung als Rückzahlung der heutigen Bemühung, Verzicht auf einseitige Festlegung des Lebensweges. In idealer Form wird dieser Verzicht in keiner Weise von dritter Seite aufgezwungen, er ist eine innere Entscheidung eines freien Subjekts. Die einschlägigen Beobachtungen zeigen, daß die »besten« Eltern und Erzieher in der Regel diejenigen sind, die selbst eine verhältnismäßig »gelungene« Sozialisation erlebten, eben – Subjekte sein durften. Auf seine Chancen, als Subjekt anstatt als Objekt angesehen und begegnet zu werden, hat das Kind selbst jedoch keinerlei Einfluß. Es ist ein pures Geschenk, das von anderen, die ihrerseits ohne frühe Bestimmungsmöglichkeit darüber selbst beschenkt wurden, gegeben wird.

c) Der Akt des »Schenkens« enthält exemplarisch die Merkmale der Indetermination. Im Geschenk läßt sich kein Gesetz finden (ohne Pervertierung zu Leistung – Gegenleistung, die zur Gesetzmäßigkeit der Objektdimension gehört). Schenken bezeugt Spontaneität, Freiheit, Schöpferkraft, Lebensfülle. Auch das dankbare Annehmen-Können von Geschenken, ohne Minderwertigkeit oder Zwang zur kalkulierten Gegenleistung, weist auf eine Dimension der Lebenserfüllung hin, die mit Objektgesetzen nicht erfaßbar ist.

d) Hans Jonas hat darauf hingewiesen, daß lebendige Gestalten ihre Form und ihre Identität verteidigen und vielfach renovieren, ohne daß diese Form mit einem objektiven »Stoff« identifiziert werden könnte. Im Gegenteil, die »Lebendigkeit« hängt davon ab, daß der Stoff unaufhörlich »wechselt«. Die Form hat keine Dauerbasis im Stoff. Dagegen sind Form und Stoff bei leblosen Gestalten identisch. [6] Als Leben ist das Subjekt durch die Gesetzmäßigkeit des Stoffes nicht zu erfassen.

e) Bevorzugt in der Pädagogik, in vielen Formen der Therapie und in der Beratung wird eine »nichtdirektive« Begegnung, in der der Verzicht auf Zwang, auf »Objekt«-Verfügung und auf Fremdbestimmung leitendes Prinzip ist. Zur Verwirklichung des Lebens gehört die Erfahrung, sich selbst als nicht verfügbares Subjekt erleben zu können. Diese Methode bietet jedoch, wie ihre Verfechter bestätigen, keine Erfolgsgarantie. Garantien setzen Verfügungen voraus. Die Methode **ermöglicht** den Erfolg, sie kann ihn nicht erzwingen.

2. – Solche Feststellungen mögen genügen, um plausibel zu machen, daß es eine im lebendigen Wesen erfahrbare Dimension gibt, die sich von unmittelbaren Gebundenheiten der Objektdimension: Raum, Zeit, Kraft radikal unterscheidet. Das Subjekt erlebt »Räume« und »Zeiten«, die seine eigene räumliche Ausdehnung und sein »hier und jetzt« übersteigen, es erlebt oft die Unmöglichkeit, seine Ziele mit objektiver Kraft zu erreichen, aber auch die mächtige Wirkung einer scheinbaren Kraftlosigkeit. Weder Leben »an sich« noch verwirklichtes Leben ist mit objektiver Kraft zu sichern.

Das Individuum ist dennoch kein »objektloses« Subjekt, sondern auch eindeutig ein Objekt, das mitunter den Gesetzen des Raumes, der Zeit und der Kraft zweifellos unterliegt. Es kann als reines Objekt behandelt und manipuliert werden. Es erlebt die Zwänge der Natur und der gesellschaftlichen Struktur. Allerdings hört das Erleben einer Umwelt, in der keine Spur von Subjektbegegnung vorhanden ist, bald auf, »Erleben« zu sein; der Tod tritt ein. Und so bleibt die letzte und totale Reduzierung auf die Gebundenheit des Objekts der Tod. In diesem Sinne ist Leben der Kontrastbegriff zum Objekt, doch nicht so, daß die zwei als Gegensätze anzusehen wären. Frei-

heit, Spontaneität und Entscheidung können sich für unsere Wahrnehmung erst auf dem Hintergrund der Objektdimension des Regelmäßigen, des Berechenbaren und Feststellbaren konstituieren.
Das Individuum ist Subjekt und Objekt zugleich. Die Rede von der Untrennbarkeit von Subjekt und Objekt beruht auf dieser Gleichzeitigkeit, wie auch auf der Tatsache, daß »Begegnung« – auch mit Objekten – von vornherein die Mitwirkung der Subjektdimension impliziert; leblose Objekte »begegnen« sich nicht. Andererseits ist ein Unterschied der zwei Dimensionen mit dem Begriff »Leben« angedeutet. Der tote Körper kann kaum als Subjekt angesprochen werden. (Grenzfälle, deren Position zwischen lebendig und leblos schwer fixierbar ist, dürfte es auch geben.) Mit dem Tod eines Körpers hört die Subjektdimension jedoch nicht prinzipiell auf zu »existieren«, denn sie ist an die räumliche Ausdehnung eines bestimmten Objekts nicht gebunden.
Fassen wir zusammen: Die Bestimmung dessen, was der »Beweger« der Geschichte ist, also – das Subjekt der Geschichte, geht von falschen Alternativen aus, wenn sie **entweder** ein unabhängiges »Außen« (Jenseits, »Kollektiv«, »Gesetz der Geschichte«, »Gott«), **oder** eine Summe von trennbaren Einzelreaktionen postuliert, deren Ergebnis eine zusammengefügte »Geschichte« bildet. Das Subjekt der Geschichte ist die gemeinsame, nichtobjektivierbare Dimension allen Lebens. Die Gemeinsamkeit der Teilhabe am Leben begründet die **Möglichkeit** der Kommunikation, des Verstehens, des Sich-Hineinversetzens, der Gesellschaft und der Geschichte. Die **Verwirklichung** dieser Möglichkeit – **Möglichkeit** wäre hervorzuheben, denn sie unterliegt keiner zur objektiven Verfügung stehenden Gesetzmäßigkeit – ist, so meinen wir, der allen Menschen gemeinsame Sinn von Kommunikation, Verstehen und Gesellschaft. Individuen in Kommunikation schaffen Sinn, entwerfen Zukunft und machen Geschichte, jeweils mit einem begrenzten Horizont und einer begrenzten Sprache im Hinblick auf diesen übergreifenden Sinn. Wie die absolute Verwirklichung des Lebens objektiv und konkret aussieht, können wir nur beschränkt artikulieren, der Anspruch auf endgültige Formulierung ist Ideologie, sie versucht, die nichtobjektivierbare Dimension des Subjektes zu einem Ding zu machen. Der Anspruch verdinglicht. Daß wir, um konkret zu handeln, artikulieren **müssen,** ohne Dauergültigkeit der Formulierung beanspruchen zu können, gehört zur existentiellen Spannung.

B) Konsequenzen für die Soziologie und ihre Methode

1. – Aus diesen Überlegungen heraus ergeben sich einige Konsequenzen für eine Wissenschaft der Gesellschaft:
a) Wissenschaft als eine Bestimmung von empirisch feststellbaren Regelmäßigkeiten hat die Objektdimension als Gegenstand. Ihr Spezifikum ist die »Fest«-Stellung von Daten und deren berechenbaren Zusammenhängen. Die Subjektdimension an sich kann kein »Gegenstand« einer Aktivität sein, die Objektivität beansprucht. Die Subjektdimension ist, dagegen, die Bedingung der Möglichkeit einer solchen Aktivität.
b) Gegenstand der soziologischen Untersuchung sind die empirisch feststellbaren Daten über menschliches Verhalten in ihren kollektiven Zusammenhängen. Prinzi-

piell sind solche Daten zwingend übertragbar. Nicht zwingend übertragbar sind aber weder die subjektiven Wertungen (Sinnformulierungen), die den Wissenschaftler selbst bewegen, noch die aus den Daten hervorgehenden Zukunftsentwürfe der Subjekte.

c) Wertungen sind sinnbezogen, sie bilden die **Motivation** der Bemühung um Objektivität, d. h. um Übertragbarkeit der Beobachtung. Wertungen bestimmen jedoch nicht die **Ergebnisse** jener Bemühung. (Die eindeutige Wertorientierung eines hungernden Menschen bei der Suche nach Nahrung kann zur Folge haben, daß er eine giftige Frucht ißt und daran stirbt.) Aus den objektiven Folgen des Verhaltens das »wahre« Interesse eines Menschen – oder einer Gruppe bzw. Klasse, Gesellschaft – unmittelbar ablesen zu wollen, ist eine unwissenschaftliche Form teleologischen Denkens.

d) Da nur Subjekte werten können durch Teilhabe an einer Dimension, deren Bedingungen in Objektkategorien nicht erfaßbar sind, können die »wahren« und »endgültigen« Werte (Interessen) von Subjekten (der Menschheit) an objektiv feststellbaren Daten nicht abgelesen werden. Begriffliche Festlegung der wahren Richtung der Gesellschaft durch »soziologische Analyse« ist schlechterdings unmöglich, sollten Subjekte »Subjekte« bleiben und nicht in Objekte verwandelt werden. Wertformulierungen, wie auch die Sprache, in der sie artikuliert sind, sind relativ. Tendenziell wird das Subjekt verdinglicht im Anspruch, das Ziel begrifflich erfassen zu können. [7]

e) Die soziologische Methode, der Intention der Übertragbarkeit nach, ist objektivierend, ihr Gegenstand ist das Berechenbare. Dies bedingt ihre Grenzen, weil die nichtobjektivierbare Dimension des Subjekts ihr nicht zugänglich ist. Deshalb ist sie, innerhalb ihres eigenen Zuständigkeitsbereichs »positivistisch«, unfähig, absolute Werte zu bestimmen. Deshalb ist sie ihrer Natur nach auch »technologisch«. Sie kann nur objektiv übertragbare Mittel suchen, um Werte zu realisieren, die allein der Bewertungsfähigkeit der Subjektdimension zugänglich sind.

f) Es wäre voreilig, den technologischen Charakter soziologischer Erkenntnisse als einen Mangel anzusehen. Sinnvolle, realitätsgerechte Entscheidung zwischen Handlungsalternativen kann nur gefällt werden aufgrund überprüfbaren und übertragbaren (technologischen) Wissens um das Verhältnis eines Mittels zum angegebenen Zweck. Die in jeglicher Technologie liegende Gefahr des Mißbrauchs ist der unumgängliche Preis dafür, daß zwischen lebenserfüllenden und lebenszerstörenden Zielen überhaupt entschieden werden kann. Jene Gefahr vermeintlich umgehen zu können dadurch, daß der Anspruch auf wissenschaftlich »objektive« Erfassung des Heils erhoben wird, hieße die technologische Verobjektivierung des Menschen bis auf die Totalität auszudehnen – also den totalitären Anspruch.

2. – In einem »verwissenschaftlichten« Zeitalter besteht eine verhängnisvolle Neigung, die wissenschaftliche Methode als zuständig für das Ganze der Existenz und aller Erkenntnis zu halten. Darum ist nicht nur die objektivierende Wissenschaft, sondern auch der herrschende Zeitgeist positivistisch, aber dadurch auch orientierungslos, zum Teil nihilistisch, weil kein übergreifender Sinn in der dieser Methode zugänglichen Objektdimension gefunden werden kann. Mehr durch Ahnung und aus Angst vor dem lebensbedrohenden Nihilismus als durch Reflexion erkennen die meisten Menschen, daß die angebotene »wissenschaftliche Feststellung« absoluter

Werte nicht akzeptabel, weil totalitär ist. Eine »objektive« Bestimmung wahrer Werte würde das Ende aller Bewertungsrechte der Subjekte bedeuten, also ihre Verdinglichung. Es wäre ein Rückfall in die Monopolisierung der Erkenntnis durch die »Priester«, sprich Wissenschaftler.

Die Reaktion der Dialektiker auf die nihilistischen Tendenzen des Positivismus ist verständlich und notwendig. Sie wissen, auch vielfach intuitiv, daß es einen absoluten Bezugspunkt menschlicher Existenz geben **muß,** sollte der Mensch einem tödlichen Machtkampf zwischen beliebigen, dezisionistisch festgelegten Sinndeutungen nicht verfallen. Dennoch beanspruchen einige jener Dialektiker den absoluten Bezugspunkt methodisch und begrifflich »objektiv« festlegen zu können. Deswegen kommt es häufig zu säkularen Heilsdogmen, die – wie die religiösen Dogmenformeln allzu oft in der Geschichte – abweichende Sinndeutungen zur »Häresie« erklären und deren Vertreter zu Unmenschen.

Nach diesem Ansatz könnte die »gültige Richtung« des gesellschaftlichen Wandels und der Geschichte höchstens durch die Formulierung »Verwirklichung der Subjektdimension« angedeutet werden. Die Nichtobjektivierbarkeit jener Dimension überschreitet jegliche objektive Konkretisierung.

3. – Im Lichte unserer Annahmen können wir unseren Begriff von Gesellschaft und unseren »methodischen Individualismus« etwas näher umschreiben.

Die Subjektdimension läßt sich, nach unserer Darstellung, mit dem Begriff »Leben« andeuten. Das menschliche Subjekt – Leben in menschlicher Gestalt – ist notwendigerweise Leben in Gegenseitigkeit und Abhängigkeit von anderen Leben, von anderen Subjekten. Menschliche Gestalt ist aber auch Objektgesetzen unterworfen. Nicht nur die Gesetze des Objekts, sondern auch die notwendigen Regelmäßigkeiten der Gegenseitigkeits- und Abhängigkeitsbeziehungen bilden einen Matrix, auf dem eine Objektgestalt des Subjekts »Mensch« erst möglich und existenzfähig ist. Die objektive Form der berechenbaren Beziehungen ist ein schöpferisches Produkt des Subjekts, das erhalten oder verändert werden muß, um den gesetzmäßigen Bedingungen des Objekts zu genügen, sowie auch um Entwürfe zur Verwirklichung des an objektiven Berechenbarkeiten gebundenen Einzellebens zu realisieren.

Eine »Gesellschaft« ist die jeweilige **Form** solcher vereinbarten oder übernommenen (auch vielfach aufgezwungenen) Regelmäßigkeiten. Als **Form** ist sie nicht Leben selbst, noch ist sie ein Subjekt, das eine Intention und ein Ziel hat. Subjekt ist das Individuum, jedoch nicht isoliert, sondern »in Beziehung«.

»In Beziehung« ist zunächst abstrakt. Konkret ist die jeweilige objektive Form der empirisch wahrnehmbaren Struktur. Diese hat sicherlich Rückwirkung auf das Individuum, jedoch nicht weil sie selbst eine Intention hat – das wäre ein Anthropomorphismus demjenigen primitiver Kulturen ähnlich, die subjektive Intentionen in Objekte der Natur hineinprojizieren. Gegenstand der Soziologie sind solche objektive Formen. Wenn auch objektiv wahrnehmbar sind sie keine »Naturobjekte«, unveränderlichen Gesetzen unterworfen, sondern vereinbarte Berechenbarkeiten als Bedingung von Gegenseitigkeit. Als Berechenbarkeiten sind sie auch der notwendige Boden, von dem sich die schöpferische Freiheit des individuellen Subjekts abhebt, um jene Berechenbarkeiten wieder in geänderte Form zu bringen. Weil Berechenbarkeiten vorhanden sein müssen und empirisch wahrnehmbar sind, kann es eine Wissenschaft der Gesellschaft geben. Die Soziologie stellt jedoch keine »Naturgesetze« fest; die Regelmäßigkeiten in Form – besonders bei komplexen Gesellschaften – haben eine zunächst undeterminierbare Lebensdauer. Wissenschaftlichen Prognosen im soziologischen Bereich kann prinzipiell der Boden entzogen werden, indem zeitbedingte Berechenbarkeiten durch die Schöpfung der Subjekte verändert und neugestaltet werden. Das **Prinzip** der Berechenbarkeit gehört jedoch zur Objektdimension menschlicher Existenz.

C) Literatur

1. Albert, Hans: Traktat über kritische Vernunft. Tübingen: J. C. B. Mohr 1969.
2. Calvez, J. Y.: Karl Marx – Darstellung und Kritik seines Denkens. Darmstadt: Wissenschaftliche Buchgesellschaft 1964.
3. Durkheim, Emile: Regeln der soziologischen Methode. Neuwied: Luchterhand 1960.
4. Eberlein, Gerald und H.-J. v. Kondratowitz (Hrsg.): Psychologie statt Soziologie? Frankfurt: Campus Verlag 1977.
5. Geiger, Theodor: Demokratie ohne Dogma. München: Szczesny Verlag 1963.
6. Greiff, Bodo v.: Gesellschaftsform und Erkenntnisform. Frankfurt: Campus Verlag 1977.
7. Habermas, Jürgen: Erkenntnis und Interesse. Frankfurt: Suhrkamp 1968.
8. Habermas, Jürgen und Niklas Luhmann: Theorie der Gesellschaft oder Sozialtechnologie? Frankfurt: Suhrkamp 1971.
9. Helberger, Christof: Marxismus als Methode. Frankfurt: S. Fischer 1974.
10. Homans, George: Was ist Soziologie? Opladen: Westdeutscher Verlag 1969.
11. Horkheimer, Max und Theodor W. Adorno: Dialektik der Aufklärung. Frankfurt: S. Fischer 1969.
12. Kolakowski, Leszek: Die Gegenwärtigkeit des Mythos. München: Piper 1972.
13. Kolakowski, Leszek: Marxismus – Utopie und Anti-Utopie. Stuttgart: Kohlhammer 1974.
14. Marx, Karl: Die Frühschriften. Stuttgart: Kröner 1968.
15. Münch, Richard: Gesellschaftstheorie und Ideologiekritik. Hamburg: Hoffmann und Campe 1973.
16. Simon-Schaefer, Roland: Dialektik – Kritik eines Wortgebrauchs. Stuttgart-Bad Cannstatt: Frommann-Holzboog 1973.
17. Topitsch, Ernst: Sozialphilosophie zwischen Ideologie und Wissenschaft. Neuwied: Luchterhand 1966.
18. Vanberg, Viktor: Die zwei Soziologien. Tübingen: J. C. B. Mohr 1975.

D) Anmerkungen

1 Vgl. Walter L. Bühl (Hrsg.): »Verstehende Soziologie«, München 1972.

2 Vgl. Gerhard v. Rad, »Weisheit in Israel«, Neukirchen-Vluyn 1970.

3 Vgl. Viktor Vanberg, »Die zwei Soziologien«, Tübingen 1975. Nach Vanberg zählen nicht nur Durkheim und Marx zu dieser Tradition, sondern auch Parsons und der systemtheoretische Ansatz im allgemeinen.

4 Karl Marx: »Nationalökonomie und Philosophie«, in Die Frühschriften, Stuttgart 1968, S. 244 (Hervorhebung von mir, D. B.).

5 Jürgen Habermas: »Insofern gründet die Wahrheit von Aussagen in der Antizipation des gelungenen Lebens«. Technik und Wissenschaft als »Ideologie«, Frankfurt 1968, S. 164.

6 Hans Jonas: »Organismus und Freiheit«, Göttingen 1972.

7 »Die Wissenschaft«, schreibt C. Fr. v. Weizsäcker, »führt an die Schwelle einer Erfahrung, die sich der Meditation, aber nicht der Reflexion erschließt. Dies ist vernünftig. Das begriffliche Denken kann einsehen, daß es den Grund seiner Möglichkeit nicht begrifflich bezeichnen kann.« (»Der Tod ist eine Schwelle«, in Evangelische Kommentare, Heft 11/1975, S. 655.)

Stichwort- und Namenverzeichnis

Leserinformation zur Reihe Arbeitsmittel für Studium und Unterricht

Herausgegeben von: Heinrich Bauer, Georg Blaß, Horst Dahlmann, Gerhard Deimling, Holger Knudsen, Heinrich Lenzen, Manfred Markefka, Wolfgang Mickel, Johannes Rauball

Grundzüge und Probleme der Soziologie, von D. Barley, 8. Auflage.

Geschlechtserziehung und Gesellschaft, von H. Bauer.

Friedrich Wilhelm Dörpfeld – Anpassung im Zwiespalt, von K.-H. Beeck.

Gemeindliches Haushaltsrecht, von H. Bernhardt/W. Höttler.

Allgemeine Wirtschaftslehre, von G. Blaß/F. J. Lammert, 2. Auflage.

Psychologie und Psychopathologie für soziale Berufe, von G. A. Brandt, 10. Auflage.

Möglichkeiten und Grenzen der Soziometrie, von G. Brüggen.

Recht und Moral, von G. Deimling.

Straffälligenpädagogik und Delinquenzprophylaxe, von G. Deimling/H. Lenzen.

Entkonfessionalisierung des Religionsunterrichts, von D. Ehlers.

Programmierter Unterricht im Umbruch, von W. Ennenbach.

Geographie im historisch-politischen Zusammenhang, von K. Filipp.

Rationalität und Politik, Band 1: Einige Grundprobleme von Theorie und Praxis, Band 2: Einige konkrete Bedingungen rationaler Politik, von H. Flohr.

Sozialhilfe, von W. Flottmann, 2. Auflage.

Grundrechte des Schülers und Schulverhältnis, von W. Franke.

Sozialhygiene, Band 1: Allgemeiner Teil, Band 2: Gesundheitshilfen für Kinder und Jugendliche, Band 3: Gesundheitshilfe für spezielle Bevölkerungsgruppen einschließlich der Hilfe für Behinderte, Band 4: Öffentliches Gesundheitswesen, von K. Gedicke.

Jugendwohlfahrtskunde, von F. Harrer, 7. Auflage.

Jugendhilfe, von F. Harrer, 3. Auflage.

Praktische Erziehungsforschung – Eine Einführung, von J. L. Hayman.

Jugendkriminalität, von J. Hellmer, 3. Auflage.

Das Grundgesetz, Kommentar für die politische Bildung, von D. Hesselberger, 2. Auflage.

Freizeitpädagogik zwischen Gleichgültigkeit und Zwang, von S. Hölzel, 2. Auflage.

Musiklehrbücher in den Schulen der BRD, von F. Hoffmann.

Politische Bildung in Deutschland im zwanzigsten Jahrhundert, von K. Hüser, W. Bekkers und F. Küpper.

Moderne Sozialpolitik und Arbeitswelt, von W. Klostermeier/K. Maurer.

Mediales Spiel in der Schule, von H. Lenzen.

Stilwandel in der Schule, von H. Lenzen.

Soziologie der Arbeitswelt, Band 1 und Band 2, von M. Markefka.

Vorurteile – Minderheiten – Diskriminierung, von M. Markefka, 3. Auflage.

Europäische Einigungspolitik, Band 1 und Band 2, von W. W. Mickel.

Konfliktfeld: Internationale Politik, von W. W. Mickel.

Das Dilemma der Frau in unserer Gesellschaft, von R. Nave-Herz, 2. Auflage.

Die Rolle des Lehrers. Eine Einführung in die Lehrersoziologie und in die Diskussion um den Rollenbegriff, von R. Nave-Herz.

Strafmündigkeit, von G. Nissen/H. Schmitz.

Psychische Gesundheit und Schule, von G. Nissen/F. Specht.

Seelische Fehlentwicklung im Kindesalter und Gesellschaftsstruktur, von G. Nissen/P. Strunk.

Organisationslehre. Eine Einführung für Schule, Beruf und Studium, von Rolf-Günter Nolden/Ernst Bizer/Kurt-Walter Rossmanith.

Altenpflegerecht, von K. Paul.

Der Jugendwohlfahrtsausschuß, von G. Potrykus/J. Rauball, 4. Auflage.

Allgemeine und besondere Verwaltungskunde, von J. Rauball, 3. Auflage.

Familiengruppen im Primarstufenunterricht, von L. Ridgway/J. Lawton.

Bildungsreform als Revision des Curriculum, von S. B. Robinsohn, 5. Auflage.

Kindergartenrecht, von R. Schmitt-Wenkebach/H. Ulshoefer.

Rechts- und Berufskunde für medizinische Assistenzberufe, von A. Schneider.

Rechtskunde 1, Grundlegung, Rechtsstellung des Menschen, Grundbegriffe des Schuld- und Sachenrechts, Gerichtsverfassungs- und -verfahrensrecht, von M. Schnitzerling, 4. Auflage.

Rechtskunde 2, Ehe-, Familien-, Unterhalts- und Erbrecht, von M. Schnitzerling, 3. Auflage.

Rechtskunde 3, Strafrecht, Strafverfahren und Ordnungswidrigkeiten, von M. Schnitzerling, 3. Auflage.

Schulrecht in Hessen. Ein Grundriß, von W. Sewerin.

Handels- und Wirtschaftsrecht, von H. Soemers/R. Rauball.

Aggressiv durch Fernsehen, von A. Sommer/H. Grobe.

Sozialpsychologie der Erziehung, von E. Timaeus/H. E. Lück.

Technischer Werksunterricht und Medien, von W. Tobias.

Das Erziehungsheim, Beiträge zur Theorie der Heimerziehung, von O. Wilfert, 2. Auflage.

Sicherheitsbestimmungen für den naturwissenschaftlichen Unterricht, von J. Willer, H.-P. Orschler, W. Popp.